続　松山大学　苦境・低迷の十四年史

―二〇〇七年一月～二〇二〇年一二月―

目次

はじめに……5
第一章　森本三義学長時代（二〇〇七年一月一日〜二〇一二年一二月三一日）……13
第二章　村上宏之学長時代（二〇一三年一月一日〜二〇一六年一二月三一日）……225
第三章　溝上達也学長時代（二〇一七年一月一日〜二〇二〇年一二月三一日）……351
あとがき……490

はじめに

松山大学は二〇二三年（令和五）に学園創立一〇〇周年を迎えた。

松山大学及び学校法人松山大学の前身である松山高等商業学校及び財団法人松山高等商業学校は、一九二三年（大正一二）二月二三日、文部省により設立許可の認可を受け、二月二四日にその旨告示を受けた。三月三日第一回理事会を開き、加藤彰廉を校長及び専務理事に推挙し、四月一日松山高等商業学校は開校した。

学校設立に当たって多大の尽力をしたのは、加藤恒忠翁（拓川）、加藤彰廉先生、そして新田長次郎翁（温山）である。さらに、この三恩人だけでなく、愛媛・松山の教育界、経済界、政治家も応援し（北川淳一郎、井上要、岩崎一高、井上久吉、野本半三郎、石原操ら）、紆余曲折を経ながら、松山高等商業学校は誕生したのである。

大正デモクラシー期の松山高等商業学校誕生から戦時下の松山経済専門学校へ、そして戦後改革期の一九四九年（昭和二四）四月松山商科大学が誕生し、一九八九年（平成元）四月一日に校名を変更し、松山大学となった。そして、二〇二三年には、松山大学は創立一〇〇周年を迎え、今日に至っている。

学園の歴史は、大きく、①松山高商・経専時代の二六年間（一九二三年四月〜一九四九年三月）、②松山商科大学時代の四〇年間（一九四九年四月〜一九八九年三月）、③松山大学時代（一九八九年四月〜今日）の三つに時期区分できる。

①の松山高商・経専時代については、筆者は『松山高商・経専の歴史と三人の校長―加藤彰廉・渡部善次郎・田中忠夫―』（愛媛新聞サービスセンター、二〇一七年）を公表した。高商時代の前半は、地域の要望に応え、堅実に発展を遂げたが、その後半には戦争に巻き込まれ、苦難・苦境・受難の時代となった。

②の松山商科大学時代については、『伊藤秀夫と松山商科大学の誕生―あるリベラリストの生涯―』（SPC出版、二〇一八年）及び『松山商科大学四〇年史―一九四九年四月〜一九八九年三月―』（愛媛新聞サービスセンター、二〇二二年）を公表した。この商大時代は、日本の高度経済成長期に当たり、高等教育の要求に応え、定員を増やし、新学部を増設し、校地・校舎・施設を拡大させ、中国・四国・九州では有数の文系私立大学に成長・発展をとげた。また、学生の活動も活発な時代であった。

③の松山大学時代については、高度経済成長が終焉し、バブル崩壊・長期デフレに陥り

（「失われた三〇年」）、また、少子高齢化が始まり、私学、特に地方は「冬の時代」と言われ、苦難・苦境・受難の時代に転じた。さらに、文部科学省の自由化路線により、各大学の「改革競争」が激化し、学内の対立・紛争・疲弊が始まった。この時代については、『松山大学　苦難・混迷の十五年史―一九九二年一月～二〇〇六年一二月―』（愛媛新聞サービスセンター、二〇二三年）を公表し、本学の苦難・苦境・混迷の実態を考察してきた。すなわち、第一次神森智学長時代（一九八九年一月～一九九一年十二月）に始まった学内の対立・紛争が、宮崎満・比嘉清松学長時代をへて、青野勝廣学長時代に頂点に達し、大騒動・動乱・裁判沙汰になり、動乱の末、学部長らの要請を受け、二〇〇四年一月に再登場した第二次神森学長時代に、お家騒動が収束し、正常化され、種々の改革がなされたことを紹介した。

この第二次神森学長時代の種々の改革は、次の如くであった。

(1)二〇〇四年一月、事務職員を常務理事に登用。
(2)二〇〇四年二月、副学長制の導入。
(3)二〇〇四年四月、松山短期大学に単独の学長を設置。
(4)二〇〇五年三月、五年任期の新特任制度の導入。
(5)二〇〇六年三月、新学長選考規程の制定。
(6)二〇〇六年四月、教学会議・全学教授会発足。
(7)二〇〇六年四月、理系の新学部の薬学部の設置。
(8)二〇〇六年一〇月、新寄附行為の制定。

うち、(5)〜(8)はいずれも二〇〇六年に制定され、その後の松山大学の基本的枠組・基本方向を定めることになったので、私は「松山大学の二〇〇六年体制」と名付けた。

ところが、これらの神森改革（「二〇〇六年体制」）は、理事会主導、拙速で進められたため、種々の問題点もあり、多くの課題も残したと思う。前著ではそれらのどこに、いかなる問題があるのかを考察し、どうしたら良いのかについても見解を示した。


本書はそれに続き、「二〇〇六年体制」下、二〇〇七年一月から二〇二〇年一二月までの一四年間の、松山大学の苦難・苦境・混迷・低迷・閉塞の時代の歴史を考察する。

この時代の学長は、神森学長の弟子である、経営学部の森本三義（二〇〇七年一月〜二〇一二年一二月）、その後を継いだ経営学部の村上宏之（二〇一三年一月〜二〇一六年一二月）、さらにその後を継いだ経営学部の溝上達也（二〇一七年一月〜二〇二〇年一二月）である。ともに会計の専門家で、会計が三代続いた。

なお、この時代は、現在進行形で、松山大学の同時代史である。したがって、事実関係の確認や施策の評価、検証にはまだ困難が残るが、松山大学の未来を想い、実態を解明し、また記録として残すべく著した。


以下、本書の視角・方法論について、前著でも述べたが、再度簡単に述べておきたい。
(一)　学長は学識の長であり、大学の中心であり、大学の方針を学生や構成員、社会に発信する頭脳である。いかなる理念で何を考えて大学運営をしようとしているのかをみるために、学長の就任挨拶や施策、式辞を重視した。

(二) 本学の教育方針である校訓「三実主義」について、学長がどのように理解しているのかについても目配りした。

校訓「三実主義」について、松山商大の第二代星野通学長が一九六二年四月に『学生便覧』に記した説明を再度示しておこう。

「本学には初代高商校長加藤先生が創唱し、二代(筆者注：三代の間違い)田中校長により、その意義が確認強調された三実主義という校訓がある。四〇年間学園とともに生きて今日に至った人間形成の伝統的原理であって本学或は前身の高商・経専の卒業者が中央に地方に高い人間的評価を受けているのは、この校訓の薫化による処が多い。三実とは真実、忠実、実用の三つであって、その意義は次の如く解明されるであろう。

真実とは　真理に対するまことである。皮相な現象に惑溺しないで進んでその奥に真理を探り、枯死した既成知識に安住しないでたゆまず自から真知を求める態度である。

忠実とは　人に対するまことである。人のために図っては己を虚しうし、人と交わりを結んでは終生操を変えず自分の言行に対してはどこまでも責任をとらんとする態度である。

実用とは　用に対するまことである。真理を真理のままに終わらせないで、必ずこれを生活の中に生かし社会に奉仕する積極進取の実践的態度である。」

この校訓「三実主義」について、私の考えを述べておこう。

①「三実主義」の順序には歴史的変遷がある。創唱者加藤彰廉先生の順序は、「実用」がトップで「実用・忠実・真実」の順序。三代目校長で「三実主義」の定義付けを行なった田中忠夫の順序は「真実」がトップで「真実・実用・忠実」の順序。戦後新制大学の二代目学長の星野通は、戦時・戦後久しく忘れられていた「三実主義」の復興を唱え、その順序は「真実」がトップで「忠実」を二番目に配置し、「真実・忠実・実用」の順序で、三者それぞれ異なっていた。そして、それには、三者三様それなりの歴史的理由・根拠があった。

②加藤彰廉先生の順序は、何よりも第一次大戦後の商業家、実業人養成のため、「実用」第一の人材育成を考えていた。その際、商人の中には嘘をついたり、騙したりする人がいるので、嘘をつかず、人に信用・信頼される徳育重視の人づくりを重要視し、「忠実」を二番目に配置した。

③一九四一年四月の「生徒要覧」に定義付けした田中忠夫先生の順序は、軍部の教育勅語さえあれば校訓など不要だという軍部に抗う意図をこめて、「真実」をトップに配置した。それは高く評価されるが、「まこと」という言葉を使い、実態は「忠誠の実」

「奉公の誠」「職分奉公の誠」を強調し、体制迎合の「三実主義」となっていた。

④一九六二年四月の「学生便覧」に定義付けした星野通先生は、敗戦後の戦後改革・変革、日本国憲法、教育基本法の制定を受け、軍国主義・全体主義・植民地主義から平和主義・民主主義・基本的人権、家でなく個人の尊重、福祉国家づくりの新日本への転換という歴史の大きな流れの中で、戦前・戦時の校訓「三実主義」に代わる、新しい戦後民主主義の理念の下での、校訓「三実主義」の再興を唱えた。その際、学校教育法の大学の目的「大学は学術の中心として、広く知識を授けるとともに、深く専門の学芸を教授研究し、知的、道徳的及び応用的能力を展開させることを目的とする」に沿い、知的を「真実」に、道徳的を「忠実」に、応用的を「実用」と解釈し、「真実・忠実・実用」の順序に変更した（神森智学長の指摘より）。

⑤校訓「三実主義」の「真実・忠実・実用」の用語は、抽象的、無規定で、いかようにも解釈される概念であり、歴史的に定義付けする必要があると思い、私は加藤彰廉先生の「三実主義」を「戦前三実主義」、田中忠夫のそれを「戦時三実主義」、星野通先生のそれを「戦後三実主義」と名付け、区別した。この点については、拙著『新田長次郎と三実主義・三恩人の研究』（SPC出版、二〇二一年一〇月）を参照されたい。

⑥私は、戦後の星野先生の説に共感しているが、星野学長の「三実主義」の説明は、戦時体制下の田中校長の「三実主義」の定義・説明の前半部分をそれぞれ二行程度に簡略・簡明化したもので、戦後の平和と民主主義、日本国憲法、教育基本法の精神が反

映されておらず、限界があり、不満に思っている。私の見解は『新田長次郎と三実主義・三恩人の研究』で示した。

㈢　大学は人であり、いかなる人物によって大学運営がなされたのかを記した。なお、敬称は基本的に略した。

㈣　校史は、全体として万遍なく記述する必要があるために、入試や入学式、卒業式、学長選挙、学部長選挙、評議員・理事選挙等のルーティンワークについても記述した。

㈤　学生は「学園協同体」の一翼であり、主体である。そこで、学生の動向、自主的な研究活動についても目配りしたかったのだが、探索不足、資料不足で筆が及んでいない。ご容赦願いたい。

㈥　資料としては、公刊資料を中心とし、学内報、学園報、温山会報、入試要項、入学試験実施状況、松山大学一覧、等を利用した。また、聞き取りもした。

㈦　本書の表題は「苦境・低迷の十四年史」としたが、それは少子化・志願者減少にあえぐ地方私学に共通する現象である。その原因は、①「失われた三〇年」と言われる長期にわたるデフレ経済、閉塞状況が特に地方にしわよせされたものであり、②また、新自由主義による競争主義が「改革病」をあおり、対立・疲弊をもたらしたものであり、③さらに、政界・経済界の劣化（世襲の弊害、長期に渡る裏金問題、企業の利益至上主義等）や社会の劣化（最近の詐欺事件の横行等）など、もろもろの反映であり、病根は深いものである。打開の道は容易ではないが、王道を歩むしか道はない。その道はおわりにで記した。

第一章　森本三義学長時代

（二〇〇七年一月一日〜二〇一二年一二月三一日）

二〇〇六年（平成一八）一二月末で第二次神森智学長・理事長(1)（二〇〇四年一月〜二〇〇六年一二月）の任期が満了するので、新しい松山大学学長選考規程（神森時代の二〇〇六年三月制定）にもとづき、各母体で選挙管理委員を選出し、選挙管理委員会が設置された（委員長は掛下達郎）。

二〇〇六年一〇月二日、学長選挙の公示がなされた。選挙権者は二二七名（教員一二九名、職員九八名）であった。

一〇月一六日、第一次投票が行われた。一次投票は選挙権者の自由意思で、特定の候補を立てずに、内外無差別で学長候補にふさわしい人を教職員が選ぶものであった。結果は次の通りであった。

1. 選挙権者		二二七
2. 棄権		三六
3. 投票総数		一九一
4. 無効		六
5. 有効投票		一八五
1位	森本三義	六〇
2位	岩橋　勝	五七
3位	金村　毅	三一
次点	神森　智	九

学長選考規程では、独立自尊、選挙権者の自由意思での投票をうたっていたが、水面下で組織的な働きかけがあった。その結果、森本、岩橋、金村の上位三名が第二次投票の候補者となった。森本候補は一九五二年四月生まれ、五四歳、経営学部教授で常務理事、岩橋候補は一九四一年八月生まれ、六五歳、経済学部教授で元理事、金村候補は一九四三年三月生まれ、六三歳、人文学部教授で人文学部長を務めていた。

一一月七日、第二次投票が行われた。結果は次の通りで、二次投票から教員、職員別の投票結果が表示された。

1. 選挙権者　二二七
2. 棄権　二九
3. 投票総数　一九八
4. 無効　四
5. 有効投票　一九四
6. 学長候補者
　1位　森本三義　九一（教育職員三三、事務職員五八）
　2位　岩橋　勝　七一（教育職員四四、事務職員二七）
　3位　金村　毅　三二（教育職員一七、事務職員一五）

その結果、学長選考規程第一〇条第一項「全選挙権者の有効投票数の過半数及び選挙権者である教育職員の有効投票数の過半数を得たものがあるときには、その者を学長となるべきものとする」の要件を満たさなかったので、上位二人に対し、第三次投票・決戦投票が行なわれることになった。一一月二四日、第三次投票が行なわれた。結果は次の通りとなった。

1．選挙権者　二二七
2．棄権　二八
3．投票総数　一九九
4．無効　七
5．有効投票　一九二
　1位　森本三義　一〇二（教育職員四〇、事務職員六二）
　2位　岩橋　勝　九〇（教育職員五七、事務職員三三）

森本候補は「全選挙権者の有効投票数の過半数」を得たが、「教育職員の有効投票数の過半数」を得ていなかった。その結果、学長選考規程第一一条の第三項の規定「第三次投票の結果、学長となるべき者が決まらないときは、前項で準用する第一〇条第一項前段の学長となるべき者に係わる規定にかかわらず、最上位の得票者をもって学長となるべきものとする」により、第四次投票は無く、森本候補が学長候補に決まった。

二〇〇七年一月一日、森本三義経営学部教授が、第一四代松山大学学長・理事長に就任した。この時、五四歳であった。

一四代学長 森本三義

森本教授の主な経歴は次の通りである。

一九五二年（昭和二七）四月愛媛県生まれ。一九七五年三月松山商科大学経営学部卒業。同年四月大阪大学大学院経済学研究科修士課程入学、一九七七年三月同課程修了。同年四月大阪大学大学院経済学研究科博士課程入学。一九八一年三月同博士課程単位取得退学。一九八一年四月松山商科大学経営学部講師。一九八三年四月助教授、一九九〇年一〇月教授。一九九四年四月～一九九六年三月入試委員長。一九九八年四月から一二月まで就職常任委員長。一九九八年一二月から比嘉清松理事長の下で松山大学理事（財務担当）となり、二〇〇一年一月青野勝廣理事長の下でも理事を続け、同年一一月寄附行為改正により、常勤理事（財務担当）となっていた。二〇〇四年一月第二次神森智理事長の下で引き続き常勤理事（二月一三日からは名称変更により常務理事、財務と教学担当兼務）を務めていた(2)。森本教授は本学出身で、神森智教授のゼミ生であった。

森本学長・理事長は三期六年（二〇〇七年一月一日～二〇一二年一二月三一日）その職を務めた。この時代、国際政治面では、アメリカのブッシュ共和党政権（二〇〇一年一月～二〇〇九年一二月）の末期から、オバマ民主党政権（二〇〇九年一月～二〇一七年一二月）の時代にあたる。国際経済面では、ブッシュ政権下の住宅バブルでアメリカは繁栄していたが、二〇〇七年夏ごろからのサブプライムローンの焦げつきが始まり、二〇〇八年九月に米証券会社大手四位のリーマンブラザーズが破たんし（リーマン・ショック）、世界的金融危機・世界恐慌に発展した時代である。

本時期、日本政治は混迷の時代であった。新自由主義の小泉純一郎内閣（二〇〇一年四月～二〇〇六年九月）を引き継いだ、第一次安倍晋三内閣（二〇〇六年九月～二〇〇七年九月）は、「戦後レジームからの打破」「美しい日本の国づくり」を掲げたが、閣僚らの不祥事、年金記録問題、本人の体調不良の結果、突然辞任し、短命に終わった。次の福田康夫内閣（二〇〇七年九月～二〇〇八年九月）は、サブプライムローン問題で打撃を受けたアメリカ経済救済のため、ブッシュ政権は日本に過大な負担を求めてきたが、それを拒否し辞任した。次の麻生太郎内閣（二〇〇八年九月～二〇〇九年九月）は、失言やリーマン・ショックの打撃などで、衆議院選挙で敗北した。その結果、歴史的な政権交代となった。民主党内閣は、鳩山由紀夫内閣（二〇〇九年九月～二〇一〇年六月）、菅直人内閣（二〇一〇年六月～二〇一一年八月）、野田佳彦内閣（二〇一一年九月～二〇一二年一二月）と続いたが、沖縄の普天間基地問題での迷走、民主党内でのゴタゴタ、原発対応、消費税問題などで失敗し、いずれも短命に終わった。日本政治劣化の時代であった。

本時期の日本経済をみると、小泉内閣下の新自由主義の下、格差を拡大させながら、「景気回復期」（二〇〇二年二月～二〇〇七年一〇月まで六九カ月）にあったが、二〇〇八年九月のリーマン・ショックを受け、株安、企業倒産・失業の増大、派遣切りが社会問題となり、そこへ、二〇一一年三月一一日の東日本大震災が襲いかかり、大きな打撃を受けた時代であった。

大学をめぐる情勢では、私学冬の時代がさらに深刻となり、苦難・苦境の時代が続いていた。

本学園では、前年度、神森学長・理事長時代に苦難打破のため、理系の薬学部を発足させ、文理融合の総合大学に向けて舵を切り、歩み始めたものの、薬学部の志願者は予測を大きく外れ、苦難・苦境、大変厳しい状況となった。そんな状況下、森本学長・理事長に学園の舵取りが託された。しかし、森本学長は、教員の支持は少数であった。

〔注〕

（1）神森智学長時代ならびにその前の青野勝廣学長時代の松山大学の歴史については、拙著『松山大学 苦難・混迷の十五年史―一九九二年一月～二〇〇六年一二月―』（愛媛新聞サービスセンター、二〇二三年五月）を参照されたい。本書はその続きである。

（2）『学内報』第三六一号、二〇〇七年一月。

㈠二〇〇七年（平成一九）一月〜三月

二〇〇七年一月一日、森本三義教授が第一四代松山大学学長・理事長に就任した。

森本学長の就任挨拶の大要は次の如くであった。

「今日、大学は全入時代を迎え、全国の私立大学は四割が定員割れであり、今後ますます厳しくなることが予測されます。

私はこれまで財務担当理事五年間、教学担当三年間務めさせていただき、その間、危機的な混迷状態を経験してきましたが、何とか乗り切り今日に至りました。今後、独立自尊の精神に基づいた管理運営を行ない、また校訓三実主義にしたがって教育研究を行ない、社会から信用・信頼され、すべての関係者が誇りのもてる大学にしていきたい。

所信表明でも述べましたが、今後の大学の重点課題として、①三実主義に基づき個性的な大学づくり、特に、実用に重きを置き、語学教育と資格取得に力を入れたい。②リメディアル教育、導入教育、カウンセリングなどの教育支援を行いたい、そのために教育支援センターを設置し、また、カウンセラーを充実させていきたい。③就職支援のために、キャリア教育の充実や資格取得の支援を行なう。特に、キャリアセンターを移転し、充実させ、また、企業は資格取得者を選好する傾向があるので、資格取得のカリキュラムの編成や中小企業診断士等各種講座の充実をはかる必要がある。そのためにもエクステンションセンターの設置が必要です。④社会人教育を強化し、高校の新卒者のみに依存しない体質に転換する。そのために一八歳人口の減少に伴う入学

者の不足を社会人で補う必要があり、社会人教育、生涯教育に力を注いでいきたい」(1)

以上のように、森本学長・理事長は、私学冬の時代、本学園の苦難打破のため、実用主義的教育と就職支援、社会人教育を重視した大学づくりを考えていたことがわかる。

森本新学長・理事長の就任時の校務体制は、経済学部長は入江重吉（二〇〇五年四月～二〇〇七年三月）、経営学部長は藤井泰（二〇〇五年二月一日～二〇〇七年一月三一日）、人文学部長は金村毅（二〇〇四年一一月一日～二〇〇八年三月）、法学部長は廣澤孝之（二〇〇六年四月～二〇〇八年三月）、薬学部長は葛谷昌之（二〇〇六年四月～二〇一一年五月三一日）、短大学長は八木功治（二〇〇四年四月～二〇〇九年三月）、経済学研究科長は清野良栄（二〇〇四年四月～二〇〇八年三月）、経営学研究科長は中山勝己（二〇〇六年四月～二〇一〇年三月）であった。図書館長は新しく宍戸邦彦（二〇〇七年一月一日～三月三一日）が任命され、就任した。教務委員長は安田俊一（二〇〇七年一月～二〇一〇年一二月三一日）、総合研究所長は小松洋（二〇〇五年四月～二〇〇七年三月）、入試委員長は向井秀忠（二〇〇六年四月～二〇〇八年三月）、学生委員長は中嶋慎治（二〇〇六年七月一九日～二〇〇七年三月三一日）が続けていた。

学校法人面では、昨年末の一二月一日から新寄附行為により、越智純展事務局長が当然理事となり、評議員会選出の理事として、田中哲、葛谷昌之、墨岡学が理事となっていたが、その他の新しい理事、常務理事はまだ決まっていなかった。(2)

一月一二日、森本理事長は理事会を開き、寄附行為第六条第一項第四号（事務部長から一～三人以

内を理事とする）により、猪野道夫、奥村泰之、西原友昭の三人の部長を理事とした。(3)

一月一八、全学教授会を開き、森本学長が副学長として平田桂一経営学部教授を提案し、選出された。平田教授は前、神森智学長時代に副学長に就任して以来、再選となった。

一月二〇、二一日の両日、二〇〇七年度の大学入試センター試験が行なわれた。開設二年目の薬学部が新しくセンター利用入試を導入した（募集人員一五名）。募集人員は前年に比し、経営は四五名から三〇名に減らし、人文英語も二〇名から一五名に減らした。他は前年と変わりなかった。

結果は次の通りであった。(4)文系の志願者は人社は増えたが、他は減少し、全体として、前年の一七四九名→一六七二名に、七七名、四・四％減少し、厳しい状況となった。薬学部は初めての導入であったが、志願者は少なく、先行き不安となった。合格者は、文系は前年は九一〇名であったが、九四一名と少し増やした。薬学部は受験者一〇八名で六〇名を発表したが、不足し、後に追加合格として四三名を出し、合計一〇三名で、ほぼ全入となった。

表一　二〇〇七年度センター利用入試

	募集人員	志願者（前　年）	合格者	追加合格
経済学部	二五名	五〇〇名（五四二名）	二四一名	〇名
経営学部	三〇名（前期）	四三五名（四六三名）	二五五名	〇名
人文英語	一五名	一九五名（二一四名）	一〇〇名	〇名
社会	一五名	二八一名（二六三名）	一九〇名	〇名
法学部	二〇名	二六一名（二六七名）	一五五名	〇名

文系合計	一〇五名	一六七二名（一七四九名）	九四一名	〇名
薬学部	一五名	一〇八名	— 六〇名	四三名
総計	一二〇名	一七八〇名（一七四九名）	一〇〇一名	四三名

（出典）『学内報』第三六三号、二〇〇七年三月。同、第三六四号、二〇〇七年四月。

一月二六日、理事会を開き、寄附行為第六条第一項第二号（副学長を理事とする）により平田副学長を理事に選出した。また、寄附行為第五条第四項の規定（職員理事のうち二人～四人以内を常務理事とする）により、越智純展（事務組織統括）、猪野道夫（財政統括）、平田桂一（教学統括）、墨岡学（総務人事統括、労務、ＩＴ）の四人を常務理事に選出した。また、監事として矢野之祥を選出した。また、森本理事長は理事長補佐として、金村毅（人文学部長）と岡村伸生（財務部長）を任命・選任した。学部長を理事長補佐に任命するのは異例であったが、金村補佐はエクステンションセンター構想を、岡村補佐は資産運用を担当とした。(5)

この理事長補佐人事について一言コメントすると、エクステンションセンター構想なら、平田副学長に指示すればよいことで、態々現職の人文学部長を補佐にするのは疑問があろう。また、資産運用なら猪野常務理事に指示すればよいことで、態々岡村財務部長を補佐にする必要もないだろう。

二月八～一二日の五日間、二〇〇七年度の一般入試が行なわれた。八日が薬学部（前期）、九日が経済学部、一〇日が経営学部、一一日が人文学部、一二日が法学部の試験であった。一般入試の募集人員は、薬学部（前期）八〇名、経済二一六名、経営二〇〇名、人文英語五〇名、人文社会九〇名、法学部一一〇名であった。募集人員の変化は、二年目の薬学部が前年の前期一三〇名→八〇名に減らした。それは、推薦入試（指定校二〇名、一般公募三〇名）、センター利用入試（前期一五名、後期五名）を導入し、それらに定員を振り向けたためであった。文系では、経営が前年より一〇名減らし、法学部も二〇名減らした。試験会場は、本学、東京（代々木ゼミナール代々木校）、大阪（大阪YMCA会館）、岡山（代々木ゼミナール岡山校）、広島（代々木ゼミナール広島校）、小郡（北九州予備校山口校）、福岡（公務員ビジネス専門学校）、高松（高松高等予備校）、徳島（高川予備校佐古本校）、高知（土佐塾予備校）の一〇会場。薬学部はさらに、名古屋、米子、大分、鹿児島、沖縄の五会場を設けた。検定料は三万円。合格発表は二月二一日。

結果は次の通りである。[6] 文系の志願者は前年の四三七七名→四一〇二名に、二七五名、六・三％減少し、厳しい状況となった。薬学は前年の五〇二名→二五七名へ、半減という大変厳しい状況となった。合格者は、文系は前年より少し絞った。薬学部は志願者は二五七名だが、欠席が多く、受験者は二二八名となり、二〇〇名の合格者を出した。全入に近かった。

表二　二〇〇七年度一般入試

	募集人員	志願者（前年）	合格者（前年）	追加合格
経済学部	二一六名	二一六三名（一四三六名）	七六七名（七四〇名）	〇名
経営学部	二〇〇名	一一五〇名（一一八四名）	六一六名（六四一名）	一五名
人文英語	五〇名	三〇四名（三五四名）	一九七名（二〇九名）	〇名
社会	九〇名	六五〇名（六九三名）	二九六名（二八〇名）	〇名

法学部	一一〇名	七一五名（七一〇名）	三三一名（三六五名）	一八名
文系合計	六六六名	四一〇二名（四三七七名）	二二〇七名（二二三五名）	三三名
薬学部（前期）	八〇名	二五七名（五〇二名）	二〇〇名（三〇七名）	二二名
総計	七四六名	四三三九名（四八七九名）	二四〇七名（二五四二名）	五五名

（出典）『学内報』第三六三号、二〇〇七年三月。同、第三六四号、二〇〇七年四月。

その後、歩留まり予測がはずれ、文系では経営が一五名、法が一八名の追加合格者を出した。また薬も二二名の追加合格を出し、ほぼ全入となった。薬は二年連続して追加合格を出し、定員を満たすために低い学力の受験生を入学させたと、批判された。

なお、学費について、文系学部は授業料を前年に比し二万円引き上げ、六一万円とした。また、二年次以降の授業料について二万円引き上げのステップ制とした。(7) 前神森理事長時代以来の二年連続授業料のアップ&ステップであった。

二月一三日、常務理事会は、FX参照型米ドル為替予約取引を行なうことを決め、正式理事会にはかることを決めた。寄附行為の堅実な資産運用に規程に反する行為であった。

三月一日発行の『学内報』第三六三号に入試委員長の向井秀忠が「二〇〇七（平成一九）年度入学試験結果報告―一般入試を中心に―」を報告している。そこで、今後の本学の入試改革の方向性について述べている。それは、広島の修道大学の志願者増の例に学び、全学統一入試を導入し、一度の入試で複数学部に出願できる併願型入試導入の提案であった。(8) 併願者を増やし、志願者増をねらうものであった。

三月三、四日、二〇〇七年度の大学院第Ⅱ期入試が行われ、経済学研究科修士課程は六名、経営学研究科修士課程は一名、言語コミュニケーション研究科は六名、社会学研究科は四名合格した。また、博士課程は社会学研究科が一名合格者を出した。(9)

三月六日、理事会は、金利スワップ一三億五〇〇〇万円の取り引きを決めた。その内容は、①契約期間は二〇〇七年三月三一日〜二〇一六年三月三一日。②基準である為替九〇・二円が円高になれば一〇％の支払い、円安なら一％の受け取り、という不利な契約であった。この時、為替は一ドル一一六円であったが、リーマンショック後、急激に円高が進行することになる（二〇〇八年一二月八七円、二〇〇九年四月に一〇一円に回復したが、その後二〇一一年には七五円台）。寄附行為違反でかつ不利な契約であった。

三月六日、廣澤孝之法学部長の辞任により、法学部長選挙が行なわれ、田村譲教授（六四歳、現代法）が選出された。(10)

三月八日、一般入試で薬学部の後期日程（定員一〇名）、大学センター利用入試で薬学部（定員五名）と経営学部の後期日程（定員一五名）が行なわれ、一六日に薬が一般で一二名、センターで七名、経営がセンターで四一名発表した。(11)

三月一四日、総合研究所主催の「松山大学地域調査報告会」において、経済学部の上田雅弘ゼミの学生たちが「愛媛の紙産業に関する調査と大王製紙の効率性分析」というテーマで報告している。(12)

三月二〇日、午前一〇時より愛媛県県民文化会館にて二〇〇六年度の卒業式が行なわれた。森本学長は式辞のなかで、松山大学の歴史と教学理念を述べ、卒業生に対し、「目標管理を行ない、なにごとにも失敗を恐れず、積極的に取り組んでください。また、校訓三実主義を我が身に体して実社会で活躍していただきたい」と激励した。[13] それは次の通りである。

「小鳥のさえずりにも日差しにも春の訪れを感じる今日の佳き日に、多数のご来賓ならびに保護者の皆様のご臨席を賜り、平成十八年度松山大学・大学院学位記・卒業証書・学位記授与式を盛大に挙行できますことは、本校の光栄とするところであり、教職員を代表して心から御礼申し上げます。

修了生および卒業生の皆さん、ご修了・ご卒業おめでとうございます。大学院修士課程では二年間、大学院博士後期課程では三年間、学部では四年間修学し、皆さんが本日こうしてご修了、ご卒業の日を迎えられたことに対して心からお慶び申し上げます。また、保護者の皆様におかれましても、感慨無量でさぞかしご安堵なされているものと拝察し、心からお慶び申し上げます。

さて、修了生および卒業生の皆さん、修了または卒業に当たり、皆さんが入学式を迎えた時を思い起こしてください。このような式典に際しては必ず松山大学の歴史と教学理念について説明があったことと思います。これは、皆さんに自信を持って勉学に励み、卒業または修了しても実社会で誇りを持って活躍していただきたいこと、また、松山大学における教育研究が目指すものを理解していただき、松山大学の教学理念を生かして実社会において活躍していただきたいと願って行っているのです。本日もこの二点について、まず手短にお話しておきたいと思います。

松山大学は大正十二年〔一九二三年〕に開校した旧学制による松山高等商業学校がその始まりです。本校は、松山市出身で大阪産業界の雄であった新田長次郎〔雅号温山〕、当時の松山市長であり、俳人正岡子規の叔父に当たる加藤恒忠〔雅号拓川〕、教育家であり、山口高等中学校長、大阪高等商業学校長、北予中学〔現県立松山北高等学校〕校長になられた加藤彰廉らの協力によって設立されました。長次郎翁は、高等商業学校設立の提案に賛同し、学校の運営には自らは関らないことを条件に、設立資金として巨額の私財を投じて松山高等商業学校を創設しました。現在、文京町キャンパス内に、感謝の意を込めて三恩人としてそれぞれの胸像を設置しています。

昭和十九年に松山経済専門学校と改称し、第二次世界大戦後の学制改革により昭和二十四年に商経学部［現、経済学部、経営学部］を開設して松山商科大学となり、その後、大学院経済学研究科、人文学部、大学院経営学研究科、法学部を順次開設して文系総合大学となり、平成元年〔一九八九年〕に校名を変更して松山大学となりました。昨春、五番目の学部である理系の薬学部と三番目の大学院である大学院社会学研究科を開設して、本学は名実共に総合大学となりました。さらに今春、四番目の大学院である大学院言語コミュニケーション研究科英語コミュニケーション専攻を開設して、教育研究体制をさらに充実しています。

松山大学の教学理念は、初代校長加藤彰廉が提唱し、第三代校長田中忠夫によってその意義が確立された「真実」「忠実」「実用」の三つの実を持った校訓三実主義です。真実とは、「真理に対するまことである。皮相な現象に惑溺しないで進んでその奥に真理を探り、枯死した既成知識に安住しないでたゆまず自ら真知を求める態度である。」と、忠実とは、「人に対するまことである。人のために図っては己を虚しうし、人と交わりを結んでは終生操を変えず自分の言行に対してはどこまでも責任をとらんとする態度である。」と、実用とは、「用に対するまことである。真理を真理のままに終わらせないで、必ずこれを生活の中に生かし社会に奉仕する積極進取の実践的態度である。」と説明されています。咀嚼すれば、三実主義とは、教育研究においては真理を探究することはもちろんのこと、その真理を日々の生活や仕事の中に応用できるものにすること、また、組織において能力を発揮するためには信用・信頼される人格でなければならないことを説いていると考えます。

皆さんを社会に送り出すに当たり、まず期待することは、旧校歌にもあるように、この三実主義をわが身に体して実社会で活躍していただきたいということです。本年は、創立八五年目になりますが、この間に社会に送り出した卒業生は約六万人に達し、産業界を中心に教育界や官公庁などにあって、全国的に活躍し、高い評価を得てきました。これも卒業生の皆さんが、三実主義を体して活躍した結果であり、これが伝統になっていると確信しています。皆さんも伝統を守り、先輩たちに続いてご活躍ください。幸いにもバブル崩壊後、長く続いた不況からも脱しつつあり、就職状況も好転してきました。チャンスを生かして、更なる飛躍を遂げられることを望みます。景気には循環があり不況のときもありますから、その場合にも耐えられるように、実社会において必要なスキルや知識を絶えず修得してください。本学も環境の変化に適応させて、皆さんが実社会において必要となるスキルや知識の修得に貢献できるように、教育研究体制を整えてゆきたいと考えています。

皆さんに対してもう一つ期待することは、今後生きてゆくうえでも目標管理を行っていただきたいということです。この四年間においても志を立て、目的や目標を持って日々努力した人はそれぞれに満足のゆく成果を納め、学生生活に満足されていることでしょう。今後実社会において活躍してゆく上でも、志を立て、目標や目的を達成するための計画を立案し実行してください。人生も企業活動と似ていると思いますから、Plan-Do-Check-Actionのマネジメント・サイクルで自己管理してください。「意志あるところ道あり」の精神で、決してあきらめないで、時には進んでゆけば道も見えてくることもあり、時にはリスクをとらなければならない時もありますから、失敗を恐れず、「虎穴に入らずんば虎子を得ず」の精神で積極的に取り組んでください。長期的に自己管理できる固い意志を持って人生を歩めば、満足の行く人生を送ることができると思います。

この卒業式には、在学中に交通事故に遭い、ハンディキャップを背負っても初心を忘れることなく卒業に向かって努力し、卒業式に出席している経済学部の木曾智子さんがいます。このように卒業式を迎えることができたのは、計り知れない本人の努力はもちろんのこと、ご両親や指導教授の鈴木茂先生を始め、関係者のご指導・ご協力の賜物と存じます。賛辞を送ると共に今日までご指導・ご協力いただいた関係者の皆様に心からお礼申し上げます。今後もこれまで同様、可能な範囲で目標を立て努力していただきますよう希望いたします。

大学を取り巻く環境は少子化の影響もあって益々厳しくなってきましたが、環境の変化に適応し、校訓「三実主義」に基づいて教育研究に励むことにより、社会から信用・信頼され、卒業生と在学生を含む松山大学のすべての関係者が一層誇りを持てる大学になることを目指します。皆さんは今後卒業生・修了生によって組織される「温山会」の一員になりますから、温山会活動を通じても協力関係が築けることを期待し、最後になりましたが、皆さんがご健勝で社会人として世界的にご活躍いただけることを祈念して式辞といたします。

平成一九年三月二〇日

松山大学

学長　森本三義」(14)

この式辞について、一言コメントしておこう。

①加藤彰廉校長の山口高等中学の経歴について。山口高等中学では教諭を経て教授となっているが、校長には就任していないので、この箇所は間違いである。その後の式辞でも山口高等中学校長と述べているが、訂正する必要がある。

②校訓「三実主義」について。初代校長加藤彰廉が提唱し、第三代校長田中忠夫によってその意義が確立されたとして、「三実主義」の「真実」「忠実」「実用」を解説しているが、間違いではないが、正確さに欠ける。この解説文は、田中忠夫校長が明文化した詳しい解説文を、戦後第二代星野通学長が一九六二年に二行程度に簡略・簡明化したものだからである。

③卒業生に対し、会計学者らしく、今後の人生をおくるに当たって、目標を持ち、自己管理して、

固い意思をもって生きるよう、堅実に述べられていることが印象的である。④また、交通事故にあった木曽さんが立派に卒業したことを讃えていたのも大変人間味があった。

三月三一日、経済学部の村上克美（六八歳、経済政策）が退職した。また、上田雅弘（計量経済学）が退職し、同志社大学に転出した。人文学部では尾崎恒（国際事情）、増田豊（英語）が退職した。法学部では廣澤孝之（政治学）が退職し、転出した。[15]

〔注〕

（1）『学内報』第三六一号、二〇〇七年一月。
（2）『学内報』第三六三号、二〇〇七年三月。
（3）同。
（4）『学内報』第三六三号、二〇〇七年三月。同、第三六四号、二〇〇七年四月。
（5）『学内報』第三六三号、二〇〇七年三月。
（6）『学内報』第三六三号、二〇〇七年三月。同、第三六四号、二〇〇七年四月。
（7）『学内報』第三五八号、二〇〇六年一〇月。
（8）『学内報』第三六三号、二〇〇七年三月。
（9）『学内報』第三六四号、二〇〇七年四月。
（10）同。
（11）同。
（12）同。
（13）同。
（14）松山大学総務課所蔵。
（15）『学内報』第三六四号、二〇〇七年四月。

(二)二〇〇七年(平成一九)度

森本学長・理事長一年目である。薬学部二年目である。本年度、本学では四番目となる大学院言語コミュニケーション研究科(修士課程)が発足した。

本年度の校務体制は、副学長は平田桂一(二〇〇七年一月一八日~二〇〇八年一二月三一日)が続けた。経済学部長は新しく宮本順介(二〇〇七年四月~二〇〇九年三月)が就任した。経営学部長は石田徳孝(二〇〇七年二月一日~二〇〇八年三月)、人文学部長は金村毅(二〇〇四年一一月一日~二〇〇八年三月)が続け、法学部長は田村譲(二〇〇七年四月~二〇〇八年三月)が新しく就任した。薬学部長は葛谷昌之(二〇〇六年四月~二〇一一年五月三一日)、短大学長は八木功治(二〇〇四年四月~二〇〇九年三月)、大学院経済学研究科長は清野良栄(二〇〇四年四月~二〇〇八年三月)、経営学研究科長は中山勝己(二〇〇六年四月~二〇一〇年三月)、社会学研究科長は山田富秋(二〇〇六年四月~二〇〇九年三月)が続けた。新設の言語コミュニケーション研究科長は金森強(二〇〇七年四月~二〇〇九年三月)、図書館長は新しく大浜博(二〇〇七年四月~二〇一〇年一二月)が就任した。総合研究所長は小松洋(二〇〇七年一月~二〇一〇年一二月)が続け、副所長は新しく松井名津(二〇〇七年四月~二〇〇八年一二月)が就任した。教務委員長は新しく奥村義博(二〇〇七年四月~二〇〇八年三月)が就任した。入試委員長は向井秀忠(二〇〇六年四月~二〇〇八年三月)、学生委員長は中嶋慎治(二〇〇六年七月~二〇〇八年三月)が続けた。

学校法人面では、常務理事は、事務局長で理事の越智純展(二〇〇四年一月一六日~二〇一〇年三月、事務組織統括)、事務部長で理事の猪野道夫(二〇〇七年一月二六日~二〇一〇年三月、財務)、

副学長で理事の平田桂一（二〇〇七年一月二六日〜、教学）、評議員理事の墨岡学（二〇〇七年一月二六日〜二〇一二年一二月三一日、総務人事統括、労務、ＩＴ総務）が続けた。他の理事は、事務部長から奥村泰之、西原友昭、評議員から田中哲、葛谷昌之、設立者から新田晃久、温山会から麻生俊介、今井琉璃男、宮内薫、功労者又は大学経営に関する識見者から石川富治郎、一色哲昭、大塚潮治、水木儀三、山崎敏夫であった。監事は、設立者又は縁故者から雑賀英彦（二〇〇〇年七月二九日〜二〇〇七年一〇月二〇日）、功労者又は大学経営に関する識見者から高沢貞三（二〇〇四年一月一六日〜二〇〇七年七月二七日）、矢野之祥（二〇〇七年一月二六日〜二〇一〇年一二月三一日）が続けていた。[1]評議員は、教育職員では、浅野剛（経営）、奥村義博（人文）、墨岡学（経営）、波多野雅子（法）、牧園清子（人文）、増野仁（経済）、間宮賢一（経済）、吉田隆志（薬）の八名、事務職員は、掛川猛、高橋安恵の二名、事務局長及び部長から越智純展、猪野道夫、奥村泰之、西原重博、渡部弘志の五名。後、副学長、学部長、短大学長の七名。温山会の池内義直、田中哲、久井満、堀晋、明関和雄、大野明雄、野本武男、増田育顕の八名、学識経験者の大城戸圭一、河田正道、関谷孝義、長井明美、中村時広、橋本尚、三木吉治、水木儀三、村上健一郎、森雅明の一一名であった。

本年度も次のような新しい教員が採用された。[2]特に、薬学部は二年目で大量に教員が赴任した。また、言語コミュニケーション研究科が発足に伴う教員も赴任した。

なお、本年度から教員の身分の名称が変更された（助教授→准教授、助手→助教）。

経済学部
熊谷　太郎　一九七四年生まれ、神戸大学大学院経済学研究科博士後期課程。新特任の准教授として採用。経済政策論、ミクロ経済学入門等。
経営学部
作田　良三　一九七一年生まれ、広島大学大学院教育学研究科博士後期課程。准教授として採用。社会科教育法等。
人文学部
佐野　正之　一九三八年生まれ、ワシントン大学大学院スクール・オブ・ドラマ修士課程、特任の教授として採用。英語教育学特講。
鶴木　真　一九四二年生まれ、慶応義塾大学大学院法学研究科博士課程、特任の教授として採用。ジャーナリズム論。
穴田　浩一　一九五六年生まれ、横浜市立大学文理学部国際関係課程。教授として採用。英語、国際事情等。
法学部
林　恭輔　一九七三年生まれ、日本体育大学大学院体育学研究科博士前期課程。特任の准教授として採用。体育。
薬学部
岩村　樹憲　一九五八年生まれ、岐阜薬科大学大学院薬学研究科博士後期課程。教授として採用。薬品合成化学等。

牧　　純　一九五〇年生まれ、東京大学薬学部。教授として採用。微生物学等。

秋山　伸二　一九六四年生まれ、岡山大学大学院自然科学研究科博士後期課程。准教授として採用。薬学。

玉井　栄治　一九七一年生まれ、岡山大学大学院自然科学研究科博士課程後期。准教授として採用。分子生物学。

奈良　敏文　一九六三年生まれ、名古屋大学大学院理学研究科博士後期課程。准教授として採用。物理化学。

畑　　晶之　一九六八年生まれ、千葉大学大学院薬学研究科博士前期課程。准教授として採用。物理化学。

舟橋　達也　一九七三年生まれ、岡山大学大学院自然科学研究科博士後期課程。准教授として採用。くすりを知る。

江嵜　啓祥　一九七七年生まれ、岐阜薬科大学大学院薬学研究科博士後期課程。助教として採用。

関谷　洋志　一九七九年生まれ、岡山大学大学院自然科学研究科博士後期課程。助教として採用。

好村　守生　一九七九年生まれ、岡山大学大学院自然科学研究科博士前期課程。助教として採用。

山内　行玄　一九六九年生まれ、岐阜薬科大学大学院薬学研究科博士課程。助教として採用（七月一日より）。

四月三日、午前一〇時より愛媛県県民文化会館メインホールにて、二〇〇七年度の松山大学、大学院の入学式が行なわれた。経済四四二名、経営四二五名、人英一一五名、人社一五五名、法二二五名、薬一三四名、計一四九六名が入学した。二年目の薬学部は定員一六〇名を満たさなかった。大学院は経済学研究科博士課程一名、修士課程八名、経営学研究科博士課程〇名、修士課程九名、言語コミニュケーション科修士課程五名、社会学研究科博士課程一名、修士課程四名であった。

森本学長は式辞において、本学の歴史と伝統や創立者の高い志、三恩人、卒業生の活躍、部活動の輝かしい成績、校訓「三実主義」などについて紹介し、最後に「校訓三実主義に基づいて教育研究を行なうことにより、皆さんが修了または卒業を迎えた時に、本学に入学し教育を受けて良かったと満足していただけるように努力することを誓います」と述べた。(3) それは次の通りである。

「花も咲き誇る季節となり、希望に満ちた若人を新たに迎え入れる慶びの中、多数のご来賓ならびにご父母の皆様のご臨席を賜り、平成十九年度松山大学大学院・松山大学入学宣誓式をかくも盛大に挙行できますことは、本校の光栄とするところであり、教職員一同に代わり、ご出席の皆様に対して謹んで御礼申し上げます。

新入生の皆さん、ご入学おめでとうございます。まずは教職員を代表して皆さんのご入学に対して心から歓迎の意を表します。ご父母の皆様におかれましては、ご入学を迎えられ、感慨無量でさぞかしご安堵なさられているものと拝察し、心からお慶び申し上げますとともに、「大学全入時代」を迎えた状況の中で、松山大学へお子様をお送りくださいましたことに対し、心から感謝申し上げます。

さて、新入生の皆さん、これから大学院修士課程では二年間、大学院博士後期課程では三年間、薬学部を除く四学部では四年間、薬学部では六年間の長期にわたり修学することになりますが、入学式に際しては、従来から常に、松山大学の歴史と教学理念について説明を受けています。それは、皆さんが在学中も自信と誇りを持って勉学に励み、修了後または卒業後にも実社会において自信と誇りを持って活躍していただきたいこと、また、松山大学における教育研究が目指すものを理解していただき、松山大学の教学理念を生かして実社会において活躍していただきたいと願って行われているのです。本日もこの二点について、手短にお話しておきたいと思います。

松山大学は大正十二年〔一九二三年〕に開校した旧学制による松山高等商業学校がその始まりです。本校は、松山市出身で帯革製造業〔ベルト製造業〕において成功し、日本の産業発展に貢献した実業家の新田長次郎〔雅号温山〕、外務大臣秘書官、大使、公使歴任後、衆議院議員、貴族院議員に選任され、後年第五代松山市長となった政治家であり、俳人正岡子規の叔父に当たる加藤恒忠〔雅号拓川〕、山口高等中学校長、大阪高等商業学校長、北予中学〔現県立松山北高等学校〕校長になられた教育家の加藤彰廉らの協力によって設立されました。教育の重要性を認識し、「自主独立の精神」を尊重していた長次郎翁は、高等商業学校設立の提案に賛同し、学校の運営には自らは関らないことを条件に、設立資金として巨額の私財（当時のお金で四五万円）を投じて、私立では全国で三番目の松山高等商業学校を創立しました。現在、文京町キャンパス内に、感謝の意を込めて、三恩人としてそれぞれの胸像を設置しています。

昭和十九年に松山経済専門学校と改称し、第二次世界大戦後の学制改革により、昭和二十四年に商経学部〔現、経済学部、経営学部〕を開設して松山商科大学となり、その後、大学院経済学研究科、人文学部、大学院経営学研究科、法学部を順次開設して文系総合大学となり、平成元年〔一九八九年〕に校名を変更して松山大学となりました。昨春、五番目の学部である理系の薬学部と三番目の大学院である大学院社会学研究科を開設して、本学は名実共に総合大学となりました。さらに今春、四番目の大学院である大学院言語コミュニケーション研究科英語コミュニケーション専攻を開設して、教育研究体制をさらに充実しています。

松山大学の教学理念は、初代校長加藤彰廉が提唱し、第三代校長田中忠夫によってその意義が確立された「真実」「忠実」「実用」の三つの実を持った校訓三実主義です。真実とは「真理に対するまことである。皮相な現象に惑溺しないで進んでその奥に真理を探り、枯死した既成知識に安住しないでたゆまず自ら真知を求める態度である。」と、忠実とは、「人に対するまことである。人のために図っては己を虚しうし、人と交わりを結んでは終生操を変えず自分の言行に対してはどこまでも責任をとらんとする態度である。」と、実用とは「用に対するまことである。真理を真理のままに終わらせないで、必ずこれを生活の中に生かし社会に奉仕する積極進取の実践的態度である。」と説明されています。咀嚼すれば、三実主義とは、教育研究においては真理を探究することはもちろんのこと、その真理を日々の生活や仕事の中に応用できるものにすること、また、組織において能力を発揮するためには信用・信頼される人格でなければならないことを説いていると考えます。

本年は、創立八五年目になりますが、この間に社会に送り出した卒業生は約六万人に達し、産業界中心に教育界や官公庁などにあって、全国的に活躍し、高い評価を得てきました。地元愛媛の産業界におけるトップや役員が多く、平成一八年九月発行の週刊ダイヤモンドによれば、本学の卒業生の「出世力」は国公私立大学七三〇校中三五位（私立大学では約五六〇校中一三位）と評価されており、上場企業の取締役になっている者の同級生に占める割合が、非常に高くなっています。これは卒業生の皆さんが、三実主義を体して活躍した結果であり、これが伝統になっているると確信しています。入学生の皆さんも先輩たちに続いて活躍できるように、三実主義を体得し伝統を引き継いでいただきたいと思います。

本学の教育研究の特色は、このように校訓三実主義に基づく教育研究にありますが、申し上げるまでもなく、教育は、知育、徳育および体育からなっています。大学教育では正課として知育を重点的に行いますが、本学では課外活動にも注力して、伝統的にバランスのとれた教育を行ってきたと確信しています。その成果として、課外活動においても輝かしい実績を残しており、前年度に限っても、四国インカレにおいて男子は二一年連続となる四七度目、女子は二〇年連続二〇度目の総合優勝を果たし、なぎなた部および女子弓道部が団体戦で全国優勝を遂げました。卒業生では土佐礼子選手が昨年一一月一九日開催の東京国際マラソンで優勝し、本年八月に大阪で開催される世界陸上選手権のマラソン代表の一員に決定していることは皆さんご存じでしょう。課外活動を通じて、協調性、忍耐力、コミュニケーション能力などを身に付けていただきたいと思います。

皆さんに対してもう一つ期待することは、入学後修学してゆく上で、目標管理を行っていただきたいということです。過去の卒業生の場合にも、志を立て、目的や目標を持って日々努力した人は、それぞれに満足のゆく成果を納め、満足の行く学生生活を送ることができています。薬学部入学生の目標は、まずは薬剤師試験に合格することでしょうが、文系学部入学の場合には、卒業後の進路については漠然としか考えていない場合が多いでしょう。その場合には可能な限り早く志を立て、将来の進路を決定して、目標や目的を持って勉学に励んでいただきたいと思います。進路決定に役立てていただくためにキャリア・プランニングに関連する授業が行われますから、積極的に受講してください。指導教授やカウンセラーの先生達に相談することもできます。目標や目的を持つことができれば、一年ごとに目標や目的を達成するための計画を立案し、実行してください。在学中、このようにして学生時代を送ることができれば、満足の行く結果を出すことができるでしょう。

バブル崩壊後、長く続いた不況からも脱しつつあり、就職状況も急速に好転してきましたが、景気循環により不況になることも想定しておかなければなりません。どんな状況においても、最終的には希望する進路へ進むことができるように、実力を養成してください。校訓「三実主義」に基づいて教育研究を行うことにより、皆さんが修了または卒業を迎えた時に、本学へ入学し教育を受けて良かったと満足していただけるように努力することを誓って、式辞といたします。

平成十九年四月三日

松山大学

学長　森本三義[4]」

この式辞について、一言コメントすると、松山大学の歴史や教学理念の解説は、先の卒業式の式辞と同じであるが、本学卒業生の活躍や在校生の部活動の活躍について、やや詳しく述べているのが印象的であった。

四月一〇日、御幸グランド隣接地に薬学部附属薬用植物園の新設工事清祓式がとり行なわれた[5]。

四月、二〇〇七年度の厳しい入試結果を受け、志願者増を図るべく、入試制度改革検討委員会が設置され、各学部から委員が選出された。経済学部は川東竫弘、経営学部は菊池一夫、人文学部は永野武、法学部は波多野雅子、薬学部は河瀬雅美であった。以降、平田副学長、向井入試委員長のもとで、入試改革の検討が始まった。

六月一日、入試説明会が行なわれ、二〇〇八年度の入学試験要項の説明がなされた。前年度との変化は、経済が一般入試の定員を二一六名→二〇三名に減らし、センター利用入試について、後期を導入し、定員も二五名→前期二〇名、後期一五名に増やしたこと、薬学部が、一般入試の日程を早め、前期、中期としたこと、定員は前期（八〇名）は変わらないが、中期を二〇名にしたこと、センター利用入試の前期を一五名→五名に減らしたこと、等である。危機対応であった。他学部は変わらない。

六月、二〇〇八年度の大学院修士課程学内進学者特別選抜入試が行なわれ、経済学研究科は一名受験し、一名が合格した。経営学研究科はいなかった。

七月一日発行の『学内報』に二〇〇六年度決算の概要が報告されている。そこで、BNPパリバ銀行の仕組債に四〇億二〇〇〇万円も投資運用していること、ならびに、デリバティブ取引に三四億円契約していることが明らかになった。そして、仕組債で、時価割れで一億六九八九万円の損失が出ていた。(6)

七月二七日、監事で名誉教授の高沢貞三教授が亡くなった。七五歳であった。博識のバンカラ教授であった。(7)

九月一五、一六日、二〇〇八年度の大学院のI期入試が行なわれ、経済学研究科は二名が受験し、合格者はいなかった。経営学研究科は六名が受験して二名が合格した。言語コミュニケーション研究科は一名が受験し一名合格、社会学研究科は二名が受験し一名が合格した。(8)

九月三〇日、経営学部のアドミッションズ・オフィス入試が行なわれた。募集人員は三〇名、志願者は二一〇名、合格者は七一名であった。

一〇月一日発行の『学内報』に、理事会は二〇〇八年度の学費について、学費改定は行なわず、二〇〇七年度入学生と同額（六一万円）とすること、二年次以降の二万円引き上げのステップ制は続けるとした。(9)

一〇月一日、東京オフィスを東京銀座八丁目ニッタビルの六階に開設した。

一〇月二〇日、監事の雑賀英彦が退任した。(10)

一一月一一日、薬学部の二〇〇八年度の推薦入試が行なわれた。募集人員は前年度に比し、指定校を二〇名→三〇名に増やし、一般公募を三〇名→二〇名に減らした。危機対応であった。

一一月一七、一八日の両日、二〇〇八年度の文系の推薦・特別選抜入試が行なわれた。募集人員について、経済が特別選抜を一四名→一七名に三名増やしたが、他は変化なかった。

結果は次の通りであった。(11) 人文英語の指定校は定員を満たさなかった。また、薬学部の推薦入試は指定校も一般公募も定員を満たさず、苦難、苦境、大変厳しい結果となった。

表一　二〇〇八年度推薦・特別選抜入試

		募集人員	志願者	合格者
経済学部	（指定校制）	一〇五名	一一四名	一一四名
	（一般公募制）	三〇名	一六九名	六七名
	（特別選抜）	一七名	一三名	一二名
経営学部	（指定校制）	五〇名	五一名	五一名
	（一般公募制）	三二名	一七三名	六六名
	（アドミッションズ・オフィス）	三〇名	二一〇名	七一名
	（特別選抜）	三三名	三四名	三三名
人文英語	（指定校制）	二五名	一七名	一七名
	（特別選抜）	一〇名	一四名	一四名

社会（指定校制）	一五名	二七名	二七名
（特別選抜）	若干名	一名	一名
法学部（指定校制）	二〇名	二一名	二一名
（一般公募制）	六〇名	二〇九名	一四六名
（特別選抜）	若干名	〇名	〇名
薬学部（指定校制）	三〇名	二七名	二七名
（一般公募制）	二〇名	一六名	一五名

（出典）『学内報』第三七三号、二〇〇八年一月。

一二月一日、故高沢貞三名誉教授の後任の法人監事に増田豊名誉教授が選出された。[12]

一二月一二日、田村譲法学部長の定年（六五歳）による学部長選挙が行なわれ、妹尾克敏（五四歳、地方自治法）が選出された。任期は二〇〇八年四月より二年間。[13]

一二月一四日、金村人文学部長の定年に伴う学部長選挙が行なわれ、牧園清子（五八歳、福祉社会学）が選出された。任期は二〇〇八年四月より二年間。[14]女性学部長の最初であった。

一二月一九日、石田経営学部長の定年退職により、学部長選挙が行なわれ、平田桂一（六〇歳、商学総論、現副学長・教学担当常務理事）が選出された。任期は二〇〇八年四月より二年間。[15]

一二月二二日、総合研究所主管の「松山大学地域調査報告会」が八・一〇番教室で行なわれ、法学部の田村ゼミが「憲法改正に関する愛媛県民の意識調査」「平和の語り部としての戦跡＝ここも戦場

だった」を報告している。(16)

二〇〇八年一月一日付けで、監事として、設立者から新田孝志氏が就任した。(17) 雑賀英彦（二〇〇〇年七月～二〇〇七年一〇月）の後任であった。

一月一二日、総合研究所主管の「松山大学地域調査報告会」が東本館会議室で行なわれ、法学部の田村ゼミが、「南予の活性化なくして、愛媛の活性化無し！」のテーマで報告し、また、松山市の「日本一のまちづくり」の企画で最優秀賞に選ばれた「大人も使える子供用学習シート～施設をもっと活用しよう」と優秀賞の「石碑を観光資源のひとつとして」の報告がなされている。(18)

一月一七日の教学会議で、入試制度改革について昨年末の答申が報告され、承認された。その大要は、従来四日間にわたって、五学部分の入試問題を作成していたが、教職員に大変な労働強化、負担となっており、また受験生も併願の場合には、二日～四日間も受験し経済的にも身体的にも負担であったので、改善、改革することにした。そして、一般入試を第Ⅰ期入試と第Ⅱ期入試に分け、Ⅰ期入試は一月末に早く実施し二科目試験で行ない、Ⅱ期入試は従来通り二月実施であるが、二日間とし、一日目は経済・経営、二日目は人文、法、薬の試験とし、併願を認めた。そして、併願の場合には受験料を軽減（一万円）することにし、併願を誘導することとした。

一月一九、二〇日の両日、二〇〇八年度の大学入試センター試験が行なわれた。センター利用入試では、経済が前期と後期に分け、前期は二〇名とし、薬の前期も一五名から五名に減らした。他は前年と変わりなかった。経営学部は一月二七日にセンター利用入試前期A方式（個別試験併用型）を行なった。

結果は次の通りであった。(19) 文系の志願者は人英、人社が減少したが、経済・経営・法は増え、全体として少し増大した。他方、薬学部は志願者が減り、またしても厳しい、危機的状況が続いた。文系の合格者は前年より少し増やした。薬学部は受験者七八名、合格者六四名で、ほぼ全入に近かった。なお、ともに追加合格はなかった。

表二　二〇〇八年度センター利用試験

	募集人員	志願者（前年）	合格者
経済学部	二〇名（前期）	五六九名（五〇〇名）	三六三名
経営学部	三〇名（前期）	四八九名（四三五名）	二九九名
人文英語	一五名	一三二名（一九五名）	六九名
社会	一五名	二四九名（二八一名）	一三四名
法学部	二〇名	二六二名（二六一名）	一六五名
文系合計	一一〇名	一七〇一名（一六七二名）	一〇三〇名
薬学部	五名（前期）	七八名（一〇八名）	六四名
総計	一〇五名	一七七九名（一七八〇名）	一〇九四名

（出典）『学内報』第三七五号、二〇〇八年三月。

一月二五日、松山大学は、南海放送旧本社の土地・建物を購入した。総額約一二億円であった。高い買物として、批判された。

一月二七、二八日の両日、薬学部の一般入試前期日程（定員八〇名、前年と同じ）が行なわれた。この年から薬学部は一般入試を前期と中期に分割し、前期は早く試験を行なった（後期はない）。結果は次の通りであった。[20]入試を早めたにも関わらず、志願者は増えず、逆に激減した。薬学部の苦難、苦境が続いた。

表三　薬学部一般入試前期日程

	募集人員	志願者（前年）	合格者（前年）	実質競争率
薬学（前期）	八〇名	一七六名（二五七名）	一三四名（二〇〇名）	一・三一

（出典）『学内報』第三七五号、二〇〇八年三月。

一月三一日、第三回全学教授会が開かれ、二〇〇八年度の共通教育科目及び担当者等、南海放送跡地を一二億円で購入したこと、入試制度改革等の報告があった。

二月一日発行の『学内報』第三七四号に、二〇〇七年度更正予算概要が示され、そこで南海放送跡地の購入一二億一九五一万円が計上された。また、新事務システム追加構築費として、当初予算の一億五四〇四万円が二億一三八〇万円に大幅変更された。[21]

二月九日〜一二日の四日間、二〇〇八年度の一般入試が行なわれた。九日が経済学部、一〇日が経営学部、一一日が人文学部、一二日が法学部と薬学部（中期日程）の試験であった。一般入試の募集人員は、経済二〇三名、経営二〇〇名、人文英語五〇名、人文社会九〇名、法学部一一〇名、薬学部中期二〇名であった。変化は、経済が前年の二一六名→二〇三名に一三名減らしたことで、他は変わらない。試験会場は、本学、東京（代々木ゼミナール代々木校）、大阪（大阪ＹＭＣＡ会館）、岡山（代々木ゼミナール岡山校）、広島（代々木ゼミナール広島校）、小郡（北九州予備校山口校）、福岡（公務員ビジネス専門学校）、高松（高松高等予備校）、徳島（高川予備校佐古本校）、高知（土佐塾予備校）の一〇会場。薬学部は、さらに四国中央、宇和島、名古屋、米子、大分、鹿児島、沖縄の七会場でも行なった。危機対応であった。検定料は三万円。合格発表は二月二一日。

結果は次の通りであった。[22] 志願者は、全学で減少し、文系は前年の四〇八二名→三五六三名へと、五一九名、一二・七％の減少で、前年以上にますます厳しい状況となった。薬学部の中期（定員二〇名）はとくにひどく、志願者三四名いたが、受験者は一一名しか集まらず、九名の合格発表を出した。大幅な定員割れ、惨憺たる状況となった。

表四　二〇〇八年度一般入試

	募集人員	志願者（前年）	合格者（前年）	追加合格者
経済学部	二〇三名	一一四〇名（一二六三名）	六四七名（七六七名）	七九名
経営学部	二〇〇名	一〇一五名（一一五〇名）	五九三名（三一名）	〇名
人文英語	五〇名	二六〇名（三〇四名）	二〇〇名（一九七名）	〇名
社会	九〇名	五五六名（六五〇名）	二二五名（二九六名）	六九名
法学部	一一〇名	五九二名（七一五名）	二八一名（三四九名）	〇名
文系合計	六五三名	三五六三名（四〇八二名）	一九四六名（二二四〇名）	一四八名
薬学部（中期）	二〇名	三四名（一五名）	九名（一二名）	〇名

総　計　　六七三名　　三五九七名（四〇九七名）一九五五名（二二五二名）　一四八名

（出典）『学内報』第三七五号、二〇〇八年三月。二〇〇七年度の合格者には追加合格を含む。
　　　『学内報』第三六六号、二〇〇七年六月。

なお、歩留まり予想がはずれ、一般入試で、経済七九名、人社六九名の追加合格を出した。また、センター利用入試では、経済四〇名、経営三四名、薬三名の追加合格を出した。

なお、学費については、授業料は前年と同様で、値上げをしなかった。

三月一、二日の両日、大学院Ⅱ期入試が行なわれ、経営学研究科修士課程が二名、言語コミュニケーション研究科修士課程が一名、社会学研究科修士課程が二名合格した。(23)

三月三日、センター利用入試後期日程が行われ、経済一五名、経営一五名、薬学部五名の募集に対し、経済六二名、経営八四名、薬学部七名の志願者があり、それぞれ四〇名、三四名、三名の合格発表をした。(24)

三月四日、中山大学院経営学研究科長の任期満了に伴う科長選挙が行なわれ、中山勝己（公告論、消費者行動論）が選出・再選された。(25)任期は二〇〇八年四月から二年間。

三月六日、清野大学院経済学研究科長の任期満了に伴う科長選挙が行なわれ、川東竫弘（六〇歳、日本経済論、農業経済論）が選出された。(26)任期は二〇〇八年四月から二年間。

三月一九日、午前一〇時より愛媛県県民文化会館にて二〇〇七年度の卒業式が行なわれた。経済学部三四三名、経営学部三七二名、人文英語一二九名、人文社会一二九名、法二三九名が卒業し、大学院では、経済修士三名、博士一名、経営修士七名、博士一名、社会三名が修了した。この時、経済学研究科博士課程で李紅梅、経営学研究科で佐々木宣夫が博士号を取得した。森本学長は式辞において、就職や進学に際しては、大志を抱き、それを成し遂げるべく強い意思をもって粘り強く努力していただきたいと、餞の言葉を贈った。(27) それは次の通りである。

「日差しも日を追うごとに強さをまし、川辺の菜の花も咲いて、春の訪れを感じる今日の佳き日に、多数のご来賓ならびに保護者の皆様のご臨席を賜り、平成十九年度松山大学・大学院学位記・卒業証書・学位記授与式を盛大に挙行できますことは、本校の光栄とするところであり、教職員を代表して心から御礼申し上げます。

修了生および卒業生の皆さん、ご修了・ご卒業おめでとうございます。大学院修士課程では二年間、大学院博士後期課程では三年間、学部では四年間修学し、皆さんが本日こうしてご修了、ご卒業の日を迎えられたことに対して心からお慶び申し上げます。また、保護者の皆様におかれましても、感慨無量でさぞかしご安堵なされているものと拝察し、心からお慶び申し上げます。

さて、修了生および卒業生の皆さん、卒業式では伝統的に必ず松山大学の歴史と教学理念について述べられます。これは、松山大学大学院修了生または松山大学卒業生として、実社会で誇りを持って活躍していただきたいこと、また、教学理念を生かして実社会において活躍していただきたいと願って行っているのです。本日もこの二点について、まず手短にお話しておきたいと思います。

松山大学は大正十二年〔一九二三年〕に開校した旧学制による松山高等商業学校がその始まりです。本校は、松山出身で、製革業すなわち工業用革製ベルト製造業において成功し、大阪産業界の雄となり、世間からは「東洋の製革王」と呼ばれるまでにのぼりつめた新田長次郎〔雅号温山〕、当時の松山市長であり、俳人正岡子規の叔父に当たる加藤恒忠〔雅号拓川〕、教育家であり、山口高等中学校長、大阪高等商業学校長、北予中学〔現県立松山北高等学校〕校長になられた加藤彰廉らの協力によって設立されました。長次郎翁は、高等商業学校設立の提案に賛同し、学校の運営には自らは関らないことを条件に、設立資金として巨額の私財を投じて松山高等商業学校を創立しました。温山翁は製革業やその関連事業の成功を自分だけのものにするのではなく、教育や文化の発展のために還元され、広く社会貢献をされました。現在、文京町キャンパス内に、感謝の意を込めて三恩人としてそれぞれの胸像を設置しています。

昭和十九年に松山経済専門学校と改称し、第二次世界大戦後の学制改革により昭和二十四年に商経学部［現、経済学部、経営学部］を開設して松山商科大学となり、その後、大学院経済学研究科、人文学部、大学院経営学研究科、法学部を順次開設して文系総合大学となり、平成元年〔一九八九年〕に校名を変更して松山大学となりました。平成一八年に五番目の学部である理系の薬学部と三番目の大学院である大学院社会学研究科を開設して、本学は名実共に総合大学となりました。さらに昨春、四番目の大学院である大学院言語コミュニケーション研究科英語コミュニケーション専攻を開設して、教育研究体制をさらに充実しています。

松山大学の教学理念は、初代校長加藤彰廉が提唱し、第三代校長田中忠夫によってその意義が確立された「真実」「忠実」「実用」の三つの実を持った校訓三実主義です。真実とは「真理に対するまことである。皮相な現象に惑溺しないで進んでその奥に真理を探り、枯死した既成知識に安住しないでたゆまず自ら真知を求める態度である。」と、忠実とは、「人に対するまことである。人のために図っては己を虚しうし、人と交わりを結んでは終生操を変えず自分の言行に対してはどこまでも責任をとらんとする態度である。」と、実用とは、「用に対するまことである。真理を真理のままに終わらせないで、必ずこれを生活の中に生かし社会に奉仕する積極進取の実践的態度である。」と説明されています。咀嚼すれば、三実主義とは、教育研究においては真理を探究することはもちろんのこと、その真理を日々の生活や仕事の中に応用できるものにすること、また、組織において能力を発揮するためには信用・信頼される人格でなければならないことを説いていると考えます。

皆さんを社会に送り出すに当たりまず期待することは、この三実主義をわが身に体して、信用・信頼を大切にして実社会で活躍していただきたいということです。本年は、創立八六年目になりますが、この間に社会に送り出した卒業生は約六万二千人に達し、産業界を中心に教育界や官公庁などにあって、全国的に活躍し、高い評価を得てきました。これも卒業生の皆さんが、三実主義を体して活躍した結果であり、これが松山大学の伝統になっていると確信しています。皆さんも伝統を守り、先輩たちに続いてご活躍ください。幸いにもバブル崩壊後、長く続いた不況からも脱し、団塊世代の大量退職の影響もあり、就職状況は好転して売り手市場となりました。このチャンスを生かして、更なる飛躍を遂げられることを期待します。世界経済はアメリカのサブプライム・ローン問題の影響により先行き不透明になっていますが、元来、景気には循環があり好況不況を繰り返します。思い起こせば、バブル時代の就職状況は売り手市場でした。労せずしてバブル時代の就職した人達の中にはバブル崩壊後リストラにあい、転職を余儀なくされた人も少なくなかったことも留意してください。困難に直面しても克服できるように、実社会において必要なスキルや知識を絶えず修得してください。昨年、幸いにも隣接の不動産を南海放送株式会社から譲渡していただくことができましたので、本学も環境の変化に適応させて、皆さんを支援できる生涯教育も担うことも可能になるよう施設を充実し、教育研究体制をさらに整えてゆきたいと考えています。

皆さんに対してもう一つ期待することは、就職や進学に際しては、大志を抱き、それを成し遂げるべく強い意志をもって粘り強く努力していただきたいということです。温山翁は二十歳で大志を抱いて温泉郡山西村（現松山市山西町）から大阪に出て、努力しながら紆余曲折の後、製革業に従事して成功したのです。

また、皆さんご承知の通り、本学人文学部卒業生の土佐礼子選手が三月一〇日に北京五輪マラソン代表に正式に決定し、二大会連続の出場となりました。土佐選手の本領は最後まであきらめない、「驚異的な粘り強さ」にあります。温山翁の精神を継承し、土佐選手のような粘り強さをもって、大志を抱き目標に向かって努力していただきたいのです。大志を抱いて生涯自己管理できる固い意志を持って人生を歩めば、満足の行く人生を送ることができると思います。

少子化による私立大学の定員割れは、昨春のデータによれば、全国的には約四〇％、中国地方で約六七％、四国地方で約八八％に達して、四国が最も厳しい状況にあります。このような逆境にあっても、環境の変化に適応し、校訓「三実主義」に基づいて教育研究に励むことにより、受験生にとっても在学生にとっても魅力的で、社会から信用・信頼され、卒業生と在学生を含む松山大学のすべての関係者が一層誇りを持てる大学になることを目指します。卒業生の皆さんの実社会におけるご活躍が大学への最大の支援にもなります。卒業生・修了生によって組織される「温山会」は全国的に組織され、活発に活動しています。皆さんも温山会の一員になりますから、温山会活動を通じても協力関係が築けることを期待し、最後になりましたが、皆さんが地域・社会のために、さらには世界のために貢献できるようご健勝でご活躍いただけることを祈念して式辞といたします。

平成二〇年三月一九日

松山大学

学長　森本三義」[28]

式辞中、森本学長は長次郎翁の紹介について、「東洋の製革王」と述べているが、正確には「東洋之帯革王」（牧野輝智）であろう。以後の式辞も同様。

三月三一日、経済学部では童適平（新特任）が退職し、明治大学に転出した。人文学部では金村毅（体育）、松井茂樹（社会学）が退職した。法学部では向井秀忠（英語）が退職、転出した。[29]

〔注〕

（1）『学内報』第三六四号、二〇〇七年四月。同、第三六五号、二〇〇七年五月。同、第三七二号、二〇〇七年一二月。
（2）『学内報』第三六四号、二〇〇七年四月。
（3）『学内報』第三六五号、二〇〇七年五月。
（4）松山大学総務課所蔵。
（5）『学内報』第三六五号、二〇〇七年五月。
（6）『学内報』第三六七号、二〇〇七年七月。
（7）『学内報』第三七〇号、二〇〇七年一〇月。
（8）『学内報』第三七一号、二〇〇七年一一月。
（9）『学内報』第三七〇号、二〇〇七年一〇月。
（10）『学内報』第三七二号、二〇〇七年一二月。
（11）『学内報』第三七三号、二〇〇八年一月。
（12）同。
（13）同。
（14）同。
（15）『学内報』第三七四号、二〇〇八年二月。
（16）同。
（17）同。
（18）同。
（19）『学内報』第三七五号、二〇〇八年三月。
（20）同。
（21）『学内報』第三七四号、二〇〇八年二月。
（22）『学内報』第三七五号、二〇〇八年三月。二〇〇七年度の合格者には追加合格を含む。『学内報』第三六六号、二〇〇七年六月。
（23）『学内報』第三七六号、二〇〇八年四月。
（24）同。
（25）同。
（26）同。

(27) 同。
(28) 松山大学総務課所蔵。
(29) 『学内報』第三七六号、二〇〇八年四月。

(三) 二〇〇八年(平成二〇)度

森本学長二年目である。薬学部三年目である。

本年度の校務体制は、副学長は平田桂一(二〇〇七年一月一八日~二〇〇八年一二月三一日)、経済学部長は宮本順介(二〇〇七年四月~二〇〇九年三月)が続けた。経営学部長は新しく平田桂一(二〇〇八年四月~二〇一二年三月)が就任した。副学長との兼務であった。人文学部長は新しく牧園清子(二〇〇八年四月~二〇一〇年三月)、法学部長は新しく妹尾克敏(二〇〇八年四月~二〇一二年三月)が就任した。薬学部長は葛谷昌之(二〇〇六年四月~二〇一一年五月三一日)、短大学長は八木功治(二〇〇四年四月~二〇〇九年三月)が続けた。大学院経済学研究科長は新しく川東竫弘(二〇〇八年四月~二〇一〇年三月)が就任した。経営学研究科長は中山勝己(二〇〇六年四月~二〇一〇年三月)が再選され、社会学研究科長は山田富秋(二〇〇六年四月~二〇〇九年三月)、言語コミュニケーション研究科長は金森強(二〇〇七年四月~二〇〇九年三月)が続けた。図書館長は大浜博(二〇〇七年四月~二〇一〇年一二月)、総合研究所長は小松洋(二〇〇七年一月~二〇一〇年一二月)、副所長は松井名津(二〇〇七年四月~二〇〇八年一二月三一日)が続けた。教務委員長は新しく今枝法之(二〇〇八年四月~二〇〇九年三月)、入試委員長は増野仁(二〇〇八年四月~二〇一〇年三月)、学生委員長は新しく菊地秀典(二〇〇八年四月~二〇〇九年三月)が就任した。

学校法人面では、常務理事は、事務局長で理事の越智純展(二〇〇四年一月一六日~二〇一〇年三月、事務組織統括)、事務部長で理事の猪野道夫(二〇〇七年一月二六日~二〇一〇年三月、財務)、副学長で理事の平田桂一(二〇〇七年一月二六日~二〇一〇年三月、教学)、評議員理事の墨岡学(二〇〇七年一月二六日~二〇一一年一二月三一日、総務人事統括、労務、IT総務)が続けた。理事長補佐は新しく安田俊一(二〇〇八年四月~六月)が就任し、岡村伸生(財務部長)は引き続き続けた。監事は、新田孝志(二〇〇八年一月一日~)、矢野之祥(二〇〇七年一月二六日~二〇一〇年一二月三一日)、増田豊(二〇〇七年一二月一日~二〇〇九年五月三一日)が続けた。評議員は、教育職員では、浅野剛(経営)、奥村義博(人文)、墨岡学(経営)、波多野雅子(法)、牧園清子(人文)、増野仁(経済)、間宮賢一(経済)、吉田隆志(薬)の八名、事務職員は、掛川猛、高橋安恵の二名、事務局長及び部長から越智純展、猪野道夫、奥村泰之、西原重博、森林信の五名。後、副学長、学部長、短大学長の七名、温山会の池内義直、大野明雄、田中哲、野本武男、久井満、堀晋、増田育顕、明関和雄の八名、学識経験者の大城戸圭一、河田正道、関谷孝義、長井明美、中村時広、橋本尚、増岡次郎、三木吉治、水木儀三、村上健一郎、森雅明の一一名であった。(1)

本年度も次のような新しい教員が採用された。(2) 薬学部は三年目で本年も多く採用された。

経済学部

溝渕　健一　一九八〇年生まれ、神戸大学大学院経済学研究科博士後期課程、講師として採用。計量経済学、ミクロ経済学。

法学部

遠藤　泰弘　一九七六年生まれ、北海道大学大学院法学研究科博士後期課程、准教授として採用。政治学原論、政治学等。

新井　英夫　一九七七年生まれ、日本大学大学院文学研究科、講師として採用。英語。

田中　雅敏　一九七五年生まれ、広島大学大学院社会科学研究科博士課程。講師として採用。ドイツ語。

薬学部

出石　文男　一九四七年生まれ、京都薬科大学薬学部。教授として採用。医療薬学。

難波　弘行　一九五三年生まれ、東邦大学大学院薬学研究科博士課程。教授として採用。

野元　裕　一九五五年生まれ、東京大学大学院理学研究科博士課程。教授として採用。生化学。

松岡　一郎　一九五五年生まれ、大阪大学理学研究科博士課程後期。教授として採用。細胞生物学、生理学等。

宮内　正二　一九六一年生まれ、東京大学薬学系大学院博士課程。教授として採用。薬剤学。

中村　真　一九六〇年生まれ、北海道大学大学院薬学研究科博士課程。准教授として採用。細胞生物学、生理学。

八重　徹司　一九六三年生まれ、福岡大学大学院薬学研究科博士課程前期。准教授として採用。

山口　　巧　一九六八年生まれ、徳島大学大学院博士前期課程。准教授として採用。医療薬学等。
相良　英憲　一九七八年生まれ、岡山大学大学院医歯薬学総合研究科博士課程。講師として採用。
小林三和子　一九六七年生まれ、北海道大学大学院薬学研究科博士課程。助教として採用。
下野　和美　一九七三年生まれ、北海道大学大学院薬学研究科博士課程。助教として採用。

四月三日、午前一〇時より愛媛県県民文化会館メインホールにて、二〇〇八年度の松山大学、大学院の入学式が行なわれた。経済四〇七名、経営四三三名、人英一二〇名、人社一二五名、法二七一名、薬一一三名、計一四六九名が入学した。三年目の薬学部は定員一六〇名を本年度も満たさず、苦境が続いた。また、大学院は経済学研究科修士課程一名、経営学研究科修士課程四名、言語コミュニケーション研究科二名、社会学研究科三名が入学した。(3) 森本学長の式辞は次の通りであった。

「待ちわびた桜も咲き希望に満ちた新入生の皆さんを新たに迎え入れる慶びの中、多数のご来賓ならびにご父母の皆様のご臨席を賜り、平成二十年度松山大学大学院・松山大学入学宣誓式をかくも盛大に挙行できますことは、本学の光栄とするところであり、教職員を代表して、ご出席の皆様に対して謹んで御礼申し上げます。

新入生の皆さん、ご入学おめでとうございます。皆さんのご入学に対して心から歓迎の意を表します。保護者の皆様におかれましては、本日ご入学を迎えられ、感慨無量でさぞかしご安堵なさられているものと拝察し、心からお慶び申し上げますとともに、十八才人口の減少に伴い大学進学が容易になって選択肢が広がっている状況の中で、松山大学へ進学いただきましたことに対し、心から感謝申し上げます。

さて、新入生の皆さん、これから大学院修士課程では二年間、大学院博士後期課程では三年間、薬学部を除く四学部では四年間、薬学部では六年間の長期にわたり修学することになりますが、皆さんが在学中も本学の学生として自信と誇りを持って勉学に励み、修了後または卒業後にも実社会において松山大学大学院修了生または松山大学卒業生として自信と誇りを持って活躍していただきたいと願い、また、松山大学における教育研究が目指すものを理解していただき、松山大学の教学理念を生かして実社会において活躍していただきたいと願い、本日も松山大学の歴史と教学理念について、お話しておきたいと思います。

松山大学は大正十二年〔一九二三年〕に開校した旧学制による松山高等商業学校がその始まりです。本校は、松山市出身で、帯革製造業すなわち工業用革製ベルト製造業において成功し、大阪産業界の雄となって日本の産業発展に貢献した新田長次郎〔雅号温山〕、当時の松山市長であり、俳人正岡子規の叔父に当たる加藤恒忠〔雅号拓川〕、教育家であり、山口高等中学長、大阪高等商業学校長、北予中学〔現県立松山北高等学校〕校長になられた教育家の加藤彰廉らの協力によって設立されました。教育の重要性を認識し、「自主独立の精神」を尊重していた長次郎翁は、高等商業学校設立の提案に賛同し、学校の運営には自らは関らないことを条件に、設立資金として巨額の私財を投じて、私立では全国で三番目の松山高等商業学校を創立しました。温山翁は製革業やその関連事業の成功を自分だけのものにするのではなく、教育や文化の発展のために還元され、広く社会のために貢献をされたのです。現在、文京町キャンパス内に、感謝の意を込めて、三恩人としてそれぞれの胸像を設置しています。

昭和十九年に松山経済専門学校と改称し、第二次世界大戦後の学制改革により昭和二十四年に商経学部［現、経済学部、経営学部］を開設して松山商科大学となり、その後、大学院経済学研究科、人文学部、大学院経営学研究科、法学部を順次開設して文系総合大学となり、平成元年〔一九八九年〕に校名を変更して松山大学となりました。平成十八年（二〇〇六年）に五番目の学部である理系の薬学部と三番目の大学院である大学院社会学研究科を開設して、本学は名実共に総合大学となりました。さらに昨春、四番目の大学院である大学院言語コミュニケーション研究科英語コミュニケーション専攻を開設して、教育研究体制をさらに充実しています。

松山大学の教学理念は、初代校長加藤彰廉が提唱し、第三代校長田中忠夫によってその意義が確立された「真実」「忠実」「実用」の三つの実を持った校訓三実主義です。真実とは「真理に対するまことである。皮相な現象に惑溺しないで進んでその奥に真理を探り、枯死した既成知識に安住しないでたゆまず自ら真知を求める態度である。」と、忠実とは、「人に対するまことである。人のために図っては己を虚しうし、人と交わりを結んでは終生操を変えず自分の言行に対してはどこまでも責任をとらんとする態度である。」と、実用とは、「用に対するまことである。真理を真理のままに終わらせないで、必ずこれを生活の中に生かし社会に奉仕する積極進取の実践的態度である。」と説明されています。言い換えれば、三実主義とは、教育研究においては真理を探究することはもちろんのこと、その真理を日々の生活や仕事の中に応用できるものにすること、また、組織において能力を発揮するためには信用・信頼される人格になることが重要であることを説いていると考えます。

本年は、創立八六年目になりますが、この間に社会に送り出した卒業生は約六万二千人に達し、産業界を中心に教育界や官公庁などにあって、全国的に活躍し、高い評価を得てきました。地元愛媛の産業界におけるトップの多くは本学出身です。これも卒業生の皆さんが、三実主義を体して活躍した結果であり、これが松山大学の伝統になっていると確信しています。入学生の皆さんも三実主義を体し伝統を引き継いでいただいて、先輩たちに続いて実社会で活躍できるように成長することを期待します。

皆さんは、本日から本学の学生として勉学や課外活動などに励むわけですが、入学の動機や目的はそれぞれ異なることでしょう。受験競争の中で結果として本学に入学しているとすれば、入学したけれどもしたいことを見出すことができず、迷っている人もいることでしょう。これまでの私の教育経験から言えば、早く迷いを払拭し、勉学や課外活動に励んだ方が良い結果が出ています。皆さんは本学へ入学する意志決定を行なったのですから、修了後または卒業後、入学の意志決定が正しかったと胸を張って言えるように満足できる結果を出してください。

満足のゆく結果が得られたかどうかを判断できるようにするためには、志を立て、目的や目標を持って日々努力を続けなければなりません。就職活動を始めたり、実社会に出て働いてみたりすると、もっと勉強しておくべきだったと気づくことが多いのです。「後悔先に立たず」ですから、入学に際しては卒業後の就職や進学のことを想定して、できるだけ早期に目標や目的を決めてください。それが決まれば、何をすべきかについては自ずと明らかになるでしょう。在学期間中の行動計画を立てて、日々の学生生活を目標管理してください。特にご父母の皆さんは、学生の皆さんが卒業後は少なくとも就職して経済的に自立することを期待されているはずですから、期待に応える結果を出してください。

実社会で活躍するために必要な教育は、知育ばかりでなく、徳育および体育も必要です。課外活動を通して、組織構成員としての規律や善悪の判断力を身に付け、実社会で活躍するために必要となる気力体力も養ってください。そのために本学では、従来から勉学ばかりでなく課外活動にも注力してきました。その成果として、課外活動においても輝かしい実績を残してきました。前年度に限っても、四国インカレにおいては、男子については連勝が途絶えてしまいましたが、女子については二一年連続二一度目の総合優勝を果たしました。中国四国大会では一四サークルが個人または団体で優勝、全国大会ではダンス部が特別賞を受賞、男子テニス部が団体戦ベスト四、なぎなた部が個人ベスト四、フィギュアアイススケート同好会がアイスダンス個人の部で一位、落語研究部がコント部門個人で優勝しています。卒業生では土佐礼子選手が、昨年九月に大阪で開催された世界陸上大阪大会女子マラソンで三位入賞・銅メダルを獲得し、本年八月に開催される北京オリンピック女子マラソン代表の一員に決定していることは皆さんご存じでしょう。また、土佐選手本年はオリンピック・イヤーですから、皆さんとともに応援したいと思います。

に続いて、皆さんの中からも将来オリンピック選手が誕生することを期待します。

今春の卒業生については、就職希望者の就職率は九六・一パーセントに達し、過去のバブル時代の就職率に迫る勢いです。求人社数が最も多い関東圏での就職支援を第一義的な目的として、昨年十月一日付けで松山大学東京オフィスを開設しました。今後も教育支援体制や就職活動支援体制を充実させる所存です。

校訓「三実主義」に基づいて教育研究を行い、各学部学科の教育目的や目標を達成することにより、皆さんが修了または卒業を迎えた時に、本学へ入学した意志決定が正しかったと評価できるようになることを期待しております。最後になりましたが、皆さんが地域・社会のために、さらには世界のために貢献できる有為な人材となられるよう祈念して、式辞といたします。

平成二〇年四月三日

松山大学

学長　森本三義」(4)

式辞は前年とほぼ同様であるが、課外活動や就職状況の良好さについて詳しく述べている。

四月二四日、第一回全学教授会が開催された。報告事項として、「二〇〇八年度事業計画及び予算について」が報告された。そこで、志願者、定員確保のために、魅力ある、個性ある大学づくりを押し進めることが述べられている。また、購入した南海放送旧本社空き地については利用計画を本年中に策定することを述べていた。

五月二二日、第二回全学教授会が開催された。

五月三〇日、本学と伊豫銀行との間で「連携協力協定書」の調印が行なわれた。(5)

六月二日、本館ホールにて、二〇〇九年度の入試説明会が行なわれた。二〇〇九年度から入試制度が大きく変更されることになった。その大要は次の通りであった。(6)

①これまで、一般入試は、二月中旬に経済、経営、人文、法・薬の四日間続けて入試を行なっていたが、Ⅰ期入試とⅡ期入試に分割し、Ⅰ期入試は一月二五日に早期に実施し、Ⅱ期入試は二月一一、一二日の二回とし、一一日に経済と経営、一二日に人文と法の試験とした。Ⅰ期入試は英語と国語の二科目入試、Ⅱ期入試は従来通り変わらず三科目入試とした。Ⅰ期入試は早く合格を決めたい受験生に応えたものであり（関西や中国の私学は本学より早く試験を行なっていた）、Ⅱ期入試は、松山大学の各学部を併願する受験生の身体的・経済的負担を軽減せんとするものであった（併願受験すると検定料も割引）。また、本学の教職員の負担を軽減も勘案していた。なお、薬学部は、Ⅰ期入試は一月二五、二六日の両日、Ⅱ期入試は二月一二日であった。
②センター利用入試も変更した。前期日程と後期日程の二つに分割し、さらに、それぞれA、B方式を導入した。A方式は個別試験併用型であり、B方式は大学センター試験単独方式であった。そして、B方式でも学部によって異なっていた。例えば、経済学部の場合、前期はB方式のみで、センター試験高得点上位二科目の合計、後期はA、B方式があり、Aは二〇〇九年三月一〇日に本学が実施する英語の得点とセンター入試の英語を除く上位一科目の合計点で判定し、Bは

センターの地理または、公民の高得点の一科目と他のすべての科目の高得点の一科目の合計で判定するものであった。経営学部の場合は、前期も後期もともにA、B方式があり、人文は前期B方式のみ、法は前期も後期もB方式のみ、薬も前期も後期もB方式のみであった。そして、B方式のセンター単独方式でも各学部で計算方式に違いがあった。要するに、受験生からみて、難解、複雑怪奇な計算方式であった。

六月二六日、第三回全学教授会が開催された。森本学長より平田桂一副学長に加え、経済学部の安田俊一教授（二〇〇八年四月より理事長補佐）を副学長候補とする提案がなされ、選出された。ただ、副学長の条件について、前神森智学長時代に申し合わせた条件は、学部長または研究科長経験者で博士の学位を取得しているものが望ましい、であったので、その条件に照らして安田教授提案には問題があった。(7)森本学長は、前神森学長時代の理事であり、その点をよく知っていたにもかかわらず、申し合わせを無視したのは大学運営上問題を残すことになった。

八月一日発行の『学内報』第三八〇・三八一号に、二〇〇七年度決算の概要が掲載されている。そこで、仕組債に運用した資金のうち、時価が貸借対照表額を下回っているものがあり、その損失額は四億二二五八万五〇〇〇円にのぼっていた。また、デリバティブ取引で、評価損益が九二五四万二八〇七円にのぼっていた。(8)寄附行為違反、運用の失敗であった。

八月二三日、法人役員で、学識経験者からの選出の理事、石川富治郎（八一歳）が死去し、退任した。(9)

九月一三、一四日、二〇〇九年度の大学院入学試験Ⅰ期入試が行なわれた。経済は志願者がゼロであった。経営は五名が受験して五名が合格した。言語コミュニケーションは三名が受験して二名が合格した。社会はゼロであった。学内特別選抜はいずれも志願者はいなかった。(10)

九月一五日、サブプライム住宅ローンの焦げつきが原因で、アメリカの投資銀行、リーマンブラザーズが破たんし、これ以降世界金融危機・世界恐慌に発展する。

九月一九日、社会連携事業を推進することを目的として、松山大学ソーシャルパートナーシップ（ＭＳＰＯ）が発足し、その室長に松浦一悦（理事長補佐）が就任した。外部と本学との連携事業の窓口であった。(11)

九月二三日、広島県の道後山高原クロカンパークにて開催された第一三回中国四国大学女子駅伝において、本学の女子駅伝部が初優勝を飾り、一〇月二六日の仙台で開催される第二六回全日本大学女子駅伝の出場権を獲得している。(12)女子駅伝部は、大西崇仁経済学部講師が監督として、二〇〇七年四月陸上部内で活動をはじめ、二〇〇八年七月女子駅伝部として独立したもので、歴史が浅いにもかかわらず、快挙であった。

九月二七日、二〇〇九年度の経済、経営のＡＯ入試が行なわれた。経済はＡＯ入試を初めて導入した（募集人員一五名）。経営は、前年に比し五名増やした。結果は後述する。

一〇月二六日、女子駅伝部が仙台で開催された第二六回全日本大学女子駅伝に初出場し、第一八位と健闘した。(13)

一一月七日、理事会は、中長期経営計画を立案すべく、中長期経営計画委員会を設置した。その委員は次の通りで、経営側と教学側から委員を選出していた。(14)

副学長　安田　俊一（委員長）
常務理事　墨岡　学
常務理事　猪野　道夫
教学会議構成員（学部選出）　張　貞旭
教学会議構成員（学部選出）　上杉　志朗
教学会議構成員（学部選出）　宮沖　宏
教学会議構成員（学部選出）　水野　貴浩
薬学教授　吉田　隆志
事務局長　越智　純展
理事長補佐　岡村　伸生

なお、この委員会の趣旨説明、諮問事項が不明であるが、後の文書から、この委員会に旧南海放送の跡地利用を諮問していた。

一一月九日、二〇〇九年度の薬学部の推薦入試（指定校、一般公募）が行なわれた。募集人員は指定校三〇名、一般公募二〇名で、前年と変化はなかった。

一一月一五、一六日の両日、二〇〇九年度の文系の推薦（指定校、一般公募）・特別選抜入試が行なわれた。募集人員は前年に比し、経済が一般公募を五名減らし、法学部が一般公募を一〇名減らし、特別選抜で若干名を二五名に増やした。他は変わりがなかった。

それらの結果は次の通りであった。(15) 薬学部は志願者が指定校、一般公募ともに募集人員を大幅に下回り、危機的で厳しい状況が続いたことがわかる。

表一　二〇〇九年度推薦・特別選抜入試

		募集人員	志願者	合格者
経済学部	（指定校制）	一〇五名	一二五名	一二五名
	（一般公募制）	二五名	一五三名	七五名
	（特別選抜）	一七名	一〇名	一〇名
	（アドミッションズ・オフィス）	一五名	二五名	二四名
経営学部	（指定校制）	五〇名	五三名	五三名
	（一般公募制）	三二名	一三三名	六二名
	（アドミッションズ・オフィス）	三五名	一六三名	八一名
	（特別選抜）	三三名	三九名	三九名
人文英語	（指定校制）	二五名	二三名	二三名
	（特別選抜）	一〇名	一六名	一二名
社会	（指定校制）	一五名	二六名	二六名
	（特別選抜）	若干名	〇名	〇名
法　学　部	（指定校制）	二〇名	二一名	二一名
	（一般公募制）	五〇名	一六九名	一二〇名
	（特別選抜）	二五名	三五名	二三名

薬 学 部（指定校制）	三〇名	一四名	一四名
（一般公募制）	二〇名	一八名	一八名

（出典）『学内報』第三八五号、二〇〇九年一月。

一一月二六日、大学院経済学研究科は上海師範大学商学院・対外漢語学院との間でダブル・ディグリープログラム協議をし、そのため、朱徳通商学院長等四人が本学を訪れ、協議している。[16]

一一月三〇日付けで、法人理事の新田晃久氏が辞任し、代って一二月一日付けで新田元庸氏が就任した。[17]

一二月一七日、宮本経済学部長の任期満了に伴う学部長選挙が行なわれ、鈴木茂（五九歳、財政学、地域経済学）が選出された。[18] 任期は二〇〇九年四月から二年間。

一二月一九日、八木短大学長の定年に伴う短大学長選挙が行なわれ、清野良栄（経済学部教授、五八歳、現代資本主義論）が選出された。[19] 任期は二〇〇九年四月から三年間。

本年末で、森本学長の任期が満了となるので、松山大学学長選考規程に基づき、選挙管理委員会が組織された（委員長は掛下達郎）。

一〇月一日、学長選挙の公示がなされた。選挙権者は二四九名（教員一四八名、職員一〇一名）であった。

一〇月一四日、第一次投票が行なわれ、結果は次の通りであった。

1. 選挙権者　二四九
2. 棄権　四〇
3. 投票総数　二〇九
4. 無効　一四
5. 有効投票　一九五
森本三義　一〇〇
原田満範　六五
平田桂一　一五
岩橋　勝　五

よって、上位三名が第二次投票の候補者となった。原田候補は一九四四年六月生まれ、六四歳、神戸大学大学院修士課程を修了し、一九六六年四月松山商科大学助手となり、その後、講師、助教授、教授となり、経営学部長や理事などの要職を務めていたが、退職し、新特任教授となっていた。平田候補は一九四七年一月生まれ、六一歳、神戸商科大学大学院経済学研究科修士を修了し、一九七八年四月松山商科大学講師となり、その後、助教授、教授となり、副学長、常務理事、経営学部長を務めていた。

一一月七日、第二次投票が行われた。結果は次の通りであった。

1. 選挙権者　二四九
2. 棄権　三一

3. 投票総数　二一八
4. 無効　七
5. 有効投票　二一一
森本三義　一〇五（教員四八、職員五七）
原田満範　九二（教員五七、職員三五）
平田桂一　一四（教員　七、職員　七）

よって、森本、原田候補の決戦投票となった。

一一月二〇日、第三次投票が行なわれた。結果は次の通りであった。

1. 選挙権者　二四九
2. 棄権　一八
3. 投票総数　二三一
4. 無効　五
5. 有効投票　二二六
森本三義　一二〇（教員五六、職員六四）
原田満範　一〇六（教員七〇、職員三六）

森本候補が有効投票の過半数を上回ったが、教員の過半に達せず、二年前と同じく、ただし書きの規定により森本候補が当選し、再選された。森本候補は職員の支持は多数だが、教員の支持は少数の再選であった。

一二月三一日、森本学長が任期満了に伴い退任した。あわせて、規程により、平田桂一、安田俊一の両副学長も退任した。また、平田桂一副学長は寄附行為の規程により理事、常務理事も退任した。[20]

二〇〇九年一月一日、森本学長・理事長が再任した。二期目であった。

一月一日発行の『学内報』に森本学長・理事長は再任の挨拶文を載せた。そこで、これまで二年間の在任中に、旧南海放送跡地の取得、東京オフィスの開設、産官学連携体制と中長期経営計画立案体制の確立を行なうことができた。しかし、就任時に述べた教育支援体制の充実、社会人教育の充実の課題については、まだ道中ばであるが、旧南海放送の跡地利用でその課題を解決していきたい、と抱負を述べた。そして、跡地利用についてすでに中長期経営計画委員会に諮問しており、その答申に基づき、教学会議を経て理事会で決定していく。そして、跡地には、キャリアセンターの移転、エクステンションセンターの移転、クリニック、薬局の設置、教室の確保などを挙げていた。また、本学の中長期経営計画について、これまでその立案ができなかった原因は、学長・理事長の任期が短い点にあると指摘し、学長の任期は最初の任期は少なくとも四年に延長すべきだと提案していた。[21]

この挨拶について、少しコメントしよう。

①南海放送跡地対策で、クリニック、薬局とは奇異、唐突感を免れない。

②また中長期計画の立案ができない原因は、学長任期の問題ではなく、教学会議及び理事会でよく議論をしていないことであろう。

③さらに、大幅な定員割れを続け、苦戦中の薬学部について何も述べていないのは問題であろう。

一月一日、再任の森本理事長は、理事長補佐として、松浦一悦経済学部教授と岡村伸生財務部長を再任させた。[22]

一月八日、全学教授会が開催され、副学長として安田俊一経済学部教授が提案され、選出された(再任)。

一月一七、一八日の両日、二〇〇九年度の大学入試センター試験が行なわれた。新入試制度によるセンター利用入試前期日程であった。AとB方式があり、Aは個別試験併用型、Bはセンター試験単独型であった。募集人員は、経済はB方式二〇名、経営はAとB方式あわせて二五名、人文英語はB方式一〇名、社会はB方式一五名、法はB方式一〇名、薬はB方式五名であった。

結果は次の通りである。[23] 志願者は経営のみ増えたが、他学部は減少した。薬学部はまたまた志願者が減り、苦戦した。

表二　二〇〇九年度センター利用入試前期日程

	募集人員	志願者（前年）	合格者	実質競争率
経済学部	二〇名	五三一名（五六九名）	三四六名	一・五三
経営学部	二五名	七〇四名（四八九名）	三九三名	一・七八
人文英語	一〇名	一〇七名（一三二名）	六九名	一・五五
社会	一五名	一九九名（二四九名）	一二六名	一・五八
法学部	一〇名	二五五名（二六二名）	一四七名	一・七三
文系合計	八〇名	一七九六名（一七〇一名）	一〇八一名	一・六六

薬学部	五名	五六名（　七八名）	四二名	一・三二
総計	八五名	一八五二名（一七七九名）	一一二三名	一・六四

（出典）『学内報』第三八七号、二〇〇九年三月。

一月二二日、金森言語コミュニケーション研究科長の任期満了に伴う科長選挙があり、岡山勇一（六二歳、英文学）が選出された。[24] 任期は二〇〇九年四月から二年間。

一月二五日、二〇〇九年度、新入試制度による文系四学部の一般入試Ⅰ期日程（英語、国語の二科目入試）と経営学部のセンター利用入試（前期日程A方式）が行なわれた。新入試制度改革では、一般入試をⅠ期とⅡ期に分割し、Ⅰ期を一月に前倒しした初めての入試であった。

一月二五、二六日の両日、二〇〇九年度の薬学部の第Ⅰ期入試（定員八〇名）が行なわれた。

それらⅠ期入試の結果は次の通りである。[25] 文系四学部のⅠ期入試の志願倍率は二六・九倍と過去最高となり、成果を上げたが、薬学部は前年をまたまた下回った。危機である。

表三　二〇〇九年度一般入試Ⅰ期日程

	募集人員	志願者（前年）	合格者	実質競争率
経済学部	二〇名	六五五名（　—　）	一九一名	三・四一
経営学部	二〇名	六一一名（　—　）	一六七名	三・六二
人文英語	一〇名	二〇六名（　—　）	九五名	二・一四
社会	一〇名	三二四名（　—　）	一〇四名	三・一〇

法学部	二〇名	三五五名（ー）	一〇七名	三・三〇
文系合計	八〇名	二一五一名（ー）	六六四名	三・二一
薬学部	八〇名	一三三名（一七六名）	九三名	一・四三
総計	一六〇名	二二八四名	七五七名	二・九九

（出典）『学内報』第三八七号、二〇〇九年三月。

一月三〇日、理事会が開催され、副学長の安田俊一が寄附行為により当然評議員、当然理事となり、そして、常務理事に選出された。[26]

二月五日に、山田社会学研究科長の任期満了に伴う科長選挙があり、今枝法之（五二歳、現代社会論）が選出された。[27] 任期は二〇〇九年四月から二年間。

二月一一、一二日の両日、新入試制度による二〇〇九年度の一般入試のⅡ期日程（従来通り三科目入試）が行なわれた。一一日が経済・経営、一二日が人文、法、薬の入試であった。結果は次の通りであった。[28]

表四　二〇〇九年度一般入試Ⅱ期日程

	募集人員	志願者（前年）	合格者	実質競争率
経済学部	一七三名	一一四五名（ー）	二七六名	三・五三
経営学部	一八〇名	一〇七九名（ー）	二五七名	三・五八
人文英語	四五名	二七七名（ー）	一〇六名	二・三四

社会	八〇名	五八七名（ー）	一四二名	二・九九
法学部	八〇名	五七八名（ー）	一三三名	三・八二
文系合計	五五八名	三六六六名（ー）	九一四名	三・四六
薬学部	二〇名	一八名（三四名）	一一名	一・一八
総計	五七八名	三六八四名	八二五名	三・四三

（出典）『学内報』第三八七号、二〇〇九年三月。

文系四学部五学科の一般入試のⅠ期とⅡ期の志願者の合計は、五八一七名で、前年の三五六三名よりも二二五四名、三六・七％も増えた。実人数は約三〇〇名増え、実質競争率も一・六五倍→三・三六倍に増えた。新しい入試改革の成果であった。入試委員長の増野仁は「制度改革のとりあえずの目標の大部分は、今回の実施においてほぼ達成されつつある」と述べている。[29]他方、薬学部は募集人員も来ず、惨憺たる状況となった。

二月二八、三月一日の両日、二〇〇九年度の大学院Ⅱ期入試が行なわれた。経済はシニア特別選抜で一人受験し、一人合格した。博士は一人受験し、一人合格した。経営は一般選抜で二人受験し一人合格し、社会人特別選抜で二人受験し二人合格した。言語は一般選抜で三人受験し二人合格した。社会は社会人特別選抜で一人受験し一人が合格した。博士は二人受験し一人合格した。[30]

三月一〇日、大学入試センター利用入試の経済後期募集定員一五名（A方式＝個別試験併用型）、経営後期募集定員一五名（同）の試験が行なわれ、一六日に、大学入試センター利用入試の薬（募集定員五名）の後期B方式の合格発表、一八日に経済・経営後期AB方式、法の後期B方式（募集定員五名）の合格発表がなされた。その結果、経済五五名、経営四四名、法三〇名、薬七名を発表した。[31]

三月一九日、午前一〇時よりひめぎんホール（愛媛県県民文化会館）にて、二〇〇八年度の卒業式が行なわれた。森本学長は式辞の中で「新たな旅立ちに際しては、大志を抱き、それを成し遂げるべく、強い意思をもって粘り強く努力し、不屈の精神で乗り越えて下さい」と餞の言葉を贈った。[32] それは次の通りである。

「地球温暖化を実感した冬も終わり、皆さんがいよいよ学び舎から巣立つ今日の佳き日に多数のご来賓ならびに保護者の皆様のご臨席を賜り、平成二十年度松山大学・大学院学位記・卒業証書・学位記授与式を盛大に挙行できますことは、本学の光栄とするところであり、教職員を代表して心から御礼申し上げます。

修了生および卒業生の皆さん。ご修了・ご卒業おめでとうございます。所定の課程を修めて、皆さんがこうしてご修了、ご卒業の日を迎えられたことに対して心からお慶び申し上げます。また、保護者の皆様におかれましても、これまでの日々を振り返ると感慨無量であり、さぞかしご安堵なされているものと拝察し、心からお慶び申し上げます。

さて、修了生および卒業生の皆さん、皆さんが入学した折りにも説明されたはずですが、今日の卒業式においても松山大学の歴史と教学理念としての校訓「三実主義」について述べておきます。これは、本学出身者として誇りを持ち、さらに教学理念を生かして実社会において活躍していただきたいと願って行っているのです。本日もこの二点について、先ず、お話しておきたいと思います。

松山大学は大正十二年〔一九二三年〕に開校した旧学制による松山高等商業学校がその始まりです。本校は、松山市出身で、日本初の工業用革ベルトの開発を遂げて製革業において成功し、大阪産業界の雄となり、世間からは「東洋の製革王」と呼ばれ、また、司馬遼太郎著「坂の上の雲」に登場する秋山好古と親交のあった新田長次郎〔雅号温山〕、当時の松山市長であり、俳人正岡子規の叔父に当たる加藤恒忠〔雅号拓川〕、教育家であり、山口高等中学校長、大阪高等商業学校長、北予中学〔現県立松山北高等学校〕校長になられた加藤彰廉らの協力によって設立されました。長次郎翁は、高等商業学校設立の提案に賛同し、学校の運営には自らは関わらないことを条件に、設立資金として巨額の私財を投じて、松山高等商業学校を創設しました。温山翁は製革業やその関連事業の成功を自分だけのものにするのではなく、教育や文化の発展のために還元され、広く社会貢献をされました。現在、文京町キャンパス内に、感謝の意を込めて、三恩人としてそれぞれの胸像を設置しています。

昭和十九年に松山経済専門学校と改称し、第二次世界大戦後の学制改革により昭和二十四年に商経学部〔現、経済学部、経営学部〕を開設して松山商科大学となり、その後、大学院経済学研究科、人文学部、大学院経営学研究科、法学部を順次開設して文系総合大学となり、平成元年〔一九八九年〕に校名を変更して松山大学となりました。平成十八年（二〇〇六年）に五番目の学部である理系の薬学部と三番目の大学院である大学院社会学研究科を開設して、本学は名実共に総合大学となりました。さらに平成一九年には四番目の大学院である大学院言語コミュニケーション研究科英語コミュニケーション専攻を開設して、教育研究体制をさらに充実しています。

松山大学の教学理念は、初代校長加藤彰廉が提唱し、第三代校長田中忠夫によってその意義が確立された「真実」「忠実」「実用」の三つの実を持った校訓「三実主義」です。真実とは「真理に対するまことである。皮相な現象に惑溺しないで進んでその奥に真理を探り、枯死した既成知識に安住しないでたゆまず自ら真知を求める態度である。」と、忠実とは、「人に対するまことである。人のために図っては己を虚しうし、人と交わりを結んでは終生操を変えず自分の言行に対してはどこまでも責任をとらんとする態度である。」と、実用とは、「用に対するまことである。真理を真理のままに終わらせないで、必ずこれを生活の中に生かし社会に奉仕する積極進取の実践的態度である。」と説明されています。咀嚼すれば、三実主義とは、教育研究においては真理を探究することはもちろんのこと、その真理を日々の生活や仕事の中に応用できるものにすること、また、組織において能力を発揮するためには信用・信頼される人格にならなければならないことを説いていると考えます。

この校訓「三実主義」は、特に現状のように大不況に見舞われ、先が見通せず不安になっているときこそ重視されるべき教訓であると考えます。

皆さんを社会に送り出すに当たりまず期待することは、この校訓「三実主義」をわが身に体して、信用・信頼を大切にして実社会で活躍していただきたいということです。本年は、創立八十七年目になりますが、この間に社会に送り出した卒業生は約六万三千人に達し、産業界を中心に教育界や官公庁などにあって、全国的に活躍し、高い評価を得てきました。これも卒業生の皆さんが、校訓「三実主義」を体して活躍した結果であり、これが松山大学の伝統になっていると確信しています。皆さんも伝統を守り、先輩たちに続いてご活躍ください。

近年においては景気も回復し、団塊世代の大量退職の影響もあり、就職状況は好転して売り手市場となっていました。しかし、現在では一転して大不況に陥り、就職難の時代に逆戻りしてしまいました。幸いにも皆さんの就職活動中は状況が良く、リーマンショックを引き金として生じた世界同時的金融危機、経済危機の影響はまだなく、就職の内定が得られたことと思います。元来、景気には循環があり好況不況を繰り返します。思い起こせば、バブル崩壊・不況への突入も突然訪れましたし、今回の不況も突然訪れた感があります。バブル崩壊後の不況も長年続きましたから、今回の不況もしばらく続くものと覚悟して不屈の精神で困難を乗り越えて下さい。

皆さんに対してもう一つ期待することは、学び舎から巣立ち、新たな旅立ちに際して、大志を抱き、それをどんなことがあろうとも成し遂げようとする強い意志をもって、粘り強く努力していただきたいということです。「意志あるところに道あり」の精神で頑張って下さい。温山翁は十六歳の時に福沢諭吉の「学問のススメ」を読んで感動し、二十歳で大志を抱いて温泉郡山西村（現松山市山西町）から大阪に出て、洋式製革技術を習得して、二十七歳で独立し成功したのです。温山翁の精神を継承し、大志を抱き目標に向かって努力していただきたいのです。

皆さんご承知の通り少子化の影響は大きく、全国的に見ても私立大学の約半数が定員割れの状況になっています。今回の金融危機によって引き起こされた大不況によって進学が困難になり、状況がさらに深刻化して、ますます大学間競争は厳しくなることでしょう。このような状況にあっても、環境の変化に適応し、校訓「三実主義」に基づいて教育研究に励めば、社会から信用・信頼され、西日本有数の私立大学として持続的に発展できるものと確信します。後輩たちは、卒業生の実社会における活躍を見て自分自身の将来を思い描いて松山大学に入学してくるものですから、皆さんが実社会で活躍していただくことが大学への最大の支援になります。卒業生・修了生によって組織される「温山会」は北は北海道から南は九州まで全国的に組織され、活発に活動しています。皆さんも温山会の一員になりますから、就職先の地域にある温山会支部総会に出席して親睦を深めて下さい。今後も温山会活動を通じても協力関係が築けることを期待しております。

最後になりましたが、皆さんが今後も益々ご健勝でご活躍いただき、地域・社会のために、さらには世界のために貢献できることを祈念して式辞といたします。

平成二一年三月一九日

松山大学

学長　森本三義」(33)

三月三一日、経済学部で青野勝廣（六五歳、経済学）が退職し、短大に移籍した。北島健一（地域経済論）も退職し、立教大学に転出した。経営学部で三好和夫（経営学）、菊池一夫（マーケティング論）、人文学部で千石好郎（社会体制論）、横山知玄（組織論、集団論）が退職した。法学部では菊地秀典（民法）、田中雅敏（ドイツ語）が退職、転職した(34)。

〔注〕

（1）『学内報』第三七六号、二〇〇八年四月。
（2）同。
（3）『学内報』第三七六号、二〇〇八年四月。同、三七八号、二〇〇八年六月。
（4）松山大学総務課所蔵。
（5）『学内報』第三七九号、二〇〇八年七月。
（6）『学内報』第三七八号、二〇〇八年六月。
（7）『学内報』第三八〇・三八一号、二〇〇八年八・九月。
（8）同。
（9）『学内報』第三八二号、二〇〇八年一〇月。
（10）『学内報』第三八三号、二〇〇八年一一月。
（11）『学内報』第三八七号、二〇〇九年三月。同第三九六号、二〇〇九年一二月。
（12）『学内報』第三八三号、二〇〇八年一一月。
（13）同。
（14）『学内報』第三八五号、二〇〇九年一月。
（15）同。
（16）同。
（17）同。
（18）『学内報』第三八六号、二〇〇九年二月。
（19）同。
（20）『学内報』第三八七号、二〇〇九年三月。
（21）『学内報』第三八五号、二〇〇九年一月。
（22）同。
（23）『学内報』第三八七号、二〇〇九年三月。
（24）同。

(25) 同。
(26) 同。
(27) 同。
(28) 同。
(29) 増野仁「二〇〇九（平成二一）年度入学試験結果報告―一般入試を中心に―」『学内報』第三八七号、二〇〇九年三月。
(30) 『学内報』第三八八号、二〇〇九年四月。
(31) 『学内報』第三八七号、二〇〇九年三月。同、第三八八号、二〇〇九年四月。
(32) 『学内報』第三八八号、二〇〇九年四月。
(33) 松山大学総務課所蔵。
(34) 『学内報』第三八八号、二〇〇九年四月。

(四) 二〇〇九年（平成二一）度

森本学長・理事長三年目である。薬学部は四年目である。

本年度の校務体制は、副学長は安田俊一（二〇〇八年六月二六日～二〇一二年一二月三一日）が続けた。経済学部長は新しく鈴木茂（二〇〇九年四月～二〇一一年三月）が就任した。経営学部長は平田桂一（二〇〇八年四月～二〇一二年三月）、人文学部長は牧園清子（二〇〇八年四月～二〇一〇年三月）、法学部長は妹尾克敏（二〇〇八年四月～二〇一一年三月）、薬学部長は葛谷昌之（二〇〇六年四月～二〇一一年五月三一日）が続けた。短大学長は新しく清野良栄（二〇〇九年四月～二〇一五年三月）が就任した。大学院経済学研究科長は川東竫弘（二〇〇八年四月～二〇一〇年三月）、経営学研究科長は中山勝己（二〇〇六年四月～二〇一〇年三月）が続けた。社会学研究科長は新しく今枝法之（二〇〇九年四月～二〇一一年三月）、言語コミュニケーション研究科長は新しく岡山勇一（二〇〇九年四月～二〇一二年三月）が就任した。図書館長は大浜博（二〇〇七年四月～二〇一〇年一二月）、総合研究所長は小松洋（二〇〇七年一月～二〇一〇年一二月）、副所長は中村雅人（二〇〇九年一月～二〇一〇年一二月）が続けた。教務委員長は新しく東渕則之（二〇〇九年四月～二〇一一年三月）が就任した。入試委員長は増野仁（二〇〇八年四月～二〇一〇年三月）が続けた。学生委員長は新しく金森強（二〇〇九年四月～二〇一一年三月）が就任した。

学校法人面では、常務理事として、事務局長で理事の越智純展（二〇〇四年一月一六日～二〇一〇年三月、総務）、事務部長の猪野道夫（二〇〇七年一月二六日～二〇一〇年三月、財務）、評議員選出の理事の墨岡学（二〇〇七年一月二六日～二〇一二年一二月三一日）、副学長で理事の安田俊一（二〇〇九年一月三〇日～二〇一〇年一二月三一日）が続けた。理事長補佐は松浦一悦、岡村伸生が続けた。理事は事務局長の越智純展、事務部長から奥村泰之、西原友昭、評議員から田中哲、葛谷昌之、墨岡学、設立者から新田元庸、温山会から麻生俊介、今井琉璃男、宮内薫、学識者から一色哲昭、大塚潮治、水木儀三であった。監事は、新田孝志（二〇〇八年一月一日～）、矢野之祥（二〇〇七年一月二六日～二〇一〇年一二月三一日）、増田豊（二〇〇七年一二月一日～二〇〇九年五月三一日）が続けた。評議員は、教育職員は浅野剛（経営）、小松洋（人文）、墨岡学（経営）、波多野雅子（法）、増野仁（経済）、間宮賢一（経済）、山本重雄（薬）、吉田隆志（薬）の八名、事務職員は掛川猛、西原友昭の二名、事務局長及び部長は越智、猪野、奥村泰之、西原重博、森林信の五名。後、副学長、学部長、短大学長の七名、温山会の八名、学識経験者の一一名であった。(1)

本年度も次のような新しい教員が採用された。[2] 薬学部四年目で本年も多く採用された。

経済学部

谷口　裕亮　一九六三年生まれ、名古屋大学大学院国際開発研究科博士課程。准教授として採用（新特任）。開発援助論等。

西尾圭一郎　一九七八年生まれ、大阪市立大学大学院経営学研究科後期博士課程。准教授として採用。金融論等。

経営学部

三光寺由美子　一九八一年生まれ、神戸大学大学院経営学研究科博士課程後期。講師として採用。簿記原理等。

麓　仁美　一九八一年生まれ、神戸大学大学院経営学研究科博士課程後期。講師として採用。経営管理論等。

人文学部

増田　和男　一九四七年生まれ。日本体育大学体育学部。教授として採用（特任）。体育。

水上　英徳　一九六七年生まれ、東北大学大学院文学研究科博士課程。教授として採用。社会学史等。

櫻井啓一郎　一九六一年生まれ、甲南大学大学院人文科学研究科博士課程。准教授として採用。英語概論等。

法学部
　古屋　壮一　一九七七年生まれ、広島大学大学院社会科学研究科博士課程後期。准教授として採用。民法等。
　田口　武史　一九七二年生まれ、九州大学大学院文学研究科博士課程。講師として採用（新特任）、ドイツ語。

薬学部
　加茂　直樹　一九五六年生まれ、大阪大学大学院理学研究科修士課程。教授として採用。生物、物理学等。
　西条　亮介　一九七九年生まれ、名古屋市立大学大学院薬学研究科博士後期課程。助教として採用。
　比知屋寛之　一九七五年生まれ、岡山大学大学院自然科学研究科。助教として採用。
　日野　真美　一九七三年生まれ、徳島大学大学院薬学研究科博士後期課程。助教として採用。

なお、特任であった法学部の林恭輔（体育）が公募により人文学部に採用され、移籍した。

四月三日、午前一〇時よりひめぎんホールにて二〇〇九年度の入学式が挙行された。経済四六五名、経営四四〇名、人英一〇二名、人社一二〇名、法二二四名、薬九〇名、合計一四四一名が入学した。また、大学院では、経済学研究科修士課程一名、同博士課程一名、経営学研究科修士課程七名、言語コミュニケーション研究科四名、社会学研究科修士課程一名、同博士課程一名、合計一五名が入学した。薬学部は入学生わずか九〇名で、本年も定員（一六〇名）を大幅に満たさず、四年連続の定員割れ、苦難・苦境、危機的状況であった。

森本学長は式辞において、本学の歴史と伝統、創立者の高い志、三恩人、卒業生の活躍、部活動の輝かしい成績、校訓三実主義などについて紹介し、最後に、「教育は人生を変えるすばらしい力をもっています。学ぶことによって夢を叶え、なりたい自分になれるのです。様々な出会いを経験し、人生を豊かにできるのです。校訓三実主義による教育によって、皆さんの夢が叶えられ、目標や目的が達成されますよう願っております」と激励した。(3)それは次の通りである。

「日差しも日ごとに増して心はずむ花の季節を迎え、本日は希望に満ちた新入生の皆さんを新たに迎え入れる慶びの中、多数のご来賓ならびにご父母の皆様のご臨席を賜り、平成二十一年度松山大学大学院・松山大学入学宣誓式をかくも盛大に挙行できますことは、本校の光栄とするところであり、教職員を代表して、ご出席の皆様に対して謹んで御礼申し上げます。

新入生の皆さん、ご入学おめでとうございます。皆さんのご入学に対して心から歓迎の意を表します。保護者の皆様におかれましては、本日ご入学を迎えられ、これまでの日々を振り返ると、感慨無量でさぞかしご安堵なされているものと拝察し、心からお慶び申し上げます。全国的に見れば、十八才人口の減少に伴い入学志願者が減少しているにもかかわらず、本学の一般入試においては、前年度と比較して約五十パーセント増の志願者があり、十五年ぶりに高い競争率となりました。百年に一度といわれる大不況の中で、このように多くの方々が松山大学を志望し、本学へ進学いただきましたことに対して、心から感謝申し上げます。

さて、新入生の皆さん、それぞれの課程で定められた期間にわたり修学することになりますが、まず、松山大学における教育研究が目指すものを理解していただいたうえで勉学に励んでいただきたいと願い、さらに、修了後または卒業後にも松山大学の教学理念を生かして実社会において自信と誇りをもって活躍していただきたいと願い、本日も松山大学の歴史と教学理念について、お話しておきたいと思います。

松山大学は大正十二年〔一九二三年〕に開校した旧学制による松山高等商業学校がその始まりです。本校は、松山市出身で、日本初の工業用革ベルトの開発を遂げて製革業において成功し、大阪産業界の雄となり、世間からは「東洋の製革王」と呼ばれ、また、司馬遼太郎著「坂の上の雲」に登場する秋山好古と親交のあった新田長次郎〔雅号温山〕、当時の松山市長であり、俳人正岡子規の叔父に当たる加藤恒忠〔雅号拓川〕、山口高等中学校長、大阪高等商業学校長、北予中学〔現愛媛県立松山北高等学校〕校長になられた教育家の加藤彰廉らの協力によって設立されました。長次郎翁は、高等商業学校設立の提案に賛同し、学校の運営には自らは関らないことを条件に、設立資金として巨額の私財を投じて、私立では全国で三番目の松山高等商業学校を創設しました。温山翁は製革業やその関連事業の成功を自分だけのものにするのではなく、教育や文化の発展のために還元され、広く社会のために貢献されたのです。現在、文京町キャンパス内に、感謝の意を込めて三恩人としてそれぞれの胸像を設置しています。

昭和十九年に松山経済専門学校と改称し、第二次世界大戦後の学制改革により昭和二十四年に商経学部［現、経済学部、経営学部］を開設して松山商科大学となり、その後、大学院経済学研究科、人文学部、大学院経営学研究科、法学部を順次開設して文系総合大学となり、平成元年〔一九八九年〕に校名を変更して松山大学となりました。平成十八年（二〇〇六年）に五番目の学部である理系の薬学部と三番目の大学院である大学院社会学研究科を開設して、本学は名実共に総合大学となりました。さらに平成十九年には、四番目の大学院である大学院言語コミュニケーション研究科を開設して、教育研究体制をさらに充実しています。

松山大学の教学理念は、初代校長加藤彰廉が創唱し、第三代校長田中忠夫によってその意義が確立された「真実」「忠実」「実用」の三つの実を持った校訓三実主義です。真実とは「真理に対するまことである。皮相な現象に惑溺しないで進んでその奥に真理を探り、枯死した既成知識に安住しないでたゆまず自ら真知を求める態度である。」と、忠実とは、「人に対するまことである。人のために図っては己を虚しうし、人と交わりを結んでは終生操を変えず自分の言行に対してはどこまでも責任をとらんとする態度である。」と、実用とは、「用に対するまことである。真理を真理のままに終わらせないで、必ずこれを生活の中に生かし社会に奉仕する積極進取の実践的態度である。」と説明されています。言い換えれば、三実主義とは、教育研究においては真理を探究することはもちろんのこと、その真理を日々の生活や仕事の中に応用できるものにすることが重要であること、また、組織の一員として、さらにはリーダーとして活躍するためには信用・信頼される人格になることが重要であることを説いていると考えます。

本年は、創立八七年目になりますが、この間に社会に送り出した卒業生は約六万三千人に達し、産業界を中心に教育界や官公庁などにあって、全国的に活躍し、高い評価を得てきました。地元愛媛の産業界におけるトップの多くは本学出身です。これも卒業生の皆さんが、三実主義を身に付けて活躍した結果であり、この点から本学は「就職に強い松山大学」と評価され、これが松山大学の伝統になってきたと確信しています。入学生の皆さんも三実主義を身に付け伝統を引き継いでいただいて、先輩たちに続いて実社会で活躍できるように成長することを期待します。

皆さんは、本日から本学の学生として勉学やサークル活動などに励むわけですが、百年に一度といわれる大不況の中で学生生活をスタートすることになってしまいました。学生生活のスタートに当り、大学の制度が理解できない時や不安な時もあろうと思います。そのような時には一人で悩んでいないで、まずは指導教授の先生やカウンセラーの先生に相談してください。高校までは担任の先生が皆さんの日々の生活指導を担当してきましたが、大学では指導教授が原則としてこれまでの担任の役目を担っています。しかし、ホームルームの時間に相当する機会は、週に一度ほどしかないでしょう。したがって、積極的に相談に行く姿勢が必要になるのです。皆さんは大学生になったのですから、自己管理・自己責任が原則ですが、指導教授のアドバイスを受けながら自ら考え、自ら解決する能力を身に付けてゆかなければなりません。大学での勉学の方法は、これまでの学習方法とはかなり異なっていることを認識して、早く適応してください。一日でも早く学生生活が軌道に乗ることができますように祈っております。

先輩たちからも、皆さんがこれからの学生生活を通じて成果をあげるためには、入学に際して、意欲を高揚し持続して行くことが重要であると主張されています。薬学部の入学生は、まずは薬剤師国家試験に合格することが目的になっているでしょうから、すでに勉学意欲は高いはずです。いかにしてこの勉学意欲を六年間持続させるか問題でしょう。目的を見据えて、環境を整えメリハリのある学生生活を送ってください。文系学部の入学生の皆さんの中にはまだ具体的には目標や目的が見出せないでいる方々も多いでしょう。目標や目的が持てないでいると、何のために勉学しているのかわからなくなり、勉学の意義や重要性を見失ってしまいます。卒業後に何を仕事として活動し、生活してゆくのかを考えて、できる限り早く目標や目的を決めてください。将来の目標を定め、そこから逆算すれば、今、何をすべきかが見えてきます。このように中長期の目標を立て、それを実行すべくプラン・ドゥー・チェック・アクションのマネジメント・サイクルで自己管理すれば、意欲を高め、持続できるはずです。受験競争の中で大学に合格すること自体が目標となり、特に入学後の目標や目的も持たずに入学し迷っている場合には、早く迷いを払拭し、目標を設定して勉学やサークル活動に励んでください。

実社会で活躍するために必要な教育は、知育ばかりでなく、徳育および体育も必要です。サークル活動を通して、社会性を身に付け、実社会で活躍するために必要となる気力・体力も養ってください。そのために本学では、従来から勉学ばかりでなく課外活動にも注力し、その結果、サークル活動が活発な大学としても評価されてきました。皆さんの中からも全国大会や世界大会で活躍できる選手が現れることを期待しております。教育は人生を変えるすばらしい力を持っています。学ぶことによって夢を叶え、なりたい自分になれるのです。さまざまな出遭いを経験し、人生を豊にできるのです。校訓「三実主義」による教育によって、皆さんの夢が叶えられ、目標や目的が達成されますように願っております。

最後になりましたが、将来、皆さんが地域・社会のために、さらには世界のために貢献できる有為な人材となれるよう祈念して、式辞といたします。

平成二十一年四月三日

松山大学

学長　森本三義」(4)

四月二〇日、経済学部は韓国の仁川大学校東北アジア経済通商大学と学生の相互派遣協定を締結した。(5)

五月八日、温山会総会がひめぎんホールで開かれ、宮内薫会長が退任し、新たに野本武男が新会長に選出された。

五月三一日、温山会選出の法人理事の宮内薫が退任し、代わって六月一日付けで野本武男（温山会長）が理事に就任した。また、法人監事の増田豊が退任し、新監事に六月一日付けで金村毅（前人文学部教授、人文学部長）が選出された。(6)

六月一日、二〇一〇年度の入試説明会が開かれた。入試制度別募集定員、日程が発表された。苦難・苦戦・苦境中の薬学部は、入試制度別募集定員を大きく変更し、一般入試の定員をⅠ期は八〇名↓五〇名に、Ⅱ期は二〇名↓一五名に大きく減らし、他方、センター利用入試前期は五名↓三〇名に大幅に増やし、また、スカラシップ入試（一〇名）を導入したのが大きな変化であった。薬学部危機への対応であった。また、学費は据え置き、ステップ制は廃止した。また、薬の入学金を三〇万→二〇万円に引き下げた。[7] リーマン・ショックによる平成大不況によるものであった。

七月一日発行の『学内報』第三九一号に二〇〇八年度の決算報告が出された。二〇〇九年三月三一日現在で、地方債・社債・株式で一億七六九二万五一七二円、仕組債で九億五八七四万五〇〇〇円、合計一一億三五六七万円の時価損失が出ていた。また、デリバティブ取引（金利スワップ）では、三件（契約額、五億、一〇・五億、一〇・五億円）あり、それぞれ、三九一万六九四一円、一六六四万三七九三円、九五三七万九二七九円の損失を出していた。[8] 一〇〇年に一度と言われるリーマン・ショックの大きさが窺われ、また、このような金融商品に大学が投資することの危険さが指摘できよう。

九月二六日、経済と経営のアドミッションズ・オフィス入試が行なわれた（結果は一一月実施の推薦入試の箇所で後述する）。

九月三〇日、理事長補佐の岡村伸生が退任した。[9] デリバティブ取引の失敗の責任と思われる。

一一月一日発行の『学内報』第三九五号（二〇〇九年一一月）に、二期目に入った森本学長・理事長が大学間競争に打ち勝つべく「松山大学の教学理念及び経営ビジョンについて」と題した論考を発表している。その大要は次の通りである。[10]

「一．はじめに

一八歳人口の減少、リーマンショックを契機とした深刻な不況に直面し、今後も大学間競争が激化する。このような状況下、大学間競争に打ち勝ち、持続的に発展するために、松山大学の教学理念を確認し、経営ビジョンを示すことにした。

二．松山大学の教学理念

松山大学の教学理念は、初代校長加藤彰廉が創唱し、第三代校長田中忠夫によってその意義が確立された『真実』『忠実』『実用』の三つの実を持った校訓『三実』の精神、いわゆる三実主義です。すなわち、教育研究においては真理を探究することはもちろんのこと、その真理を日々の生活や仕事の中に応用できるものにすることが重要で、教育研究活動は実学志向で行なわれるべきであると考えられます。『忠実』の精神は徳育における指針で、人に対して誠実、自分の言行に対して責任を持つことで、その精神は組織の一員、リーダーとして活躍するための必要条件であり、人に信用、信頼される人格になることを説いた人間形成の精神です。

したがって、松山大学の教育目標は、校訓『三実』の精神に基づき社会に有為な人材を育成すること、専門性だけでなく、幅広い教養、高い公共性、倫理性を持ち、社会を改善していく『21世紀型市民』を育成することにあります。

三．松山大学の経営ビジョン

松山大学は薬学部を設置する前は、経済と経営を中心とした文系総合大学でしたが、二〇〇六年薬学部の設置で理系を擁する真の総合大学になりました。今後、創立一〇〇周年を念頭に中四国ナンバーワンの私立総合大学として持続的に発展し、西日本屈指の私立総合大学を目指します。

今春の一般入試では、八六六八名の志願者があり、前年度比で約三〇〇〇名の増加となった。これは全国私立大学中第一〇位であり、実質競争率も一五年ぶりに三倍を超えました。この要因は、入試改革、就職に強い松山大学の評価、地元志向、安い学費、等がありますが薬学部を加えて将来真の総合大学として持続的に発展すると期待されていることも大きな要因と思います。今後もさらに総合大学化を進め中四国ナンバーワンの私立総合大学を目指します。

そのためには、①総合大学に相応しい組織体制の構築、②文系四学部五学科及び大学院研究科の充実・発展、③薬学部の育成、④社会連携の強化を図らなければなりません。

①総合大学に相応しい組織体制の構築

文系学部と理系学部の特質はあまりに異なるため、教学会議で審議しても文系学部に妥当しても薬学部に妥当しないケースが数多くあったことの経験から、全学的コンセンサスを得たり、全学共通の規程をもうけることは困難な場合が多々あることがあきらかになった。このような問題を解決するために、学部の自立性、独立性を高めると同時に、大学本部機能を強化する方向で分権管理組織を採用し、現在の組織体制を改革する。

②文系四学部五学科及び大学院研究科の充実・発展

今春の入試において、三〇〇〇人の志願者増があったのは、これまでの社会からの信用・信頼によるところが大きい。大黒柱である経済・経営を中心に、三実主義、とくに「実用」の精神に基づく実学志向の教育研究によって発展をはかる。

③薬学部の育成

薬学部は、全国的に増加し、また、一〇〇年に一度の大不況に直面して苦戦中です。ここで薬学部を育成できなければ松山大学の信用は失墜し、総合大学としての発展は望めません。そのために、文系の支援の下に薬剤師の国家試験の高い合格率を上げる必要があります。また、薬学部の博士課程の設置も必要です。薬学部の育成後は、医療系の教育研究も必要です。

④社会連携の強化

社会連携の窓口として、ＭＳＰＯ（松山大学・ソーシャル・パートナーシップ・オフィス）を設置していますが、さらにリカレント・市民向けの生涯教育を目的としたコミュニティ・カレッジの設置が必要です。」

この森本学長・理事長の論考について、少しコメントしておこう。

①松山大学の教学理念（三実主義）について。これまで、田中忠夫、星野通、神森智学長らが言われたことと変わらず、特に創造的・独創的な見解ではない。「教育研究活動は実学志向で行われるべき」との見解は神森元学長の考えの踏襲であろう。ただ、「忠実の精神は徳育における指針」と述べているが、それは森本学長の独自の見解であろう。なお、『21世紀型市民』を育成と述べている点は新しいが、しかし、中教審答申からの引用であり、抽象的で茫洋としており、新たな知とは言えない。

②校訓の表現について。森本学長は、これまでの式辞では（二〇〇七、二〇〇八年度）、歴代学長と同じく、校訓「三実主義」という表現を使っていたが、この『学内報』で初めて、「主義」をとり、校訓「三実」に変更した。それは、これまでの『学内報』『学生便覧』で記載された校訓「三実主義」の表記と異なっていた。なぜ変更したのか、その説明がなく、根拠不明である。

校訓「三実」と校訓「三実主義」について、私の見解を示しておこう。加藤彰廉校長は一九二六年三月八日の第一回卒業式において、実用・忠実・真実の「校訓三実」を宣言したが、翌年から加藤校長は式辞で校訓「三実主義」を使用するようになり、その後「三実主義」を繰り返し述べ、学園では校訓「三実主義」が定着した。戦後、第二代星野通学長が一九五七年に校訓の復興を唱え、校訓「三実主義」として使用・説明し、『学内報』、『学生便覧』もすべて校訓「三実主義」で表記され、定着していた。

だから、この森本新説はこれまでの校史と異なっている。変更するなら、理由を述べ、根拠を示し、説明すべきであろう。できないのであれば、撤回して、従来通り校訓は「三実主義」を使用し、もとに戻すべきであろう。

③松山大学の経営ビジョンとして、今回初めて、「中四国ナンバーワン」「西日本屈指の私立総合大学」を掲げた。高い志やビジョンを掲げることを否定はしないが、西日本屈指とは、関西を含んでいるから、関々同立並を目指すことを意味しているだろう。しかし、薬学部一学部で、理工学部もないのに「西日本屈指の私立総合大学」を目指すというのは大言壮語である。それよりも、大事なことは、競争ばかり追い求めるのではなく、これまでの本学の大学経営、政策について何

が問題なのか、理論的かつ実証的な総括を行ない、地方でキラリと光る大学に、堅実で実効性ある方針・政策だろう。とくに、文理融合で総合大学を目指したものの、薬学部の深刻な定員割れ、二〇〇九年度の入学生はわずか九〇名となり、その深刻さ、危機感が見られない。その対策・再建なしには、スローガン倒れとなろう。

④今春（二〇〇九年度）の一般入試で、約三〇〇〇人の増加と述べているが、事実誤認で、正確には五学部六学科のⅠ・Ⅱ期の志願者は五九六八名で、前年の三七七三名に比し、二一九五名増で三〇〇〇名も増えてはいない。また志願者増の主たる要因は、受験生の負担を減らすため受験回数を減らし、併願の受験料を軽減したためである。志願者増を過大にみている。

⑤総合大学に相応しい組織体制の構築として、学部の自立性・独立性、大学本部機能を強化する方向で分権管理組織を採用すると述べているが、薬学部を切り離すとか学部独立採算性を述べているわけではなく、また、本部機能強化・分権管理組織の採用というが、具体的方向性が不明である。

⑥文系の充実・発展策についてどうするのか、なにも見られない。

⑦デリバティブ取引の失敗についての反省はみられない。

一〇月二五日、女子駅伝部が仙台で開催された第二七回全日本大学女子駅伝において、部員六名ながら、一一位でゴールした。(11)

一一月三日、午後二時から本館六階ホールにて、「松山大学大学院へのいざない二〇〇九」が開催され、約五〇名が参加した。各研究科の紹介、経済学研究科で論文博士第一号を取得した森賀楯雄氏による論文作成の苦労話しについての講演、後、現役院生による座談会が行なわれた。(12)

一一月八日、薬学部の二〇一〇年度の推薦入試（指定校、一般公募）が行なわれた。

一一月一四、一五日の両日、文系学部の二〇一〇年度の推薦・特別選抜入学試験が行なわれた。募集人員の変更は、各学部ともなかった。

結果は次の通りであった。(13)薬学部は指定校も一般公募もいずれも志願者は募集人員を大幅に下回り、またしても危機的で惨憺たる結果となった。

表一　二〇一〇年度推薦・特別選抜入試

		募集人員	志願者	合格者
経済学部	（指定校制）	一〇五名	一三九名	一三五名
	（一般公募制）	二五名	二〇七名	四六名
	（特別選抜）	一七名	一四名	一四名
	（アドミッションズ・オフィス）	一五名	九二名	二二名
経営学部	（指定校制）	五〇名	五四名	五四名
	（一般公募制）	三二名	一五二名	四九名
	（アドミッションズ・オフィス）	三五名	二一〇名	六三名
	（特別選抜）	三三名	四三名	三九名
人文英語	（指定校制）	二五名	一九名	一九名

（特別選抜）	一〇名	二四名	一八名
社会（指定校制）	一五名	三四名	三四名
（特別選抜）	若干名	一名	一名
法学部（指定校制）	二〇名	二二名	二二名
（一般公募制）	五〇名	一九〇名	八七名
（特別選抜）	二五名	四九名	二六名
薬学部（指定校制）	三〇名	一二名	一二名
（一般公募制）	二〇名	一六名	一四名

（出典）『学内報』第三九七号、二〇一〇年一月。

一一月一九日、平田経営学部長の任期満了に伴う学部長選挙が行なわれ、平田桂一（六二歳、商業史）が再選された。(14) 任期は二〇一〇年四月から二年間。

一一月二七日、牧園人文学部長の任期満了に伴う学部長選挙が行なわれ、奥村義博（五八歳、英米文学）が選出された。(15) 任期は二〇一〇年四月から二年間。

一二月二日、妹尾法学部長の任期満了に伴う学部長選挙が行なわれ、妹尾克敏（五六歳、地方自治法）が再選された。(16) 任期は二〇一〇年四月から二年間。

一二月六日、「松山大学市民フォーラム二〇〇九」が開催され、テーマは「日本経済の再生と企業文化の創造的再生」で、池上淳京都大学名誉教授が基調講演を行ない、後、パネラーによるディスカッションが行なわれた。[17]

一二月二一日、中山大学院経営学研究科長の任期満了に伴う科長選挙が行なわれ、平田桂一（六二歳、商業史）が選出された。[18] 任期は二〇一〇年四月から二年間。経営学部長との兼務であった。

一二月二三日、つくば市で開催の第七回全日本女子選抜駅伝で、創部二年目で、初出場の女子駅伝部が六位入賞を果たした。[19] 快挙であった。

二〇一〇年一月一日発行の『学内報』に森本学長・理事長が「三年間を振り返って」と題した論考を出している。そこで、学長選挙の際に表明した重要課題の進捗状況について述べている。要約すれば次の通りである。[20]

①教育支援・学習支援体制の充実については、現在学習支援センター設置の方向で準備中である。

②旧南海放送跡地（樋又キャンパス）については、中長期経営計画委員会に諮問したが、進展していない。

③財政基盤の再構築についても道半ばで、仕組債については運用比率を徐々に下げていく。

④定員割れの薬学部については、定員の適正化を探り、一三〇名は確保したい。

⑤就職支援については、東京キャンパスの設置により充実してきているが、リーマン・ショックにより大変厳しくなっている。

⑥エクステンションプログラムの充実、社会人教育の充実、生涯教育については、コミュニティカレッジとして立案されている。

⑦産官学連携については、ＭＳＰＯを設置して、徐々に効果をあげつつある。

⑧競争資金の導入については、科研費は二〇〇七年度八件、二〇〇八年度一四件、二〇〇九年度二一件と向上している。

⑨学長選挙については、二年間は短く、中長期経営計画達成のためにも次からは最初の年は四年に延長すべきである。

一言コメントすると、仕組債の巨額の損失について反省なく、また薬学部については、これまで一貫して定員割れをし、昨年の一一月の推薦入試で、指定校も一般公募も大幅に定員割れし、危機的で、とても一三〇名を確保できる見通しはないのに、大変甘い願望、判断であった。

一月一四日、川東大学院経済学研究科長の任期満了に伴う研究科長選挙が行なわれ、入江重吉（六二歳、環境思想論）が選出された。(21) 任期は二〇一〇年四月から二年間。

一月一六、一七日の両日、二〇一〇年度の大学入試センター試験が行なわれた。(22)

一月二四日、二〇一〇年度の文系四学部のＩ期入試（二科目入試）及び経営のセンター利用入試前期Ａ方式（個別試験併用型）が行なわれた。

一月二四、二五日の両日、二〇一〇年度の薬学部のＩ期入試（定員五〇名）及び大学入試センター試験利用入試前期Ａ方式（個別試験併用型）が行なわれた。

Ｉ期入試の募集定員は、文系学部は前年と変わらなかったが、苦難・苦戦中の薬学部が八〇名→五〇名に大幅に減らした。センター利用入試の募集定員は、文系は前年と変わらなかったが、薬学部が一般入試の募集人員の減少の代わりに、センター利用入試前期五名→三〇名に大幅に増やし、またスカラシップ入試（一〇名）を導入した。

一般入試のⅠ期の結果は次の通りである。[23] 文系学部はいずれも志願者が増えた。他方、薬学部は、Ⅰ期の定員を前年八〇名→五〇名に大幅に減らしたものの、志願者は更に減少し、募集人員を削減しても効果なく、危機的状況が続いた。

表二　二〇一〇年度一般入試Ⅰ期日程

	募集人員	志願者（前年）	合格者	実質競争率
経済学部	二〇名	九一三名（六五五名）	一七七名	五・一四
経営学部	二〇名	八七九名（六一一名）	一五九名	五・五一
人文英語	一〇名	三二三名（二〇六名）	七一名	四・五一
社会	一〇名	五〇六名（三二四名）	八五名	五・九二
法学部	二〇名	四六三名（三五五名）	八七名	五・二九
文系合計	八〇名	三〇八四名（二二五一名）	五七九名	五・三〇
薬学部	五〇名	一〇五名（一三三名）	七三名	一・四四
総計	一三〇名	三一八九名（二三八四名）	六五二名	四・八七

（出典）『学内報』第三九九号、二〇一〇年三月。

センター利用入試前期日程の結果は、次の通りである。[24] 文系は法学部を除き、文系合計一七五六名→二〇三五名へと志願者が増えた。薬学部も五五名→一一九名へと久方ぶりに増えた。

表三　二〇一〇年度センター利用入試前期日程

	募集人員	志願者（前　年）	合格者	実質競争率
経済学部	二〇名	六二三名（五三一名）	二九三名	二・一二
経営学部	二五名	八三三名（七〇四名）	三一五名	二・六四
人文英語	一〇名	一一〇名（一〇七名）	七六名	一・四五
社会	一五名	二三一名（一九九名）	一四〇名	一・六五
法学部	一〇名	二三八名（二五五名）	一二七名	一・八七
文系合計	八〇名	二〇三五名（一七九六名）	九五一名	二・一四
薬学部	三〇名	一一九名（　五五名）	七九名	一・五一
総計	一一〇名	二一五四名（一七七九名）	一〇三〇名	二・〇九

（出典）『学内報』第三九九号、二〇一〇年三月。

二月一一、一二日の両日、二〇一〇年度の一般入試Ⅱ期日程（三科目入試）が行なわれた。一一日は経済・経営の入試、一二日が人文・法・薬の入試であった。また、薬のセンター利用入試（スカラシップ入試）も行なわれた。Ⅱ期入試の募集人員は文系は変わらず、薬が二〇名→一五名に減らしていた。Ⅱ期日程の結果は次の通りであった。(25) 文系の志願者は、前年より少し減少したが、実質競争率は前年を少し上回った。他方、薬学部の志願者は前年の一八名→三三名へと増えたが、実質競争率は引き続き低かった。

表四　二〇一〇年度一般入試Ⅱ期日程

	募集人員	志願者（前年）	合格者	実質競争率
経済学部	一七三名	一一一六名（一一四五名）	二三一名	四・三一
経営学部	一八〇名	一〇八六名（一〇七九名）	二四一名	四・〇八
人文英語	四五名	二六二名（二七七名）	一一八名	一・九二
社会	八〇名	五六六名（五八七名）	一五五名	三・二八
法学部	八〇名	五二一名（五七八名）	一四六名	三・一九
文系合計	五五八名	三五五一名（三六六六名）	八九一名	三・五七
薬学部	一五名	三三名（一八名）	二〇名	一・二五
総計	五七三名	三五八四名（三六八四名）	九一一名	三・五二

（出典）『学内報』第三九九号、二〇一〇年三月。

なお、薬のスカラシップ入試（募集人員一〇名）は、志願者一九名で、四名が合格した。

二月二八日、二〇一〇年度の大学院Ⅱ期入試が行なわれた。経済学研究科修士課程は合格者はいなかった。経営学研究科修士課程は四名が受験し、三名が合格した、言語コミュニケーション研究科は二名が受験し、一名が合格した。社会学研究科修士課程は合格者はいなかった。社会学研究科博士課程は二名が受験し、一名が合格した。(26)

三月一〇日、第三回全学教授会が開かれた。審議事項として、二〇一一年度の学費改定が提案された。前年と同様であった。

三月一一日、二〇一〇年度のセンター利用入試後期の試験（経済、経営のA方式）が行なわれ、一七日に合格発表がなされた。結果は、次の通りである。(27)

表五　二〇一〇年度センター利用入試後期日程

	募集人員	志願者（前年）	合格者	実質競争率
経済学部	一五名	二四九名（―）	六五名	三・六五
経営学部	一五名	二一六名（―）	五六名	三・七〇
法学部	五名	八六名（―）	三三名	二・六一
文系合計	三五名	五五一名（―）	一五四名	三・四四
薬学部	五名	一〇名（―）	八名	一・二五
総計	四〇名	五六一名（―）	一六二名	三・三三

（出典）『学内報』第四一三号、二〇一一年五月。

三月一九日、午前一〇時よりひめぎんホールにて、二〇〇九年度の松山大学大学院学位記授与式、松山大学卒業証書・学位記授与式が行なわれた。経済学部は三四〇名、経営学部は三五八名、人文英語は九三名、社会は一一三名、法は一九七名が卒業した。大学院は経済学研究科修士課程は五名、同博士課程は二名、経営学研究科修士課程は四名、言語コミュニケーション研究科修士課程は一名、社会学研究科修士課程は二名が修了した。

森本学長は式辞で、「皆さんの新たな旅立ちに際し、本学出身者としての誇りを持ち、さらに教学理念である三実主義の精神を生かし、自信をもって実社会で活躍していただきますよう祈念します」と餞の言葉を述べた。(28) それは次の通りである。

「青春時代を謳歌した学生時代も終わり、皆さんがいよいよ学び舎から巣立つ今日のよき日に多数のご来賓ならびに保護者の皆様のご臨席を賜り、平成二十一年度松山大学・大学院学位記・卒業証書・学位記授与式を盛大に挙行できますことは、本学の光栄とするところであり、教職員を代表して心から御礼申し上げます。

修了生および卒業生の皆さん。ご修了・ご卒業おめでとうございます。所定の課程を修めて、皆さんがこうしてめでたくご修了、ご卒業の日を迎えられたことに対して心からお慶び申し上げます。また、保護者の皆様におかれましても、本日の晴れ姿をご覧になって、さぞかしご安堵なされているものと拝察し、心からお慶び申し上げます。

さて、修了生および卒業生の皆さん、皆さんが入学した折りにも説明されたはずですが、本日の卒業式においても松山大学の歴史と教学理念としての校訓「三実」の精神について述べておきます。これは、本学出身者として誇りを持ち、さらに校訓「三実」の精神を生かして実社会において活躍していただきたいと願って行っているのです。本日もこの二点について、先ず、お話しておきたいと思います。

松山大学は大正十二年〔一九二三年〕に開校した旧学制による松山高等商業学校がその始まりです。本校は、松山市出身で、日本初の工業用革ベルトの開発を遂げて製革業において成功し、大阪産業界の雄となり、世間からは「東洋の製革王」と呼ばれ、また、NHKのスペシャルドラマで注目されている司馬遼太郎著「坂の上の雲」に登場する秋山好古と親交のあった新田長次郎〔雅号温山〕、当時の松山市長であり、俳人正岡子規の叔父に当たる加藤恒忠〔雅号拓川〕、教育家であり、山口高等中学校長、大阪高等商業学校長、北予中学〔現県立松山北高等学校〕校長になられた加藤彰廉らの協力によって設立されました。長次郎翁は、高等商業学校設立の提案に賛同し、学校の運営には自らは関わらないことを条件に、設立資金として巨額の私財を投じて、松山高等商業学校を創設しました。温山翁は製革業やその関連事業の成功を自分だけのものにするのではなく、教育や文化の発展のために還元され、広く社会貢献をされました。現在、文京町キャンパス内に、感謝の意を込めて、三恩人としてそれぞれの胸像を設置しています。

昭和十九年に松山経済専門学校と改称し、第二次世界大戦後の学制改革により昭和二十四年に商経学部〔現、経済学部、経営学部〕を開設して松山商科大学となり、その後、大学院経済学研究科、人文学部、大学院経営学研究科、法学部を順次開設して文系総合大学となり、平成元年〔一九八九年〕に校名を変更して松山大学となりました。平成十八年（二〇〇六年）に五番目の学部である理系の薬学部と三番目の大学院である大学院社会学研究科を開設して、本学は名実共に総合大学となりました。さらに平成一九年には四番目の大学院である大学院言語コミュニケーション研究科英語コミュニケーション専攻を開設して、教育研究体制をさらに充実しています。

松山大学の教学理念は、初代校長加藤彰廉が提唱し、第三代校長田中忠夫によってその意義が確立された「真実」「忠実」「実用」の三つの実を持った校訓「三実」の精神です。真実とは「真理に対するまことである。皮相な現象に惑溺しないで進んでその奥に真理を探り、枯死した既成知識に安住しないでたゆまず自ら真知を求める態度である。」と、忠実とは、「人に対するまことである。人のために図っては己を虚しうし、人と交わりを結んでは終生操を変えず自分の言行に対してはどこまでも責任をとらんとする態度である。」と、実用とは、「用に対するまことである。真理を真理のままに終わらせないで、必ずこれを生活の中に生かし社会に奉仕する積極進取の実践的態度である。」と説明されています。この校訓「三実」の精神は次のように解釈できます。

『真実』および『実用』によって知育における指針を示して、教育研究においては真理を探究することはもちろんのこと、その真理を日々の生活や仕事の中に応用できるものにすることが重要であることを説いています。すなわち、教育研究活動は実学思考《ママ》〔志向〕で行われるべきであると考えられています。

『忠実』によって徳育（道徳教育）における指針を示して、人に対しては誠実でなければならないこと、自分の言動については責任を持つことが大切であることを説き、対人関係のあり方ないしは社会の一員としてとるべき態度を説いています。『忠実』の精神に基づいて行動すれば自ずと信用・信頼関係が生まれ、特に企業における組織活動においては、信用・信頼関係が保たれていれば大いに能力が発揮できます。それゆえに『忠実』の精神は、組織の一員として、さらにはリーダーとして活躍するための必要条件であり、人間関係を大切にして信用・信頼される人格になることが重要であることを説いた人格形成のための精神であると考えられます。『忠実』の精神は、みなさんがこれから社会人として活躍してゆくうえで最も大切な精神ですから、困難に直面したときの判断基準として決してわすれないでください。

本年は創立八十八年目になりますが、この間に社会に送り出した卒業生は約六万四千人に達し、産業界を中心に教育界や官公庁などにあって、全国的に活躍し、高い評価を得てきました。これも卒業生の皆さんが、校訓「三実」の精神を大切にして活躍した結果であり、これが松山大学の伝統になっていると確信しています。皆さんも伝統を守り、先輩たちに続いてご活躍ください。

皆さんは、二〇〇〇年前後の就職氷河期よりも厳しい状況の中で就職活動をしなければならない状況におかれてしまいました。これまでの卒業生の活躍により、就職に強い松山大学といわれてきましたが、皆さんはかってない大変な経験をされたことでしょう。バブル崩壊後の不況も長年続きましたから、今回の不況もしばらく続くものと覚悟して、不屈の精神で困難を乗り越えて下さい。困難を乗り越えて人生のすばらしい花を咲かせることができるよう祈念しております。

本年度では、松山大学関係者としては、青野令君が土佐礼子さんに続いて二人目のオリンピック選手となりました。また、軟式野球部が創部四〇年目で全国制覇をなし遂げ、さらに女子駅伝部は創部三年目で選抜全国大会において六位に輝きました。このように、課外活動も非常に活性化し、今や「日本一」「世界一」を目指すまでになりました。これこそ皆さんが目標・目的を持って努力すれば成果を挙げることができる証ですから、皆さんの新たな旅立ちに際して、大志を抱き、自信を持って実社会で活躍して頂きますよう希望します。

皆さんご承知の通り少子化の影響は大きく、全国的に見ても四年制私立大学の約半数がすでに定員割れの状況になっています。しかし、松山大学の入試志願者は今春も増加し、入試志願者総数は一万一千人に迫る勢いです。中四国の四年制私立大学では入試志願者が最も多く、最も人気のある大学に復活しました。今後もますます大学間競争は厳しくなりますが、これを大学改革の好機と捉えて、校訓「三実」の精神に基づいて教育研究に励めば、中四国ナンバーワンの私立総合大学として持続的に発展し、西日本屈指の私立大学になれると確信します。大学の評価は卒業生の活躍によって左右されますから、大学発展のためにも皆さんが温山会会員として実社会で大いに活躍することを期待します。卒業生・修了生によって組織される「温山会」は北は北海道から南は九州まで全国的に組織され、活発に活動しています。皆さんも温山会の一員になりますから、就職先の地域にある温山会支部総会に出席して親睦を深め、人間関係の充実を図って下さい。今後も温山会活動を通じて皆さんと協力関係が築けることを期待しております。

最後になりましたが、皆さんが夢や希望を持って、今後も地域・社会の発展のために益々ご健勝でご活躍いただきますように祈念して、式辞といたします。

平成二十二年三月一九日

松山大学

学長　森本三義(29)」

この式辞について、一言コメントしておこう。

①森本学長は校訓の説明について、それまでの校訓「三実主義」ではなく、「主義」をとり、校訓「三実」に変更した。それは、先にも述べたが、歴代学長の説明や『学内報』『学生便覧』の説明、表記と異なっていた。

②校訓「三実主義」の順序については、従来通りで（真実・忠実・実用）変更していない。ただ、その説明において、真実および実用は「知育における指針」、忠実は「徳育（道徳教育）における指針」と古風な表現で解説しているが、それは、歴代学長の説明と異なり、森本学長の独自の解釈であろう。

③また、この時の式辞からさきの二〇〇九年一一月の『学内報』に発表した「松山大学の教学理念及び経営ビジョンについて」に則り、「中四国ナンバーワン」「西日本屈指の私立総合大学」のスローガンを掲げ始めた。

三月三一日、経済学部では釜江哲郎（統計学）が退職した。経営学部では矢嶋伸浩（経営労務論）、山崎泰央（一般経営史）、人文学部では辻泉（コミュニケーション論）が退職、転職した。法学部では竹宮崇（憲法）が退職した。

また、法人役員で定年退職等により、変更があった。越智純展事務局長・常務理事が定年退職し、再雇用となった。猪野道夫常務理事も定年退職し、再雇用となった（四月一日から周年事業計画準備室）。掛川猛、西原重博も定年退職し、再雇用となった。法人理事で評議員の奥村泰之が退任退職

し、法人評議員の西原重博、掛川猛、西原友昭が退任した。(30)

〔注〕

(1) 『学内報』第三八八号、二〇〇九年四月。同、第三八九号、二〇〇九年五月。
(2) 『学内報』第三八八号、二〇〇九年四月。
(3) 『学内報』第三八九号、二〇〇九年五月。同、三九〇号、二〇〇九年六月。
(4) 松山大学総務課所蔵。
(5) 『学内報』第三九〇号、二〇〇九年六月。
(6) 『学内報』第三九一号、二〇〇七年七月。
(7) 『学内報』第三九〇号、二〇〇九年六月、同、第三九一号、二〇〇九年七月。同、第三九四号、二〇〇九年一〇月。
(8) 『学内報』第三九一号、二〇〇九年七月。
(9) 『学内報』第三九六号、二〇〇九年一二月。
(10) 『学内報』第三九五号、二〇〇九年一一月。
(11) 『学内報』第三九六号、二〇〇九年一二月。
(12) 同。
(13) 『学内報』第三九七号、二〇一〇年一月。
(14) 同。
(15) 同。
(16) 同。
(17) 同。
(18) 同。
(19) 『学内報』第三九八号、二〇一〇年二月。
(20) 『学内報』第三九七号、二〇一〇年一月。
(21) 『学内報』第三九八号、二〇一〇年二月。
(22) 『学内報』第三九九号、二〇一〇年三月。
(23) 同。
(24) 同。
(25) 同。

(26)『学内報』第四〇〇号、二〇一〇年四月。
(27)『学内報』第四一三号、二〇一一年五月。
(28)『学内報』第四〇〇号、二〇一〇年四月。ただ、この『学内報』の要約は、不正確である。森本学長はそれまで使用していた校訓「三実主義」ではなく、この時の式辞から校訓「三実」に変更しているからである。
(29)松山大学総務課所蔵。
(30)『学内報』第四〇〇号、二〇一〇年四月。

(五)二〇一〇年（平成二二）度

森本学長・理事長四年目である。薬学部は五年目である。

本年度の校務体制は、副学長は安田俊一（二〇〇八年六月二六日～二〇一二年一二月三一日）が続けた。経済学部長は鈴木茂（二〇〇九年四月～二〇一一年三月）、経営学部長は平田桂一（二〇〇八年四月～二〇一二年三月）が続けた。人文学部長は新しく奥村義博（二〇一〇年四月～二〇一二年三月）、法学部長は妹尾克敏（二〇〇八年四月～二〇一二年三月）、薬学部長は葛谷昌之（二〇〇六年四月～二〇一一年五月三一日）が続けた。短大学長は清野良栄（二〇〇九年四月～二〇一五年三月）が続けた。大学院経済学研究科長は新しく入江重吉（二〇一〇年四月～二〇一二年三月）、経営学研究科長は新しく平田桂一（二〇一〇年四月～二〇一二年三月）が就任した。社会学研究科長は今枝法之（二〇〇九年四月～二〇一一年三月）、言語コミュニケーション研究科長は岡山勇一（二〇〇九年四月～二〇一二年三月）が続けた。図書館長は大浜博（二〇〇七年四月～二〇一〇年一二月）、総合研究所長は小松洋（二〇〇七年一月～二〇一〇年一二月）、副所長は中村雅人（二〇〇九年一月～二〇一〇年一二月）が続けた。教務委員長は東渕則之（二〇〇九年四月～二〇一一年三月）が続けた。入試委員長は新しく松尾博史（二〇一〇年四月～二〇一二年三月）が就任した。学生委員長は金森強（二〇〇九年四月～二〇一一年三月）が続けた。大学の事務局長は、越智純展の後、新しく西原友昭（前総務部長）が就任した。

学校法人面では、常務理事として、新しく事務局長で理事の西原友昭（二〇一〇年四月～二〇一七年三月）と事務部長で理事の岡村伸生（二〇一〇年四月～二〇一四年一二月三一日）が就任した。副学長で理事の安田俊一（二〇〇九年一月三〇～二〇一〇年一二月三一日）、評議員理事の墨岡学（二〇〇七年一月～二〇一二年一二月三一日）は続けた。理事長補佐は松浦一悦が続けた。理事は事務局長の西原友昭及び事務部長から岡村伸生、森林信が新しく就任した。評議員理事は、田中哲、葛谷昌之、墨岡学が続けた。設立者から新田元庸、温山会から麻生俊介、今井琉璃男、野本武男、学識者から一色哲昭、大塚潮治、水木儀三であった。監事は、新田孝志（二〇〇八年一月一日～）、矢野之祥（二〇〇七年一月二六日～二〇一〇年一二月三一日）、金村毅（二〇〇九年六月～二〇一五年五月三一日）が続けた。評議員は、教職員は浅野剛、小松洋、墨岡学、増野仁、間宮賢一、山本重雄、吉田隆志、中嶋慎治の八名、事務職員は岡田隆、浜岡富雄の二名、事務局長及び部長は、西原友昭、森林信、岡村伸生、藤田厚人の四名。後、副学長、学部長、短大学長の七名、温山会の八名、学識者の一〇名であった。(1)

四月一日、事務組織の組織改革がなされた。内部監査室、周年事業計画準備室が設置され、越智純展と猪野道夫が就任した。再雇用となった二人のための組織であった。

また、コミュニティ・カレッジ規程が作られ、松浦一悦（理事長補佐）がコミュニティ・カレッジ長に就任した。そして、本年度からコミュニティ・カレッジが始まった。

四月一日、本年も次のような教員が採用された。(2)

経済学部
　橋本　卓爾　一九四三年生まれ、大阪市立大学大学院博士課程。教授として採用（新特任）。地域経済論。
経営学部
　河内　俊樹　一九八一年生まれ、明治大学大学院博士課程。講師として採用。マーケティング論。
　越智三起子　一九六九年生まれ、甲南大学大学院博士課程。講師として採用。フランス語。
人文学部
　玉井　智子　一九六五年生まれ、愛媛大学大学院修士課程。講師として採用。児童福祉論。
法学部
　大石　健二　一九七五年生まれ、日本体育大学大学院博士課程。講師として採用。体育。
薬学部
　田母神　淳　一九八〇年生まれ、北海道大学生命科学院博士課程。助教として採用。

四月三日、午前一〇時よりひめぎんホールにて二〇一〇年度の入学式が行なわれた。経済学部は三九〇名、経営学部は四〇六名、人文英語は一一九名、社会は一三五名、法は二二〇名、薬は八三名が入学した。大学院経済学研究科は修士が三名、経営学研究科は修士が九名、言語コミュは三名、社会は修士が三名、博士が一名入学した。[3] 薬学部は定員一六〇名の約半分しか入学せず、存続の危機であった。早急に薬学部再建方針の策定が求められた。

森本学長の式辞は次の通りである。

「桜咲く季節を迎え、希望に満ちた新入生の皆さんを新たに迎え入れる今日の佳き日に愛媛県知事加戸守行様を始め多数のご来賓ならびに保護者の皆様のご臨席を賜り、平成二十二年度松山大学大学院・松山大学入学宣誓式をかくも盛大に挙行できますことは、本校の光栄とするところであり、教職員を代表して、ご出席の皆様に対して謹んで御礼申し上げます。

新入生の皆さん、ご入学おめでとうございます。皆さんの入学に対して心から歓迎の意を表します。本日、蛍雪の功なってご入学を迎えられ、保護者の皆様におかれましては、さぞかしご安堵なされているものと拝察し、心からお慶び申し上げます。

さて、新入生の皆さん、本学に入学のうえは、松山大学の歴史を知り、教学理念である校訓「三実」の精神を理解して勉学や課外活動に励んでいただきたいと願い、本日も最初に松山大学の歴史と教学理念について、お話しておきたいと思います。

松山大学は大正十二年〔一九二三年〕に開校した旧学制による松山高等商業学校がその始まり

です。本校は、松山市出身で、日本初の工業用革ベルトの開発を遂げて製革業において成功し、大阪産業界の雄となり、世間からは「東洋の製革王」と呼ばれ、また、ＮＨＫスペシャルドラマで注目されている司馬遼太郎著「坂の上の雲」に登場する秋山好古と親交のあった新田長次郎〔雅号温山〕、当時の松山市長であり、俳人正岡子規の叔父に当たる加藤恒忠〔雅号拓川〕、山口高等中学校長、大阪高等商業学校長、北予中学〔現愛媛県立松山北高等学校〕校長になられた教育家の加藤彰廉らの協力によって設立されました。長次郎翁は、高等商業学校設立の提案に賛同し、学校の運営には自らは関らないことを条件に、設立資金として巨額の私財を投じて、私立では全国で三番目の松山高等商業学校を創設しました。温山翁は製革業やその関連事業の成功を自分だけのものにするのではなく、教育や文化の発展のために還元され、広く社会のために貢献されたのです。現在、文京町キャンパス内に、感謝の意を込めて、三恩人としてそれぞれの胸像を設置しています。

昭和十九年に松山経済専門学校と改称し、第二次世界大戦後の学制改革により昭和二十四年に商経学部［現、経済学部、経営学部］を開設して松山商科大学となり、その後、大学院経済学研究科、人文学部、大学院経営学研究科、法学部を順次開設して文系総合大学となり、平成元年〔一九八九年〕に校名を変更して松山大学となりました。平成十八年（二〇〇六年）に五番目の学部である理系の薬学部と三番目の大学院である大学院社会学研究科を開設して、本学は名実共に総合大学となりました。さらに平成十九年には、四番目の大学院である大学院言語コミュニケーション研究科を開設して、教育研究体制をさらに充実しています。

松山大学の教学理念は、初代校長加藤彰廉が創唱し、第三代校長田中忠夫によってその意義が確立された「真実」「忠実」「実用」の三つの実を持った校訓「三実」の精神いわゆる三実主義です。真実とは「真理に対するまことである。皮相な現象に惑溺しないで進んでその奥に真理を探り、枯死した既成知識に安住しないでたゆまず自ら真知を求める態度である。」と、忠実とは、「人に対するまことである。人のために図っては己を虚しうし、人と交わりを結んでは終生操を変えず自分の言行に対してはどこまでも責任をとらんとする態度である。」と、実用とは、「用に対するまことである。真理を真理のままに終わらせないで、必ずこれを生活の中に生かし社会に奉仕する積極進取の実践的態度である。」と説明されています。言い換えれば、三実主義とは、『真実』および『実用』によって知育における指針を示して、教育研究においては真理を探究することはもちろんのこと、その真理を日々の生活や仕事の中に応用できるものにすることが重要であることを説き、また『忠実』によって徳育（道徳教育）における指針を示して、人に対しては誠実でなければならないこと、自分の言動については責任を持つことが大切であることを説いて、対人関係のあり方ないし社会の一員としてとるべき態度を説いています。

本年は、創立八十八年目になりますが、この間に社会に送り出した卒業生は約六万五千人に達し、産業界を中心に教育界や官公庁などにあって、全国的に活躍し、高い評価を得てきました。これは、開学以来の卒業生が校訓『三実』の精神を身に付けて活躍した結果であり、この点から本学は「就職に強い松山大学」と評価され、これが松山大学の伝統になってきたと確信しています。百年に一度といわれる今回の経済危機においても就職率は九十一パーセントを超え、入学志望者が急増したのも、この伝統が再評価されたものと考えます。

次に皆さんに悔いのない学生時代を過ごしていただくために、アドバイスしておきたいと思います。皆さんは、本日から本学の学生として活動することになりましたが、学生時代は瞬く間に過ぎ去ってしまいます。まず、学部卒業後あるいは大学院修了後どのような社会人になって活躍したいのか、具体的には何を仕事として働き、生活して行きたいのか、将来の夢や希望を持ってください。次に、夢実現のために学生時代に達成すべき目標を立てて、それを達成すべくプラン・ドゥー・チェック・アクションのマネジメント・サイクルで自己管理すれば、いつかは夢が実現するはずです。目標を持って学生生活を送れば、時間が足りず、学生時代が大変短く感じられるものです。本日の入学式を契機にして、将来に向けて夢を持ち、夢実現のために勉学や課外活動などにおいても高い目標を掲げて、目標達成のために頑張ってください。

しかし、政治も経済も不安定な現状ですから、目標を設定できず、将来について考えると不安になることもあるでしょう。そのような時には一人で悩んでいないで、まずは指導教授の先生やカウンセラーの先生に相談してください。皆さんは本学の学生になったのですから、自己管理・自己責任が原則ですが、指導教授のアドバイスを受けながら自ら考え、自ら解決する能力を身に付けなければなりません。大学での勉学の方法は、これまでの学習方法とはかなり異なっていることを認識して、早く適応してください。また本年度から皆さんが気軽に立ち寄れて何でも相談することができる「学生支援準備室」を設置して、学生の皆さんと各種の相談窓口をつなぐための「総合窓口」を設けます。どのような相談についてはどの部署に行けばよいのか判断できない場合には、こちらへ相談してください。このようにして、一日でも早く皆さんの学生生活が軌道に乗るよう支援いたします。

学生時代は、社会人になるための準備期間でもあります。社会人として活躍できるようになるためには、社会人として生きて行く力すなわち社会人基礎力を身に付けなければなりません。そのためには正課としての授業を受けるばかりでなく、課外活動にも参加し、社会性を身に付ける必要があります。可能な限り課外活動にも参加して社会性を身に付け、実社会で活躍するために必要となる気力・体力も養ってください。そのために本学では、従来から勉学ばかりでなく課外活動にも注力し、その結果、課外活動が活発な大学としても評価されてきました。前年度では、松山大学関係者としては、青野令君が土佐礼子さんに続いて二人目のオリンピック選手となりました。また軟式野球部が創部四十周年目で全国制覇を成し遂げ、さらに女子駅伝部は創部三年目で選抜全国大会六位に輝きました。このように課外活動も非常に活性化し、今や「日本一」、「世界一」を目指すまでになりました。皆さんの中からも全国大会や世界大会で活躍できる選手が現れることを期待しております。

大学進学率も五十パーセントを超える時代になりましたが、皆さんは大学で教育を受ける機会が与えられ、恵まれた環境にあると思います。皆さんを支えていただいているご家族の方々への感謝の気持ちを忘れずに勉学や課外活動に励み、与えられたチャンスを活かしてください。校訓「三実」の精神に基づく教育によって、皆さんの夢が叶えられ、目標や目的が達成されますように願っております。

最後になりましたが、将来、松山大学を巣立ち、仕事やボランティア活動を通じて、地域・社会のために、さらには世界のために貢献できる有為な人材になれますように祈念して、式辞といたします。

平成二十二年四月三日

松山大学

学長　森本三義」(4)

式辞中、校訓の表記について、森本学長は、校訓「三実主義」の用語も使用しているが、先の卒業式と同様に、基本的に校訓「三実」に変更していた。ただし、校訓の順序は従来通りであった。また、「三実」の解説においては、知育、徳育という古風な表現を再度使用していた。

五月一日発行の『学内報』第四〇一号に「二〇一〇年度　事業計画及び予算の概要」が載せられている。そこで、「西日本屈指の私立総合大学を目指す」ことをスローガンとして掲げていた。しかし、開設以来、苦難・苦戦、苦境にある薬学部が軌道に乗らない限り、その達成は難しいであろう。その薬学部については、二〇一〇年度の入学者は定員の半分、わずか八三名に過ぎなかった。事業計画で財政上収支の見合う一三〇名は確保したいとも述べていたが、二〇一〇年度事業計画は早くも頓挫した。また、学生支援のために、奨学金の充実をあげ、そのなかの授業料を減免するスカラシップ制度について、経済・経営・人文で二九名、一七六九万円、他方、薬は二二名、三五二〇万円を計上していたが、それは文系依存、否、文系犠牲による薬学部救済策であった。また、二〇一〇年度から

五名、三〇五万円のスポーツスカラを導入することを述べていた。(5)

五月一三日、二〇一一年度第一回全学教授会が開かれた。審議事項はなく、報告事項として、「二〇一〇年度事業計画及び予算について」、「二〇一一年度松山大学入学試験要項について」等が報告された。薬学部の定員一六〇名の問題は今後どうするのか、事業計画は毎年同じ文章でマンネリ化している、等の質問・疑義が出された。

六月一日、二〇一一年度の入試説明会が行なわれた。入試制度別募集定員、日程が発表された。前年と変化はなかった。(6) 二〇一一年度の学費は、薬学部入学金を三〇万→二〇万円にし、一〇万円引き下げ、文系のステップ制を全廃することにした。リーマンショックによる世界的恐慌のためであった。

六月一五日、松山市と本法人の連携協定が締結された。(7)

七月一日発行の『学内報』に「二〇〇九年度　決算の概要」が発表されている。地方債・社債・株式で一七五一万七八二六円、仕組債で五億九六三六万三六〇三円、合計六億一三八八万一四二九円の時価損失、デリバティブ取引（金利スワップ取引）が三件あり（四億、九億、九億円）、内、一件で一億二四八六万二七二七円の時価損失を出していた。(8)

七月一日、第二回全学教授会が開かれた。審議事項はなく、「二〇〇九年度決算および事業報告について」が報告された。

九月一五日、常務理事会は、三件の金利スワップ取り引き（二件は二〇〇六年四月の神森元理事長時代の二三億円、一件は二〇〇七年三月六日の森本理事長時代の一三・五億円）を解約し、解約金を支払い、そして、新しく金利スワップ契約（契約期間二〇一〇年九月一七日〜二〇一六年三月三一日、想定元本六・四億円、一ドル八六円）を結ぶことを決めた。寄附行為違反であるが、相変わらず、反省が見られない。

九月二五日、二〇一一年度経済学部・経営学部のAO入試が行なわれた。結果は後述。

一〇月三日、大学院I期入試が行なわれた。経済はシニアが一名受験し、一名が合格した。経営は二名が受験し、一名が合格した。言語は一名が受験し、一名が合格した。社会はゼロであった。なお、学内特別選抜は経済が一名、経営が二名合格していた。[9]

一〇月二四日、第二八回杜の都全日本大学女子駅伝大会が行なわれ、本学女子駅伝部が四位入賞を果たした。中四国勢初のシード権の獲得で、快挙であった。[10]

一〇月二九日、経済学部は「東アジア経済論」開講一〇周年を記念した講演会を開催した。東アジア経済論は、二〇〇一年に開講し、上海に現地研修をおこなう科目で、これまでに一三二名の学生が参加した。本年も八月二三日から九月三日、学生一三名が参加している。この日の記念講演は、元松山大学教授の童適平氏（現、明治大学法学部教授）と伊予銀行国際部の竹内恒敏氏の二人が講演した。童氏は「金融危機後の中国経済」、竹内氏は「上海経済の現状と今後の展望」のテーマで講演された。[11]

一一月一三、一四日の両日、二〇一一年度の推薦・特別選抜入試が行なわれた。一三日が経済・経営、一四日が人文、法、薬学部であった。募集人員や制度には変更はなかった。結果は次の通りであった。[12] 薬学部は指定校は三分の一しか集まらず、一般公募は全入で、危機的状態が続いた。

表一　二〇一一年度推薦・特別選抜入試

		募集人員	志願者	合格者
経済学部	（指定校制）	一〇五名	一三五名	一三五名
	（一般公募制）	二五名	一二七名	二五名
	（特別選抜）	一七名	一四名	一四名
	（アドミッションズ・オフィス）	一五名	五五名	一五名
経営学部	（指定校制）	五〇名	五三名	五三名
	（一般公募制）	三二名	一六一名	四七名
	（アドミッションズ・オフィス）	三五名	一八〇名	六〇名
	（特別選抜）	三三名	四六名	四四名
人文英語	（指定校制）	二五名	一六名	一六名
	（特別選抜）	一〇名	一七名	一五名
社会	（指定校制）	一五名	二〇名	二〇名
	（特別選抜）	若干名	〇名	〇名
法学部	（指定校制）	二〇名	三一名	三一名
	（一般公募制）	五〇名	一二九名	八四名
	（特別選抜）	二五名	三四名	二二名
薬学部	（指定校制）	三〇名	一一名	一一名

（一般公募制）	二〇名	二三名	二三名

（出典）『学内報』第四〇九号、二〇一一年一月。

一一月二五日、学内の評議員選挙があった。教員の選挙権者は一五五名で、有効投票は六九に過ぎず、棄権が七九、という惨憺たる投票率で教員の関心が薄れていた。結果は、墨岡学（経営、再）、松浦一悦（経済、新）、松尾博史（経営、新）、増野仁（経済、再）、間宮賢一（経済、新）、今枝法之（人文、新）、加茂直樹（薬、新）、河瀬雅美（薬、新）八名が選出された。法がゼロで薬から二名選出されたのが特徴であった。事務職員は岡田隆、浜岡富雄であった。一二月一日より就任した。

一二月末で森本学長の任期満了（二期目）になるので、選挙管理委員会が組織された（選挙管理委員長は牧純）。有権者は二五九名で教員一五五名、事務職員一〇四名であった。

一〇月一三日、学長選挙の第一次投票が行なわれた。結果は次の通りであった。

1. 選挙権者	二五九
2. 棄権	五〇
3. 投票総数	二〇九
4. 無効	一一
5. 有効投票	一九八
1位　森本三義	一〇九

2位　原田満範　　　　四八
3位　増野　仁　　　　九
次点　岩橋　勝　　　　五

よって、森本、原田、増野の三候補となった。原田候補は一九四四年六月生まれ、六六歳、経営学部教授（新特任）、増野候補は一九四七年一〇月生まれ、六二歳、経済学部教授であった。なお、増野候補は辞退したので、森本・原田候補の決戦投票となった。前回と同じ構図となった。

一一月二日、第二次投票が行われた。

1．選挙権者　　　　二五九
2．棄権　　　　　　三八
3．投票総数　　　　二二一
4．無効　　　　　　九
5．有効投票　　　　二一二
　1位　森本三義　　一二〇（教員五八、職員六二）
　2位　原田満範　　九二（教員五七、職員三五）

よって、森本候補が全体の過半数及び教員の過半数（一票差）を得て当選した。ただ、全体では有効投票は四分の三を超えているが、教員は棄権が多く、有効投票は選挙権者の四分の三に達していなかったので、異議申立がなされたが、却下された。

一二月一五日、鈴木茂経済学部長の任期満了に伴う学部長選挙が行なわれ、中嶋慎治（五八歳、国際関係論）が選出された。[13] 任期は二〇一一年四月から二年間。

一二月三一日、森本学長・理事長の任期満了に伴い、学長・理事長任命の役職者が退任した。図書館長の大浜博が退任した（後任は二〇一一年一月一日より経営学部の藤井泰）。総合研究所長の小松洋が退任した（後任は、二〇一一年一月二五日より経営学部の中村雅人）。また、法人役員関係でも、それまでの理事（森本、安田、西原、岡村、森林、田中、葛谷、墨岡、新田、麻生、今井、野本、一色、大塚、水木）が年末付けで退任し、また、常務理事の墨岡、安田、岡村、西原も退任した。また、監事の新田、金村、矢野之祥も退任した。[14] 理事長補佐の松浦一悦も退任した（後任は二〇一一年一月一二日より人文の金森強）。

二〇一一年一月一日、森本学長・理事長が再々任した。それに伴い、法人役員の就任がなされた。理事は昨年一二月三一日付けで退任したが、二〇一一年一月一日付けで再任された（墨岡学、安田俊一を除く）。また、新しく松浦一悦（前理事長補佐）が理事に就任した。監事は新田、金村が再任され、矢野の後任に新たに島谷武が就任した。[15]

一月六日、第三回全学教授会があり、森本学長が副学長候補として経営学部教授墨岡学、経済学部教授安田俊一の二人を提案し、投票が行なわれた。共に副学長に選出されたが、反対票が少なからず出た。

そして、一月七日、理事会が開かれ、寄附行為により年長の副学長の墨岡学が理事となり、一四日、墨岡、西原、岡村が常務理事に再任され、新たに評議員理事の松浦一悦が常務理事に選出された。[16]

一月一五、一六日の両日、大学入試センター試験が行なわれた。

一月二一日、第二一回愛媛新聞社主催の愛媛出版文化賞に経済学部の川東竫弘の『農ひとすじ　岡田温』（愛媛新聞サービスセンター、二〇一〇年）が選ばれ、表彰式があった。[17]

一月二三日、二〇一一年度の文系学部の一般入学試験Ⅰ期日程及び大学入試センター試験利用入試（経営前期A方式＝個別試験併用型）が行なわれた。一般入試の募集定員は前年と同じ。センター利用入試は、法学部が前年の一〇名→一五名に増やしたが、他は前年と同じであった。

一月二三、二四日の両日、薬学部の一般入学試験Ⅰ期日程及び大学入試センター試験利用入試（薬学部前期A方式＝個別試験併用型）が行なわれた。

一般入試のⅠ期日程の結果は次の通りである。[18] 志願者は各学部ともに大きく激減した。文系は前年の三〇八四名→二一五二名へ、九三二名、三〇・二％も減少した。二〇〇九年度から始まった新入試制度は、三年目で早くも効果が薄れ、厳しい状況となった。薬学部も前年の一〇五名→一〇一名に減少した。

表二　二〇一一年度一般入試Ⅰ期日程

	募集人員	志願者（前年）	合格者	実質競争率
経済学部	二〇名	六一七名（九一三名）	一四九名	四・一三
経営学部	二〇名	六一二名（八七九名）	一三八名	四・四三
人文英語	一〇名	二二七名（三二三名）	六三名	三・六〇
社会	一〇名	三七三名（五〇六名）	六六名	五・六五
法学部	二〇名	三二三名（四六五名）	六〇名	五・三八

文系合計	八〇名	二一五二名（三〇八四名）	四七六名	四・五二
薬学部	五〇名	一〇一名（一〇五名）	六二名	一・六一
総計	一三〇名	二二五三名（三一八九名）	五三八名	五・九二

（出典）『学内報』第四一一号、二〇一一年三月。

センター利用入試前期日程の結果は次の通りである。[19] 志願者は人英を除き、全学部で大きく減少した。また、実質競争率も低下した。

表三　二〇一一年度センター利用入試前期日程

	募集人員	志願者（前年）	合格者	実質競争率
経済学部	二〇名	四一八名（六二三名）	二八七名	一・四六
経営学部	二五名	六四四名（八三三名）	二七一名	二・三七
人文英語	一〇名	一四五名（一一〇名）	一〇八名	一・三四
社会	一五名	二五九名（二三一名）	一五二名	一・七〇
法学部	一五名	一九八名（二三八名）	一二二名	一・六二
文系合計	八五名	一六六四名（二〇三五名）	九四〇名	一・七七
薬学部	三〇名	一一八名（一一九名）	七二名	一・六一
総計	一一五名	一七八二名（二一五四名）	一〇一二名	一・七六

（出典）『学内報』第四一一号、二〇一一年三月。

二月三日、岡山言語コミュニケーション科長の任期満了に伴う科長選挙が行なわれ、岡山勇一（六四歳、イギリス文化文学研究）が再選された。また、今枝社会学研究科長の任期満了に伴う科長選挙が行なわれ、小松洋（四七歳、環境社会学）が選出された。[20] 任期は二〇一一年四月から二年間。

二月一一、一二日の両日、二〇一一年度の一般入試Ⅱ期日程が行なわれた。一一日は経済・経営の入試、一二日が人文・法・薬の入試であった。また、薬のセンター利用入試（スカラシップ入試）も行なわれた。定員は前年と変わりなかった。

一般入試Ⅱ期日程の結果は次の通りであった。[21] 志願者は人文は増えたが、他は前年に比し、落ち込み、全体で二七二名、七・六％の減少となった。実質競争率も前年に比し大きく落ちた。

表四　二〇一一年度一般入試Ⅱ期日程

	募集人員	志願者（前年）	合格者	実質競争率
経済学部	一七三名	九二六名（一一一六名）	三七六名	二・一一
経営学部	一八〇名	九五九名（一〇八六名）	三八八名	二・一二
人文英語	四五名	二九九名（二六二名）	一一一名	二・二五
社会	八〇名	五九二名（五六六名）	一九四名	二・五五
法学部	八〇名	五〇八名（五二一名）	一二三名	三・五四
文系合計	五五八名	三二八四名（三五五一名）	一一九三名	二・三四
薬学部	一五名	二八名（三三名）	一三名	一・五四

総　計	五七三名	三三一二名（三五八四名）	一二〇六名	二・三三

（出典）『学内報』第四一一号、二〇一一年三月。第四一二号、二〇一一年四月。

なお、薬学部センター利用試験スカラシップ入試は、募集人員一〇名に対し、一三名の志願者で三名が合格した。

二月二二日、松山大学創立九〇周年記念事業委員会が発足した。委員は常務理事と経営企画、総務部、財務部の部長ならびに次長で構成され、委員長は墨岡学、委員は松浦一悦、西原友昭、岡村伸生、高原敬明、岡田隆、世良静弘であった（なお、世良は三月三一日で退任）[22]。

二月二七日、二〇一一年度の大学院Ⅱ期入試が行なわれた。経済は三名が受験して三名が合格した。経営も三名が受験して三名が合格した。言語はゼロ、社会もゼロであった。博士は社会が二名受験して二名合格した[23]。

三月一一日、二〇一一年度のセンター利用入試個別試験（経済・経営後期A方式）が行なわれ、一七日センター利用後期日程の合格発表が行なわれた。文系三学部志願者は前年の五五一名→三三〇名に減った。また、薬学部も前年の一〇名→五名に減った。結果は次のとおりである[24]。

表五　二〇一一年度センター利用入試後期日程

	募集人員	志願者（前　年）	合格者	実質競争率
経済学部	一五名	一四四名（二四九名）	五三名	二・四三
経営学部	一五名	一三五名（二一六名）	五四名	二・一七

法学部	五名	五一名（　八六名）	二四名	二・一三
文系合計	三五名	三三〇名（　五五一名）	一三一名	二・二七
薬学部	五名	五名（　一〇名）	三名	一・六七
総計	四〇名	三三五名（　五六一名）	一三四名	二・二五

（出典）『学内報』第四二三号、二〇一一年五月。

三月一一日一四時四六分、宮城沖牡鹿半島沖を震源とするマグニチュード九・〇、震度七・〇の、わが国観測史上最大の巨大地震・東日本大震災が発生した。そして、それによる未曾有の大規模な津波が発生し、さらに、福島第一原子力発電所が津波により冷却機能を喪失し、水素爆発を起こし、大量の放射能が飛散した。以後、テレビは連日、地震、津波、原発事故状況を伝えていた。

三月一六日、評議員の補欠選挙（墨岡学の後任）があり、川東竫弘が選出されている。[25]

三月一八日、午前一〇時よりひめぎんホールにて、二〇一〇年度の卒業式が行なわれた。経済三九〇名、経営三六〇名、人文英語一〇五名、社会一三九名、法一一九名が卒業し、大学院は経営修士六名、言語コミュ三名、社会博士一名が修了した。

森本学長は式辞で、「皆さんの新たな旅立ちに際し、大志を抱き、自信をもって実社会で活躍していただきますようこころから希望します」と述べた。[26]

森本学長の式辞は次の通りである。

「近年になく寒さが厳しく感じられた冬の季節も終わって春の季節を迎え、皆さんがいよいよ学び舎から巣立つ今日のよき日に、多数のご来賓ならびに保護者の皆様のご臨席を賜り、平成二十二年度松山大学・大学院学位記・卒業証書・学位記授与式を盛大に挙行できますことは、本学の光栄とするところであり、教職員を代表して心から御礼申し上げます。

修了生および卒業生の皆さん。ご修了・ご卒業おめでとうございます。所定の課程を修めて、皆さんが本日こうしてめでたくご修了、ご卒業の日を迎えられたことに対して心からお慶び申し上げます。また、これまで成長を見守ってこられた保護者の皆様におかれましても、本日の晴れ姿をご覧になって、大変お喜びになっておられるものと拝察し、心からお慶び申し上げます。

さて、修了生および卒業生の皆さん、皆さんが入学した折りにも説明しましたが、本日の卒業式においても松山大学の歴史と教学理念としての校訓「三実」の精神について述べておきます。これは、本学出身者として誇りを持ち、さらに校訓「三実」の精神を生かして実社会において活躍していただきたいと願って行っているのです。本日もこの二点について、まずお話しておきたいと思います。

松山大学は大正十二年〔一九二三年〕に開校した旧学制による松山高等商業学校がその始まりです。本校は、松山市出身で、日本初の工業用革ベルトの開発を遂げて製革業において成功し、大阪産業界の雄となり、世間からは「東洋の製革王」と呼ばれ、また、ＮＨＫのスペシャルドラマで注目されている司馬遼太郎著「坂の上の雲」に登場する秋山好古と親交のあった新田長次郎〔雅号温山〕、当時の松山市長であり、俳人正岡子規の叔父に当たる加藤恒忠〔雅号拓川〕、教育家であり、山口高等中学校長、大阪高等商業学校長、北予中学〔現県立松山北高等学校〕校長になられた加藤彰廉らの協力によって設立されました。長次郎翁は、高等商業学校設立の提案に賛同し、学校の運営には自らは関わらないことを条件に、設立資金として巨額の私財を投じて、松山高等商業学校を創設しました。また、本校以外にも明治四十四年〔一九一一年〕大阪市浪速区栄町に経済的に恵まれない子弟の教育のため有燐《ママ》〔隣〕尋常小学校を設立し、学校運営経費ばかりか生徒の学用品や衣服等まで支給しながら約十年間経営した後、大阪市に寄贈されました。このように温山翁は製革業やその関連事業の成功を自分だけのものにするのではなく、教育や文化の発展のために還元され、広く社会貢献をされました。現在、文京町キャンパス内に、感謝の意を込めて、三恩人としてそれぞれの胸像を設置しています。

昭和十九年に松山経済専門学校と改称し、第二次世界大戦後の学制改革により昭和二十四年に商経学部〔現、経済学部、経営学部〕を開設して松山商科大学となり、その後、大学院経済学研究科、人文学部、大学院経営学研究科、法学部を順次開設して文系総合大学となり、平成元年〔一九八九年〕に校名を変更して松山大学となりました。平成十八年（二〇〇六年）に五番目の学部である理系の薬学部と三番目の大学院である大学院社会学研究科を開設して、本学は名実共に総合大学となりました。さらに平成十九年には四番目の大学院である大学院言語コミュニケーション研究科英語コミュニケーション専攻を開設して、教育研究体制をさらに充実しています。

松山大学の教学理念は、初代校長加藤彰廉が提唱し、第三代校長田中忠夫によってその意義が確立された「真実」「実用」「忠実」の三つの実を持った校訓「三実」の精神です。真実とは「真理に対するまことである。皮相な現象に惑溺しないで進んでその奥に真理を探り、枯死した既成知識に安住しないでたゆまず自ら真知を求める態度である。」と、実用とは「用に対するまことである。真理を真理のままに終わらせないで、必ずこれを生活の中に生かし社会に奉仕する積極進取の実践的態度である。」と、忠実とは、「人に対するまことである。人のために図っては己を虚しうし、人と交わりを結んでは終生操を変えず自分の言行に対してはどこまでも責任をとらんとする態度である。」と説明されています。この校訓「三実」の精神は次のように解釈できます。

『真実』および『実用』によって知育における指針を示して、教育研究においては真理を探究することはもちろんのこと、その真理を日々の生活や仕事の中に応用できるものにすることが重要であることを説いています。すなわち、教育研究活動は実学思考《ママ》〔志向〕で行われるべきであると考えられています。

『忠実』によって徳育（道徳教育）における指針を示して、人に対しては誠実でなければならないこと、自分の言動については責任を持つことが大切であることを説き、対人関係のあり方、ないしは社会の一員としてとるべき態度を説いています。すなわち、信頼関係を重要視した教育の必要性を説いています。

近年、よく「社会人基礎力」養成や「人間力」養成の必要性が叫ばれていますが、本学の教学理念である校訓「三実」の精神に基づく教育の目的は、今日でいう「人間力」の養成にあるのです。したがって、本学は創立当初から一貫して「人間力」「生きる力」を育む教育を実施してきたのです。

本年は、創立八十九年目になりますが、この間に社会に送り出した卒業生は六万五千人を超え、特に経済界を中心に、全国的に活躍し、高い評価を得てきました。これも卒業生の皆さんが、校訓「三実」の精神を大切にして活躍した結果であり、これが松山大学の伝統になっていると確信しています。卒業生の皆さんは、これまで松山大学で受けた教育に自信と誇りを持って、先輩たちに続いて実社会で大いに活躍してください。

皆さんは、政治も経済も不安定な中で教育を受け、企業業績は回復の兆しが見られるものの、超氷河期と呼ばれる厳しい状況の中で就職活動をしなければならない状況におかれました。今後もしばらくは政治も経済も不安定な状況が続くものと覚悟し、社会人として校訓「三実」の精神で困難を乗り越えてください。困難な時こそ希望を見失わないで困難を乗り越え、人生のすばらしい花を咲かせることができるよう祈念しております。

本年度においても、嬉しいニュースがいくつかありました。国家公務員一種採用二次試験で二名が合格、司法試験でも過年度卒業生が合格しました。サークル活動においてもスノボードで世界的な活躍が見られましたし、創部三年目の女子駅伝部が第二十八回全日本大学女子駅伝対抗選手権大会で四位に入賞し、シード権を獲得しました。このように文武両面においてすばらしい成果をあげることができています。これこそ皆さんが目標・目的を持って努力すれば成果を挙げることができる証ですから、皆さんの新たな旅立ちに際して、大志を抱き、自信を持って実社会で活躍して頂きますよう希望します。

皆さんご承知の通り大学をとりまく環境も厳しく、皆さんが活躍する実社会の環境も厳しいものと思われます。少子高齢化、経済のグローバル化、温暖化や東北関東大震災〔東日本大震災〕のような自然災害の影響を乗り越えて、環境変化へ的確に適応しながら地域社会のために貢献しなければなりません。これを大学改革の好機と捉えて、校訓「三実」の精神に基づいて教育研究に励み、今後は創立百周年を念頭において、中四国ナンバーワンの私立総合大学として持続的に発展し、西日本屈指の私立総合大学を目指して地域社会より信用・信頼される大学へ飛躍させたいと考えています。卒業生の皆さんも必要に応じて母校に帰り、学び直しも行なってください松山大学は卒業生の皆さんを卒業後も支援できるよう体制を充実させて参ります。

大学の評価は例えば財務力、教育力、就職力によって総合評価される時代となりました。皆さんが卒業生として実社会で大いに活躍することによって、大学発展のためにもご支援いただけることを期待します。卒業生・修了生によって組織される「温山会」は北は北海道から南は九州まで全国的に組織され、活発に活動しています。皆さんも温山会の一員になりますから、就職先の地域にある温山会支部総会に出席して親睦を深め、人間関係の充実を図って下さい。今後も温山会活動を通じて皆さんと協力関係が築けることを期待しております。

最後になりましたが、皆さんが夢や希望を持って、今後も地域・社会の発展のために、さらに世界の発展のため、益々ご健勝でご活躍いただきますように祈念して、式辞といたします。

平成二十三年三月十八日

松山大学

学長　森本三義(27)」

この式辞について、コメントしよう。

①森本学長は校訓について。校訓「三実主義」は使用せず、校訓「三実」に統一した。

②校訓「三実」の順序について。それまでの「真実・忠実・実用」を「真実・実用・忠実」に変更し、説明した。すなわち「忠実」を最後に回し、「実用」を二番目に持ってきた。それは、一九五七年の第二代星野通学長が定めた、校訓「三実主義」の順序の重大な変更であった。だが、理由を述べておらず、根拠不明であり、問題であろう。

③校訓「三実」の説明において、引き続き、「知育」「徳育」という古風な表現を使用していた。

④三月一一日の東日本大震災についてはほとんど触れず、また原発事故について何も触れていないが、これは問題であろう。

三月三一日、経済学部では、西村雄志（西洋経済史）が退職し、関西大学に転出した。経営学部では石田徳孝（経営科学）が退職した。また鳥居鉱太郎（コンピュータ通論）が退職し、中央大学に転出した。人文学部では大内裕和（教育社会学）が退職し、中京大学に転出した。法学部では、佐伯守（法哲学）、田村譲（現代法）、等が退職した。(28)

〔注〕

（1）『学内報』第四〇〇号、二〇一〇年四月。同、第四〇一号、二〇一〇年五月。

（2）『学内報』第三八八号、二〇〇九年四月。

（3）『学内報』第四〇一号、二〇一〇年五月。編入を含む。

（4）松山大学総務課所蔵。

(5)『学内報』第四〇一号、二〇一〇年五月。
(6)『学内報』第四〇二号、二〇一〇年六月。
(7)『学内報』第四〇四号、二〇一〇年八・九月。
(8)『学内報』第四〇三号、二〇一〇年七月。
(9)『学内報』第四〇八号、二〇一〇年一二月。
(10)『学内報』第四〇八号、二〇一〇年一二月。同、第四〇九号、二〇一一年一月。
(11)『学内報』第四〇九号、二〇一一年一月。
(12)同。
(13)同。
(14)『学内報』第四一〇号、二〇一一年二月。
(15)『学内報』第四一三号、二〇一一年五月。
(16)同。
(17)『学内報』第四一一号、二〇一一年三月。
(18)同。
(19)同。
(20)『学内報』第四一二号、二〇一一年四月。
(21)『学内報』第四一一号、二〇一一年三月。第四一二号、二〇一一年四月。
(22)『学内報』第四一二号、二〇一一年四月。
(23)同。
(24)『学内報』第四一三号、二〇一一年五月。
(25)同。
(26)同。
(27)松山大学総務課所蔵。
(28)『学内報』第四一二号、二〇一一年四月。

㈥二〇一一年（平成二三）度

森本学長・理事長五年目である。薬学部六年目、完成年度の年である。

本年度の校務体制は、副学長は墨岡学（二〇一一年一月六日～二〇一一年一二月三一日）、安田俊一（二〇〇八年六月二六日～二〇一二年一二月三一日）が続けた。経済学部長は新たに中嶋慎治（二〇一一年四月～二〇一二年三月）が就任した。経営学部長は平田桂一（二〇〇八年四月～二〇一二年三月）、人文学部長は奥村義博（二〇一〇年四月～二〇一二年三月）、法学部長は妹尾克敏（二〇〇八年四月～二〇一二年三月）が続けた。薬学部長は葛谷昌之（二〇〇六年四月～二〇一一年五月三一日）が五月三一まで続けたが、六月一日、新たに加茂直樹（二〇一一年六月一日～二〇一二年三月）に代わった。短大学長は清野良栄（二〇〇九年四月～二〇一五年三月）が続けた。大学院経済学研究科長は入江重吉（二〇一〇年四月～二〇一二年三月）、経営学研究科長は平田桂一（二〇一〇年四月～二〇一二年三月）が続けた。社会学研究科長は新たに小松洋が就任した（二〇一一年四月～二〇一三年三月）。言語コミュニケーション研究科長は岡山勇一（二〇〇九年四月～二〇一二年三月）が続けた。図書館長は藤井泰（二〇一一年一月～二〇一二年一二月）、総合研究所長は中村雅人（二〇一一年一月～二〇一二年一二月）、副所長は倉沢生雄（二〇一一年一月～二〇一二年一二月）が続けた。教務委員長は新たに明照博章（二〇一一年四月～二〇一三年三月）が就任した。入試委員長は松尾博史（二〇一〇年四月～二〇一二年三月）が続けた。学生委員長は新たに小西廣司（二〇一一年四月～四月三〇日）が就任したが、五月一日から松本直樹に代わった（二〇一一年五月一日～二〇一四年三月）。

学校法人面では、常務理事は、事務局長で理事の西原友昭（二〇一〇年四月～二〇一七年三月）、事務部長で理事の岡村伸生（二〇一〇年四月～二〇一四年一二月三一日）、副学長で理事の墨岡学（二〇〇七年一月～二〇一二年一二月三一日）、評議員理事の松浦一悦（二〇一一年一月一四日～二〇一四年一二月三一日）が続けた。理事は副学長の墨岡学、事務局長の西原友昭、事務部長からの岡村伸生、森林信、評議員理事は、田中哲、葛谷昌之、松浦一悦が続けた。設立者から新田元庸、温山会から麻生俊介、今井琉璃男、野本武男、学識者から一色哲昭、大塚潮治、水木儀三であった。監事は、新田孝志（二〇〇八年一月一日～）、金村毅（二〇〇九年六月～二〇一五年五月三一日）、島本武（二〇一一年一月一日～二〇一四年一二月三一日）であった。評議員は、教育職員は、今枝法之（人文）、加茂直樹（薬）、河瀬雅美（薬）、増野仁（経済）、松浦一悦（経済）、松尾博史（経営）、川東竫弘（経済、二〇一一年三月一六日より）の八名、事務職員は岡田隆、浜岡富雄の二名、事務局長及び部長は西原友昭、森林信、岡村伸生、藤田厚人の五名。後、副学長、学部長、短大学長の八名、温山会の七名、学識者の一一名であった。(1)

四月一日、本年も次のような新しい教員を採用した。(2)

経済学部

赤木　誠　一九七五年生まれ、一橋大学大学院経済学研究科博士課程。講師として採用。西洋経済史。

経営学部

田村　公一　一九六〇年生まれ、京都産業大学大学院経済学研究科博士課程。教授として採用（新特任）。商学、マーケティング論。

丹生谷吉昭　一九四八年生まれ、松山商科大学大学院経済学研究科修士課程。教授として採用（特任）。情報と職業。

古山　滋人　一九七八年生まれ、関西大学大学院工学研究科博士課程。准教授として採用。品質システム論。

松田　圭司　一九五六年生まれ。香川大学大学院工学研究科博士課程。准教授として採用（新特任）。情報科学。

柴田　好則　一九八二年生まれ。神戸大学大学院経営学研究科博士課程。講師として採用。経営管理論。

松下　真也　一九八二年生まれ、一橋大学大学院商学研究科博士課程。講師として採用。簿記原理。

人文学部

小川　直義　一九四五年生まれ、関東学院大学大学院文学研究科博士課程。教授として採用。リーディング。

栗田　正己　一九四八年生まれ、広島大学教育学部。教授として採用。地理。

矢次　　綾　一九六六年生まれ、名古屋大学大学院国際言語文化研究科博士課程。教授として採用。比較文化論。

金　菊熙　一九七一年生まれ、東京大学大学院総合文化研究科博士課程。准教授として採用。ハングル。

森岡　千穂　一九七三年生まれ、東京大学大学院人文社会系研究科博士課程。講師として採用。社会学、メディア論。

法学部

佐藤　孝之　一九七六年生まれ、日本体育大学大学院体育科学研究科博士課程。准教授として採用。体育。

今村　暢好　一九七七年生まれ、明治大学大学院法学研究科博士課程。講師として採用。刑法。

服部　寛　一九八〇年生まれ、東北大学大学院法学研究科博士課程。講師として採用。法哲学。

牧本　公明　一九七八年生まれ、青山学院大学大学院法学研究科博士課程。講師として採用。憲法。

薬学部

栗原　健一　一九六四年生まれ、東京理科大学大学院薬学研究科修士課程。准教授として採用。有機化学。

本年度から、大学の公文書において、校訓「三実主義」の順序に大きな変更があった。

四月一日発行の『学内報』第四一二号（二〇一一年四月）は、校訓「三実主義」の順序について、それまでの「真実・忠実・実用」から「真実・実用・忠実」に変更された。その理由についての説明はなされていない。なお、「三実主義」の説明文そのものは、一九六二年四月の星野通学長の説明と同じで、変更はなかった。(3)

また、本年度の学生向けの『学生便覧』も、校訓「三実主義」の順序が、それまでの「真実・忠実・実用」から「真実・実用・忠実」に変更された。そして、本年度の『学生便覧』から、それまでにはなかった、校訓「三実」の意味の解説がなされた。校史の重要な変更なので、引用しておこう。

「建学の精神

校訓　三実主義

松山大学は松山高等商業学校初代校長・加藤彰廉先生が創唱し、第三代校長・田中忠夫先生によりその意義が確認協調〔強調〕された「三実主義」という建学の精神ともいうべき校訓を掲げています。

八八年の学園の歴史とともに生きて今日に至った人間形成の伝統的原理で、本学あるいは前身の松山高等商業学校、松山経済専門学校、松山商科大学の卒業生が、中央、地方に高い人間的評価を受けているのはこの校訓の訓化〔薫化〕によるところが大きいといえます。

三実とは、「真実」、「実用」、「忠実」の三つの「実」で、それぞれ次のような意味を持っています。

真実（truthful）

　真理に対するまことである。皮相な現象に惑溺しないで、進んでその奥に真理を探り、枯死した既成知識に安住せず、たゆまず自から真知を求める態度である。

実用（useful）

　用に対するまことである。真理を真理のままに終わらせないで、必ずこれを生活の中に生かし、社会に奉仕する積極進取の実践的態度である。

忠実（faithful）

　人に対するまことである。人のために図っては己を虚しうし、人と交わりを結んでは終生操を変えず、自分の言行に対してはどこまでも責任をとらんとする態度である。

「校訓三実」の意味

「真実」「実用」は学びの態度、「忠実」は人としてのあり方を示しています。

「真実」とは、既存の「知」に満足することなく、真理を求めるために自ら学び、究め続けようとする態度です。氾濫する情報に惑わされることなく、その中から客観的事実を見出し、真理を見極めることが肝要です。

「実用」とは、単に「すぐ役に立つ技術を学ぶ」という実用主義的な側面を指しているのではありません。「知」を単に知識として学ぶだけでなく、自らの生活や仕事の中に活かすべく、常に現実的な問題を念頭に置きながら学ぶ態度を示しています。大学での学びで得た知識を日常的な生活の中にも積極的に活かしていくこうした態度は、松山大学における学びの特徴として授業の中にも活かされています。

「忠実」とは、人間関係や社会において、人としてとるべき態度を示しています。人は一人では生きていくことはできません。友人・家族・組織といった、広い意味での社会生活において、他者と誠実に向き合い、嘘偽りのない信頼関係を築くためには、倫理的な態度はもとより、積極的に人と交わり、自らを謙虚に、そして互いの意見を尊重し共有しようとする態度が重要です。「忠実」の精神は松山大学のあらゆる人間関係の基本として共有されています。

「校訓三実」は松山大学の学生・教職員が拠り所とすべき教訓ですが、人生を生きていく確かな指針でもあります。学生の皆さんには、大学卒業後も「本学の卒業生」として生涯この態度を持ち続けていただくことを願っています。[4]」


この『学生便覧』の校訓の解説について、少しコメントしておこう。

①文章中、校訓「三実主義」と校訓「三実」の二つの表記がある。森本学長は、校訓「三実主義」でなく、主義を取り、校訓「三実」に統一して表現していたのだが、公文書にはまだその方針が十分には徹底していなかったようだ。

②校訓「三実」の順序について、これまでの「真実・忠実・実用」を「真実・実用・忠実」に変更した。しかし、ここでも理由の説明がなされていない。すでに述べたが、加藤彰廉校長の順序は「実用・忠実・真実」、田中校長の順序は「真実・実用・忠実」、戦後の星野通学長の順序は「真

実・忠実・実用」であり、それらの順序にはそれぞれ歴史的理由があった。今回順序を変更したのは、それを無視したもので、根拠がないものであった。

③「校訓三実」の意味について、新しい解説を行ない、「真実」と「実用」を学びの態度として括り、「忠実」を「人としてとるべき態度」と区別して説明しているが、そのような説明は、田中忠夫校長、星野通学長の説明にはないものである。森本学長の独自の解釈（知育、徳育論）を反映させたものであろう。

④「実用」の意味について、「実用」とは「実用主義的側面を指しているものではありません」と断定しているが、果たしてそうだろうか。というのは、高商発足時には、商業家育成のため、実際に役に立つ学問も教授し、松山商大・松山大学時代になっても同様である。また、森本学長は二〇〇七年一月の就任挨拶では、語学教育や資格取得など実用重視の教学方針を示しており、齟齬がみられる。「実用」にはそもそも「実用主義」の側面があるからである。

四月三日、二〇一一年度の入学式が、午前一〇時よりひめぎんホールで開かれた。経済学部四二六名、経営学部四〇七名、人文学部英語一〇七名、社会一二六名、法二二九名、薬学部七四名、大学院経済学研究科修士課程四名、博士課程一名、経営学研究科修士課程六名、言語コミュニケーション研究科修士課程一名、社会学研究科博士課程二名が入学した（学部は編入生含む）。薬学部は定員（一六〇名）の半分以下、大幅な定員割れで、存続の危機であった。(5)

森本学長は式辞において、本学の歴史と伝統や創立三恩人の高い志、卒業生の活躍、部活動の輝かしい成績、校訓「三実」について紹介し、「勉学や課外活動に励み、……日本経済復活のために貢献できる有為な人材になってください」と挨拶した。その式辞は、次の通りである。

「待ちわびた花咲く春の季節を迎え、希望に満ちた新入生の皆さんを新たに迎え入れる今日のよき日に、多数のご来賓ならびに保護者の皆様のご臨席を賜り、平成二十三年度松山大学大学院・松山大学入学宣誓式をかくも盛大に挙行できますことは、本学の光栄とするところであり、教職員を代表して、ご出席の皆様に謹んで御礼申し上げます。

新入生の皆さん、ご入学おめでとうございます。皆さんの入学に対して心から歓迎の意を表します。保護者の皆様におかれましては、本日ご入学を迎えられ、感慨無量でさぞかしご安堵なされているものと拝察し、心からお慶び申し上げます。

さて、新入生の皆さん、本学に入学のうえは、本学の学生として自信と誇りをもって勉学や課外活動などに励んでいただきたいと願い、最初に松山大学の歴史と、教学理念である校訓『三実』の精神をお話しておきたいと思います。

松山大学は大正十二年〔一九二三年〕に開校した旧学制による松山高等商業学校がその始まりです。本校は、松山市出身で、日本初の工業用革ベルトの開発を遂げて製革業において成功し、大阪産業界の雄となり、世間からは「東洋の製革王」と呼ばれ、また、NHKスペシャルドラマで注目されている司馬遼太郎著「坂の上の雲」に登場する秋山好古と親交のあった新田長次郎〔雅号温山〕と、当時の松山市長であり、俳人正岡子規の叔父に当たる加藤恒忠〔雅号拓川〕、そして、山口高等中学校長、大阪高等商業学校長、北予中学「現愛媛県立松山北高等学校」校長になられた教育家の加藤彰廉らの協力によって設立されました。長次郎翁は、高等商業学校設立の提案に賛同し、学校の運営には自らは関わらないことを条件に、設立資金として巨額の私財を投じて、私立では全国で三番目の松山高等商業学校を創設しました。また、本校以外にも明治四十四年〔一九一一年〕大阪市浪速区栄町に経済的に恵まれない子弟の教育のため有燐《ママ》〔隣〕尋常小学校を設立し、学校運営経費ばかりか生徒の学用品や衣服等まで支給しながら約十年間経営した後、大阪市に寄贈されました。このように温山翁は製革業やその関連事業の成功を自分だけのものにするのではなく、教育や文化の発展のために還元され、広く社会のために貢献されたのです。現在、文京町キャンパス内に、感謝の意を込めて、三恩人としてそれぞれの胸像を設置しています。

　昭和十九年に松山経済専門学校と改称し、第二次世界大戦後の学制改革により、昭和二十四年に商経学部〔現、経済学部、経営学部〕を開設して松山商科大学となり、その後、大学院経済学研究科、人文学部、大学院経営学研究科、法学部を順次開設して文系総合大学となり、平成元年〔一九八九年〕に校名を変更して松山大学となりました。平成十八年〔二〇〇六年〕には、五番目の学部である理系の薬学部と三番目の大学院である大学院社会学研究科を開設して、本学は名実共に総合大学となりました。さらに平成十九年には、四番目の大学院である大学院言語コミュニケーション研究科を開設して、教育研究体制をさらに充実しています。本年、薬学部は完成年度を迎え、いよいよ来春には最初の卒業生を社会に送り出すことになります。

松山大学の教学理念は、初代校長加藤彰廉が創唱し、第三代校長田中忠夫によってその意義が確立された『真実』『実用』『忠実』の三つの実を持った校訓『三実』の精神です。『真実』とは、「真理に対するまことである。皮相な現象に惑溺しないで進んでその奥に真理を探り、枯死した既成知識に安住しないでたゆまず自ら真知を求める態度。」、また『実用』とは、「用に対するまことである。真理を真理のままに終わらせないで、必ずこれを生活の中に生かし社会に奉仕する積極進取の実践的態度。」、そして『忠実』とは、「人に対するまことである。人のために図っては己を虚しうし、人と交わりを結んでは終生操を変えず自分の言行に対してはどこまでも責任をとらんとする態度である。」とそれぞれ説明されています。

この校訓『三実』の精神は次のように解釈できます。『真実』および『実用』によって知育における指針を示して、教育研究においては真理を探究することはもちろんのこと、その真理を日々の生活や仕事の中に応用できるものにすることが重要であることを説いています。すなわち、教育研究活動は実学思考《ママ》〔志向〕で行なわれるべきであると考えられています。そして、『忠実』によって徳育（道徳教育）における指針を示して、人に対しては誠実でなければならないこと、自分の言動については責任を持つことが大切であることを説いて、対人関係のあり方ないし社会の一員としてとるべき態度を説いています。すなわち、信頼関係を重視した教育の必要性を説いています。

本年は、創立八十九年目になりますが、この間に社会に送り出した卒業生は約六万五千人を超え、経済界を中心に全国的に活躍し、高い評価を得てきました。これも卒業生の皆さんが校訓

『三実』の精神を大切にして活躍した結果であり、これが松山大学の伝統になってきたと確信しています。皆さんも先輩に続いて大いに活躍できる人材となれるよう勉学に課外活動に励んでください。

次に、皆さんに悔いのない学生時代を過していただくために、いくつかアドバイスしておきたいと思います。

皆さんは夢や希望を持って入学されたことと思いますが、夢や希望を達成するためには、在学中に何について勉学すべきか考えてください。それが分かれば、大学での勉学に対する「やる気」が高まり、勉学が大変楽しくなるでしょう。夢実現のために学生時代に達成すべき目標を立てて、それを達成すべくプラン・ドゥー・チェック・アクションのマネジメントサイクルで自己管理してください。決して諦めることなく、「意志あるところ道あり」の精神で、忍耐強く努力してください。本日の入学式を契機にして、将来に向けて夢を持ち、夢実現のために勉学や課外活動などにおいても高い目標を掲げて、目標達成のために頑張ってください。

しかし、入学に際して大学生活における目標や目的をまだ設定できていない場合もあるでしょう。また、目標や目的を設定できたとしてもそれを達成するためにどのようにすべきか分からない人もいるでしょう。そのような時には、まずは指導教授の先生やカウンセラーの先生に相談してください。指導教授のアドバイスを受けながら自ら考え、自ら解決する自己管理能力を身に付けてください。また、どのような相談についてはどの部署に行けばよいのか判断できない場合には、「学生支援準備室」へ気楽に相談してください。このようにして、一日でも早く皆さんの学生生活が軌道に乗るよう支援いたします。

　皆さんは幸いにも社会人になるための準備期間を得ることができました。社会人として活躍できるようになるためには、「人間力」ないし「生きる力」を育む必要があります。そのためには正課としての授業を受けるばかりでなく、課外活動にも積極的に参加する必要があります。是非、課外活動にも参加して社会性を身に付けたり、実社会で活躍するために必要となる気力・体力も養ってください。そのために本学では、従来から勉学ばかりでなく課外活動にも注力して文武両面で成果を挙げ、その結果、課外活動も活発な大学として評価されてきました。前年度では、国家公務員一種採用二次試験で二が合格、司法試験でも過年度卒業生が合格しました。また、サークル活動ではスノーボードで世界的な活躍が見られましたし、創部三年目で女子駅伝部が全日本大学女子駅伝対校選手権大会で四位に入賞し、シード権を獲得しました。このように課外活動も非常に活性化し、今や「日本一」、「世界一」を目指すまでになりました。皆さんの中からも難関試験の合格者が出ること、全国大会や世界大会で活躍できる選手が現れることを期待しております。

　リーマンショック以降厳しい経済状態が続き、回復の兆しが見えた矢先に東日本大震災に見舞われてしまいました。未曾有の大震災による混乱の中にもかかわらず、皆さんはこのようにして勉学に励むことができる機会が与えられたのですから、この幸運に感謝し、また、皆さんを支えていただいているご家族の方々への感謝の気持ちを忘れずに勉学や課外活動に励んでください。

　最後になりましたが、将来、松山大学で勉学やサークル活動に励むことができて良かったと喜びを感じながら卒業でき、仕事やボランティア活動を通じて、日本経済復活のために貢献できる有為な人材になれますよう祈念して、式辞といたします。

平成二十三年四月三日

松山大学

学長　森本三義」(6)

本年の式辞は、前年とほぼ同様であったが、校訓「三実」の順序について、「真実・忠実・実用」を「真実・実用・忠実」の順序に変更して説明した。また、その解説について、「知育」「徳育」という古風な表現を使用して説明した。

本年度は、薬学部完成年度（六年目）に当たり、苦戦の薬学部について、大きな動きがあった。

四月七日、教学会議が開かれ、森本学長より来年度からの薬学部の定員変更の提案がなされた。定員変更に伴う薬学部の再建については口頭で述べられ、議論された。

四月一四日、教学会議が開かれ、森本学長より薬学部再建案の方向性が示され、議論された。

四月一九日、森本理事長・学長より、「薬学部入学定員の変更（学則変更）について」の文書が配布された。その大要は次の通りである。

「薬学部の完成年度を迎えたものの、残念ながら定員の引き下げを行わなければならない状態に至ったことに対し、お詫び申し上げる。
薬学部設置の際の、完成後の独立採算制の採用が困難となった。
新たな薬学部運営方針は次の通りである。
①薬学部の帰属収入の範囲内で、薬学部のランニングコスト（人件費、教育研究費、管理費）を賄う。
②講師以上の教員は二八名プラス三名（新特任）とする。一三講座からなる小講座制（教授、准教授、助教、助手の四名）は維持できないので、中講座、ないし大講座制に移行する。助教、助手を削減する。
③人員の削減は自然減や契約期間の満了をもって対処する。定員変更の内容は、二〇一二年（平成二四）度より定員を現在の一六〇名から一〇〇名に、収容定員を九六〇名から六〇〇名に変更する。
提案理由は、①これまでの入学者数の推移をみれば、定員確保は望めないし、また収支バランスのとれる一三〇名も無理で、現状を踏まえて一〇〇名に引き下げる。②大幅な定員割れは入学生募集活動にとってマイナスである。③助金確保のためにも定員を引きげて定員を充足する必要がある。④三回目の第三者評価を受ける際に、薬学部が定員を充足していないと適格認定を受けられないかもしれない。⑤六月に入試説明会があるので、それまでに文部省に申請したい。⑥定員を八〇名にすることも考えられるが、大学設置基準上、一〇〇名を八〇名に引き下げても、最低の専任教員は二八名で変わらないので、一〇〇名とする。

今後の志願者・入学者増加策は、国家試験合格率の向上、就職率の向上、指定校推薦の指定校の見直し、特定の私立校との提携、附属薬局の設置、女子寮の設置等をはかる」

そして、資料として、薬学部の入試動向が示された。それは次の如くであった。

	定員	受験者	合格者	追加合格者	不合格者	入学者
二〇〇六年度	一六〇名	五五三名	四〇七名	三八名	一四六名	一五九名
二〇〇七年度	一六〇名	四一五名	三九二名	〇名	二三名	一三四名
二〇〇八年度	一六〇名	三一三名	二五二名	〇名	六一名	一一三名
二〇〇九年度	一六〇名	二四〇名	一八五名	〇名	五五名	九〇名
二〇一〇年度	一六〇名	二九一名	二一〇名	〇名	八一名	八三名
二〇一一年度	一六〇名	二七八名	一八七名	〇名	九一名	七二名

この提案について、コメントしよう。

①薬学の受験者・入学者の実態を見れば、理事会の提案は遅すぎよう。少なくとも一一三名しか確保できなかった二〇〇八年度から検討すべきであった。

②二〇一二年度から一六〇名を一〇〇名に削減するとの提案であるが、直近の三年間の実態を見るとそれも甘すぎよう。

③再建の方向性についてもどれだけ実効性があるか不明である。附属薬局、女子寮設置に至っては、さらなるコスト増の異常な提案でしかないだろう。
④最大の問題点は、理事会の責任・辞任について一切触れていないことである。薬学部提案の最大の責任者の一人が森本学長・理事長であったためであろう。
⑤資料について、二〇〇七年度入試において、センター利用入試で四三名の追加合格、一般入試で二二名の追加合格を出しているが、記されていない。

四月二一日、各学部で教授会が開催され、薬学部の定員削減提・再建案が意見聴取され、議論された。

経済学部教授会では、理事会提示の薬学部定員削減案は定員を一六〇名とすることにより設立資金回収をも含めた学部独立採算制で薬学部を運営するという合同教授会（当時）における約束の変更であると、批判し、定員削減の学則変更をするならば理事会が以下のことを約束するすることを求めるとして、次のような決議をした。
I．理事会の新提案一〇〇名における薬学部再建プランは、①合同教授会で約束した設立資金回収を含む独立採算制を維持する、②設立資金の回収は放棄するが、建物、機器備品の更新（五億円）を含むキャッシュフロー均衡を行う、③人件費コストのみを賄うランニングコストをはかる、三通りのうちの③であり、文系学部への負担を最初から求めるもので、受け入れられない。最低でも②でなければならない。そして、薬学部自身が経費削減により五億円を捻出し、理事会がそれを断行すべきである。その誓約書を一〇月末までに提示することを求める。

Ⅱ．入学者一〇〇名について、これまでの入学者数の推移を見れば、一〇〇名の実現も危ぶまれる。したがって、一〇〇名を確保する具体的プランの提示を求める。

また、同日の法学部教授会でも、理事会の経営責任、理事長の辞職、薬学部独立採算制の工程表、等の意見が出た。

四月二八日、教学会議が開催された。薬学部定員変更（学則改正）について、審議された。

五月一日発行の『学内報』第四一二号（二〇一一年五月）に「二〇一一年度　事業計画及び予算の概要」が掲載された。その「理念・目的」の箇所で、四月の『学内報』と同じく、校訓「三実」の順序について、それまでの「真実・忠実・実用」から、「真実・実用・忠実」に変更されていた。ここでも変更理由については、説明がされていなかった。また、薬学部については、大学院を設置することを検討中であり、薬学部の定員を現在の一六〇名から一〇〇名に削減するとの表明をしていた。そして、二〇一一年度の主な事業計画として、中・長期経営計画検討委員会の編成、学内情報ネットワーク・インフラの再構築、創立九〇周年事業実施準備、薬剤師国家試験合格に向けての体制強化等が打ち出されていた。(7)

五月九日、経済学部長中嶋慎治、法学部長妹尾克敏、経済教学委員吉田健三、経営教学委員池上真人、人文教学委員長野武、法学部教学委員遠藤泰弘、学生委員長松本直樹、経済研究科長入江重吉、言語コミュニケーション研究科長岡山勇一、社会学研究科長小松洋、短大学長清野良栄の一一人による教学会議の開催要求が出された。なお、経営学部長平田桂一、人文学部長奥村義博は名を連ねていない。議題は、①薬学部の運営はキャッシュフローベースでの収支均衡を目標とする、②薬学部の定員は八〇名とする、③薬学部再建案を二〇一一年一〇月末までに教学会議で決め、二〇一二年度四月までに実施する。④三年後に検証する、⑤履行できなかった場合、理事長および理事会が経営責任をとることを求める。というものであった。

五月九日、教学会議が開催された。議題は「薬学部定員変更（学則改正）について」であった。森本理事長・学長より、薬学部入学定員の変更（学則改正）について、薬学部の本年一年生が定員の五〇％を切り、減少傾向をとめることができていないので、再建のために思い切った改革を行う、として、次のような提案をした。

①キャッシュフローベースでの収支均衡を目指し、当面の入学者は八〇名とし、収支改善の為に入学者一〇〇名をめざす。

②薬学部教員数は助教を含め二八名プラスα、最大限三一名とする。現在講師以上三四名、助教一三名、助手一四名で構成されているが、人員削減は自然減および契約期間満了でもって対処する。

③次年度から現在の小講座制から大講座制に移行する。

④薬学部再建案は、一〇月末までの教学会議で承認を受け、二〇一二年四月までに再建案を確実に実施する。

そして、定員変更の内容として、入学定員を現在の一六〇名から一〇〇名に、収容定員を九六〇名から六〇〇名とする、というものであった。また、薬学部財務収支シュミレーションも示された。

五月一二日、本年度の第一回全学教授会が開催された。議題は「薬学部定員の変更（学則改正）について」であった。

森本理事長・学長は、大要次のように述べた。薬学部が完成年度を迎えたにもかかわらず、残念ながら定員の削減をしなければならなくなったことに責任を痛感している、お詫びしたい。しかし、将来松山大学の発展のためには是が否でも薬学部を育成しなければならない、本年一年生の入学者が五〇%を切り、減少傾向をとめることができていないが、この減少傾向にピリオドを打ち、薬学部再建のために思い切った改革を行わなければならないと述べ、先の教学会議で示した四項目の改革案を提案した。そして、この四項目実現できなかった場合には、理事長、副学長、常務理事は辞任すると表明した。定員変更の内容は、二〇一二年度から薬学部の定員を一六〇名から一〇〇名に引き下げること、であった。

全学教授会で激論がなされ、投票の結果、賛成六〇、反対四六、白票一〇で、僅差（四票）であるが、定員削減が可決された。

また、同日の全学教授会で、「二〇一一年（平成二三）度　事業計画書」が報告されている。

五月三一日、葛谷昌之薬学部長が辞任した。また、寄附行為の規程により評議員職も退任した。薬学部の定員割れ状態への引責辞任であったが、森本理事長ら理事会は責任をとっていない。

六月一日、加茂直樹（一九四六年生まれ、大阪大学大学院理学研究科博士課程、六五歳、生物、物理化学）が新たに薬学部長に就任した。任期は残任期間の二〇一一年六月一日より二〇一二年三月三一まで。また、加茂は寄附行為第二四条第一項第一号（教員選出の評議員）による評議員を五月三一日付けで辞任し、寄附行為第二四条第一項第四号（学部長当然評議員）の規定により評議員に就任した。[8]

六月一日、二〇一二年度の入試説明会が行なわれ、入試制度別募集人員及び日程が発表された。前年との変更点は、経済が一般入試Ⅰ期を二〇名→三〇名に、センター試験利用入試の後期一五名→二〇名に増やし、一般公募（エクセレント）を二〇名→一五名に、アドミッション入試を一五名→五名に減らしたことで、他の文系、経営・人英・人社・法も前年と変わらなかった。

最大の変化は薬学部であった。定員をこれまでの一六〇名から一〇〇名とし、入試制度別募集人員も、次の如く変更した。[9]

二〇一二年度薬学部の入試制度別募集人員

		二〇一一年度		二〇一二年度
一般入試	Ⅰ期	五〇名	→	四〇名
	Ⅱ期	一五名	→	一〇名
センター利用入試	前期	三〇名	→	一〇名
	スカラ	一〇名	→	五名
	後期	五名	→	五名
指定校		三〇名	→	一五名
一般公募		二〇名	→	一五名
計		一六〇名	→	一〇〇名

（出典）『学内報』第四一四号、二〇一一年六月。

六月三〇日、第二回全学教授会が開かれた。報告事項として「二〇一〇年度決算および事業報告について」が報告された。

七月一日発行の『学内報』第四一五号、二〇一一年七月に「二〇一〇年度　決算について」が掲載されている。そこで、資金運用面で、時価が貸借対照表計上額を超えないものとして、地方債・社債・株式で六五七四万一四二一円、仕組債で五億七四七九万円、合計六億四〇二三万六二二一円の時価損失を出していた。デリバティブ取引では一件あり（六・四億円）、二億七六六八万円の時価損失を出している。[10]そして、デリバティブ運用損として二億二五〇〇万円を出している。ただし、「デリバティブ運用損の計上は文部科学省より平成二三年（二〇一一年）二月一七日付け通知により適用を指示されたもので、当期は、スワップ契約の更改実施に伴い、同時に雑収入としてデリバティブ運用益を二億二五〇〇万円計上しており、実損ではない」としている。

七月一五日、評議員の補欠選挙（加茂直樹の後任）があり、経済学部の鈴木茂が新評議員に就任している。

八月二三日、常務理事会において、「薬学部総括について」が議題とされた。

八月二九日、常務理事会より「薬学部総括（案）」が提出された。目次と大要は次の通りである。

「一　はじめに

ここに薬学部完成年度を迎えながらも、その再建計画の成否が問われている等の実情を踏まえ、薬学部総括を纏める。

新学部としての薬学部の選択は、商科大学を前身に持つ本学園にとっては大胆な決断であった。これまで、経済学部、経営学部、人文学部、法学部と成長してきた松山大学にとって、なじみのある文系学部とは異質な理系学部への思い切った展開を行ったといえる。創立一九二三年以来の本学の伝統ある土壌において薬学部を育て、文理融合という抽象的な言葉で表現される理想的な理念が本学園にしっかり根付くのは生半なことではない。

森本三義理事長の提案により「平成二三年一〇月末までに薬学部再建案並びに総括等を教学会議に提出し了承をえる必要がある。」旨の説明が行われ、薬学部の総括について、なぜ現状に至ったのかを「設置趣旨、理由」「施設、設備関係」「薬学部内」について、それぞれ、平田桂一、猪野道夫、加茂直樹、墨岡学が分担し、分析し纏めた。

二　新学部「薬学部」設置の手続について

二〇〇四年八月三〇日の学部長会における報告事項に始まり、一一月四日開催の合同教授会で承認された。

三　薬学部設置にあたって考慮したこと

- 理工系学部を設置することにより総合大学となることや文理融合を目指す
- 隣の、愛媛大学にない学部であること
- 全国的、中四国で薬学部は余りない学部であること
- 文系と違い資格取得できること
- 総合大学化で他学部の受験生も増加できること

・競争率が医学部についで高いこと
・全国から受験生をあつめることができること、例えば、宮崎県の九州保健大学では二〇〇三年度全国から二〇〇〇名、千葉科学大学では二〇〇四年度四六〇〇名が受験した。

四　薬学部設置の趣旨および必要性
・高齢化社会、医療、福祉へのニーズの高まり
・薬剤師需要、薬学の役割大きい
・愛媛県に薬学部はなく、近県の高知、鹿児島、大分、佐賀、山口、鳥取、島根なども薬学部空白地帯となっている。
・地方、とくに愛媛県は薬剤師が不足している。

五　学生確保の見通しについて
・愛媛県では、県内に薬学部がないため、毎年一〇〇名を超える学生が県外に出ている。高知でも毎年四〇余名、山口でも毎年四〇名弱、大分でも毎年四〇余名が県外に出ている。この四県で毎年二〇〇名が県外に出ている。従って、学生確保は問題ない。
・県内の薬学部志望者は県外にでると経済的負担は高い。だから、本県に薬学部ができれば、愛媛県ばかりでなく、高知、香川、徳島、大分、山口、鳥取、島根等から集まってくると確信する。
・薬学部は全国的にまだ少なく、志願倍率も二〇〇三年度一七・四倍と高く、医学部についで高い。

六　薬学部設立時において、中国・四国・九州地区で薬学部がなかった県

山口、鳥取、島根、愛媛、高知、大分、鹿児島、佐賀

七　二〇〇四年、二〇〇五年（四年制）中国・四国・九州地区の薬学部

略

八　二〇〇六（平成一八）年度の薬学部入試結果について

薬学部の二〇〇六（平成一八）年度の入試結果

	前期	後期	合計
志願者	五〇二名	九七名	五九九名
受験者	四六八名	八五名	五三三名
合格者	三四五名	六二名	四〇七名
競争率	一・三六	一・三七	

九　志願者が集らなかった理由

(一)六年制薬学部

・志願者減は六年制薬学部の共通の現象である。

(二)経済状況

・景気回復が依然と期待できなく、経済的負担で受験生が敬遠した。

(三)医療・看護系への志望変更

・薬学部六年制移行に伴い、受験生が医療、看護系に志望変更した

㈣将来の就職への不安
・将来薬剤師過剰となり、就職への不安、等。
㈤二〇〇六年度入試募集活動のおくれ
㈥開設前の情報公表の控え
㈦高校、予備校とのパイプづくりのおくれ
㈧国家試験合格率の実績がないこと
㈨マスメディアの反応など
・地元新聞によるマイナスイメージ記事

一〇　二〇〇六（平成一八）年度山口・九州・沖縄地区、中国四国地区の薬学部入学者動向
・二〇〇六年度入試において、山口・九州・沖縄地区、中国四国地区から全国の薬学部入学者数は二四八三名いた。これらの地区を開拓すれば、本学薬学部への受験生、入学者をつかみとることが可能である。

一一　高校・予備校訪問を通して緊密な関係
略。

一二　薬学部設置資金について
・設置資金は、五三億六八二六万三〇〇〇円。内訳は、九号館、機器備品、図書費、薬用植物園。計画当初は、三三億三〇六〇万円であった。
・九号館は当初八階建の予定であったが、研究室のスペースを七〇平方メートルから一四

〇平方メートルに拡大したことにより一〇階建となった。
・動物実験施設を追加した。
・地下室に廃水、廃液処理施設、薬品庫施設等を設置。
・一階に共通機器室設置等。
・機器備品について、学部の特色を出すために、当初より一〇％上乗せした。
・図書費は九〇〇〇万円。
・薬用植物園は五〇〇〇万円。

一三　薬学部帰属収入及び学納金収入と経常経費（人件費、教育研究費、管理経費）について
・人件費比率は高いが、教育研究費は文系と変わらない、管理経費は下回っている。

一四　施設、設備等の整備について
略

一五　薬学部入試公報の実施状況
(一)（高校訪問）～（病院実習施設の訪問）
略
(二)上記のような公報活動および入試制度の検討に関わらず、特に愛媛県入学者が減り続けた推定原因
・西日本に薬学部が創設されたこと
・初年度追加合格をだし、学力の低い学生を入学させたこと

・若干の高校教員が、文系志望の学生を薬学部に入学させたことに反感をもっていること
・共通教育科目に未開講科目が多いというマスコミの負の報道

㈢今後入学者増加に向けて

入学者増加のために薬学部として次のように考えている。

①学力の高い、意欲ある学生を入学させる方策の検討
②低学力者を入学させない
③効果的な宣伝
④入学前教育を行う
⑤カリキュラムの改革……化学の重視、進級条件を厳しくする
⑥評価の高い就職結果を出す
⑦問題ある学生への個別指導……場合によっては別の進路指導
⑧薬剤師国家試験……高い合格率を目指す。
⑨県職員の薬剤師合格者九名中、五名が本学薬学部出身者であった。

一六　薬剤師国家試験対策について

四年次CBT対策、六年次総合薬学演習を行う。六年次冬に総合薬学演習の試験を行ない、不合格の場合卒業させない。国家試験も受けさせない。

一七　松山大学薬学部の薬剤師国家試験対策等対策ソフト

略

一八　まとめ

　今日の、医薬品の多様な作用と副作用を正しく認識できる専門性の高い薬剤師を育成する。医師や看護師と対等に医療チームのメンバーとして活躍できる薬剤師を育成する。臨床現場のニーズに基づく問題解決能力を持つ薬剤師を育成する。このような薬剤師育成を本学で行うためには、総括で取りあげた事柄を解決するための方策たてなければならない。

　そのためにこれから実施しなければならないことは、入学者確保のための薬学部入試広報の対策からはじまり、薬剤師国家試験対策、ＣＢＴ対策まで入学から卒業までいくつもの段階があるが、まず、具体的な入学者確保の方策および国家試験対策を練らなければならない。

　これによって設置計画にあったような地域医療に貢献する卒業生を輩出し、本学薬学部の知名度を上げることができる。

- 設置計画のなかにある誤算。四年制薬学部をもとにした設置前の調査・予測であったにしても、志願者数は予測を下回り、設備投資は当初の予定を上回った。入学試験の結果に出ているように、設置時の一六〇名の定員は、六年制への移行、経済状況の悪化など外的要因を考慮するともう少し絞るべきであったと判断される。設備投資は薬剤師育成のみに絞ったミニマムなものから基礎薬学など研究面にも十分な配慮をすることになったため五〇億円を上回った。
- 出遅れた薬学部設置。募集開始後、県内高校などの関係者から本学の薬学部設置のタイミングが遅かったことなどが批判された。この影響が志願者数に現れたと判断される。

•入学前教育。入学前教育の実施とその広報が遅れていた。

•入試広報対策。

•高校からの見学。二〇〇六年度三校しかなく、二〇〇七年度一校しかなかった。県外も二〇〇八年度一校しかなかった。

•高大連携。一部だが、二〇〇九年から実施。

•カリキュラムの整備。一年次教育の見直し、実習の見直し。

•薬剤師国家試験対策
•大学院の設置検討
•人件費、教育研究費、管理経費比率。人件費比率が高い。

•地域連携。

本学の予測が甘かったと批判されるべき面もあるが、……本学にとって理系も含めた総合大学への道を選択したのであって、ここでの過去への批判はここまでにとどめたい。」


この「薬学部総括（案）」について、コメントしよう。
①まず、表題であるが、「薬学部総括（案）」だけでなく、「薬学部総括および薬学部再建（案）」とすべきであろう。
②この文書は、全体的にみて極めて不十分、事実の羅列、弁明であり、十分な総括になっていない。

③薬学部総括について、いつから、どのようなメンバーで、いつ会議を開いたのか、経過説明がない。総括委員は不明だが、「はじめに」の文章によると、平田桂一、猪野道夫、加茂直樹、墨岡学の四人が分担執筆しているので、おそらく、この四人が実質上の総括委員であろう。しかし、平田桂一は現経営学部長、猪野道夫は二〇一〇年三月三一日に退職した再雇用の人、加茂直樹は最近薬学部長になったばかりの人である。薬学部の総括と再建策が最大の課題なのだから、現在の理事長・学長が責任者となり、常務理事と副学長全員入り、総括の委員となるべきだろう。全学教授会でも学長・理事長が述べたように、薬学部再建案を策定し、実施できなければ、理事長・副学長・常務理事が退陣すると言明したのだから、墨岡学副学長兼常務理事の他に森本理事長、安田副学長、西原友昭、岡村伸生、松浦一悦の各常務理事が全員入って集団で総括すべきであった。また、六年近く薬学部長を務めた葛谷氏が入っていないのも問題である。さらに、総括するなら、薬学部設置に批判的であった人達を委員にしないと、真の総括にならない。また、当事者の薬学部教授会自身が総括し、案を出し、再建の方向性を審議したのか不明である。とにかく、委員構成と経過が不明であり、総括案も、再建案も、纏めも主としてこの四人に任せたように思われる。

④総括案の各項目について見てみよう。

○平田氏が分担した「設置趣旨、理由」について。

ア、多くは、認可申請時の文書の要約であり、弁明の書となっている。

イ、入試結果については二〇〇六年度だけであり、それ以後の分析がなく、不十分である。

ウ、志願者予測が外れたことに対し、六年制薬学部共通の現象、不景気による六年制薬学部への経済的負担、薬剤師供給過剰時代の到来による就職への不安、などを上げているが、それらは全国共通の一般的要因だろう。

エ、本学固有の問題として、文部省の指導のため、募集活動がおくれ、また、推薦入試、センター入試も導入できなかった、開設前の情報公開がおくれ、本当に薬学部ができるのかの不安を受験生に与えた、認可が下りた時点での宣伝をする機会を持たなかった、国家試験の実績がない、未開講科目が多いなどマスコミによる負のイメージなどを上げているが、それらは、二〇〇六年度・初年次のことであり、二〇〇七年度以降の入試には当てはまらない。二〇〇七年度以降の入試の分析をしていないので、十分な総括になっていない。

○猪野氏が分担した「設備、設置資金関係」について。

•数字の羅列で、設置資金が三三億三〇六〇万円から五三億六八二六万三〇〇〇円に異常に増大したことに対し、財務担当の常務理事として何の反省もなく、責任感も見られない。

○加茂氏が分担した「薬学部内」について。

ア、二〇〇六年から二〇一一年にかけて、高校訪問の高校名、高校の薬学部訪問の名前、出張講義・模擬講義、ガイダンス等高校名、公開講座、講演会、病院訪問、等をあげているだけ。事実の羅列で、文章もほとんどなく、総括になっていない。

イ、広報、入試制度の検討に関わらず愛媛県出身者の入学者が減り続けた理由につい「原因はよくわからない」と述べ、唯一「推定」しているのが、初年度の追加合格で、「学力の低い学生を入学させたこと」をあげていることである。その通りであるが、分析不足である。

ウ、今後の入学者増加策について、これが文系にとっては一番重要で、聞きたい処である。対策として、九項目あげているが、文章も短く、羅列的・常識的である。その実効性が文系に伝わらない。

○まとめの箇所は墨岡氏が分担したと思われるが、反省点や再建方針が述べられているが、短かすぎて、十分な説明がない。また、「過去への批判はここまでにとめたい」と批判を封ずる一文があるが、それでは、失敗した薬学部問題を真に総括することにならないだろう。

⑤薬学部設置は失敗であった。本学に多大な財政負担と損失をもたらした、壮大な失敗であった。

薬学部の総括は、設置段階に遡ってすべきである。失敗の原因は、どこにあるだろうか？

ア、学内で十分な検討を行うことなく、学部長に相談することなく、理事会主導で拙速で決めたこと。

イ、改革に焦り、文系じり貧論を唱えた誤り。

ウ、文理融合といった言葉の遊戯。

エ、薬学部神話。薬学部は競争率が高いと過大に宣伝したこと。調査では本学に受験生が大量に来ることにはなっていなかったにも関わらず、立ち止まらず、強行したこと。

オ、紀伊国屋の案に安易に乗った自主性のなさ。そして、紀伊国屋は定員一五〇名であったが、さらに、経営の視点から一〇名上乗せし一六〇名に増やしたこと。そもそも一六〇名は多すぎた。過去人文設置の場合、英語英米学科五〇名、社会学科五〇名で出発した。小さく生んで、情勢を見ながら増やす堅実な方針をとった。
カ、薬学部は本学に根がないものだから、学部長予定者・葛谷氏の言いなりになる無責任さ、設置費用が三三億円→五三億円に異常に増え、教員人事も助教を予定していなかったにも関わらず採用し、教員数も増大した。それらの変更を教授会にも図らずに行なったこと。
キ、設置を強行するために、設置資金は薬学部完成後文系に返すと、約束した。薬学部は独立採算制を取り、文系に迷惑かけないと約束したが、それを反故にしたこと。そして、失敗したのにその経営責任をとらない無責任さ。
ク、学費の高さ。地方で不景気が続いているのに、一学年二〇〇万円は高すぎたこと。
⑥そして、薬学部開設後、初年度から連続して定員を割っているのだから、完成年度を待つことなく、すぐに検討すべきであったが、行わなかった。今日まで、ズルズル引きのばし、先送りしてきた。森本理事長ら常務理事の無責任さ。
⑦薬学部再建策について。再建策の実施主体は、薬学部である。九項目を提案している薬学部で徹底した議論と実行が求められるが、その熱意が文系に十分伝わって来ない。薬学部教員の発言がほとんどないのである。
九月一日、教学会議が開かれ、「薬学部再建案について」が審議された。激論が交わされたようである。

九月二四日、二〇一二年度経済・経営のＡＯ入試が行なわれた。結果は後述。

九月二八日、教学会議が開かれ、「薬学部再建案」が提案され、審議された。激論が交わされたようである。

一〇月二日、二〇一二年度の大学院Ⅰ期入試（修士課程）、学内進学者特別選抜入試（経済学研究科、社会学研究科）が行なわれた。経済学研究科修士課程は学内選抜一人が受験し、一人が合格した。経営学研究科修士課程は学内選抜一人が受験し、一人が合格した。言語コミュニケーション研究科修士課程はいなかった。一般選抜のⅠ期入試は、経済・経営・言語共に受験生はなく、社会学修士課程は二人が受験して、一人が合格した。(11)

一〇月一二日、経済学部は中国北京の対外経済貿易大学国際経済研究院と学術交流協定を調印した。(12)

一〇月一七日、教学会議が開催され、「薬学部再建案について」審議された。

一〇月二〇日、教学会議が開催され、「薬学部再建案について」審議された。

一〇月二三日、仙台での第二九回全日本女子駅伝対校選手権大会で、五位入賞をはたし、二年連続シード権を獲得した。(13)

一〇月二四日、教学会議が開催され、「薬学部再建案について」審議された。

一〇月三一日、教学会議が開催され、「薬学部再建案について」審議された。一〇月末までに薬学部再建案を決定することになっていたので、この時の教学会議で承認された。

一一月一二、一三日の両日、二〇一二年度の推薦・特別選抜入試が行なわれた。一二日が経済・経営、一三日が人文・法・薬学部であった。募集人員は、法の特別選抜を除いて（一五名→一〇名）、前年と同じ。

結果は次の通りであった。[14] 薬学部は指定校も集まらず、一般公募は全入で、大変厳しかった。

表一　二〇一二年度推薦・特別選抜入試

		募集人員	志願者	合格者
経済学部	（指定校制）	一〇五名	一三三名	一三二名
	（一般公募制）	二〇名	八二名	五一名
	（アドミッションズ・オフィス）	五名	一五名	七名
	（各種活動）	一二名	八名	八名
	（資格取得者）	若干名	一名	一名
経営学部	（指定校制）	五〇名	五三名	五三名
	（一般公募制）	三二名	一三六名	六七名
	（アドミッションズ・オフィス）	三五名	一三二名	五七名
	（各種活動）	三〇名	三二名	三一名
人文英語	（指定校制）	二五名	二〇名	二〇名
	（資格取得者）	若干名	九名	九名
	（総合学科卒業生）	若干名	二名	二名
社会	（指定校制）	一五名	二五名	二四名
	（社会人）	若干名	一名	一名

法学部（指定校制）	二〇名	一七名	一七名
（一般公募制）	五〇名	一三六名	一〇一名
（各種活動）	一〇名	五名	五名
（総合学科卒業生）	一〇名	二五名	一一名
薬学部（指定校制）	一五名	一二名	一二名
（一般公募制）	一五名	一五名	一二名

（出典）『学内報』第四二一号、二〇一二年一月。

一一月二四日、加茂薬学部長の任期満了に伴う学部長選挙が行われ、松岡一郎（五六歳、神経化学等）が選出された。任期は二〇一二年四月から二年間。

一一月二九日、妹尾法学部長の任期満了に伴う学部長選挙が行われ、村田毅之（五四歳、労働法）が選出された。任期は二〇一二年四月から二年間。

一一月三〇日、奥村人文学部長の任期満了に伴う学部長選挙が行われ、奥村義博（六〇歳、英米文学概論）が再選された。[15] 任期は二〇一二年四月から二年間。

一二月八日、平田経営学部長の任期満了に伴う学部長選挙が行われ、浅野剛（五九歳、経営学概論等）が選出された。任期は二〇一二年四月から二年間。

一二月一四日、清野短大学長の任期満了に伴う学長選挙が行われ、清野良栄（六一歳、現代資本主義論）が再選された。[16] 任期は二〇一二年四月から三年間。

一二月一五日、第三回全学教授会が開かれた。そこで、報告事項として「薬学部再建案について」が出された。本来は、審議事項とすべきであったが、教学会議で決定された再建案が報告された。資料は回収されて不明だが、具体的な薬学部再建策としては、①一〇〇名への定員削減に伴う、薬学部のコスト削減、人件費、研究費削減をすすめる、②入学者確保のために、広報活動、薬学部のための特別スカラシップの導入、薬剤師会との連携強化を行う、国家試験対策、入学前教育、成績下位者への補修授業を行う、等々であった。

二〇一二年一月一日発行の『学内報』第四二一号に、安田俊一副学長が「『校訓三実』と『三つの方針』」という文書を掲載した。[17] そこで、校訓「三実主義」の順序変更の理由について、次のように述べている。なお、下線部分は川東による。

「まもなく本学HPに『入学者受け入れ方針（アドミッションポリシー：AP）』、『カリキュラムポリシー：CP）』、『学位授与方針（ディプロマポリシー：DP）』（以上、『三つの方針』）、及び本学の校訓についての現代的解釈が発表されます。

今日はここに至るまでの経緯、及び『校訓三実』の現代的解釈について報告いたします。なお、松山短期大学では、今回紹介する『校訓三実』については先行して公開されています。

中教審は二〇〇五年一月の『我が国の高等教育の将来像』及び二〇〇八年一二月『学士課程教育の構築に向けて』の二つの答申の中で、アドミッションポリシーの明確化、教育課程の改善、出口管理の強化など、『三つの方針』に貫かれた教学経営を行うことを大学に求めています。

こうした流れを受けて、二〇一〇年一月一四日開催の教学会議で、本学の『三つの方針』策定のために、まずは全学方針にあたる『校訓三実』について、現代的なまとめを行うこととし、そのための作業グループの設置が決定されました。作業グループの構成は教務委員長、学生委員長、入試委員長、キャリアセンター長、及び対応部署からの事務職員とし、副学長がとりまとめることになりました。

作業部会で一二回にわたる検討を行い、大学全体の教育方針ともいえる『校訓三実』についての解説原案を策定、二〇一〇年七月二二日の教学会議で承認を得ました。その後、各学部・研究科の三つの方針の議論が行われ、最終的に二〇一一年一〇月末までにすべての学部・研究科、及び全学共通科目についてのカリキュラム編成方針がでそろい、HPで公開する運びとなりました。

大学によっては『大学全体の三つの方針』を定め、それに従って各学部や研究科の方針を定めているようなところもあります。私学においては『建学の精神』基礎にしてそこから人材育成方針を定めて大学全体の三つの方針を定めているところが多いようです。国公立大学の場合はそうした建学の精神がない場合があり、そうしたところでは別途、『大学それ自体の目的』について定めているようです（例、愛媛大学『大学憲章』）。

本学では大学全体の方針に当たるものとして『校訓三実』がありますので、それをよりはっきりと明示することで大学全体の共有方針とすることとし、上記のような過程を経て決定してきました。

以上のように、『校訓三実』の公式解釈を確定したうえで、『松山大学の学位授与方針』を『校訓三実』を踏まえた上で各学部・研究科が定めた課程を修了することとし、大学全体でのアドミッションポリシーとカリキュラムポリシーは定めていません。さて、ここへ至る議論の中でこれまでの『慣習』と異なる表記を採用しています。

これまで慣習的に『真実・忠実・実用』と言い表されてきた『三実』の順序を『真実・実用・忠実』と確定しました。もともと加藤初代校長による『校訓三実』の提唱と田中第三代校長による解説では『真実・実用・忠実』となっており、田中校長はその順序で自然に説明を行っています。そこで元々の形に戻したうえで、①各項目に解説を加えました。その際、田中校長の説明に従って「『真実』『実用』は学びの態度、『忠実』は人としてのあり方としてまとめました。②以下に、HPで公開する『校訓三実』の部分を掲載します。なお、短期大学のHPで公開されているバージョンは以下の『松山大学』が『松山短期大学』となっているだけで、ほかは同じです。

松山大学の校訓について

松山大学は大正一二（一九二三）年に「松山高等商業学校」として発足し、「松山経済専門学校」（一九四四年）、「松山商科大学」（一九四七年）③を経て、現在の「松山大学」（一九八九年）へと発展してきました。

初代校長加藤彰廉は、「校訓」として「真実」・「忠実」・「実用」の三つを定めました。その後、第三代校長田中忠夫が以下のような解釈をまとめ、④昭和二（一九二七）年の生徒要覧に掲載し、[5]全学に周知しました。「校訓三実」はそれ以来松山大学に脈々として受け継がれています。

〈校訓三実〉

■真理：真理に対するまことである。皮相な現象に惑溺しないで進んでその奥に真理を探り、枯死した既成知識に安住しないでたゆまず自から真知を求める態度である。

■実用：用に対するまことである。真理を真理のままに終わらせないで、必ずこれを生活の中に生かし社会に奉仕する積極進取の実践的態度である。

■忠実：人に対するまことである。人のために図っては己を虚しうし、人と交わりを結んでは終生操を変えず自分の言行に対してはどこまでも責任をとらんとする態度である。

（「校訓三実」の意味）

「真実」「実用」「忠実」は学びの態度、「忠実」は人としてのあり方を示しています。

「真実」とは、既存の「知」に満足することなく、真理を求めるために自ら学び、究め続けようとする態度です。氾濫する情報に惑わされることなく、その中から客観的事実を見出し、真理を見極めることが肝要です。

「実用」とは、単に「すぐ役に立つ技術を学ぶ」という実用主義的な側面を指しているのではありません。「知」を単に知識として学ぶだけでなく、自らの生活や仕事の中に活かすべく、常に現実的な問題を念頭に置きながら学ぶ態度を示しています。大学での学びで得た知識を日常的な生活の中にも積極的に活かしていくこうした態度は、松山大学における学びの特徴として授業の中にも活かされています。

「忠実」とは、人間関係や社会において、人としてとるべき態度を示しています。人は一人では生きていくことはできません。友人・家族・組織といった、広い意味での社会生活において、他者と誠実に向き合い、嘘偽りのない信頼関係を築くためには倫理的な態度はもとより、積極的に人と交わり、自らを謙虚に、そして互いの意見を尊重し共有しようとする態度が重要です。「忠実」の精神は松山大学のあらゆる人間関係の基本として共有されています。

「校訓三実」は松山大学の学生・教職員が拠り所とすべき教訓ですが、人生を生きていく確かな指針でもあります。学生の皆さんには、大学卒業後も「本学の卒業生」として生涯この態度を持ち続けていただくことを願っています。

（注）昭和二年の生徒要覧[6]に記載された「三実」の順序については、「松山商科大学六十年史」に「松山商科大学三十年史補遺」として大鳥居名誉教授の文章があり、その中に「『校訓三実』の配列順序については諸説紛々統一を欠き、甚だ見苦しいが、真実、忠実、実用にするのが常識的で理に叶っているように思う。」（p.一九五　三実主義について）と述べられています。これは一九八四年の記述ですので、おそらくはこの文章あたりから「真実・忠実・実用」が慣習的に定着してきたのではないかと思われます。作業部会の議論の中で明らかにされてきました。[7]」

この安田副学長の文書には、七点にわたって不正確な表現や事実誤認が見られる。それを下線部分で示した。以下、その七点について説明しておこう。

①「これまで慣習的に『真実・忠実・実用』と言い表されてきた『三実』の順序を『真実・実用・忠実』と確定しました。もともと加藤初代校長による『校訓三実』の提唱と田中第三代校長による解説では『真実・実用・忠実』となっており、田中校長はその順序で自然に説明を行っています。そこで元々の形に戻した」と述べているが、加藤彰廉初代校長が一九二六年（大正一五）三月八日の第一回卒業式で述べた校訓「三実」の順序は「実用・忠実・真実」であり、田中忠夫校長が一九四一年（昭和一六）四月一〇日の始業式で訓示した「三実主義」の順序は「真実・実用・忠実」であり、両者の順序は異なっているので、この箇所は史実誤認である。

②「その際、田中校長の説明に従って『真実』『実用』は学びの態度、『忠実』は人としてのあり方としてまとめました」とあるが、田中校長の「三実主義」の説明を読んで見ても、『真実』『実用』は学びの態度」とはまとめてはおらず、これは、安田副学長の独自の解釈であろう。

③「松山商科大学」（一九四七年）とあるが、松山商科大学は一九四九年四月発足であり、事実誤認である。

④校訓「三実」について、「第三代校長田中忠夫が以下のような解釈をまとめ」たとして、三実主義の各項目の説明を掲げているが、不正確である。この解説文は、田中校長の解説文をもとにして、第二代松山商科大学長の星野通が二～三行程度に短く簡略化・簡明化して、一九六二年度の『学生便覧』に掲げたものだからである。

⑤「昭和二（一九二七）年の生徒要覧に掲載し」とあるが、田中校長の就任は、昭和九年（一九三

四）一〇月六日であり、そして、田中校長が校訓「三実主義」の明文化と確定解釈を行ない生徒要覧に掲げたのは昭和一六年度（一九四一）であり、この箇所も事実誤認である。

⑥「昭和二年の生徒要覧」とあるが、昭和一六年の事実誤認である。

⑦「おそらくはこの文章あたりから「真実・忠実・実用」が慣習的に定着してきたのではないかと思われます。作業部会の議論の中で明らかにされてきました」とあるが、事実誤認である。田中校長は一九四一年四月に「真実・実用・忠実」の順序で、各項目について明文化したが、一九五七年四月に第二代松山商科大学学長に就任した星野通学長が順序を「真実・忠実・実用」に変更し、一九六二年四月に簡明化して説明した。それ以降の学長、すなわち、増岡喜義、八木亀太郎、太田明二、伊藤恒夫らは一貫して、「真実・忠実・実用」の順序で説明してきており、一九八四年の大鳥居さんの一文からではない。だから、この注は過去の歴代学長の式辞や『学内報』や『学生便覧』を調査、確認せずに、推測した記述であり、歴史的に見て事実誤認である。

以上、この安田文書は、事実誤認に基づく校訓「三実主義」の順序の間違った変更であった。星野学長が、「真実・忠実・実用」の順序に変更したのは、戦後の日本国憲法、教育基本法、学校教育法をよく理解した上で、あえて、田中校長の順序に代えて、「真実・忠実・実用」に変更したものである。[18]神森学長も宮崎学長も学校教育法の順序に符号したものと指摘している。事実誤認である以上、校訓「三実主義」の順序は、星野学長時代に制定された「真実・忠実・実用」に戻すべきであろう。

二〇一二年一月一二日、第四回全学教授会が開催された。審議事項は「松山各学部教授会規則および松山大学全学教授会規則の改正について」で、前回の継続審議であった。

一月一四、一五日の両日、大学入試センター試験が行われた。

一月二二日、二〇一二年度の一般入学試験Ⅰ期日程及び大学入試センター試験利用入試（経営前期A方式＝個別試験併用型）、センター試験利用入試（薬前期A方式）が行なわれた。

一月二三日、一般入学試験Ⅰ期日程、センター試験利用入試（薬前期A方式）が行なわれた。一般入試のⅠ期日程の募集人員は、文系では経済が二〇名→三〇名に増やしたが、他は変更なかった。薬学部は今年度から入学定員を一六〇名→一〇〇名に減らし、メインの募集定員を五〇名→四〇名に減らした。

結果は次の通りである。(19) 文系の志願者は各学部はともに大きく激減し、前年に比し二一五二名→一四三九名へ、七一三名、三三・一％も減少した。実質競争倍率も激減した。他方、定員削減した薬学部は、志願者が一〇一名→一五三名へと一・五倍に増やした。定員削減の良い効果とみられる。

表二　二〇一二年度一般入試Ⅰ期日程

	募集人員	志願者（前　年）	合格者	実質競争率
経済学部	三〇名	四三六名（六一七名）	一四三名	三・〇三
経営学部	二〇名	四三二名（六一二名）	一三一名	三・二九
人文英語	一〇名	一五七名（二二七名）	七七名	二・〇三
社会	一〇名	二二三名（三七三名）	七五名	二・九六

法学部	二〇名	一九一名（三二三名）	七七名	二・四七
文系合計	九〇名	一四三九名（二二五二名）	五〇三名	二・八五
薬学部	四〇名	一五三名（一〇一名）	一〇二名	一・四九
総計	一三〇名	一五九二名（二三五三名）	六〇五名	二・六二

（出典）『学内報』第四二三号、二〇一二年三月。同、第四二五号、二〇一二年五月。

センター利用入試前期の募集人員は、文系は変化なかったが、薬学部は三〇名→一〇名に減らした。

結果は次の通りである。[20] 文系の志願者は経済が増やしたが、他は減らし、全体で一六六四名→一五〇六名へ、一五八名、九・五％減少し、実質競争率も大きく落ち込んだ。他方、薬学部は定員を減らしたにも関わらず、志願者は一一八名→一四〇名へと、二二名、一八・六％も増えた。定員削減の良い効果であろう。

表三　二〇一二年度センター利用入試前期日程

	募集人員	志願者（前年）	合格者	実質競争率
経済学部	二〇名	四八七名（四一八名）	三三二名	一・四七
経営学部	二五名	四九九名（六四四名）	三二六名	一・五二
人文英語	一〇名	一二八名（一四五名）	一〇八名	一・一九
社会	一五名	二〇三名（二五九名）	一五八名	一・二八

法学部	一五名	一八九名（一九八名）	一六〇名	一・一八
文系合計	八五名	一五〇六名（一六六四名）	一〇八四名	一・三九
薬学部	一〇名	一四〇名（一一八名）	一〇二名	一・三七
総計	九五名	一六四六名（一七八二名）	一一八六名	一・三九

（出典）『学内報』第四二三号、二〇一二年三月。

二月二日、岡山勇一言語コミュニケーション研究科長の定年に伴う研究科長選挙が行われ、久保進（六二歳、語用論）が選出された。[21] 任期は二〇一二年四月から二年間。

二月一一、一二日の両日、二〇一二年度の一般入試Ⅱ期日程が行われた。一二日には、センター利用入試薬学部、スカラシップ入試も行われた。募集人員は、文系は変わらなかったが、薬学部が二〇一二年度から定員削減のため、Ⅱ期の定員を一五名→一〇名に減らした。

Ⅱ期日程の結果は次の通りである。[22] 文系各学部は全学部で志願者が大きく減り、前年の三二八四名→二六二七名へ、六五七名、二〇・〇%も減少した。合格者は多めに出したので、実質競争率は大きく低下した（二・三四→一・六三）。赤信号である。他方、薬学部の志願者は定員削減にもかかわらず、Ⅰ期入試と同様に、前年の二八名→三三名に少し増やした。

表四　二〇一二年度一般入試Ⅱ期日程

	募集人員	志願者（前年）	合格者	実質競争率
経済学部	一七三名	八〇九名（九二六名）	三六八名	一・七六

経営学部	一八〇名	七五五名（九五九名）	三八一名	一・五八
人文英語	四五名	二二六名（二九九名）	一二二名	一・四八
社会	八〇名	四六三名（五九二名）	二〇三名	一・七六
法学部	八〇名	三七四名（五〇八名）	二〇六名	一・四五
文系合計	五五八名	二六二七名（三二八四名）	一二八〇名	一・六三
薬学部	一〇名	三三名（二八名）	一六名	一・五六
総計	五六八名	二六六〇名（三三一二名）	一二九六名	一・六三

（出典）『学内報』第四二三号、二〇一二年三月。第四二四号、二〇一二年四月。第四二五号、二〇一二年五月

なお、薬学部センター利用試験スカラシップ入試は、募集人員五名に対し、一一名の志願者で三名が合格した。[23]

二〇一二年度入試結果について、前入試委員長の松尾博史が『学内報』第四二五号（二〇一二年五月）で詳細な分析をしている。薬学部の定員削減が高校に好感をもって受け止められ、志願者が増大し、二〇一二年度入学者が増加に転じたことを、好感をもって論じている。松尾が論じた薬学部の志願者、合格者、入学者の数字を示せば次の通りである。[24]

表五　薬学部の入学者

	定員	志願者	合格者	入学者
二〇〇九年度	一六〇名	二四六名	一八五名	九〇名

二〇一〇年度　一六〇名　三一四名　二一〇名　八三名
二〇一一年度　一六〇名　三〇〇名　一八八名　七三名
二〇一二年度　一〇〇名　三七〇名　二五二名　八三名

二月一六日、入江経済学研究科長の任期満了に伴う研究科長選挙が行われ、光藤昇（六三歳、国民経済計算論）が選出された。任期は二〇一二年四月一日から二年間。

二月二四日、中嶋経済学部長の病気辞任に伴う学部長選挙が行われ、間宮賢一（五七歳、理論経済学）が選出された。[25]任期は二〇一二年四月一日から二年間。

二月二七日、二〇一二年度の大学院Ⅱ期入試が行なわれた。経済は三名が受験し、三名が合格した。経営も三名が受験し、三名が合格した。言語はゼロ、社会もゼロであった。博士は社会が二名が受験し、二名が合格した。[26]

三月三、四日の両日、第九七回薬剤師国家試験が行われた。本学の第一期生（二〇〇六年四月入学）が初めて受験した。結果は、受験生一一四名、合格者一〇二名、合格率八九・四七％、全国六六校中第三八位で健闘した。ただ、薬学部第一期生は一五九名の入学であったので、六年次にはかなり減少したり、卒業できず受験資格が得られなかったりした。

三月八日、第五回全学教授会が開催された。審議事項は「松山大学教学会議規程の改正について」であった。

三月一〇日、センター利用入試後期の、経済、経営のA方式の試験が行なわれ、一六日に発表があった。募集人員は経済が前年の一五名→二〇名に増やしたが、他は変わらなかった。結果は次の通りである。(27) 文系の志願者は前年の三三五名→二一七名名に大幅に減少した。薬は前年より一名増えたが、わずか六名にすぎなかった。

表六　二〇一二年度センター利用入試後期日程

	募集人員	志願者（前年）	合格者	実質競争率
経済学部	二〇名	九六名（一四四名）	二一名	四・一〇
経営学部	一五名	七九名（一三五名）	三三名	二・二一
法学部	五名	三六名（　五一名）	一二名	二・九二
文系合計	三五名	二一一名（三三〇名）	六六名	二・九四
薬学部	五名	六名（　五名）	五名	一・二〇
総計	四〇名	二一七名（三三五名）	一三四名	二・八二

（出典）『学内報』第四二五号、二〇一二年五月。

三月一九日、午前一〇時より、ひめぎんホールにて、二〇一一年度の松山大学大学院学位記、松山大学卒業式が行われた。経済三七一名、経営三八七名、人文英語一〇七名、社会一二四名、法二四〇名、薬学部一一四名が卒業し、大学院は経済修士二名、経営修士九名、言語コミュ修士二名、社会学修士二名が修了した。薬学部は初めて卒業生を出した。六年前の入学者が一五九名であったので、卒業率は七一・七％で、三割近くが留年、退学していた。教学上、深刻な問題であろう。

森本学長は式辞で、「これまでに養成してきた人間力、生きる力をもって将来の難題を乗り越えて、たくましく活躍して下さい。年月の経過とともに変化する環境を的確に把握し、この環境変化に適時に対応しながら社会のために貢献してください」と励ました。[28] それは次の通りである。

「今年の冬は寒さが特に厳しく、東日本大震災によって全国的に迫られた節電からも、一層寒い冬であったと感じられたことでしょう。寒く感じられても、日差しは日々強くなり、着実に春が近づいて、いよいよ皆さんが学び舎から巣立つ日を迎えました。この巣立ちの記念すべき日に、多数のご来賓ならびに保護者の皆様のご臨席を賜り、平成二十三年度松山大学・大学院学位記・卒業証書・学位記授与式を盛大に挙行できますことは、本学の光栄とするところであり、教職員を代表して心から御礼申し上げます。

修了生および卒業生の皆さん。ご修了・ご卒業おめでとうございます。所定の課程を修めて、特に薬学部においては六年間の長期にわたる課程を修め、本日こうしてめでたくご修了、ご卒業の日を迎えられたことに対して、心からお慶び申し上げます。また、これまで成長を見守ってこられた保護者の皆様におかれましても、本日の晴れ姿をご覧になって、さぞかしお喜びになり、安堵なされているものと拝察し、心からお慶び申し上げます。

さて、修了生および卒業生の皆さん、皆さんが入学した折りにも説明しましたが、本日の卒業式においても松山大学の歴史と教学理念としての校訓「三実」、すなわち、「真実」、「実用」、「忠実」の精神について述べておきたいと思います。これは、皆さんが本学出身者として誇りを持ち、さらに校訓「三実」の精神を生かして実社会において大いに活躍していただきたいと願って行っているのです。本日もこの二点について、まず、お話しておきたいと思います。

松山大学は大正十二年〔一九二三年〕に開校した旧学制による松山高等商業学校がその始まりです。本校は、松山市出身で、日本初の工業用革ベルトの開発を遂げて製革業において成功し、大阪産業界の雄となり、世間からは「東洋の製革王」と呼ばれ、また、ＮＨＫのスペシャルドラマで注目されている司馬遼太郎著「坂の上の雲」に登場する秋山好古と親交のあった新田長次郎〔雅号温山〕、当時の松山市長であり、俳人正岡子規の叔父に当たる加藤恒忠〔雅号拓川〕、教育家であり、山口高等中学校長、大阪高等商業学校長、北予中学〔現県立松山北高等学校〕校長になられた加藤彰廉らの協力によって設立されました。長次郎翁は、高等商業学校設立の提案に賛同し、学校の運営には自らは関わらないことを条件に、設立資金として巨額の私財を投じて、私立の高商としては全国で三番目となる松山高等商業学校を創設しました。また、本校以外にも明治四十四年〔一九一一年〕大阪市浪速区栄町に経済的に恵まれない子弟の教育のため有燐《ママ》〔隣〕尋常小学校を設立し、学校運営経費ばかりか生徒の学用品や衣服等まで支給しながら約十年間経営した後、大阪市に寄贈されました。このように温山翁は製革業やその関連事業の成功を自分だけのものにするのではなく、教育や文化の発展のために還元され、広く社会貢献をされました。現在、文京町キャンパス内に、感謝の意を込めて、三恩人としてそれぞれの胸像を設置しています。

松山高等商業学校は昭和十九年に松山経済専門学校と改称し、第二次世界大戦後の学制改革により昭和二十四年に商経学部〔現、経済学部、経営学部〕を開設して松山商科大学となり、その後、大学院経済学研究科、人文学部、大学院経営学研究科、法学部を順次開設して文系総合大学となり、平成元年〔一九八九年〕に校名を変更して松山大学となりました。平成十八年には五番目の学部である理系の薬学部と三番目の大学院である大学院社会学研究科を開設して、本学は名実共に総合大学となりました。さらに平成十九年には四番目の大学院である大学院言語コミュニケーション研究科英語コミュニケーション専攻を開設して、教育研究体制をさらに充実させました。そして、薬学部設置以来六年が経過し、今日めでたく、薬学部第一期生を送り出すことになり、薬学部設置に係わったものの一人として感慨無量です。

松山大学の教学理念は、初代校長加藤彰廉が提唱し、第三代校長田中忠夫によってその意義が確立された「真実」「実用」「忠実」の三つの実を持った校訓「三実」の精神です。真実とは「真理に対するまことである。皮相な現象に惑溺しないで進んでその奥に真理を探り、枯死した既成知識に安住しないでたゆまず自ら真知を求める態度である。」と、実用とは「用に対するまことである。真理を真理のままに終わらせないで、必ずこれを生活の中に生かし社会に奉仕する積極進取の実践的態度である。」と、忠実とは、「人に対するまことである。人のために図っては己を虚しうし、人と交わりを結んでは終生操を変えず自分の言行に対してはどこまでも責任をとらんとする態度である。」と説明されています。この校訓「三実」の精神は次のように解釈できます。

『真実』および『実用』によって知育における指針を示して、教育研究においては真理を探究することはもちろんのこと、その真理を日々の生活や仕事の中に応用できるものにすることが重要であることを説いています。すなわち、教育研究活動は実学志向で行われるべきであると考えられています。

『忠実』によって徳育（道徳教育）における指針を示して、人に対しては誠実でなければならないこと、自分の言動については責任を持つことが大切であることを説き、対人関係のあり方、ないしは社会の一員としてとるべき態度を説いています。『忠実』の精神に基づいて行動すれば自ずと信用・信頼関係が生まれ、特に組織活動においては、信用・信頼関係があれば大いに能力を発揮できます。それゆえ『忠実』の精神は、組織の一員として、さらにはリーダーとして活躍するための必要条件であり、人間関係を大切にして信用・信頼され人格になることが重要であることを説いた人格形成のための精神です。

このように校訓「三実」の精神の解釈から分かるように、本学の教育の目的は、今日でいう「人間力」の養成にあるのです。近年、よく「人間力」の養成の必要性が叫ばれ、キャリア教育が行われることになりましたが、本学は創立当初から一貫して「人間力」「生きる力」を育む教育を実施してきたのです。

本年は、創立九十年目になり、来年の十月二十二日には九十周年記念式典を挙行する予定としておりますが、これまでに社会に送り出した卒業生は六万六千人を超え、特に経済界を中心に、全国的に活躍し、高い評価を得てきました。これも卒業生の皆さんが、校訓「三実」の精神を大切にして活躍した結果であり、これが松山大学の伝統になっていると確信しています。卒業生の皆さんは、これまで松山大学で養成され身に付けた「人間力」で実社会で先輩たちに続いて大いに活躍してください。

　皆さんは、政治も経済も不安定な中で教育を受け、東日本大震災後の混乱した状況の中で就職活動をしなければならないという苦しい状況に置かれてしまいました。この一年間で自然災害への意識は一変したことでしょう。東日本大震災を他人事とせず、今後も自然災害は必ずあるものと想定してそれに備え、校訓「三実」の精神で困難を乗り越えてください。夢があればどんな困難にも耐え、どんな努力もいとわないでしょう。「意志あるところ道あり」の精神でみずからの人生を拓き、困難を乗り越えて、夢を実現できるよう努力してください。

　夢の実現と言えば、本年度においても、嬉しいニュースがいくつかありました。愛媛県職員上級職として薬学部学生五名を含む十二名が採用内定、大学院生が公認会計士試験に合格、司法試験にも過年度卒業生が前年に続き合格するなど、これまでの勉学の成果を挙げることができました。また、サークル活動において本年も四国インカレでの男女アベック総合優勝、ボート部の日本インカレ・シングルスカルでの優勝などの活躍が見られましたし、創部四年目の女子駅伝部が第二十九回全日本大学女子駅伝対校選手権大会で五位に入賞し、二年連続でシード権を獲得しました。このように文武両面においてすばらしい成果をあげることができています。これこそ皆さんが目標・目的を持って努力すれば成果を挙げることができる証ですから、皆さんの新たな旅立ちに際して、大志を抱き、自信を持って実社会で活躍して頂きますよう心から希望します。また、まだ結果は出ていませんが、三月三日、四日の両日に薬剤師国家試験が実施されました。受験した薬学一期生の皆さんが合格して、皆さんや薬学部関係者の皆さん、さらには学外の実務家実習でご指導をいただいた諸先生のこれまでのご努力やご苦労が報われますよう心より祈念しております。

皆さんご承知の通り大学をとりまく環境は年々厳しくなっておりますが、皆さんが活躍する実社会の環境も厳しいものと思われます。少子高齢化、円高による産業の空洞化、経済のグローバル化、温暖化や東日本大震災のような自然災害の影響によって益々厳しくなるものと思われます。けれども皆さんは、これまでに養成してきた人間力、生きる力をもって将来の難題を乗り越えてたくましく活躍してください。年月の経過とともに変化する環境を的確に把握し、この環境変化に適時に適応しながら社会のために貢献してください。

今や大学は財務情報ばかりか、教育情報の開示も求められ、財務力、教育力、就職力などによって総合評価される時代となりました。皆さんが卒業生として実社会で大いに活躍することによって、大学の評価は大いに高まります。社会人として思う存分ご活躍いただいて、大学発展のためにもご支援いただけることを期待します。特に薬学部の卒業生の皆さんはこれまでにない新戦力であり、皆さんの活躍が薬学部の将来を左右するといっても過言ではありませんから、一騎当千のご活躍を期待しております。

これから皆さんは卒業と同時に、卒業生・修了生によって組織される「温山会」の会員となります。温山会は、北は北海道から南は九州まで全国的に組織され、活発に活動しています。皆さんも温山会の一員として就職先の地域にある温山会支部総会に出席して親睦を深め、人間関係の充実を図って下さい。今後も温山会活動を通じて皆さんと協力関係が築けることを期待しております。

最後になりましたが、皆さんが夢や希望を持って、今後も地域・社会の発展のために、さらに世界の発展のため、益々ご健勝でご活躍いただきますように祈念して、式辞といたします。

平成二十四年三月十九日

松山大学

学長　森本三義(29)」

三月三一日、経済学部では、岩橋勝（日本経済史）、岩林彪（比較経済システム論）、宍戸邦彦（経済統計論）等が退職した（七〇歳）。経営学部では八木功治（実用英語）、三光寺由実子（簿記原理）、関一（企業論）等が退職した。人文学部では、岡山勇一（イギリス文化文学研究）、春日キスヨ（家族社会学）、法学部では東條武治（環境法等）、田口武史（ドイツ語）、薬学部では、加茂直樹（生物、物理化学）、葛谷昌之（薬学概論）、枡田隆宏（英語）、山本重雄（くすりを知る）、吉田隆志（植物と健康）、等が退職した。(30)

〔注〕

（1）『学内報』第四一二号、二〇一一年四月。
（2）同。
（3）同。
（4）『二〇一一年度学生便覧』
（5）『学内報』第四一三号、二〇一一年五月。同、第四一四号、二〇一一年六月。

(6) 松山大学総務課所蔵。
(7) 『学内報』第四一三号、二〇一一年五月。
(8) 『学内報』第四一五号、二〇一一年七月。
(9) 『学内報』第四一四号、二〇一一年六月。
(10) 『学内報』第四一五号、二〇一一年七月。
(11) 『学内報』第四二〇号、二〇一一年一二月。
(12) 同。
(13) 同。
(14) 『学内報』第四二一号、二〇一二年一月。
(15) 同。
(16) 『学内報』第四二二号、二〇一二年二月。
(17) 安田俊一「『校訓三実』と『三つの方針』」『学内報』第四二一号、二〇一二年一月一日。下線部分は、川東。
(18) この点は、拙著『新田長次郎と三実主義・三恩人の研究』（SPC出版、二〇二一年）、『松山商大四十年史』（愛媛新聞サービスセンター、二〇二二年）参照。
(19) 『学内報』第四二三号、二〇一二年三月。同、第四二五号、二〇一二年五月。
(20) 『学内報』第四二三号、二〇一二年三月。
(21) 同。
(22) 『学内報』第四二三号、二〇一二年三月。第四二四号、二〇一二年四月。第四二五号、二〇一二年五月。
(23) 『学内報』第四二三号、二〇一二年三月。
(24) 『学内報』第四二五号、二〇一二年五月。志願者は、推薦、センター、一般入試の合計。
(25) 『学内報』第四二四号、二〇一二年四月。
(26) 同。
(27) 『学内報』第四二五号、二〇一二年五月。
(28) 『学内報』第四二四号、二〇一二年四月。
(29) 松山大学総務課所蔵。
(30) 『学内報』第四二四号、二〇一二年四月。

(七)二〇一二年(平成二四)度

森本学長・理事長六年目、最後の年である。

本年度の校務体制は、副学長は墨岡学(二〇一一年一月六日～二〇一二年一二月三一日)、安田俊一(二〇〇八年六月二六日～二〇一二年一二月三一日)が続けた。経済学部長は新たに間宮賢一(二〇一二年四月～二〇一四年三月)が就任し、また経営学部長も新たに浅野剛(二〇一二年四月～二〇一四年三月)が就任した。人文学部長は奥村義博(二〇一〇年四月～二〇一四年三月)が続けた。法学部長は新たに村田毅之(二〇一二年四月～二〇一四年三月)が就任し、また薬学部長も新たに松岡一郎(二〇一二年四月～二〇一四年三月)が就任した。短大学長は清野良栄(二〇〇九年四月～二〇一五年三月)が続けた。大学院経済学研究科長は光藤昇が新たに就任した(二〇一二年四月～二〇一四年三月)、経営学研究科長は浅野剛(二〇一二年四月～二〇一四年三月)が新たに就任した。経営学部長との兼務であった。社会学研究科長は小松洋(二〇一一年四月～二〇一三年三月)が続けた。言語コミュニケーション研究科長は新たに久保進(二〇一二年四月～二〇一四年三月)が就任した。図書館長は藤井泰(二〇一一年一月～二〇一二年一二月三一日)、副所長は倉澤生雄(二〇一一年一月～二〇一二年一二月三一日)、総合研究所長は中村雅人(二〇一一年一月～二〇一二年一二月三一日)が続けた。教務委員長は明照博章(二〇一一年四月～二〇一三年三月)が続けた。入試委員長は新たに渡辺孝次が就任した(二〇一二年四月～二〇一三年三月)。学生委員長は松本直樹(二〇一一年五月一日～二〇一四年三月)が続けた。

学校法人面では、常務理事は、事務局長で理事の西原友昭(二〇一〇年四月～二〇一七年三月)、事務部長で理事の岡村伸生（二〇一〇年四月～二〇一四年一二月三一日）、副学長で理事の墨岡学（二〇〇七年一月～二〇一二年一二月三一日）、評議員理事の松浦一悦（二〇一一年一月一四日～二〇一四年一二月三一日）が続けた。理事は副学長の墨岡学、事務局長の西原友昭、事務部長の岡村伸生、評議員理事は、田中哲、松浦一悦が続けた（葛谷昌之の退職で一人欠）。設立者から新田元庸、温山会から麻生俊介、今井琉璃男、野本武男、学識者から一色哲昭、大塚潮治、水木儀三であった。監事は、新田孝志（二〇〇八年一月一日～）、金村毅（二〇〇九年六月～二〇一五年五月二一日）、島本武（二〇一一年一月一日～二〇一四年一二月三一日）であった。評議員は、教育職員は、今枝法之、河瀬雅美、川東竫弘、鈴木茂、増野仁、松浦一悦、松尾博史の七名（一人欠）、事務職員は岡田隆、浜岡富雄の二名、事務局長及び部長は西原友昭、岡村伸生、藤田厚人、高原敬明、高尾義信の五名。後、副学長、学部長、短大学長の八名、温山会の七名、学識者の一一名あった。(1)

四月一日、本年も次のような新しい教員を採用した。(2)

経済学部

井上　正夫　一九六四年生まれ、京都大学大学院経済学研究科博士後期課程。講師として採用。経済史概論等。

櫻本　　健　一九七九年生まれ、立教大学大学院経済学研究科博士後期課程。講師として採用。経済統計方法論等。

柳原　剛司　一九七五年生まれ、京都大学大学院経済学研究科博士後期課程。講師として採用。社会経済学等。

経営学部

上羽　博人　一九五七年生まれ、日本大学大学院商学研究科博士後期課程。教授として採用。貿易論等。

成瀬　一明　一九五二年生まれ、総合研究大学院複合科学研究科博士後期課程。教授として採用。ソフトウエア工学等。

小木麻里子　一九七九年生まれ、大阪大学大学院言語文化研究科博士後期課程。准教授として採用。英語。

真野　剛　一九七七年生まれ、広島大学大学院文学研究科博士後期課程。准教授として採用。英語。

人文学部

大倉　祐二　一九七四年生まれ、大阪市立大学大学院文学研究科後期博士課程。准教授として採用。社会学等。

法学部

銭　偉栄　一九六二年生まれ、法政大学大学院社会科学研究科博士後期課程。准教授として採用。民法等。

平松　智久　一九七七年生まれ、九州大学大学院人文科学府博士後期課程。講師として採用。ドイツ語。

なお、経済学部で新特任で採用されていた熊谷太郎（経済政策等）が専任になった。

四月三日、午前一〇時より二〇一二年度の松山大学大学院・松山大学入学式が行われた。経済が四一六名、経営が三九七名、人文英語が一一二名、同社会が一三四名、法学部が二二二名、薬学部が八三名入学した。大学院は経済学研究科修士課程が二名、経営学研究科が一名、言語コミュニケーション研究科が二名、社会学研究科が二名入学した。博士課程はいずれもいなかった。[3] 薬学部は八三名で、前年度の最悪の七二名を一一名上回った。それは、前年に「薬学部総括」をし、「再建方策」のために尽力した結果であると評価される。しかし、二〇一二年度からの実施の定員一〇〇名から見れば、大きく下回っていたので、まだ、再建には至っていない。

森本学長は式辞で、本学の歴史や伝統、創立の三恩人の高い志、卒業生の活躍、部活動の輝かしい成績、校訓三実などを紹介し、個人を取り巻く環境はそれぞれ異なりますが、決して諦めないという強い意志をもって松山大学で未来を拓き、夢を実現してください、と激励した。[4] それは次の通りである。

「本日、新入生の皆さんを本学に迎えるに当たり、多数のご来賓ならびに保護者の皆様のご臨席を賜り、平成二十四年度松山大学大学院・松山大学入学宣誓式をかくも盛大に挙行できますことは、本学の光栄とするところであり、教職員を代表して心から御礼申し上げます。

新入生の皆さん、ご入学おめでとうございます。皆さんの入学に対して心から歓迎の意を表します。保護者の皆様におかれましては、本日ご入学を迎えられ、感慨無量でさぞかしご安堵なされているものと拝察し、心からお慶び申し上げます。

さて、新入生の皆さん、本学に入学のうえは、本学の学生として自信と誇りを持ち、勉学や課外活動などに励んでいただきたいと願って、最初に松山大学の歴史と教学理念である校訓『三実』すなわち「真実」、「実用」、「忠実」の精神をお話ししておきたいと思います。

松山大学は大正十二年〔一九二三年〕に開校した旧学制による松山高等商業学校がその始まりです。本校は、松山市出身で、日本初の工業用革ベルトの開発を遂げて製革業において成功し、大阪産業界の雄となり、世間からは「東洋の製革王」と呼ばれ、また、NHKスペシャルドラマで注目された司馬遼太郎著「坂の上の雲」に登場する秋山好古と親交のあった新田長次郎〔雅号温山〕と、当時の松山市長であり、俳人正岡子規の叔父に当たる加藤恒忠〔雅号拓川〕、そして、山口高等中学校長、大阪高等商業学校長、北予中学〔現愛媛県立松山北高等学校〕校長になられた教育家の加藤彰廉らの協力によって設立されました。新田長次郎は、高等商業学校設立の提案に賛同し、学校の運営には自らは関わらないことを条件に、設立資金として巨額の私財を投じて、私立の高商としては全国で三番目となる松山高等商業学校を創設しました。また、本校以外にも明治四十四年〔一九一一年〕大阪市浪速区栄町に経済的に恵まれない子弟の教育のため有隣尋常小学校を設立し、学校運営経費ばかりか生徒の学用品や衣服等まで支給しながら約十年間経営した後、大阪市に寄贈されました。このように新田長次郎は製革業やその関連事業の成功を自分だけのものにするのではなく、教育や文化の発展のために還元され、広く社会のために貢献されたのです。本学では、この新田長次郎、加藤恒忠、加藤彰廉の三名を三恩人と称し、現在、文京キャンパス内に、感謝の意を込めて、それぞれの胸像を設置しています。

　さて、本学の前身である松山高等商業学校は、昭和十九年に松山経済専門学校と改称し、第二次世界大戦後の学制改革により、昭和二十四年に商経学部〔現、経済学部、経営学部〕を開設して松山商科大学となり、その後、大学院経済学研究科、人文学部、大学院経営学研究科、法学部を順次開設して文系総合大学となり、平成元年〔一九八九年〕に校名を変更して松山大学となりました。そして平成十八年〔二〇〇六年〕には、五番目の学部である理系の薬学部と三番目の大学院である大学院社会学研究科を開設して、本学は名実共に総合大学となりました。さらに平成十九年には、四番目の大学院である大学院言語コミュニケーション研究科を開設して、教育研究体制をさらに充実させました。今春、薬学部においては、第一期卒業生を社会に送り出し、念願の薬剤師を輩出することができました。

　松山大学の教学理念は、初代校長加藤彰廉が創唱し、第三代校長田中忠夫によってその意義が確立された『真実』『実用』『忠実』の三つの実を持った校訓『三実』の精神です。『真実』とは「真理に対するまことである。皮相な現象に惑溺しないで進んでその奥に真理を探り、枯死した既成知識に安住しないでたゆまず自ら真知を求める態度である。」と、また実用とは「用に対するまことである。真理を真理のままに終わらせないで、必ずこれを生活の中に生かし社会に奉仕する積極進取の実践的態度である。」と、そして『忠実』とは、「人に対するまことである。人のために図っては己を虚うし、人と交わりを結んでは終生操を変えず自分の言行に対してはどこまでも責任をとらんとする態度である。」とそれぞれ説明されています。この校訓「三実」の精神は次のように解釈できます。

『真実』および『実用』によって知育における指針を示して、教育研究においては真理を探究することはもちろんのこと、その真理を日々の生活や仕事の中に応用できるものにすることが重要であることを説いています。すなわち、教育研究活動は実学志向で行なわれるべきであると考えられています。

そして、『忠実』によって徳育（道徳教育）における指針を示して、人に対しては誠実でなければならないこと、自分の言動については責任を持つことが大切であることを説いて、対人関係のあり方ないし社会の一員としてとるべき態度を説いています。『忠実』の精神に基づいて行動すれば自ずと信用・信頼関係が生まれ、特に組織活動においては、信用・信頼関係があれば大いに能力を発揮できます。それゆえ『忠実』の精神は、組織の一員として、さらにはリーダーとして活躍するための必要条件であり、人間関係を大切にして信用・信頼される人格になることが重要であることを説いた人格形成のための精神です。

本年は、創立九十年目になりますが、この間に社会に送り出した卒業生は約六万六千人を超え、経済界を中心に全国的に活躍し、高い評価を得てきました。これも卒業生の皆さんが校訓『三実』の精神を大切にして活躍してこられた結果であり、これが松山大学の伝統になっていると確信しています。皆さんも先輩に続いて大いに活躍できる人材となれるよう勉学に課外活動に励んでください。

次に、皆さんに悔いのない学生時代を過していただくために、アドバイスしておきたいと思います。

まずは現状認識として、高等教育進学率は今や五十パーセントを超えて、高等教育はマス段階からユニバーサル段階になっていることを認識しておいてください。この段階においては、大学を卒業しただけでは十分な能力の証明にはならず、特に就職活動においてはセールスポイントとなる資格や活動実績を示す必要があるのです。本学は就職に強い大学と評価されてきましたが、今春の本学卒業生の中にも就職先が決まらなかった者もいました。その人たちの多くは卒業後の就職を意識せず、何とかなるだろうと日々の学園生活を単に楽しく過ごしてしまった結果であろうと思います。卒業が近づいても内定をいただけない状況に至ってやっと、もっと早く勉強をすべきだったとか、資格を取得しておけばよかったなどと反省する場合が多いのです。望ましい職業観を育成し、職業意識を高めるため、本学でもキャリア教育を行ないますが、まずは皆さんそれぞれが本学卒業後どのようにして社会において活躍したいのかを可能な限り早く考えて、夢や希望を持ってください。次に、夢や希望を達成するためには、在学中に何について勉学すべきか考えてください。それが分かれば、さらに夢実現のために学生時代に達成すべき目標を立てて、それを達成すべくプラン・ドゥー・チェック・アクションのマネジメントサイクルで自己管理してください。授業および授業外のサークル活動を通じて、皆さんの夢を叶えるため我々教職員も可能な限り努力します。人は物事がうまく運ばない時、その原因を外部に求め環境が悪いと思いがちです。個人を取り巻く環境はそれぞれ異なりますが、与えられた環境は制約条件と考え、その下で最適な行動をとってください。各人の努力によって制約条件を取り除くことも可能になるかもしれません。「決して諦めない」という強い意志を持って、松山大学で未来を拓き、夢を実現してください。

これまでの本学の長い歴史においては、努力の結果、夢を実現できたり、目標を達成して成果をあげることができた卒業生は多数います。近年においても司法試験、公認会計士試験、国家公務員一種採用試験など難関試験に合格して夢を実現した人もいます。また、薬学部では第一期卒業生を輩出し、薬剤師試験に多数合格し、薬剤師としての活躍を始めています。さらにサークル活動においても、スノーボード・ハーフパイプの種目における世界的な活躍や女子駅伝部の全日本女子駅伝対校選手権大会での活躍などのように大いに成果をあげ、今や「日本一」、「世界一」を目指すまでになりました。先輩たちはこのように成果をあげていますから、皆さんも先輩に続いて校訓「三実」の精神で頑張ってください。

皆さんは今日から本学の学生として活動を始めることになりました。入学当初は誰しも不安はあります。何か相談したいことがあれば、気楽に学生支援室を尋ねて、アドバイスを受けると良いでしょう。東日本大震災を経験して、自然災害も心配になりました。本学においては、大地震が発生した時に適切な対応をとっていただくために、大地震対策マニュアルを配布します。必ず身に付けて、利用してください。東日本大震災を他人事とせず、自然災害は起こるものと想定してそれに備え、学生生活を送ってください。早く本学での大学生活が軌道に乗るよう願っております。

最後になりましたが、将来、卒業を迎えた時に、松山大学で勉学やサークル活動に励むことができて良かったと満足することができますように、さらに夢や希望を持って実社会に旅立つことができますよう祈念して、式辞といたします。

平成二十四年四月三日

松山大学

学長　森本三義」(5)

四月一二日、評議員会があり、寄附行為第六条第一項第五号に規定する理事（評議員会選出の理事）として、薬学部長の松岡一郎が選出された。前々薬学部長の葛谷昌之の例と同様であった。しかし、寄附行為の規定により当然評議員となっていた学部長が理事に選出されるのは、全学の教員の投票によって選出された教員評議員達を無視、軽視するもので、評議員選挙・民主主義の形骸化となろう。

四月二七日、理事会があり、寄附行為第六条第一項第四号に規定する理事（事務部門の部長からの理事）として、事務部長の岡田隆、高原敬明が選出された。(6)

五月一日発行の『学内報』第四二五号（二〇一二年五月）に、二〇一二年度の「事業計画及び予算の概要」が掲載されている。そこでの重点事業は、中・長期経営計画の検討と創立九〇周年事業の準備であった。そして、本年度も「中四国ナンバーワン」「西日本屈指の私立総合大学」を打ち出していた。(7)

六月一日、二〇一三年（平成二五）度の入試要項、各学部の入試制度別募集人員の説明会が行なわれた。(8)

六月七日、二〇一二年度第一回全学教授会が開催された。審議事項はなく、報告事項として、二〇一一年度決算および事業報告、二〇一二年度事業計画及び予算について、二〇一三年度大学入試要項について等が報告された。事業報告では、デリバティブ取り引きにおける運用損が報告され、できるだけ早い段階で解約する旨報告された。

七月一日発行の『学内報』第四二七号（二〇一二年七月）に「二〇一一（平成二三）年度決算について」が出されている。そこで、資金運用面で、時価が貸借対照表計上額を超えないものとして、地方債・社債・株式の時価損失が一億六〇〇一万四九三一円、仕組債が五億七四八一万三〇〇〇円、合計七億三四八七万七九三一円の時価損失が出ている。また、デリバティブ取引（金利スワップ取引一件、六・四億円）で、二億一三九三万八一〇円の評価損失を出している。そして、デリバティブの運用収入は六四〇万円、運用損失が七一八〇万一〇二四円となっていた。(9) 資金運用の失敗、寄附行為違反であった。

八月一日発行の『学内報』第四二八・四二九号（二〇一二年八月）に、常務理事松浦一悦（総務、中長期経営計画担当）が、教育・研究施設の改築計画について、報告している。それによると、老朽化している三号館（築五〇年）、研究センター（築四六年）、一号館（築四二年）の改築をあげ、樋又キャンパスに、新館を建設し、研究センターと三号館、一号館の教室を移転させること、また、公開講座用の教室や多目的ホール、カフェテリアを建設を検討していることを明らかにしている。(10)

九月二七日、森本理事長は、松山赤十字病院より看護学校を引き受けてほしいとの要望に応え、検討の結果、次のような理事長案を示した。
①入学定員：一〇〇名（予算定員一一〇名）
②学生生徒等納付金：一四〇万円
③教　員：二四名（教授七名、准教授二名、講師五名、助教五名、助手五名）
④職　員：五名
しかし、その結論は次の学長・理事長に先のばしにした。
九月三〇日、二〇一三年度の大学院I期入試が行われた。経済学研究科は学内特別選抜者が一人受験し、一人合格した。一般入試の受験者はいなかった。経営学研究科も受験者はいなかった。言語コミュニケーション研究科は一般選抜で二名が受験し、二名が合格した。社会学研究科は受験者はいなかった。(11)

一〇月一日発行の『学内報』第四三〇号（二〇一二年一〇月）に、法学部准教授の服部寛が「田中忠夫と三実主義についての一試論㈠」をあらわし、昭和一六年の田中忠夫の三実主義の定式化について、素朴な疑問を呈している。それは、①加藤彰廉が提示した三実を〈まこと〉という言葉をもって定式化する必要性は論理的には存在しないこと、②当時カトリックであった田中がなぜ〈まこと〉というすぐれて日本的な言葉をもちいて定式化したのか、その必然性はどこにあるのか、という疑問である。そのうち、②について、田中が定式化した背景として、軍部からの批判（教育勅語以外に校訓はいらない）に応えたものであることを確認した上で、「まこと」という用語をわざわざ使用する必然性はない、と論じ、服部氏は文部省が昭和一二年に『国体の本義』を発行し、そこで〈まこと〉は日本の国民精神の根底にあるものとして指摘しており、それを踏まえて、田中が三実主義の定式化に当たり、使用したのではないかと推測している。そして、私見として「田中の定式化は、体制から距離を置く意図を以て行われたが、少なくとも外見的には、当時の日本的な要素を纏うものであり、この点ではアンビバレントな性格を有するものであった」と述べている。(12)

また、一一月一日発行の『学内報』第四三一号（二〇一二年一一月）に服部寛が「田中忠夫と三実主義についての一試論(二)」をあらわし、そこで、三実主義は一五年戦争と無関係だったわけではない、大東亜共栄圏建設にとっての三実主義の意義、昭和一八年の高商創立二〇周年の記念式典における式辞での三実主義の紹介をしながら、田中の三実主義は、戦時期の趨勢に対する防波堤の役割をはたしたものではなく、むしろ（軍国主義の）時代に巻き込まれたことから逃げられなかったと論じ、それは、三実主義の形式的性格、無規定性にあると、指摘している。(13)

服部は、二〇一一年四月に赴任したばかり若い准教授である（一九八〇年生まれ）。私はこの論考に感心した。赴任したばかりの人が本学の三実主義について関心を持ち研究しているとは正直驚いた。私もこの論文が契機になって、長年大学に務めている者として、怠慢、不明を反省し、学校の歴史、三実主義について研究しなければと痛感したものであった。

一〇月二八日、女子駅伝部が仙台で行なわれた第三〇回全日本大学女子駅伝大会において、四位入

賞を果たした。快挙であった。(14)

一一月一日、法人関係で、学外理事に学識者から山下雄輔（元ダイキ社長）が就任した。(15)

一一月一〇、一一日の両日、二〇一三年度の推薦・特別選抜入試が行なわれた。一〇日が経済・経営、一一日が人文・法・薬学部であった。大きな変化は経済と経営がアドミッションズオフィス入試を廃止したことである。経済は、指定校は一〇五名で変わらず、一般公募は二〇名→二五名に増やした。経営は指定校を五〇名→五五名に増やし、また、成績優秀者を一五名、資格取得者を一五名に増やした。人英は指定校を二五名→二〇名に減らした。人社は変わらず、法学部は一般公募を五〇名→五五名に増やし、総合学科を一〇名→五名に減らした。薬は変化なかった。結果は次の通りであった。(16)

表一　二〇一三年度推薦・特別選抜入試

		募集人員	志願者	合格者
経済学部	（指定校制）	一〇五名	一四〇名	一三九名
	（一般公募制）	二五名	一三六名	五〇名
	（各種活動）	一二名	八名	八名
	（資格取得者）	若干名	一名	一名
	（社会人）	若干名	一名	一名
経営学部	（指定校制）	五五名	五四名	五四名
	（一般公募制）	二二名	一〇二名	六〇名
	（成績優秀者）	一五名	二二名	二二名

	（各種活動）	三〇名	三二名	三一名
	（資格取得者）	一五名	一八名	一八名
人文英語	（指定校制）	二〇名	一一名	一一名
	（資格取得者）	若干名	一六名	一六名
	（総合学科卒業生）	若干名	四名	二名
社会	（指定校制）	一五名	二九名	二九名
	（社会人）	若干名	〇名	〇名
法学部	（指定校制）	二〇名	二三名	二三名
	（一般公募制）	五五名	一五八名	九二名
	（各種活動）	一〇名	一一名	一一名
	（総合学科卒業生）	五名	二二名	六名
薬学部	（指定校制）	一五名	一八名	一八名
	（一般公募制）	一五名	三五名	三三名

（出典）『学内報』第四三三号、二〇一三年一月。

二〇一二年度の秋期の「松山大学コミュニティ・カレッジ」において、「松山大学九〇年史話」が企画され（コーディネート・川東）、次のような日程・講師、テーマにて開催された。

第一回　一〇月一八日、平田桂一「企業家・新田長次郎と松山高商の誕生」

第二回　一〇月二五日、平田桂一「建学の三恩人とその継承者たち」
第三回　一一月一日、神森智「自分史と松山商大を語る」
第四回　一一月八日、宮崎満「管見　成長・発展する松山商大・松山大学時代―市場空狭小化の中での拡大と競争―」
第五回　一一月一五日、神森智「私の遺言　松山大学を語る」
第六回　一一月二二日、清野良栄「輝かしい伝統の上に輝く松山短期大学を目指して―社会人教育の今昔―」

講演内容はいずれもすぐれたもので、松山大学から後に、テープでおこされ、「特別講座　松山大学九〇年史話」として、簡易製本された。

二〇一二年度末で、森本学長の任期が満了となるので、松山大学学長選考規程に基づき、選挙管理委員会が組織された（委員長は出石文男）。

一〇月一日、学長選挙の公示がなされた。選挙権者は二五三名（教員一四九名、職員一〇四名）であった。

一〇月一五日、第一次投票が行なわれた。

1．選挙権者　　二五三
2．棄権
3．投票総数

4．無効
5．有効投票
1位　村上宏之　七六
2位　平田桂一　六一
3位　増野　仁　四一
次点　妹尾克敏　一六

よって、村上、平田、増野の上位三名が第二次投票の候補者となった。村上候補は一九五六年三月生まれ、五六歳、経営学部教授、元経営学部長。平田候補は一九四七年一月生まれ、六五歳、経営学部教授で前経営学部部長、前経営学研究科長。増野候補は一九四七年一〇月生まれ、六五歳、経済学部教授であった。

一一月六日、第二次投票が行われた。

1．選挙権者　二五三
2．棄権　一三
3．投票総数　二四〇
4．無効　四
5．有効投票　二三六
1位　村上宏之　一四三（教員八七、職員五六）
2位　平田桂一　七三（教員三〇、職員四三）

3位　増野　仁　　　　二〇（教員一七、職員　三）

よって、村上候補が有効投票の過半数及び教員の過半数を得て当選した。

一二月六日、評議員会が開催され、審議事項は二〇一一年度の更生予算が議題で、その中で、スワップ取引について今期六八七五万円の損失が計上されること、等が明らかになった。報告事項は次期学長に村上宏之教授が任命された旨報告された。

一二月二六日付けで、大学院医療薬学研究科設置委員が任命された。委員長は薬学部長の松岡一郎であった。

一二月三一日、森本三義学長・理事長は退任した。

同日、副学長の墨岡学、安田俊一も退任した。また、学長任命の図書館長藤井泰、総合研究所長の中村雅人、副所長の倉澤生雄も退任した。また、寄附行為の規程により副学長の墨岡学は理事、常務理事も退任した。

〔注〕
(1)『学内報』第四二四号、二〇一一年四月。
(2)同。
(3)『学内報』第四二六号、二〇一一年六月。
(4)『学内報』第四二五号、二〇一一年五月。
(5)松山大学総務課所蔵。
(6)『学内報』第四二七号、二〇一一年七月。

(7)『学内報』第四二五号、二〇一一年五月。
(8)『学内報』第四二六号、二〇一一年六月。
(9)『学内報』第四二七号、二〇一一年七月。
(10)『学内報』第四二八・四二九号、二〇一一年八月。なお、後に三号館のみは解体せずに、事務所(学生部)に転用した。
(11)『学内報』第四三二号、二〇一一年一二月。
(12)『学内報』第四三〇号、二〇一一年一〇月。
(13)『学内報』第四三一号、二〇一一年一一月。
(14)『学内報』第四三二号、二〇一一年一二月。
(15)同。
(16)『学内報』第四三三号、二〇一二年一月。

◇　◇　◇

六年間にわたる森本三義学長時代(在任:二〇〇七年一月一日~二〇一一年一二月三一日)の歴史にかんし、特記すべきことについてまとめておこう。

第一に、疑義の多い人事を行なった。例えば、学部長を理事長補佐に任命したり、副学長について、学部長経験者又は研究科長経験者で、博士号取得者であることが望ましいとの申し合わせがあるのにそれを守らなかったり、事務職で退職するひとのために、ポストを作ったりした。また、薬学部長を理事にするなどした。

第二に、二〇〇六年度に発足した薬学部は予測に反し、志願者が集らず、初年度から定員割れが続き、苦難・苦戦・苦境の連続であった。入試改革も行なったが、効果なかった。二〇一一年からようやく定員削減の検討をはじめ、一〇月末に、薬学部総括と再建方針を決め、二〇一二年度から定員を一六〇名→一〇〇名に削減した。本来ならばもっと早く、検討すべきであったが、ズルズル引きのばした、その責任は大きい。しかし、経営責任はとらなかった。

第三に、文系学部も志願者減が続き、苦戦し、二〇〇九年度から新入試制度を導入した。一般入試をⅠ期、Ⅱ期に分け、Ⅰ期入試は一月下旬に早期に行ない、Ⅱ期入試では従来五日間行なった入試を二日間に短縮した。一定の効果を上げたが、二〇〇九年度と二〇一〇年度の二年間だけで、長続きしなかった。入試改革は功を奏しなかった。

第四に、二〇〇八年一月、南海放送跡の土地・建物を約一二億円で購入した。時価評価に比して高い買物であった。しかも、教育施設としては使用できないにもかかわらず建物つきで購入し、その解体費用も生じ、高い買物となった。しかも、資格のない解体業者が解体し、問題となった。種々の経営上の判断の誤りがみられた。

第五に、二〇〇八年一一月、中長期経営検討委員会を設置し、南海放送跡地の利用について検討を行なった。そして、その後、二〇一二年に、老朽化している三号館（築五〇年）、研究センター（築四六年）、一号館（築四二年）を壊し、樋又キャンパスに、新館を建設し、研究センターと三号館、一号館の教室を移転させ、また、公開講座用の教室や多目的ホール、カフェテリアを建設することを決めた（なお、後、三号館は解体せず、再利用）。

第六に、二〇〇九年一一月の『学内報』で「松山大学の教学理念及び経営ビジョンについて」を発表した。

①教学理念のうち、校訓の表示について。校訓「三実主義」でなく、主義を取り校訓「三実」を使用するようになった。式辞では二〇一〇年三月一九日の卒業式から初めて使用した。だが、それは、校訓の表示について本学の歴史的経緯を踏まえたものではなく、根拠なき変更であった。そもそも、加藤彰廉先生自身が、校訓「三実主義」を使用しているのに、それを後世の人が変更するのは疑義があり大きな問題であろう。

②経営ビジョンとして、中四国ナンバーワン、西日本屈指の私立総合大学を目指すスローガンを掲げた。しかし、それは大言壮語にすぎず、スローガンに終わった。

③総合大学に相応しい組織体制の構築について。学部の自立性・独立性、大学本部機能の強化、分権管理組織を採用する、などを述べたが、何もしなかった。

第七に、校訓「三実主義」の順序について。二〇一一年三月一八日の卒業式からそれまでの「真実・忠実・実用」の順序を「真実・実用・忠実」の順序に変更した。それは、事実誤認に基づく、根拠なき、間違った変更であった。

第八に、仕組み債の購入やデリバティブ取引（金利スワップ取引）を行なった。

①二〇〇七年三月の金利スワップ取引（一三・五億円）は、一ドル九〇・二円を基準に、本学の受け取りは常に一％だが、円高になると、約一〇％の支払いという不利な契約を結んだ。

②二〇一〇年九月に、前神森理事長時代に契約した二件の金利スワップ（八億円、一五億円）と森本理事長時代の金利スワップ（一三・五億円）の三件解約するが、その際の解約

金をチャラにするために、新たな金利スワップ取引（六・四億円）を締結した。しかし、それは、一ドル八六円で契約したもので、円高の進行により、多大損失を出した。しかし、責任をとらなかった。

第九に、二〇〇七年一一月、東京オフィスを東京銀座八丁目のニッタビル六階に設置した。

第一〇に、二〇一〇年四月、内部監査室、周年事業計画準備室を設置した。しかし、校史「九〇年史」の準備はしなかった。

第一一に、二〇一〇年四月、コミュニティ・カレッジを開始し、二〇一二年四月、学生支援室を開設した。

第一二に、部活動での活躍が見られた。卒業生の土佐礼子が二〇〇八年の北京オリンピックに出場した。また、創部して間もない女子駅伝部が活躍した。

第一三に、森本氏は苦労人で、がまん強く、粘り強い性格の人であった。そして、一九九八年一二月にはからずも理事に就任し、比嘉、青野、神森学長を支え、二〇〇七年一月から学長・理事長に就任し、二〇一二年一二月まで実に一四年間の長きにわたって本法人の役員を務めた功労者である。一九四九年以来の松山商科大学・松山大学の歴史において、第七代学長・理事長の稲生晴（一九六九年五月～一九八五年一二月、一六年七カ月）に次ぐ長さである。共に卒業生であり、共に比較的若い時期に理事に就任し、本来研究者として最も専念しなければならない大切な時期に学校のために、研究を犠牲にして「滅私奉公（校）」した人であった。

第二章　村上宏之学長時代

（二〇一三年一月一日〜二〇一六年一二月三一日）

二〇一三年（平成二五）一月一日、森本三義学長・理事長の後を継いで、村上宏之経営学部教授が第一五代松山大学学長兼理事長に就任した。この時、五六歳であった。

一五代学長
村上宏之

村上教授の主な経歴は次の通りである。

一九五六年三月生まれ、一九七八年三月香川大学経済学部卒業、一九七九年四月神戸大学大学院経営学研究科博士課程前期課程入学、一九八一年三月同前期課程修了、同年四月同後期課程入学、一九八四年三月同後期課程単位取得。一九八四年四月松山商科大学講師として採用。会計学。一九八六年四月助教授、一九九三年四月教授に昇格。二〇〇一年二月一日より二〇〇五年一月三一日まで経営学部長を務めていた。村上教授は、偉ぶらず、温厚な実務型の人柄であり、若い人達からも多くの支持があった。

村上宏之学長・理事長は二期四年間（二〇一三年一月一日～二〇一六年一二月三一日）その職を務めた。この時代は、国際政治面では、オバマ民主党政権（二〇〇九年一月二〇日～二〇一七年一月二〇日）の後半の時代にあたり、日本政治面では、自民党政権でも右派で強権主義的な第二次安倍晋三政権（二〇一二年一二月〜二〇二〇年九月）前半の時代にあたる。この安倍政権下、特定機密保護法（二〇一三年一二月公布、二〇一四年一二月施行）、憲法違反の集団的自衛権の行使容認の閣議決定がなされ（二〇一四年七月）、大問題になった。

日本経済は、平成大不況が続き、二〇一一年三月一一日の東日本大震災でさらに大きな打撃が受け、大不況が深刻化していた時代であった。それに対し、第二次安倍内閣は、デフレ脱却のため、アベノミクスと称する大規模金融緩和（日銀黒田総裁のもと異次元の金融緩和）を展開した。それは大企業優先、円安（二〇一二年一二月二日、一ドル八四円→二〇二〇年九月、一ドル一〇六円）、輸出拡大、株価上昇をもたらし、大企業の利益・内部留保は膨らんだが、他方、国民生活は格差拡大、非正規雇傭の増大、実質賃金の低下、消費税の増税（二〇一四年四月、五％→八％）などで、国内消費は落ち込み、平成大不況が続き、苦難の時代であった。

大学をめぐる情勢では、引き続き「私学冬の時代」が続いていた苦難の時代であった。

本学園では、①薬学部（二〇〇六年開設、定員一六〇名）の定員割れ・苦難・苦境が続いていたので、前森本学長・理事長時代、二〇一二年度から定員を一〇〇名に削減し、建て直しの真最中であった。②また、前森本学長時代からの先送り事項であった「中長期経営計画」の策定や松山赤十字病院から要請のあった看護学部への対応問題があった。③さらに、前森本理事長時代からの金利スワップ取引等の資金運用による損失への対応問題があり、課題は山積していた。

村上学長・理事長は、それまでの学内の対立・紛争、苦難、苦境、混迷状況を治め、懸案事項を処理すべく、その舵取りが期待された。

㈠二〇一三年（平成二五）一月～三月

二〇一三年一月一日、村上宏之経営学部教授が第一五代松山大学学長・理事長に就任した。本年は創立九〇周年に当たる記念すべき年であった。

村上新学長の就任挨拶の大要は次の如くであった。

「このたび松山大学学長に選出されたことについて、その責任を重く感じています。大学学長としての私の理念やビジョンなどが問われていると思います。

私は本学が掲げる校訓『三実』の理念に立ち返り、五学部六学科の持続可能性の確保と教育・研究の質の向上を目指します。昨今、日本経済の長期的停滞、少子高齢化、政府財政の悪化など、日本社会、地域社会は厳しい時代を迎えています。

今日の大学で厳しく問われているのは、財政的な持続可能性と新しい発展のビジョンとのバランスです。所信表明ではこの両立のために三つの原則「本学の強みの再評価」「対外的な発信力の強化」「教育とサービスの質の向上」を挙げました。この諸原則を具体化すれば次のようになります。

第一は教育の質の改善です。本学には学生から高く評価されている教員が数多くいます。私はこのような教員の創意工夫、意欲を広く共有して学部学科の枠を超えて、「真実」「実用」「忠実」を理念とする教育の質をさらに高めていきたい。

第二に、キャリア教育の一層の充実です。本学はこれまでも学生のキャリア形成に力を入れてきましたが、さらに積極的に人材育成に努めていきたいと考えています。
第三に、「知」の拠点としての大学の役割を高めていきたい。大学の果たす役割は「知」を磨き、社会に発信していくことにあると思います。これまでも発信してきましたが、新聞やマスコミ、その他の媒体を通して、本学で教育、研究されている「知」をより広く発信していきたいと考えています。(1)」

この村上学長の就任挨拶に一言コメントしよう。
①ビジョン・理念について、「財政的な持続可能性と新しい発展のビジョンとのバランス」を掲げているが、説明不足で十分に伝わらない。
②ビジョン実現のために三つの原則を掲げ、その具体化として三点あげているが、なお一般的、抽象的であり、教育の質、人材育成、知の発信を具体的にどのようにしていくのかが伝わらない。
③また、苦戦中の薬学部に一言も触れていないし、懸案の看護学部問題にも触れておらず、さらに、本年は学園創立九〇周年にあたるのに、その抱負について何も触れていなかった。

村上学長・理事長就任時の校務体制は、副学長はまだ選出されていなかった。経済学部長は間宮賢一(二〇一二年四月~二〇一四年三月)、経営学部長は浅野剛(二〇一二年四月~二〇一四年三月)、人文学部長は奥村義博(二〇一〇年四月~二〇一四年三月)、法学部長は村田毅之(二〇一二年四月~二〇一四年三月)、薬学部長は松岡一郎(二〇一二年四月~二〇一四年三月)であった。短大学長は清野良栄（二〇〇九年四月～二〇一五年三月）、大学院経済学研究科長は光藤昇（二〇一二年四月～二〇一四年三月）、経営学研究科長は浅野剛（二〇一二年四月～二〇一四年三月）、社会学研究科長は小松洋（二〇一一年四月～二〇一三年三月）、言語コミュニケーション研究科長は久保進（二〇一二年四月～二〇一四年三月）であった。学長任命の図書館長は藤井泰が再任され（二〇一一年一月～二〇一四年一二月）、総合研究所長は新しく宮本順介（二〇一三年一月～二〇一四年三月）、副所長は溝上達也（二〇一三年一月～二〇一四年一二月）が就任した。教務委員長は明照博章（二〇一一年四月～二〇一三年三月）、入試委員長は渡辺孝次（二〇一二年四月～二〇一三年三月）、学生委員長は松本直樹（二〇一一年五月一日～二〇一四年三月）が続けた。

学校法人面では、常務理事は、事務局長で理事の西原友昭（二〇一〇年四月～二〇一七年三月）、経営企画部長で理事の岡村伸生（二〇一〇年四月～二〇一四年一二月三一日）、評議員理事の松浦一悦（二〇一一年一月一四日～二〇一四年一二月三一日）が続けた。理事は事務から事務局長の西原友昭及び部長の岡村伸生、岡田隆、高原敬明の三名、評議員から田中哲（温山会）、松浦一悦（教育職員）、松岡一郎（薬学部長）の三名、設立者から新田元庸、温山会から麻生俊介、今井琉璃男、野本武男の三名、学識者から一色哲昭、大塚潮治、山下雄輔の三名であった。監事は、新田孝志（二〇〇八年一月一日～）、金村毅（二〇〇九年六月～二〇一五年五月三一日）、島本武（二〇一一年一月一日～二〇一四年一二月三一日）であった。評議員は、教育職員は、今枝法之（人文）、河瀬雅美（薬）、川東竫弘（経済）、鈴木茂（経済）、増野仁（経済）、松浦一悦（経済）、松尾博史（経営）、湯浅宏（薬）の八名、事務職員は岡田隆、浜岡富雄の二名、事務局長及び部長から西原友昭、岡村伸生、藤田厚人、高原敬明、高尾義信の五名。後、五名の学部長及び短大学長、温山会の七名、学識者の一一名であった。[2] 理事長補佐は溝上達也と苅谷寿夫（共に経営学部）であった。

一月一九、二〇日の両日、二〇一三年度の大学入試センター試験が行なわれた。

一月二七、二八日の両日、二〇一三年度の一般入試Ⅰ期日程およびセンター利用入試が行なわれた。二七日が全学部のⅠ期日程およびセンター利用入試であった。二八日が薬学部のⅠ期日程（メイン入試）であった。

Ⅰ期日程の募集人員は前年に比し、経営が二〇名→三〇名に、人英が一〇名→一五名に増やしたが、他は前年と変わらなかった。

Ⅰ期日程の結果は次の通りである。[3] 文系四学部の志願者が前年の一四三九名→一八二〇名と、三八一名、二六・四％も増えた。また、定員削減二年目の薬学部も志願者が前年の一五三名→二七五名に一二二名、七九・七％も増えた。薬学部は開設以来長らく志願者が減少していたが、ようやく歯止めがかかったようである。村上新学長にとっては幸先の良いスタートとなった。

そして、文系の合格者は四九二名で、前年の五〇三名より少し絞った。薬学部は一三六名で前年の一〇二名より大幅に増やした。追加合格は全学部なかった。

表一　二〇一三年度一般入試Ⅰ期日程

	募集人員	志願者（前年）	合格者	実質競争率
経済学部	三〇名	四九九名（四三六名）	一二八名	三・九〇

経営学部	三〇名	五一五名（四三二名）	一四二名	三・六二
人文英語	一五名	二二六名（一五七名）	七五名	三・〇〇
社会	一〇名	三〇二名（二二三名）	六一名	四・九三
法学部	二〇名	二七八名（一九一名）	八六名	三・二三
文系合計	一〇五名	一八二〇名（一四三九名）	四九二名	三・六九
薬学部	四〇名	二七五名（一五三名）	一三六名	一・九九
総計	一四五名	二〇九五名（一五九二名）	六二八名	三・三四

（出典）『学内報』第四三五号、二〇一三年三月。

センター利用入試前期日程は、募集人員を経済が二〇名→三〇名に増やし、薬が一〇名→五名に減らしたが、他は前年と変わらなかった。

センター利用入試前期日程の結果は次の通りである。[4] 文系四学部の志願者はすべての学部で増え、こちらも幸先が良かった。しかし、薬学部の志願者は前年の一四〇名→一一五名に、二五名、一七・九％も減少した。

表二　二〇一三年度センター利用入試前期日程

	募集人員	志願者（前年）	合格者	実質競争率
経済学部	三〇名	五五五名（四八七名）	三二二名	一・七二
経営学部	二五名	五八〇名（四九九名）	三六九名	一・五七

人文英語	一〇名	一六八名（一二八名）	一一七名	一・四四
社会	一五名	二六九名（二〇三名）	一六二名	一・六六
法学部	一五名	二七九名（一八九名）	一八五名	一・五一
文系合計	九五名	一八五一名（一五〇六名）	一一五五名	一・六〇
薬学部	五名	一一五名（一四〇名）	八二名	一・四〇
総計	一〇〇名	一九六六名（一六四六名）	一二三七名	一・五九

（出典）『学内報』第四三五号、二〇一三年三月。

一月三一日、小松社会学研究科長の任期満了に伴う研究科長選挙が行われ、牧園清子（六三歳、福祉社会学）が選出された。[5] 任期は二〇一三年四月から二年間。

一月三一日、二〇一二年度第二回全学教授会が開かれ、村上学長により副学長候補として、山田富秋人文学部教授（一九五五年九月生まれ、五七歳、元社会学科研究科長）と安田俊一経済学部教授（一九六一年一二月生まれ、五一歳、前副学長）の二人が提案され、選出された。山田は初めて、安田は前森本学長時代に続き、再選となった。

二月八日、理事会が開かれ、年長の副学長・山田富秋が理事に就任した。そして、常務理事にも就任した。[6] 副学長として選出したにもかかわらず、今回も副学長を常務理事に選出しているが、問題であろう。それは、全学の教職員から選挙で選出された評議員の軽視、即ち民主主義の軽視につながるからである。

二月一一、一二日の両日、二〇一三年度の一般入試Ⅱ期日程が行なわれた。一一日が経済・経営、一二日が人文、法、薬学部であった。一二日には、薬学部のセンター利用入試、スカラシップ入試も行われた。募集人員は、文系も薬学部も前年と同じであった。

Ⅱ期日程の結果は次の通りである。(7) 文系四学部の志願者は前年の二六二七名→三三八一名に、七五四名、二八・七％も増えた。幸先が良きように見えた。合格者は前年の一二八〇名→一二七九名で変わりなかった。しかし、その後、文系の歩留り予測がはずれ、追加合格として、経済七三名、人英四名、人社二六名を出すことになった。最終結果は、経済は四一九名、人英は一二七名、人社は一九六名の合格者となった。薬学部（募集人員一〇名）の志願者は前年の三三名→七一名に二倍以上増えた。薬学部は前年までの志願者減に歯止めがかかり、倍増した。しかし、受験者は六二名と減り、合格者三三名を出した。なお薬は追加を出さなかった。

表三　二〇一三年度一般入試Ⅱ期日程

	募集人員	志願者（前年）	合格者	追加合格	実質競争率
経済学部	一七三名	一〇〇四名（八〇九名）	三四六名	七三名	二・〇八
経営学部	一八〇名	九四七名（七五五名）	四四三名	〇名	一・八四
人文英語	四五名	二八〇名（二二六名）	一二三名	四名	一・八三
社会	八〇名	六〇一名（四六三名）	一七〇名	二六名	二・六一
法学部	八〇名	五四九名（三七四名）	一九七名	〇名	二・四五
文系合計	五五八名	三三八一名（二六二七名）	一二七九名	一〇三名	二・一一

薬学部	一〇名	七一名（　三三名）	三三名	〇名	一・八八
総　計	五六八名	三四五二名（二六六〇名）	一三一二名	一〇三名	二・一〇

（出典）『学内報』第四三六号、二〇一三年四月。同第四三七号、二〇一三年五月。実質競争率は受験者数を合格者数で割った数値。追加合格を含めた結果は、『学内報』5月号に掲載。

また、薬学部のセンター利用入試中期日程A方式は、募集人員五名、志願者一八名、合格者六名であった。薬学部センター利用試験スカラシップ入試は、募集人員五名に対し、二三名の志願者があり、二名が合格した。(8)

二〇一三年度入試は、一般入試Ⅰ、Ⅱ期、センター利用入試も文系、薬学部とも全体としては共に好結果であったといえる（薬学部のセンター利用前期の志願者減とⅡ期日程で文系が追加合格を出したのを除き）。

二〇一三年度の入試において、文系及び薬学部で志願者が大きく増えたのは何故か。その理由について、渡辺孝次前入試委員長が『学内報』第四三七号（二〇一三年五月）で考察・分析している。それは次の通りである。

①二〇一三年度は全国的に高校卒業者が増えたが、さらにそれ以上に愛媛県内の高校卒業者が増えたこと。

②地方会場を増設したこと。

③受験生の「安・近・少」の傾向、すなわち、本学の授業料が安いこと、自宅から通えること、受

験料の節約のために少数の大学に厳選することなど。
④センター試験の平均点が前年度より下がったこと。
⑤薬学部に関しては、第一期卒業生の国家試験合格率の高さと就職率が極めて良かったことである。(9)

二月二一日、学内評議員会があった。薬学部からの要望である薬学研究科設置は今回取り下げること、デリバティブ取引（金利スワップ取引）問題が議論となり、理事側は金利スワップ取引は解約せず、解約すると違約金は一億八〇〇〇万円とのことであった。

二月二四日、二〇一三年度の大学院Ⅱ期入試が行なわれた。経済は外国人二名が受験し、二名が合格した。経営は社会人三名が受験し、二名が合格した。言語は一般選抜で二名が受験し、二名が合格した。社会は一般選抜で一名が受験し、一名が合格した。(10)

三月二、三日の両日、第九八回薬剤師国家試験が行われた。本学第二期生（二〇〇七年四月入学）が受験した。新卒は一〇〇名が受験して六九名が合格、合格率は六九・〇％、既卒は二六名が受験して一〇名が合格、合格率は三八・五％であった。総計一二六名が受験して、七九名が合格、合格率は六二・七％であった（全国平均は七八・九％）。合格率は、私学五四校中五一位、全国七一校中第六八位で、前年に比し惨憺たる結果であった。前年の第九七回試験（第一期生）では、受験生一一四名、合格者一〇二名、合格率八九・五％、全国六六校中第三八位で健闘していたのだが、そのショックは大きかった。

表四　第九八回薬剤師国家試験結果

	受験者	合格者	合格率	全国私立平均
新卒	一〇〇名	六九名	六九・〇％	
既卒	二六名	一〇名	三八・五％	
総数	一二六名	七九名	六二・七％	七八・九％

（出所）厚生労働省

三月七日、評議員会があった。二〇一三年度の事業計画、予算が審議された。そこで、薬学部再建、財政再建、事務部署の事業方針がないことや、金利スワップについて契約書が本学に極めて不利で、解約せよとの意見が出た。

三月一一日、センター利用入試後期日程が行われた。募集人員は経済が前年の二〇名→一〇名に減らしたが、他は変わらなかった。その結果は次の通りである。(11) 志願者は文系も薬学部も大きく増えた。

表五　二〇一三年度センター利用入試後期日程

	募集人員	志願者（前年）	合格者	実質競争率
経済学部	一〇名	一五二名（九六名）	三一名	四・七四
経営学部	一五名	一六二名（七九名）	一五名	一〇・四〇
法学部	五名	六七名（三六名）	一七名	三・九四

文系合計	三〇名	三八一名（二一一名）	六三名	五・八七
薬学部	五名	一四名（　六名）	五名	二・八〇
総　計	三五名	三九五名（二一七名）	六八名	二・八二

（出典）『学内報』第四三七号、二〇一三年五月。

三月一五日、学内評議員会があった。薬学研究科、金利スワップ問題が審議された。

三月一九日、午前一〇時からひめぎんホールにて、二〇一二年度の松山大学卒業式が行なわれた。経済学部四二〇名、経営学部三九八名、人文英語九五名、人文社会一〇六名、法一八六名、薬学部一〇一名が卒業し、また大学院経済学研究科修士四名、経営学研究科修士四名、言語コミュニケーション研究科修士一名、社会学研究科一名が修了した。薬学部は二〇〇七年四月の入学生が一三四名であったので、六年間で三三名ほどが退学ないし留年となっていた。教学上由々しき事態である。

村上学長は、式辞で松山大学の歴史、三恩人、校訓「三実」を述べ、今後、「自分の頭で考えて、自分で課題を発見・設定し、自分で解答を探し続けてください」と餞の言葉を述べた。[12] それは次の通りである。

「創立九〇周年を迎える記念すべき年に修了・卒業される皆さん、ご修了、ご卒業おめでとうございます。所定の課程を修めて、本日このようにめでたくご修了、ご卒業の日を迎えられたことに対して、心からお慶び申し上げます。また、これまで成長を見守ってこられた保護者の皆様におかれましても、心からお慶び申し上げます。本日、多数のご来賓ならびに保護者の皆様のご臨席を賜り、平成二十四年度松山大学・大学院学位記、卒業証書・学位記授与式を盛大に挙行できますことは、本学の光栄とするところであり、教職員を代表して心から御礼申し上げます。

本日は、晴れて本学を巣立って行かれる皆さんに、松山大学の歴史と教育理念としての校訓「三実」の精神の二点について、お話しをさせていただきたいと思います。

松山大学は、大正十二年（一九二三年）に創立された旧制松山高等商業学校がその始まりです。松山高等商業学校創立にあたっては、新田長次郎（雅号温山）、加藤恒忠（雅号拓川）および加藤彰廉の協力があり、この方々は皆さんご存知の通り「三恩人」と呼ばれています。教育家であり、山口高等中学教諭、大阪高等商業学校長を歴任された後、北予中学（現県立松山北高等学校）校長となった加藤彰廉は、当時の松山市長であった加藤恒忠に、この松山の地へ高等商業学校の設立を提案しました。この提案に加藤恒忠は理解を示し、友人である新田長次郎に高等商業学校を設立するための資金の支援を依頼されました。そして、松山市出身で、当時、日本初の工業用革ベルトの開発を遂げて製革業において成功し、世間からは「東洋の製革王」と呼ばれていた新田長次郎は、高等商業学校設立の提案に賛同し、「学校運営に関わらないこと」を条件に、設立資金として巨額の私財を投じ、わが国の私立高等商業学校としては三番目となる松山高等商業学校を創設されました。その後、本学は、松山経済専門学校、松山商科大学を経て、平成元年に松山大学と改称し、九十年を経た現在では五学部六学科に四研究科を擁する総合大学にまで発展してきています。

松山大学は、教育理念として「真実」、「実用」、「忠実」の三つの「実」からなる校訓「三実」を掲げてきました。松山高等商業学校の初代校長となった加藤彰廉が創唱した校訓「三実」の精神は、第三代校長田中忠夫によって、まず、真実とは「真理に対するまことである。皮相な現象に惑溺しないで進んでその奥に真理を探り、枯死した既成知識に安住しないでたゆまず自ら真知を求める態度である」、次に、実用とは「用に対するまことである。真理を真理のままに終わらせないで、必ずこれを生活の中に生かし社会に奉仕する積極進取の実践的態度である」、そして、忠実とは、「人に対するまことである。人のために図っては己を虚しうし、人と交わりを結んでは終生操を変えず自分の言行に対してはどこまでも責任をとらんとする態度である」と説明されています。

「三実」を現代風に解釈すると、「真実」および「実用」は学びの態度、「忠実」は人としてのあり方を示しています。「真実」とは、既存の「知」に満足することなく、真理を求めるために自ら学び、究め続けようとする態度です。「実用」とは、「知」を単に知識として学ぶだけでなく、自らの生活や仕事の中に活かすべく、常に現実的な問題を念頭に置きながら学ぶ態度です。「忠実」とは、人間関係や社会において、他者と誠実に向き合い、倫理的な態度はもとより、積極的に人と交わり、自らを謙虚に、そして互いの意見を尊重し共有しようとする態度です。校訓「三実」は、本学の大学院生・学生が拠り所とすべき教訓ですが、人生を生きていく上での確かな指針でもあります。

本日修了・卒業される皆さんも、長い伝統を有する本学の出身者として誇りを持ち、校訓「三実」の精神を活かして実社会において大いに活躍していただきたいと願っています。本学が大学という自由な空間によって、また、共通教育や専門教育等によって皆さんに伝えたかったものは、「自分の頭で考える」ための知的な基礎体力と精神です。皆さんが社会に巣立ち、これから直面していく様々な問題や、身近な仕事の方法、そして生活上の悩み、さらには職場、地域や社会の発展について、先輩の言動や伝統を尊重しつつも、慣習、固定観念やしがらみに囚われずに、自分の頭で考えて、自分で課題を発見・設定し、自分で解答を探し続けて下さい。大学院修了・大学卒業は勉学の終わりではなく、勉学は一生続くものです。一生自分の頭で考え続け、そのために勉強し続け、大いに成長してください。

さて、本学は、これまでに六万七千余りの修了生・卒業生を輩出してきました。修了生・卒業生は、経済界を中心に、全国で活躍し、高い評価を得てきました。卒業生・修了生による同窓会組織「温山会」は、北は北海道から南は沖縄まで全国四十三の支部を中心に組織され、活発な活動を行っています。皆さんもまた、本日から本学修了生・卒業生であり、「温山会」の会員です。職場や地域で本学の先輩に出会うことがあれば、先輩は皆さんに温かく接し、皆さんを応援して下さるでしょう。各地域や職場で開催されている温山会支部総会にもぜひ出席して下さい。また、皆さんも、今後は「温山会」の一員として、後輩たちを温かく見守って下さい。

最後になりましたが、皆さんが夢や希望を持って、今後も地域や社会の発展のために、さらに世界の発展のため、益々ご健勝でご活躍いただきますように祈念して、式辞といたします。

平成二十五年三月十九日

松山大学
学長　村上宏之「(13)」

この村上学長の卒業式の式辞について、少しコメントしよう。

(一)この式辞は、前年度の森本三義学長の卒業式の式辞をもとにして、時候の挨拶をカットするだけでなく、それを簡素化・簡略化したもので、村上学長の創造性、独自性、「知」の発信はほとんど見られなかった。

(二)そして、村上学長の式辞は、校史についていくつかの誤りがみられた。

①加藤彰廉の経歴について、前森本学長は山口高等中学校長と間違って述べていたが、村上学長は教諭に訂正している。しかし、教諭をへて教授になっているので、正確には教授とすべきであろう。

②松山大学の歴史の説明について、加藤彰廉が加藤恒忠に松山高等商業学校の創立を提案したと述べているが、逆で、正しくは、加藤恒忠が加藤彰廉に提案したのである。

③加藤恒忠の経歴について、「当時の松山市長であった」と述べているが、不正確で、未だ松山市長に就任しておらず（就任は一九二二年五月一二日）、当時は貴族院議員である。

④新田長次郎翁の説明について、前森本学長と同様に「東洋の製革王」を踏襲しているが、正確には「東洋之帯革王」（牧野輝智）である。「帯革」はベルトのことである。

⑤校訓「三実」の説明について、前森本学長は「教学理念としての校訓三実」として使用したが、

村上学長は「教育理念としての校訓三実」に変更した。教学理念から教育理念への変更であるが、その理由は不明である。前森本学長の教学理念には、道徳的意味が含意されていたが、教育理念とすることによって、それを消し去る意味かもしれないが、説明してもらいたい。

⑥校訓「三実」の順序について、二〇一一年の前森本学長時代に変更した「真実・実用・忠実」の順序で解説しているが、それは、間違った順序変更を無批判的に踏襲したものである。

⑦校訓「三実」の現代的解釈を述べているが、それは、二〇一一年四月の『学生便覧』の解説を短く要約したものにすぎず、独自性はみられない。また、現代的解釈になっていない。

㈢卒業式の式辞では前森本学長の如く、在学生の活動状況について触れて欲しかった。

ここで、少し、㈡の②の松山高商設立の経緯にかんし、両加藤の関係を詳述しておきたい。松山大学のホームページでは、加藤彰廉が、加藤恒忠（拓川）に高商設立を提案したと記述されていたが（その執筆者は神森智先生、二〇〇四年四月）、私は、それを逆とし、『松山高商・経専の歴史と三人の校長』において、井上要の記述を論拠に、加藤拓川が加藤彰廉に頼んだと論じた。

ところで、最近、法学部の今村暢好教授が、松山大学一〇〇周年記念論集で「加藤拓川の人物像〜西園寺公望・北川淳一郎との関係から〜」を発表し、そこで、拓川→彰廉について「大枠の事実であることに疑いを挟むものではない」と述べつつ、他方で、北川淳一郎の記述（「読書彷徨」）を引用し、加藤彰廉が北川教授を訪問し、また北川教授が拓川に寄附を相談した旨を紹介し、次のような高商設立の経緯について二つの流れで整理している。

○北川淳一郎↓井上要・清家吉次郎↓拓川↓加藤彰廉↓新田長次郎
○（北川私案）↓加藤彰廉↓北川淳一郎↓拓川↓新田長次郎
そして、小活として、「少なくとも北川教授の設立私案は広く関係者の心を動かし、北川教授だけでなく、加藤彰廉先生そして井上要氏の三名ともが拓川に設立を相談し、温山翁の資金援助を軸にして設立を英断された可能性が窺われる」(14)としている。

私も少しこの北川教授の記述について考察してみよう。北川教授の一文を掲げれば次の通りである。


「私が大正十一年に新聞に「私立松山高等商業学校設立論」を発表したのも、それと同じ頃、地方財・政界の大立て者だった清家吉次郎氏と井上要氏に松山高等商業学校の設立を説いた。

（中略）

私が清家氏らに説き、新聞に発表して間もなくの大正十一年の初夏のことであったが、突然加藤彰廉先生が私の家をたずねられた。加藤先生はおまえの私立高等商業学校設立論にはしごく賛成だ、一つ力を合わせて設立にまで頑張ろうではないか、私の任ではないかもしれないが学校ができたら校長になろう。お前は若い。一つ大いに奔走してくれ。まず松山市長加藤恒忠のところへ行って説明して来てくれ、と言われる。私の書生ッぽの空想が早速結実したことがこのうえもなくうれしかった。

学校設立の難関は設立資金の問題である、私が加藤恒忠さんをたずねて、寄附金の問題に触れると加藤さんは、そんな零細な金を集めていったのではいつまでたっても学校は建たない、わしは大阪の新田長次郎を知っているから、新田君に頼んで設立費用の金額を一手に出してもらおうと思う。新田君はきっと出してくれる。わしが近々上阪して新田君に会おうと言われる。その後半月も立たぬうちに加藤恒忠さんは新田さんの快諾を得て帰松された」(15)

この北川教授の回想は大変貴重である。その上で、いくつか腑に落ちない諸点がある。人間の記憶力は、人に会ったことは覚えているが、いつ、なにを話したのかは、時と共に曖昧になり、混乱したり、記憶違いをするからである。以下、考察しよう。

①北川淳一郎教授が海南新聞に「松山高等商業学校設立私案」発表したのは、大正一〇年(一九二一年)の一二月三、四日であって、大正一一年ではない。教授の記憶違いである。

②海南新聞を読んだ加藤彰廉先生が北川教授を訪れたのは、「新聞に発表して間もなくの大正十一年の初夏のことであった」とのことであるが、新聞を読んで「間もなく」という時期が大正一一年の「初夏」とは奇異で、これも教授の記憶違いであろう。おそらく、訪問時期は、大正一〇年の一二月上旬のことであろう。

というのは、加藤彰廉先生が北川教授の海南新聞記事を読んで、教授を訪れた時の証言が残っているからである。松山商科大学「三十年史」の二ページに次の様な記述がある。

「同氏(北川教授のこと)は大正十年の秋一文を草して愛媛新聞(海南新聞の間違い)に二回にわたって連載し、高等商業学校設置の必要性と可能性とを論じて識者に訴えた。……

加藤彰廉氏はこの一文に共鳴して早速北川氏を訪ねて懇談し、是非実現に力を尽くそうということで、加藤恒忠氏に相談したのである」。

このように、加藤彰廉先生が海南新聞を読んで「早速北川氏を訪ね」たと述べているから、やはり、「大正十一年の初夏」というのは、北川教授の記憶違いで、大正一〇年一二月の初旬のことと推測できる。

③次に、北川教授が寄附金問題の相談で加藤拓川を訪れたのはいつだろうか。日時は書かれていない。拓川日記からみてみよう。大正一〇年末、貴族院議員として東京にいた拓川は、大正一一年一月五日に東京を出て、七日に松山に帰り、道後に一一日まで宿泊し、一二日に三津浜の自宅に移り、一三日に松山を発し、上京した。この大正一一年の正月の帰省中に、井上要が拓川に会い、松山高商話を伝え、拓川が乗り気になり、彰廉に創立計画を頼んでいる（拙著、前掲書参照）。おそらく、この正月に、北川教授も拓川を訪問し、松山高商設立を論じ、寄附金問題を相談したと思われる。

④大正一一年の正月、井上要と北川教授のどちらが先に、拓川に会い、高商設立話をしたのか。それが重要である。私の見解は、おそらく井上要が正月に帰省した拓川に先に話し、その後、北川教授も加藤彰廉先生の頼みもあったので、拓川を訪問し、寄附問題を頼んだ。その時に拓川が「近々上阪して新田君に会おう」と言ったものと思われる。

⑤以上の諸点から、松山高商話の経緯に関し、二つの流れがあるが、私は、今村教授が示した前者

が基本で、北川淳一郎→井上要→拓川→加藤彰廉・新田長次郎と話しが進み、後者の（北川私案）→加藤彰廉→北川淳一郎→拓川→新田長次郎の流れとは矛盾せず、後者は前者の補完的な流れだろう。一番の基本は、北川私案→井上要→拓川→彰廉・長次郎の流れである。そして、海南新聞を読んだ加藤彰廉先生が北川教授を訪れ、そして、北川教授が加藤拓川を訪れたのも事実であり、矛盾しない。

要するに、井上要、北川教授が大正一一年の正月に帰省した貴族院議員拓川を動かして、設置計画は彰廉に、寄附は長次郎へと、松山高商設立が大きく動き出したのである。だから、今村教授の小活については全く同意見である。私の説と異なることはない。

三月二一日、二〇一二年度第三回全学教授会が開かれた。議題は、学則の改正、納付金規程の改正であった。

三月三一日、経済学部では大浜博（六五歳、フランス語）、人文学部では金森強（英語）、鶴木真（特任、ジャーナリズム論）、増田和男（体育）、法学部では佐藤孝之（体育）、平松智久（ドイツ語）らが退職し、転職した。(16)

また、同日、法人関係では、教育職員選出の評議員（寄附行為第二四条第一項第一号）、川東竫弘と増野仁が六五歳定年により、退任し、代わって、新しく遠藤泰弘、池上真人が選出され、四月一日に就任した。

〔注〕
（1）『学内報』第四三三号、二〇一三年一月。
（2）『学内報』第四二四号、二〇一二年四月、同、第四三四号、二〇一三年二月、などより。
（3）『学内報』第四三五号、二〇一三年三月。
（4）同。
（5）同。
（6）『学内報』第四三六号、二〇一三年四月。
（7）『学内報』第四三六号、二〇一三年四月。同、第四三七号、二〇一三年五月。実質競争率は受験者数を合格者数で割った数値。追加合格を含めた結果は、『学内報』五月号に掲載。
（8）『学内報』第四三六号、二〇一三年四月。
（9）『学内報』第四三七号、二〇一三年五月。
（10）『学内報』第四三六号、二〇一三年四月。
（11）『学内報』第四三七号、二〇一三年五月。
（12）『学内報』第四三六号、二〇一三年四月。
（13）松山大学総務課所蔵。
（14）今村暢好「加藤拓川の人物像〜西園寺公望・北川淳一郎との関係から〜」松山大学創立一〇〇周年記念論集、二〇二三年一〇月。
（15）北川淳一郎「読書彷徨」一九七三年。
（16）『学内報』第四三六号、二〇一三年四月。

(二) 二〇一三年（平成二五）度

村上学長・理事長一年目である。創立九〇周年に当たる記念すべき年である。

本年の校務体制は、副学長は山田富秋（二〇一三年一月三一日〜二〇一六年一二月三一日）、安田俊一（二〇一三年一月三一日〜二〇一四年三月）が続けた。経済学部長は間宮賢一（二〇一二年四月

～二〇一四年三月)、経営学部長は浅野剛(二〇一二年四月～二〇一四年三月)、人文学部長は奥村義博(二〇一〇年四月～二〇一四年三月)、法学部長は村田毅之(二〇一二年四月～二〇一四年三月)、薬学部長は松岡一郎(二〇一二年四月～二〇一四年三月)が続けた。短大学長は清野良栄(二〇〇九年四月～二〇一五年三月)、大学院経済学研究科長は光藤昇(二〇一二年四月～二〇一四年三月)、経営学研究科長は浅野剛(二〇一二年四月～二〇一四年三月)、言語コミュニケーション研究科長は久保進(二〇一二年四月～二〇一四年三月)が続けた。社会学研究科長は新しく牧園清子(二〇一三年四月～二〇一五年三月)が就任した。図書館長は藤井泰(二〇一一年一月～二〇一四年一二月)、総合研究所長は宮本順介(二〇一三年一月～二〇一四年三月)、副所長は溝上達也(二〇一三年一月～二〇一四年一二月)が続けた。教務委員長は新しく新井英夫(二〇一三年四月～二〇一五年三月)、入試委員長は新しく松井名津(二〇一三年四月～二〇一三年一一月一二日)が就任したが、一二月一日より岩村樹憲(～二〇一四年三月)に交代した。学生委員長は松本直樹(二〇一一年五月一日～二〇一四年三月)が続けた。

学校法人面では、常務理事は、副学長で理事の山田富秋(二〇一三年二月八日～二〇一六年一二月三一日)、事務局長で理事の西原友昭(二〇一〇年四月～二〇一七年三月)、学生部長で理事の岡村伸生(二〇一〇年四月～二〇一四年一二月三一日)、評議員理事の松浦一悦(二〇一一年一月一四日～二〇一四年一二月三一日)であった。理事は事務から事務局長の西原友昭、学生部長の岡村伸生、総務部長の岡田隆、国際センター事務部長の高原敬明の四名、評議員から田中哲、松浦一悦、松岡一郎(薬学部長)の三名、設立者から新田元庸、温山会から麻生俊介、今井琉璃男、野本武男の三名、学識者から一色哲昭、大塚潮治、山下雄輔の三名であった。監事は、新田孝志（二〇〇八年一月一日～）、金村毅（二〇〇九年六月～二〇一五年五月三一日）、島本武（二〇一一年一月一日～二〇一四年一二月三一日）であった。評議員は、教育職員は、池上真人（経営、二〇一三年四月～）、遠藤泰弘（法、二〇一三年四月～）、今枝法之（人文）、河瀬雅美（薬）、鈴木茂（経済）、松浦一悦（経済）、松尾博史（経営）、湯浅宏（薬）の八名、事務職員は岡田隆、浜岡富雄の二名、事務局長及び部長は西原友昭、岡村伸生、藤田厚人、高原敬明、高尾義信の五名。後、二名の副学長、五学部長、短大学長、温山会の六名、学識者の一〇名であった。(1) 理事長補佐は、溝上達也と苅谷寿夫であった。

本年度も次のような新しい教員が採用された。(2)

経済学部

伊藤　直　一九七七年生まれ、青山学院大学大学院文学研究科博士後期課程。講師として採用。フランス語。

経営学部

中溝　晃介　一九八五年生まれ、神戸大学大学院経営学研究科博士後期課程。講師として採用。簿記原理。

吉野　直人　一九八〇年生まれ、神戸大学大学院経営学研究科博士課程後期課程。講師として採用。経営学概論。

人文学部

中谷　陽明　一九五八年生まれ、日本社会事業大学大学院社会福祉研究科博士後期課程。教授として採用。相談援助演習等。

石川　良子　一九七七年生まれ、東京都立大学大学院社会科学研究科博士課程。准教授として採用。家族社会学。

生蔦　健也　一九八六年生まれ、日本体育大学大学院体育科学研究科博士課程前期。講師として採用（新特任）。体育。

法学部

小野寺賢一　一九七七年生まれ、早稲田大学大学院文学研究科博士後期課程。准教授として採用（新特任）。ドイツ語。

宮下雄一郎　一九七七年生まれ、パリ政治学院大学院博士課程。講師として採用（新特任）。政治学概論。

丸尾　祐也　一九八六年生まれ、早稲田大学大学院スポーツ科学研究科。講師として採用（新特任）。体育。

薬学部

川崎　博己　一九四六年生まれ、九州大学大学院薬学研究科博士課程。教授として採用（新特任）。

高取　真吾　一九七六年生まれ、岡山大学大学院自然科学研究科博士後期課程。講師として採用。

キャリアセンター
　金森　敏　一九七四年生まれ、東北大学大学院経済学研究科後期博士課程。准教授として採用。

四月三日、午前一〇時より二〇一三年度の入学式がひめぎんホールにて開催された。経済学部は四〇一名、経営学部は四四〇名、人文英語は一一一名、同社会は一二七名、法は二一七名、薬学部は一三〇名、大学院は経済学研究科が二名、経営が二名、言語コミュニケーションが四名、社会が一名が入学した（いずれも修士で、博士はいなかった）。経営は予測が外れ、定員三九〇名を大幅に上回った。また、薬学部が開設以来初めて定員（一〇〇名）を三〇名も越えた。その原因は、何よりも第一期生が受験した、第九七回薬剤師国家試験の合格率の高さ、就職の良さ、多めに合格者を発表したためと考えられている。

村上学長は、式辞で本学の歴史と伝統、三恩人の高い志、大学における学びのあり方などを紹介し、自分の将来に対する目標を持って、自律的に大学生活を過ごし、自分の能力を高めて下さいと激励した。(3) それは次の通りである。

「新入生の皆さん、ご入学おめでとうございます。皆さんのご入学に対して心から歓迎の意を表します。保護者の皆様におかれましては、ご子女のご入学を迎えられ、感慨無量でさぞかしご安堵なされているものと拝察いたします。本日、千四百三十四名の新入生の皆さんを本学に迎えるに当たり、多数のご来賓ならびに保護者の皆様のご臨席を賜り、平成二十五年度松山大学大学院・松山大学入学式宣誓式をかくも盛大に挙行できますことは、本学の光栄とするところであり、教職員を代表して心から御礼申し上げます。

さて、新入生の皆さん、本学に入学の上は、本学の学生として自信と誇りを持ち、勉学や課外活動などに励んでいただきたいと願って、最初に松山大学の歴史と教育理念である校訓「三実」の精神について、お話しておきたいと思います。

松山大学は大正十二年（一九二三年）に創立された旧制松山高等商業学校がその始まりです。松山高等商業学校創立にあたっては、新田長次郎（雅号温山）、加藤恒忠（雅号拓川）および加藤彰廉の協力があり、この方々は創立の「三恩人」と呼ばれています。教育家であり、山口高等中学教諭、大阪高等商業学校長を歴任された後、北予中学（現県立松山北高等学校）校長となった加藤彰廉は、当時の松山市長であった加藤恒忠に、この松山の地へ高等商業学校の設立を提案しました。この提案に加藤恒忠は理解を示し、友人である新田長次郎に高等商業学校を設立するための資金の支援を依頼されました。そして、松山市出身で、当時、日本初の工業用革ベルトの開発を遂げて製革業において成功し、世間からは「東洋の製革王」と呼ばれていた新田長次郎はが高等商業学校設立の提案に賛同し、「学校運営に関わらないこと」を条件に、設立資金として巨額の私財を投じ、わが国の私立高等商業学校としては三番目となる松山高等商業学校を創設されました。

松山高等商業学校は、昭和十九年に松山経済専門学校と改称し、第二次世界大戦後の学制改革によって昭和二十四年には商経学部〔現在の経済学部及び経営学部〕を開設して松山商科大学となり、その後、大学院経済学研究科、人文学部、大学院経営学研究科、法学部を順次開設し、平成元年に校名を変更して松山大学となりました。さらに、薬学部、大学院社会学研究科、大学院言語コミュニケーション研究科を順次開設し、現在では五学部六学科に四研究科を擁する総合大学にまで発展してきています。

松山大学は、教育理念として「真実」、「実用」および「忠実」の三つの「実」からなる校訓「三実」を掲げてきました。松山高等商業学校の初代校長となった加藤彰廉が創唱した校訓「三実」の精神は、第三代校長田中忠夫によって、まず、真実とは「真理に対するまことである。皮相な現象に惑溺しないで進んでその奥に真理を探り、枯死した既成概念に安住しないでたゆまず自ら真知を求める態度である」、次に、実用とは「用に対するまことである。真理を真理のままに終わらせないで、必ずこれを生活の中に生かし社会に奉仕する積極進取の実践的態度である」、そして、忠実とは「人に対するまことである。人のために図っては己を虚しうし、人と交わりを結んでは終生操を変えず自分の言行に対してはどこまでも責任をとらんとする態度である」と説明されています。

「三実」を現代風に解釈すると、「真実」および「実用」は学びの態度、「忠実」は人としてのあり方を示しています。「真実」とは、既存の「知」に満足することなく、真理を求めるために自ら学び、究め続けようとする態度です。「実用」とは、「知」を単に知識として学ぶだけでなく、自らの生活や仕事の中に活かすべく、常に現実的な問題を念頭に置きながら学ぶ態度です。「忠実」とは、人間関係や社会において、他者と誠実に向き合い、倫理的な態度はもとより、積極的に人と交わり、自らを謙虚に、そして互いの意見を尊重し共有しようとする態度です。校訓「三実」は、本学で学ぶ学生が拠り所とすべき教訓です。

今年、本学は創立九十周年を迎えますが、この間に社会に輩出した卒業生は六万八千人を超え、経済界を中心に全国的に活躍し、高い評価を得てきました。これも卒業生の方たちが校訓「三実」の精神を大切にして活躍してこられた結果であり、これが松山大学の伝統になっていると確信しています。

大学は、社会にでるための最後の学びの場です。小学校、中学校、高等学校より皆さんの主体性が問われます。教科書に加えて参考書や問題集、さらには塾や通信教育、模擬テストなどが用意され、はっきりと自分の理解度が確認できた高等学校までとは異なり、大学には授業を補う塾や通信教育などはありません。市販されている学習教材のない環境下で、皆さんは自らの理解度を自分自身で測る必要があります。ただ、それは、皆さんが一人でなんとかしなければならないということではありません。疑問に思うことや理解に至らない事柄については授業担当の教員に積極的に質問して下さい。教員は皆さんからの質問を期待しています。授業の内容についてより深く知りたければ、教員に質問し、大学の図書館を利用して下さい。また、学生生活の中で生じた悩みや問題については、学生支援室を訪ね、気軽に相談して下さい。

本学の就職率は、平成二十四年三月卒業生で九三・一％と全国平均を上回る結果が出ています。これも、皆さんの先輩方が主体的に就職活動に取り組んだ結果です。本学には学生一人ひとりのキャリア形成から就職支援までをサポートするキャリアセンターがあり、このキャリアセンタには、多くの求人情報が集まり、皆さんの就職を支援するスタッフがいます。高校入試や大学入試とは異なり、就職活動においては模擬試験の結果を見て希望する就職先が一義的に選択できるわけではなく、皆さんそれぞれの能力や志向に応じてその選択肢は変わってきます。この点でも、皆さんは、卒業後の自分の将来に対する目標を持って、自律的に大学生活を過ごすことで、自分の能力を高めることが重要です。

皆さんが抱いている目標を達成するために本学の教職員は支援を惜しみません。社会で活躍できる有為な人材になるために、充実した学生生活が過ごせるよう、学長以下教職員一同、皆さんを支えます。皆さんは目標を達成するために何をすべきかを考え、行動して下さい。皆さんが、ご修了・ご卒業を迎えられるときに、自らの目標を達成できていますよう祈念して、式辞といたします。

平成二十五年四月三日

松山大学

学長　村上宏之」(4)

この村上学長の入学式の式辞は、前年の前森本三義学長の入学式の式辞をもとにして、それをより簡素化、簡略化したものである。そして、その式辞の問題点はさきの卒業式の式辞についてコメントした諸点が当てはまる。また、薬学部が設置以来定員を初めて上回る好結果を出したのに、何も触れなかったのは残念である。

四月五日、学内評議員会があった。薬学部の研究科設置問題は継続審議となった。

四月九日、常務理事会は、前理事会より先送りの看護学部設置検討プロジェクトチームの設置を決めた。この看護学部については、前森本学長・理事長時代の二〇一二年に松山赤十字病院から看護学校を引き受けて欲しいとの要望があり、同年九月二七日に森本時代に常務理事会案（一学年一〇〇名、学費一四〇万円，教員二四名、職員五名）が示されたが、次の村上学長・理事長に先送りされていた課題である。その後、二〇一三年に松山赤十字病院から再度要望があり、村上理事長の下でプロジェクトチームを結成して検討することとなった。

四月一一日、評議員会があった。大学院医療薬学研究科博士課程（四年制）設置が承認された。

四月二三日、常務理事会は看護学部設置検討チームの構成員を決めた。委員は、教学担当常務理事・副学長山田富秋、財務担当常務理事松浦一悦、事務局長・常務理事西原友昭、そして、各学部から熊谷太郎（経済）、池上真人（経営）、中谷陽明（人文）、永野武（人文）、牧本公明（法）、中島光業（薬学）、事務から世良静弘（経営企画部長）であった。(5)

この委員構成について、一言コメントすると、理事会主導であったことがわかる、また、人文から二人というのも疑義がある。何よりも、学部設置という教学事項の最大問題に各学部長が入っていないのが問題である。またまた、理事会はボタンを掛け間違えたといえよう。

五月一日発行の『学内報』に「二〇一三年度　事業計画及び予算の概要」が掲載されている。そこで、事業目標として、前森本学長・理事長時代に掲げられていた「中四国ナンバーワン」「西日本屈指の私立総合大学」のスローガンはなく、「地域に根ざし、地域から評価される大学を目指す」という、地味な目標となっていた。そして、主な事業計画として、㈠創立九〇周年事業、㈡中・長期経営計画の検討の二つをあげていた。具体的には次の通りであった。(6)

㈠創立九〇周年事業

①記念式典・祝賀会（一〇月二二日、ひめぎんホール）

②広報活動

③合同展示会（文化祭）の開催

④九〇周年記念講演会

⑤九〇周年略史

⑥九〇周年の記録

⑦九〇周年記念論文集

⑧アイデア募集事業（地域貢献参加型事業「松山ひろめ隊」、新田長次郎特別テレビ番組、本学で永遠の愛を育むプロジェクト）

㈡中・長期経営計画の検討

樋又キャンパスの計画の具体化の検討（一号館、三号館、研究センターの樋又への移転）。

九〇周年事業として、「九〇周年略史」とあるが、略年表のことで、校史は計画されなかった。

五月二三日、学内評議員会が開かれた。巨額の損失を出している金利スワップ取引について第三者委員会を作って全容の解明をしたらどうか等の意見が出された。

五月二八日、常務理事会は、スワップ取引に関する対応について、協議している。

五月二九日、理事会は文部科学省に、大学院医療薬学研究科の設置申請を行なった。ただ、この申請は、薬学部が再建途上にあり、再建計画の中には入っていなかった事案であり、他研究科の合意もなく、再建計画違反である。

五月二九日、午後六時よりカルフールにて、創立九〇周年記念事業・開学記念講演会が開催された。講師はジャーナリストで作家の手嶋龍一氏で「東アジア半球の時代をどう生き抜いていくか」と題した講演が行われ、動乱と繁栄のなかにある東アジアにおいて、アメリカとの連携を高めるべきとの見解を述べた。(7)

五月三〇日、評議員会が開かれた。スワップ取引や資金運用全体への検証すべきだとの意見が出された。

六月三日、二〇一四年度の入試要項の説明会が行われた。

六月一一日、常務理事会にて、全ての資産運用に関する検討・総括することが協議されている。(8)

六月一三日、一四時半より二〇一三年度の第一回全学教授会が開催された。審議事項はなく、報告事項として、①「二〇一二年度決算及び事業報告」、②「二〇一三年度事業計画及び予算について」、③大学院医療薬学研究科の設置について、等が報告されている。そこで、スワップ取引だけでなく、未上場企業に投資した一〇億円に対し、二億二〇〇〇万円の含み損が出ている問題が取り上げられている。また、文科省に設置申請した大学院医療薬学研究科について、手続きの問題（他の研究科の審議をしていない）および今後教員を採用しないという二〇一一年五月一二日の薬学部再建案違反が取り上げられた。

六月三〇日、本学の弓道部が、東京明治神宮武道場至誠館弓道場で行われた第二五回全国大学選抜大会において、女子の部（団体）で二四年ぶり二度目の優勝を遂げた。快挙であった。(9)

七月一日発行の『学内報』第四三九号に「二〇一二年度決算」が掲載された。そこで、資金運用面で、時価が貸借対照表計上額を越えないものとして、社債・株式で三七六三万九八一六円の時価損失、仕組債で二億二一九万八〇〇〇円の時価損失、合計二億三九八三万七八一六円の時価損失を出している。またデリバティブ取引（六億四〇〇〇万円、金利スワップ取引）で六六八六万五三八六円の時価損失が出ている。そして、デリバティブ運用収入は六四〇万円、運用損が三八六〇万二七五二円となっていた。(10)寄附行為違反、巨額の運用失敗であった。

七月三一日、法人役員関係で、評議員の松尾博史がドイツ留学のため退任し（七月一日から一年間）、新しく穴田浩一が就任している。(11)

八月六日、常務理事会にて、金利スワップ取引について、協議されている。(12)

九月二五日、一八時より常務理事会は教職員向けに法人の資金運用・金融取り引きに関する説明会をした。金利スワップ取引は金利負担を緩和するために金融商品を買ったなど弁明的説明であり、反省なく、多くの批判が出た。ただ、理事会は、今後は目的の如何を問わず、スワップ取引は行なわないと言明した。ようやく、批判を受け入れた。

九月二七日、午後六時半より、カルフールにて、「ふるさと大学『伊予塾』第四一回講座が開催され、新田長次郎の曾孫、新田長彦氏（ニッタ株式会社社会長）が、「受け継がれる想い～新田長次郎の理念」と題した講演会が行なわれ、長次郎の足跡、功績、秋山好古との交流、加藤恒忠、加藤彰廉とともに松山高商を創立したことなどを紹介された。[13]

九月二八日、二〇一四年度の大学院Ⅰ期入学試験および学内進学者特別選抜入学試験（経済学研究科、言語コミュニケーション研究科、社会学研究科）が行われた。言語コミュニケーションで学内進学特別選抜で一人受験し、一人合格した。他の研究科に合格者はいなかった。[14]

一〇月一四日、午後二時よりカルフールにて、創立九〇周年事業「創立記念講演会」が開催された。講師は東京大学総長濱田純一氏で、『「実」が育む地域と大学の絆』と題した講演が行なわれ、グローバル社会を生き抜いていくためにはタフさが必要で、そのためには、学生には、国際経験や社会経験をより多くつんでもらうことが必要と強調し、また、本学の校訓「三実」に触れ、それは地域と大学の絆を生み出す必要な原理であると、その現代的な意味を解説された。[15]

一〇月二二日、午前一〇時三〇分より、ひめぎんホール（愛媛県県民文化会館）にて「松山大学創立九〇周年記念式典・祝賀会」が行われた。教職員、卒業生、自治体、高校、大学関係者ら約六〇〇名が出席した。村上理事長・学長の式辞は次の通りである。

「本日、ここに、多数のご来賓の皆様のご臨席を賜り、松山大学創立九〇周年記念式典を挙行できますことは、本学の光栄とするところであり、教職員を代表して心から御礼申し上げます。

松山大学は大正一二〔一九二三〕年に創立された旧制松山高等商業学校がその始まりです。松山高等商業学校創立にあたっては、新田長次郎〔雅号温山〕、加藤恒忠〔雅号拓川〕および加藤彰廉の協力があり、この方々は創立の「三恩人」と呼ばれています。教育家であり、山口高等中学教諭、大阪高等商業学校長を歴任された後、北予中学〔現県立松山北高等学校〕校長となった加藤彰廉は、当時の松山市長であった加藤恒忠に、この松山の地へ高等商業学校の設立を提案しました。この提案に加藤恒忠は理解を示し、友人である新田長次郎に高等商業学校を設立するための資金の支援を依頼されました。そして、松山市出身で、当時、日本初の工業用革ベルトの開発を遂げて製革業において成功し、世間からは「東洋の製革王」と呼ばれていた新田長次郎はが高等商業学校設立の提案に賛同し、「学校運営に関わらないこと」を条件に、設立資金として巨額の私財を投じ、わが国の私立高等商業学校としては三番目となる松山高等商業学校を創設されました。

松山高等商業学校は、昭和一九（一九四四）年に松山経済専門学校と改称し、第二次世界大戦後の学制改革によって昭和二四（一九四九）年に松山商科大学に昇格して商経学部を設置しました。その後昭和二七（一九五二）年に短期大学部（商科第二部）を併設し、昭和三七（一九六二）年に商経学部を発展的に解消させ、経済学部経済学科および経営学部経営学科を設置し、昭和四七（一九七二）年に大学院経済学研究科修士課程、昭和四九（一九七四）年に人文学部英語英米文学科および社会学科並びに大学院経済学研究科博士課程、昭和五四（一九七九）年に大学院経営学研究科修士課程、昭和五六（一九八一）年に大学院経営学研究科博士課程、昭和六三（一九八八）年に法学部法学科を順次開設し、平成元（一九八九）年に松山商科大学から松山大学へと改称するとともに、併設の松山商科大学短期大学部を松山短期大学と改称しました。さらに、平成一八（二〇〇六）年薬学部医療薬学科並びに大学院社会学研究科修士課程および博士課程、平成一九（二〇〇七）年大学院言語コミュニケーション研究科修士課程を順次開設しました。このように、本学は、現在では五学部六学科と大学院四研究科を擁する学園へと発展してきています。

松山大学は、教育理念として「真実」、「実用」および「忠実」の三つの「実」からなる校訓「三実」を掲げてきました。松山高等商業学校の初代校長となった加藤彰廉が創唱した校訓「三実」の精神は、第三代校長田中忠夫によって、まず、真実とは「真理に対するまことである。皮相な現象に惑溺しないで進んでその奥に真理を探り、枯死した既成概念に安住しないでたゆまず自ら真知を求める態度である」、次に、実用とは「用に対するまことである。真理を真理のままに終わらせないで、必ずこれを生活の中に生かし社会に奉仕する積極進取の実践的態度である」、そして、忠実とは「人に対するまことである。人のために図っては己を虚しうし、人と交わりを結んでは終生操を変えず自分の言行に対してはどこまでも責任をとらんとする態度である」と説明されています。

この校訓「三実」は、本学で学ぶ学生および教職員が拠り所とすべき教訓であるとともに、人生を生きて行く上での確かな指針でもあります。九〇年の歴史の間に輩出した卒業生は六万八千人を超え、経済界を中心に全国的に活躍し、高い評価を得てきました。これも卒業生の方たちが校訓「三実」の精神を大切にして活躍してこられた結果であり、これが松山大学の伝統になっていると確信しています。

昨今、大学を取り巻く環境は、大きく変化してきており、わが国の大学、とりわけ地方の私立大学にとっては困難な時代が来ています。少子高齢化の進展やまだ完全に脱しているとはいえない不況の影響から、長期的には大学進学者数が減少する一方、他方では大学入学者がよりいっそう多様化することは確実です。これは日本全国に共通する傾向ですが、地方、特に、四国・愛媛においてはより顕著であることが予想されます。また、大学入学という入り口だけではなく、卒業後の進路という出口についても、不況にともなう就職難や企業の組織再編などを背景に、社会が求める人材像、特に「大卒」に求められる人材像が変化しつつあります。これを受け、政府などでこれまでの「大学のあり方」についてすでに厳しい問い直しの議論が始まっているのは皆さん御存知の通りです。

もちろん、私たちもまた先人たちの伝統や地域の温かい支援の上にあぐらをかくこと許されません。教職員は大学をめぐる状況の変化に常に向き合い、変化と発展をしていかなければなりません。入学生が大学に求めるものや、社会が大学そして卒業生に求めるものについて教職員一人一人が真剣に考え、そのニーズの変化に応えるべくそれぞれ創意工夫を凝らし、教育の方法や内容を発展させ続けることは、教育機関としての私たちの責務です。しかし、急速な環境変化やそれを過度に恐れる危機意識によって、大学の本来の役割が見失われることがあってはならないとも思います。高等教育や知の拠点としての大学の本来の目的に照らしたとき、少子高齢化、不況や人材像の変化といった「大学の危機」は、本学にとってチャンスであると考えます。

東日本大震災、中国の台頭をはじめとする世界の政治経済のかってない変動、おりからの産業構造転換などによるネット社会の高度化に伴い、既存の「知」や慣習が急速に陳腐化し、または通用しなくなってきています。この激しい変化の時代において、単なる技能や知識の伝授ではなく、生涯、変化に適応していくことのできる考え方や知的基盤を提供する大学の本来の使命は、日本の社会にとって、よりいっそう重要になってきています。社会の発展の要となるのは人材であることは、今も昔も変りりません。これからは、特に自分の頭で考え、経験と知識をバランス良く吸収し、成長を続けて行く能力が本人だけではなく組織や社会の発展にとってもよりいっそう重要になってきます。本学はその本来の使命を果たし、かつ、具体的な教育内容については、変化する時代や社会の要請を常に念頭に置いて、社会の発展に寄与する人材の育成と「知」の発信を目指していかなければなりません。

松山大学は、校訓「三実」の教育理念に立ち、五〇年後も、一〇〇年後も、地域における高等教育の拠点として人材を育成する場であり、研究の拠点として情報を発信し続ける大学、そして、これを通して、地域の内外に安心感を与え、信頼される大学になるよう努めていく所存です。皆様の多年にわたる懇情に重ねて深謝申し上げますとともに、今後とも相変わらないご支援、ご指導ご鞭撻を賜りますよう申し上げまして、式辞といたします(16)」

この九〇周年の村上学長式辞について、少しコメントしておこう。

一、式辞の前半で、松山大学の歴史と校訓「三実」の説明しているが、それらは、村上学長が入学式・卒業式で述べたものと同じであった。九〇周年の式辞だから、これまでの繰り返しではなく、九〇年の歴史を自ら研究して、新しい知見を語るべきであった。

二、式辞の後半で、大学を取り巻く環境の変化―少子高齢化、大学に求める人材像の変化―を述べ、地域における高等教育の拠点として、創意工夫をし、人材の育成をはかること、および研究の拠点として、「知」の発信を続けて行く決意を示している。しかし、いずれも一般的、抽象的で、松山大学の教育の「創意工夫」や研究における「知」の取り組み、発信について、その内容を具体的に語るべきであった。

三、周年事業の式辞は、①これまでの苦難の歴史を振り返り、先人の努力に敬意を表しながら、歴史的総括を行うこと、②大学の現状を紹介して、その問題点・課題を明らかにすること、③そして、今後の未来を指し示し、抱負を述べることにあると思うが、いずれもしておらず、式辞としてはもの足らなかった。

一〇月二七日、仙台で開催された第三一回全日本大学女子駅伝対校選手権大会において、女子駅伝部は、立命館、大東文化大学についで、過去最高の第三位に入賞した。快挙であった。(17)

一〇月三一日、文部科学省より、松山大学大学院医療薬学研究科の認可申請がおりた。専攻名は医療薬学専攻、課程は博士課程、修了年限四年、入学定員三名、収容定員一二名、開設日は二〇一四年四月であった。(18)

一一月四日、看護学部設置検討プロジェクトチーム（責任者山田富秋副学長・常務理事）の答申が出た。それは次の通りであった。

①入学定員：八〇名（予算定員八〇名）
②学生生徒等納付金：一六〇万円
③教　員：二八名（教授六名、准教授五名、講師四名、助教一二名、助手一名）
④開設時期：二〇一六年（平成二八）四月
⑤保健師課程と社会人編入（二年時編入五人）併設
⑥開設と同時に大学院修士課程開設準備に入る

この答申は、前森本理事長時代の案に比し、定員は一〇〇名→八〇名に引き下げ、学費は一四〇万円→一六〇万円に引き上げ、教員数は二四名→二八名に増やしていた。それにより完成年度の翌年度から帰属収支差額が黒字になり、設置経費は二八年後に回収できる、とのことであった。そして、設置のための前提条件として、一人当たり六〇万円程度の奨学金制度を病院や各自治体と八〇件以上締結すること、をあげていた。

この答申について　少しコメントしておこう。

①薬学部が甘い見通しのもとに定員割れして再建途上にあるのに、さらに看護学部を開設して、第二の薬学部になるのではないかとの不安がぬぐえない。

②薬学部と看護学部の受験生の競合は起きないのか。もし起きれば、薬学部はさらに定員割れするのでないかとの不安がぬぐえない。

③学費一六〇万円も出して、果して四年制の大学に毎年八〇名が入学するだろうか。ちなみに、愛媛大学と県立医療技術大は五三万五八〇〇円、徳島文理大学は一四九万三七〇〇円、四国大学は一三五万八〇〇〇円であった。

④完成年度の翌年から帰属収支差額が黒字となり、設置経費は二八年後に回収できるというが、薬学部開設のときもそのような約束があったが守られなかった。

⑤そもそも看護学部をなぜ松山大学が引き受けなければならないのか、理由がない。地域貢献というが、ノウハウのある医学部や病院のある愛媛大学や愛媛県立医療技術大で引き受けたら良いのではないか。またそも松山赤十字病院が自己の社会的責任を果たさず、そのツケを松山大学に持ってくること自体がおかしいだろう。

一一月五日、常務理事会において、「看護学部設置検討プロジェクトチームの答申について」報告されている。

一一月一二日、入試委員長の松井名津が辞任し、一二月一日付けで、岩村樹憲に交代した。[19]

一一月一六、一七日の両日、二〇一四年度の推薦・特別選抜入試が行われた。一六日が経済・経営、一七日が人文、法、薬であった。変化は、法学部が特別選抜中、総合学科を廃止しただけで、他学部は前年通りであった。結果は次の通りであった。[20] 薬学部の一般公募はほぼ全入であった。薬の入試に暗雲が漂った。

表一　二〇一四年度推薦・特別選抜入試

		募集人員	志願者	合格者
経済学部	（指定校制）	一〇五名	一一八名	一一七名
	（一般公募制）	二五名	一一九名	六九名
	（各種活動）	一二名	九名	九名
	（資格取得者）	若干名	〇名	〇名
経営学部	（指定校制）	五五名	六六名	六四名
	（一般公募制）	二二名	一一二名	四九名
	（成績優秀者）	一五名	五九名	五二名
	（各種活動）	三〇名	四一名	四〇名
	（資格取得者）	一五名	三一名	一五名
人文英語	（指定校制）	二〇名	一四名	一四名
	（資格取得者）	若干名	二三名	二三名
	（総合学科卒業生）	若干名	五名	四名
社会	（指定校制）	一五名	二三名	二三名
	（社会人）	若干名	〇名	〇名
法学部	（指定校制）	二〇名	二一名	二一名
	（一般公募制）	五五名	一三六名	一一一名

（各種活動）	一〇名	八名	〇名
薬学部（指定校制）	一五名	一七名	一七名
（一般公募制）	一五名	二二名	二一名
総計	四四七名	八三〇名	六七〇名

（出典）『学内報』第四四五号、二〇一四年一月。

一一月一八日、一七時四五分より、常務理事会は教職員向けに資金運用に関する説明会を行なった。財務、ファンドの説明会で、結果的に損失を出した申し訳ないと述べていたが、反省が見られなかった。

一一月二六日、常務理事会は、看護学部を設置する方針を決めた。それは次の通りである。

①入学定員：八〇名（予算定員八〇名）
②学生生徒等納付金：一六〇万円
③教　員：二八名（教授六名、准教授五名、講師四名、助教一二名、助手一名。助教一二名のうち半数の六名は特任とする）。
④職　員：五名
⑤文部省への申請時期：二〇一五年五月
⑥開設時期：二〇一六年四月

このように、常務理事会はプロジェクトチームの答申を踏襲するが、助教の半分を特任に変更し、人件費を削減する修正であった。

一一月二一日、浅野経営学部長の任期満了に伴う学部長選挙が行なわれ、中村雅人（四四歳、保険論）が選出された。任期は二〇一四年四月より二年間。

一一月二七日、奥村人文学部長の任期満了に伴う学部長選挙が行われ、小松洋（五〇歳、環境社会学）が選出された。任期は二〇一四年四月より二年間。

一二月二日、村田法学部長の任期満了に伴う学部長選挙が行なわれ、明照博章（四四歳、刑法）が選出された。任期は二〇一四年四月より二年間。

一二月一〇日、松岡薬学部長の任期満了に伴う学部長選挙が行なわれ、古川美子（六二歳、神経化学）が選出された。任期は二〇一四年四月より二年間。女性学部長二人目であった。

一二月一二日、間宮経済学部長の任期満了に伴う学部長選挙が行なわれ、安田俊一（五二歳、理論経済学）が選出された。任期は二〇一四年四月より二年間。[21]

二〇一四年一月一日発行の『学内報』で、村上学長が「年頭に思う」という論考を発表した。そこで、前年の成果（九〇周年、大学院医療薬学科の開設、南海放送跡地の施設の見通し）を述べ、今年の「私の果たすべき役割は、現場を担う教職員の皆さんの意欲を妨げる問題をできるだけ減らし、それぞれの職務や課題に安心して取り組むことのできる状況をつくること、それぞれの工夫や努力を支援し活発な議論や交流を促し、課題や成果の共有を応援することです」と抱負を述べていた。[22]ということであれば、看護学部の提案などはしない方が良いだろう。

一月一五日、浅野経営学研究科長の任期満了に伴う研究科長選挙が行なわれ、中村雅人（四四歳、保険論）が選出された。任期は二〇一四年四月より二年間。[23]経営学部長との兼務であった。

一月一八、一九日の両日、二〇一四年度の大学入試センター試験が行なわれた。
一月二六、二七日の両日、二〇一四年度の一般入試Ⅰ期日程およびセンター利用入試前期A方式（経営学部）の試験が行われた。募集人数はⅠ期日程では前年と同じ、センター利用入試では、法学部が一五名→二〇名に増やしただけで、他は変化なかった。

Ⅰ期日程の結果は次の通りである。[24] 志願者は前年に比し、文系で一八二〇名→一六四六名へ、一七四名、九・六％減少し、薬学部も二七五名→二五六名、一九名、六・九％減少した。全学では一九三名、九・二％減少し、前年の二〇一三年度は増えたのに、二〇一四年度は再び厳しい結果となった。文系の合格者は前年の四九二名→五五三名で、より多めに出した。そのため、追加は無かった。他方、薬学部は、Ⅰ期日程（メイン入試）で当初合格者を一二二名出したが不足し、三一名の追加合格者を出した。薬の暗雲が続いた。

表二　二〇一四年度一般入試Ⅰ期日程

	募集人員	志願者（前年）	合格者	追加合格	実質競争率
経済学部	三〇名	四七三名（四九九名）	一六五名	〇名	二・八五
経営学部	三〇名	四七五名（五一五名）	一四八名	〇名	三・一八
人文英語	一五名	一八九名（二二六名）	七七名	〇名	二・四四
社会	一〇名	二三七名（三〇二名）	六三名	〇名	三・七五
法学部	二〇名	二七二名（二七八名）	一〇〇名	〇名	二・七〇
文系合計	一〇五名	一六四六名（一八二〇名）	五五三名	〇名	二・九六

薬学部	四〇名	二五六名（二七五名）	一二二名	三一名	一・六五
総計	一四五名	一九〇二名（二〇九五名）	七〇六名	三一名	二・六七

（出典）『学内報』第四四七号、二〇一四年三月。同第四四九号、二〇一四年五月。

センター利用入試前期日程の結果は次の通りである。[25] 人社を除き、全学部で志願者が一九六六名→二〇〇二名に、薬学部も一一五名→一二二名と少し増え、一般入試Ⅰ期と違い、センター利用入試は現状維持となった。合格者は文系四学部は前年の一一五五名→一〇七三名に少し絞った。薬学部は前年の八二名→八七名に増やした。

表三　二〇一四年度センター利用入試前期日程

	募集人員	志願者（前年）	合格者	実質競争率
経済学部	三〇名	五六一名（五五五名）	三三九名	一・六五
経営学部	二五名	五九四名（五八〇名）	三一六名	一・八八
人文英語	一〇名	一七九名（一六八名）	一一九名	一・五〇
社会	一五名	二二七名（二六九名）	一五三名	一・四八
法学部	二〇名	三一九名（二七九名）	一四六名	二・一八
文系合計	一〇〇名	一八八〇名（一八五一名）	一〇七三名	一・七五
薬学部	五名	一二二名（一一五名）	八七名	一・三九
合計	一〇五名	二〇〇二名（一九六六名）	一一六〇名	一・七三

（出典）『学内報』第四四七号、二〇一四年三月。

二月一一、一二日の両日、二〇一四年度の一般入試Ⅱ期日程が行われた（文系のメイン入試）。一一日が経済・経営、一二日が人文、法、薬学部であった。一二日には、薬学部のセンター利用入試、スカラシップ入試も行われた。募集人員は前年と変化なかった。

Ⅱ期日程の結果は次の通りであった。[26] 志願者は前年に比し、文系は経営を除き減少し、前年の三三八一名→三二七一名へと、二一〇名、六・二％減少した。Ⅰ期日程同様に厳しい結果となった。一方、薬学部の志願者は前年と同じ七一名で現状維持した。合格者は、文系四学部で前年の一二七九名→一三九四名と多めに出したが、経済は予測がはずれ、四四名の追加合格を出し、最終的に四八一名の合格者となり、実質競争率を下げた（最終数字は『学内報』五月号に掲載）。そのため、全学の実質競争率は、法を除き、二倍を切り赤信号となった。

表四　二〇一四年度一般入試Ⅱ期日程

	募集人員	志願者（前年）	合格者	追加合格	実質競争率
経済学部	一七三名	九四三名（一〇〇四名）	四三七名	四四名	一・六一
経営学部	一八〇名	九五八名（九四七名）	四一〇名	〇名	一・九六
人文英語	四五名	二七三名（二八〇名）	一〇六名	〇名	一・九二
社会	八〇名	五〇六名（六〇一名）	二三二名	〇名	一・八三
法学部	八〇名	四九一名（五四九名）	一九九名	〇名	二・〇九

文系合計	五五八名	三一七一名（三三八一名）	一三八四名	四四名	一・八三
薬学部	一〇名	七一名（　七一名）	三二名	〇名	一・八八
合　計	五六八名	三二四二名（三四五二名）	一三一二名	四四名	一・八三

（出典）『学内報』第四四八号、二〇一四年四月。同第四四九号、二〇一四年五月。

また、薬学部のセンター利用入試中期日程A方式は、募集人員五名、志願者一九名、合格者五名であった。薬学部センター利用試験スカラシップ入試は、募集人員五名に対し、三七名の志願者で五名が合格した(27)。

二月一八日、二〇一三年度第二回全学教授会が開催された。議題は大学院医療薬学研究科開設に伴う学位規則の改正で、承認された。

二月二三日、二〇一四年度の大学院Ⅱ期試験が行なわれた。経済学研究科修士課程は一名が受験したが、合格者はいなかった。経営学研究科は二名が受験し、一名が合格した。言語コミュニケーション研究科は二名が受験し、合格者はいなかった。社会学研究科は一名が受験し、一名が合格した(28)。

三月一日発行の『学内報』第四四七号（二〇一四年三月一日）に、法学部の服部寛が「加藤彰廉に関するノート―あるいは創立九〇周年と自校史研究についての寸感」を掲載している。服部は昨年が本学創立九〇周年で加藤彰廉没後八〇年でもあったにもかかわらず、本学では表立って問題にされることもなく、また、三恩人の研究中、最も手薄なのが彰廉であるとして、専修大学大学史資料課を訪問した調査結果を報告している。彰廉が東大を卒業後、大蔵省勤務時代に専修学校で教鞭を取り、「応用経済学」を教えていたことを紹介している。この「応用経済学」の講義ノートは本学に存在していなかったが、服部が本学図書館に入れ、閲覧できるようになった。この服部論考は彰廉研究の空白を埋めた大変優れたものであり、私も眼を開かれた。後に私は『松山高商・経専の歴史と三人の校長ー加藤彰廉・渡部善次郎・田中忠夫ー』（愛媛新聞サービスセンター、二〇一六年）を執筆するが、服部が蒐集したものを利用させて頂いた。(29)

三月一、二日、第九九回薬剤師国家試験が行われた。薬学部三期生（二〇〇八年四月入学）が受験した。新卒は六一名が受験して四〇名が合格、合格率六五・六％で、既卒は五〇名が受験して二一名が合格、合格率四三・〇％であった。総計一一一名が受験して、六一名が合格、五五・〇％の合格率であった（私立の全国平均は六〇・一％、全国平均六〇・八％）。私学五六校中三三位、全国七三校中四九位で、前年よりは上がったが、惨憺たる結果であった。

表五　第九九回薬剤師国家試験結果

	受験者	合格者	合格率	全国私立平均
新卒	六一名	四〇名	六五・六％	六九・五％
既卒	五〇名	二一名	四二・〇％	四〇・〇％
総数	一一一名	六一名	五五・〇％	六〇・一％

（出所）厚生労働省

三月一一日、二〇一四年度の大学センター利用入試後期日程が行なわれた。募集人員は前年と変わらなかった。結果は次の通りであった。[30] 文系は前年に比し、志願者が大きく減少した。合格者は、前年の六三名↓九〇名と多めに出した。一方薬学部の志願者は一四名↓二一名に増えた。合格者は前年の五名↓六名に一名増やした。

表六　二〇一四年度センター利用入試後期日程

	募集人員	志願者（前年）	合格者	実質競争率
経済学部	一〇名	一〇四名（一五二名）	三七名	二・六五
経営学部	一五名	九九名（一六二名）	四三名	二・一九
法学部	五名	三六名（六七名）	一〇名	三・六〇
文系合計	三〇名	二三九名（三八一名）	九〇名	二・五三
薬学部	五名	二一名（一四名）	六名	三・五〇
総計	三五名	二六〇名（三九五名）	九六名	二・五九

（出典）『学内報』第四四八号、二〇一四年四月。

三月一四日、一四時半より全学教授会が開催された。①副学長の選考と②看護学部開設が議題であった。①の副学長には経済学部教授の吉田健三（一九七五年九月生まれ、三八歳、二〇〇三年四月赴任。社会政策論）が提案され、選出された（二〇一四年四月経済学部長に就任予定の安田俊一の後任）。吉田は三八歳と極めて若く、学部長、研究科長経験者ではなく、今回も副学長資格の申し合わせ事項は遵守されなかった。

②の看護学部設置については、山田副学長・常務理事が説明し、審議し、採決された。賛成は二六票、白票が七票、反対が九一票で、圧倒的多数にて看護学部設置が否決された。

この看護学部否決原因について、少しコメントしておこう。

①再建途上の薬学部への不安感があり、まず、こちらの再建が優先されるべきとの考えが多数であったのだろう。

②同じ理系である薬学部の教員が賛成しなかったものと推測され、反対多数となったのだろう。

③そもそも、松山赤十字病院が自己の使命を投げ捨てた看護学校をなぜ松山大学が引受けなければならないのか、という根本疑念がぬぐえなかったからであろう。

三月二〇日、午前一〇時よりひめぎんホールにて、二〇一三年度の松山大学大学院学位記、松山大学卒業証書・学位記授与式が行われた。経済学部三五四名、経営学部三五三名、人文英語九七名、人文社会一一八名、法一九〇名、薬学部六一名が卒業し、また大学院経済学研究科修士二名、経営学研究科修士一名、言語コミュニケーション研究科はなく、社会学研究科修士もなく、同博士一名が修了した。

村上学長は、式辞で「校訓『三実』の精神を活かして実社会において大いに活躍していただきたい、………これから直面していくであろう様々な問題や生活上の悩みについて、自分で課題を発見・設定し、自分で解答を探し続けて下さい。学びは一生続くものです。自分の頭で考え続け、これからも大いに成長してください」と餞の言葉を述べた。(31) それは次の通りである。

「創立九〇周年という祈念すべき節目を迎えた年度に修了・卒業される皆さん、ご修了、ご卒業おめでとうございます。所定の課程を修めて、本日めでたくご修了・ご卒業の日を迎えられたことに対して、心からお慶び申し上げます。また、これまで成長を見守ってこられた保護者の皆様におかれましても、心からお慶び申し上げます。本日、多数のご来賓ならびに保護者の皆様のご臨席を賜り、平成二十五年度松山大学・大学院学位記、卒業証書・学位記授与式を盛大に挙行できますことは、本学の光栄とするところであり、教職員を代表して心から御礼申し上げます。

本日は、晴れて本学を巣立って行かれる皆さんに、松山大学の歴史と教育理念としての校訓「三実」の精神の二点について、お話しをさせていただきたいと思います。

〔以下、松山大学の歴史と校訓「三実」について述べられるが、前年と同一ゆえ、略す〕

本日修了・卒業される皆さんも、長い伝統を有する本学の出身者として誇りを持ち、校訓「三実」の精神を活かして実社会において大いに活躍していただきたいと願っています。大学という自由な空間によって、また共通教育や専門教育等によって本学が皆さんに伝えたかったものは、「自分の頭で考える」ための知的な基礎体力と精神です。皆さんが社会に巣立ち、これから直面していくであろう様々な問題や、身近な仕事の方法、そして生活上の悩み、さらには職場、地域や社会の発展について、先輩の言動や伝統を尊重しつつも、慣習、固定観念やしがらみに囚われずに、自分の頭で考えて、自分で課題を発見・設定し、自分で解答を探し続けて下さい。大学院修了・大学卒業は学ぶことの終わりではありません。学びは一生続くものです。一生自分の頭で考え続け、そのために学び続け、これからも大いに成長してください。

さて、本学は、これまでに六万八千名余りの修了生・卒業生を輩出してきました。修了生・卒業生は、経済界を中心に、全国で活躍し、高い評価を得てきました。これら卒業生・修了生による同窓会組織である「温山会」は、北は北海道から南は沖縄まで全国四十一の支部を中心に組織され、それぞれの地域で、あるいは地域を越え、活発な活動を行っています。皆さんもまた、本日から本学修了生・卒業生であり、「温山会」の会員です。職場や地域で本学の先輩に出会うことがあれば、先輩は皆さんに温かく接し、皆さんを応援して下さるでしょう。各地域や職場で開催されている温山会支部総会にもぜひ出席して下さい。また、皆さんも、今後は「温山会」の一員として、後輩たちを温かく見守って下さい。

最後になりましたが、皆さんが夢や希望を持って、地域や社会の発展のために、さらには世界の発展のために、益々ご健勝でご活躍いただきますように祈念して、式辞といたします。

平成二十六年三月二十日

松山大学

学長　村 上 宏 之」(32)

本年の式辞は、前年の式辞と全く同一であった（卒業生の人数のみ変更）。その問題点も前年指摘したのと同一である。

三月三一日、経済学部では、橋本卓爾（新特任、地域経済論）、馬紅梅（中国経済論）、谷口裕亮（新特任、開発援助論）、経営学部では、松岡義勝（文章表現）、小木麻里子（英語）、人文学部では郡司良夫（図書館司書）、法学部では、友澤悟（環境科学、特任）、小野寺賢一（ドイツ語）、短大では青野勝廣（経済学）が退職した。

法人役員関係では、副学長の安田俊一が退任した（四月一日より学部長就任）。理事では松岡一郎、評議員では寄附行為第二四条第一項第一号選出の鈴木茂が退任し、同第一項第四号選出の学部長、間宮賢一、浅野剛、奥村義博、村田毅之、松岡一郎が退任した。(33) なお、鈴木の補充で道下仁朗が四月一日より評議員に就任する。

〔注〕
(1)『学内報』第四三六号、二〇一三年四月。
(2)『学内報』第四三六号、二〇一三年四月。
(3)『学内報』第四三七号、二〇一三年五月。編入生を含む。
(4) 松山大学総務課所蔵。
(5)『学内報』第四三八号、二〇一三年六月。
(6)『学内報』第四三七号、二〇一三年五月。
(7)『学内報』第四三九号、二〇一三年七月。
(8)『学内報』第四四〇・四四一号、二〇一三年八・九月。
(9) 同。
(10)『学内報』第四三九号、二〇一三年七月。
(11)『学内報』第四四三号、二〇一三年一一月。

(12)『学内報』第四四二号、二〇一三年一〇月。
(13)『学内報』第四四三号、二〇一三年一一月。
(14)同。
(15)同。
(16)松山大学「創立九〇周年　記念の記録」平成二六年三月二八日より。
(17)『学内報』第四四四号、二〇一三年一二月。
(18)同。
(19)『学内報』第四四五号、二〇一四年一月。
(20)同。
(21)同。
(22)同。
(23)『学内報』第四四六号、二〇一四年二月。
(24)『学内報』第四四七号、二〇一四年三月。同、第四四九号、二〇一四年五月。
(25)『学内報』第四四七号、二〇一四年三月。
(26)『学内報』第四四八号、二〇一四年四月、同、第四四九号、二〇一四年五月。
(27)『学内報』第四四八号、二〇一四年四月。
(28)同。
(29)『学内報』第四四七号、二〇一四年三月。
(30)『学内報』第四四八号、二〇一四年五月。
(31)同。
(32)松山大学総務課所蔵。
(33)『学内報』第四四八号、二〇一四年四月。

・

(三)二〇一四年（平成二六）度

村上学長・理事長二年目である。本年の校務体制は、副学長は山田富秋（二〇一三年一月三一日～二〇一六年一二月三一日）、吉田健三（二〇一四年三月一四日～二〇一六年二月二九日）が続けた。経済学部長は新しく安田俊一（二〇一四年四月～二〇一八年三月）、経営学部長も新しく中村雅人（二〇一四年四月～二〇一八年三月）、人文学部長も新しく小松洋（二〇一四年四月～二〇一八年三月）、法学部長も新しく明照博章（二〇一四年四月～二〇一六年三月）、薬学部長も新しく古川美子（二〇一四年四月～二〇一六年三月）が就任した。短大学長は清野良栄（二〇〇九年四月～二〇一五年三月）が続けた。大学院経済学研究科長は新しく宮本順介（二〇一四年四月～二〇一五年三月）、経営学研究科長も新しく中村雅人（二〇一四年四月～二〇一八年三月）、言語コミュニケーション研究科長も新しく吉田美津（二〇一四年四月～二〇一六年三月）が就任した。社会学研究科長は牧園清子（二〇一三年四月～二〇一五年三月）が続けた。医療薬学研究科長は新しく河瀬雅美（二〇一四年四月～二〇一八年三月）が就任した。図書館長は藤井泰（二〇一一年一月～二〇一四年一二月）が続けた。総合研究所長は宮本順介に代わって新しく水上英徳（二〇一四年四月～二〇一六年一二月三一日）が就任した。副所長は溝上達也（二〇一三年一月一日～二〇一四年一二月）が続けた。教務委員長は新井英夫（二〇一三年四月～二〇一五年三月）が続けた。入試委員長は新しく永野武（二〇一四年四月～二〇一六年三月）が就任し、学生委員長も新しく道下仁朗（二〇一四年四月～二〇一五年三月）が就任した。

学校法人面では、常務理事は、副学長で理事の山田富秋（二〇一三年二月八日～二〇一六年一二月三一日）、事務局長で理事の西原友昭（二〇一〇年四月～二〇一七年三月）、事務部長（学生部）で理事の岡村伸生（二〇一〇年四月～二〇一四年一二月三一日）、評議員理事の松浦一悦（二〇一一年一月一四日～二〇一四年一二月三一日）の四名であった。理事は事務から事務局長の西原友昭及び学生部長の岡村伸生、総務部長の岡田隆、国際センター事務部長の高原敬明の四名、評議員から田中哲、松浦一悦の二名（松岡一郎の後任、一人欠）、設立者から新田元庸、温山会から麻生俊介、今井琉璃男、野本武男、学識者から一色哲昭、大塚潮治、山下雄輔であった。監事は、新田孝志（二〇〇八年一月一日〜）、金村毅（二〇〇九年六月〜二〇一五年五月三一日）、島本武（二〇一一年一月一日〜二〇一四年一二月三一日）であった。評議員は、教育職員は、穴田浩一（人文）、池上真人（経営）、遠藤泰弘（法）、今枝法之（人文）、河瀬雅美（薬）、松浦一悦（経済）、道下仁朗（経済）、湯浅宏（薬）の八名、事務職員は岡田隆、浜岡富雄の二名、事務局長及び部長は西原友昭、岡村伸生、藤田厚人、高原敬明、高尾義信の五名。後、副学長、学部長、短大学長、温山会の六名、学識者の一〇名であった。[1] 理事長補佐は、溝上達也と苅谷寿夫であった。

本年度・二〇一四（平成二六）年度の「事業計画」の大要は次の通りである。[2]

まず、大学を取り巻く環境と本学の現状として、少子化による一八歳人口は今後も進むことの危機感を述べ、本学の二〇一三年度の入試は、文系も薬学部も増えたものの、二〇一四年度入試のⅠ期試験では、文系も薬学部も志願者が減少し、厳しいこと、他方、就職状況は良好であること、等について述べた。

そして、本年の事業目標・方針として、「今後、平成三五年に迎える創立一〇〇周年や次の一〇〇年（創立二〇〇周年）に向けて、更に歴史と伝統を積み上げ、教育・研究や地域貢献で評価される大学として一層の努力」をすることを掲げた。そして、①教学改革・教育目標として、「社会に即応した問題発見能力や問題解決能力を学生が習得できる教育と研究」、学生の主体的な「能動的学修」の養成を掲げていた。②法人事業面では、施設整備面で耐震補強や耐用年数を経過しつつある建物の改修・新築工事を行なうことが必要で、一号館、三号館、研究センターの機能を樋又キャンパスに移すこと、そして二〇一六年竣工を目指す、昨年大学基準協会から認証を受け、今後、改革・改善し、内部質保証構築に向けた作業を行なうこと、等をあげた。

この事業計画について、一言コメントすると、「地域貢献」といった地味だが、堅実を方針を示しているが、教学面の方針は抽象的で、ハード面の施設整備のみが具体的計画となっているようにみえる。

本年度も次のような新しい教員が採用された。(3)

経済学部

加藤　光一　一九五四年生まれ、九州大学大学院農学研究科博士課程。教授として採用（新特任）。地域経済論。

経営学部

藤田　聡司　一九五三年生まれ、京都大学文学部。教授として採用（特任）。文章表現。

野上　陽子　一九八〇年生まれ、広島市立大学大学院国際学研究科博士後期課程。講師として採用（新特任）。英語。

人文学部

片山　俊治　一九五四年生まれ、北海道大学工学部。准教授として採用（特任）。司書。

法学部

槻木　玲美　一九七二年生まれ、京都大学大学院理学研究科博士後期課程。准教授として採用

（新特任）。自然科学概論。

薬学部

山尾　涼　一九七八年生まれ、名古屋大学大学院文学研究科博士後期課程。准教授として採用（特任）。ドイツ語。

四月二日、文部科学省より「私立学校法の一部を改正する法律の施行について（通知）」があった。四月三日、二〇一四年度の入学式が行われた。経済四三七名、経営四四九名、人文英語一〇六名、同社会一三六名、法二一四名、薬学部一二六名が入学した。大学院は経済はゼロ、経営は一名、言語コミュ一名、社会一名、薬学二名が入学した。経済、経営は、歩留り予測が外れ、定員をかなりオーバーした。薬学部は二年連続定員（一〇〇名）を超えた。[4] 喜ばしいことであった。

村上学長は、式辞で、松山大学の歴史と校訓「三実」について述べ、新入生に対し「将来に対する目標を持って、自律的に大学生活を過ごすことで、自分の能力を高めることが重要です。皆さんが抱いている目標を達成するために本学の教職員は支援を惜しみません」と歓迎した。[5] それは次の通りである。

「新入生の皆さん、ご入学おめでとうございます。皆さんの入学に対して心から歓迎の意を表します。保護者の皆様におかれましては、ご子女のご入学を迎えられ、感慨無量でさぞかしご安堵なさられているものと拝察いたします。本日、千四百七十三名の新入生の皆さんを本学に迎えるに当たり、多数のご来賓ならびに保護者の皆様のご臨席を賜り、平成二十六年度松山大学大学院・松山大学入学式宣誓式をかくも盛大に挙行できますことは、本学の光栄とするところであり、教職員を代表して心から御礼申し上げます。

さて、新入生の皆さん、本学に入学の上は、本学の学生として自信と誇りを持ち、勉学や課外活動などに励んでいただきたいと願って、最初に松山大学の歴史と教育理念である校訓「三実」の精神について、お話しておきたいと思います。

〔以下、松山大学の歴史と校訓「三実」について述べられるが、前年と同一ゆえ、略す〕

昨年、創立九十周年という節目の年を迎えた本学が、これまで社会に輩出した卒業生は約七万名であり、経済界を中心に全国的に活躍し、高い評価を得てきました。これも卒業生の方たちが校訓「三実」の精神を大切にして活躍してこられた結果であり、これが松山大学の伝統になっていると確信しています。

大学は、社会にでるための最後の学びの場です。小学校、中学校、高等学校よりも皆さんの主体性が問われます。教科書に加えて参考書や問題集、さらには塾や通信教育、模擬テストなどが用意され、はっきりと自分の理解度が確認できた高等学校までとは異なり、大学には授業を補う塾や通信教育などはありません。市販されている学習教材のない環境下で、皆さんは自らの理解度を自分自身で測る必要があります。ただ、それは、皆さんが一人でなんとかしなければならないということではありません。疑問に思うことや理解に至らない事柄については授業担当の教員に積極的に質問して下さい。教員は皆さんからの質問を期待しています。授業の内容についてより深く知りたければ、教員に質問し、大学の図書館を利用して下さい。また、学生生活の中で生じた悩みや問題については、学生支援室を訪ね、気軽に相談して下さい。

さらに、皆さんが今後直面する就職活動においては、高校入試や大学入試とは異なり、模擬試験の結果を見て希望する就職先が一義的に選択できるわけではなく、皆さんそれぞれの能力や志向に応じてその選択肢は変わってきます。この点でも、皆さんは、卒業後の自分の将来に対する目標を持って、自律的に大学生活を過ごすことで、自分の能力を高めることが重要です。

皆さんが抱いている目標を達成するために本学の教職員は支援を惜しみません。社会で活躍できる有為な人材になるために、充実した学生生活が過ごせるよう、学長以下教職員一同、皆さんを支えます。皆さんは目標を達成するために何をすべきかを考え、行動して下さい。皆さんが、ご修了・ご卒業を迎えられるときに、自らの目標を達成できていますよう祈念して、式辞といたします。

平成二十六年四月三日

松山大学

学長　　村　上　宏　之」(6)

本年の入学式辞は、前年の式辞とほとんど同一であった（就職についての説明を簡素化している）。

四月一〇日、正式理事会が開かれ、看護学部設置について全学教授会に再提案することが決められた。理事会としては、看護学部設置は地域社会から要望されており、設置しないことのリスクの方が危惧されるので、松山赤十字病院と支援を協議し、教授会構成員の賛成が得られるように提案の条件を変更し、再提案することにした。再提案は次の通りであった。

①定員：八〇名（前回と同じ）

②学費：一四〇万円（前回より二〇万円の引き下げ）

③教員：二八名（前回と同じ）

松山赤十字病院の支援策は次の通りであった。

①看護学部学費を引き下げるための松山赤十字病院の支援

前回は学費一六〇万円としていたが、四国内の私学と同じ一四〇万円と引き下げるために、松山大学が赤十字教育を行うことに対し教育委託費として、学費の差額二〇万円を、八〇名の学生に四年間支援する。四年間の累積学生数×二〇万円＝一・六億円で、五年目以降の学費は、改めて検討する。

②定員未充足の場合の看護学部基金の創設

毎年五名分未充足が生じたと想定し、五名分の学費を完成年度までの累積学を基金として積み立てる。拠出割合は松山大学三、赤十字病院一の割合とする。拠出累積額は七〇〇〇万円で、大学五二五〇万円、松山赤十字一七五〇万円とする。定員未充足が発生しなかったなら、赤十字病院の拠出額を返還する。

この再提案について、少しコメントしよう。

①看護学部の問題は学費・お金の問題ではないだろう。

②そもそも、松山赤十字病院が自己の社会的使命を投げ捨てた看護学校をなぜ松山大がしりぬぐいして引受なければならないのかの根本的な疑念があるからである。

五月一日発行の『学内報』に、「二〇一四年度の事業計画及び予算の概要」が掲載された。今後の事業計画・事業目標として、二〇二三年の創立一〇〇周年や次の一〇〇年（創立二〇〇周年）に向けての「教育・研究や地域貢献で評価される大学」づくりを掲げている。なお、予算において、金利スワップにおいて、現状の円ドル為替レート（二月五日現在一〇一・二三円）では支払いは発生しない旨が記されていた（理由の説明はない）。[7]

五月二九日、法人役員関係で、理事に経済学部教授の道下仁朗が選出されている。

六月二日、二〇一五年度の入試要項の説明会が行われた。

六月一二日、一四時半より全学教授会が開かれた。二〇一三年度の事業報告、二〇一四年度の事業計画が報告された。そこで、有毒物質シアンが出た南海放送跡地の契約問題が問題となった。

六月二六日、常務理事会で、通勤手当の不正が発覚し、返金問題を議論し、そして、七月の常務理事会で処分を決めた。教育職員の不祥事であった。

七月一日発行の『学内報』に「二〇一三年度決算」が掲載されている。そこで、資金運用面で、時価が貸借対照表計上額を越えないものとして、地方債・社債・株式の合計で一六八九万六五八六円の時価損失、仕組債で五八五二万五〇〇〇円の時価損失、合計七五四二万一五九六円の時価損失が出ていた。また、デリバティブ取引（六・四億円、金利スワップ）で時価損失、一一四六万五三一〇円を出している。そして、デリバティブ取引の運用益六四〇万円は計上されているが、デリバティブ運用損の計上はなぜかない。(8)

七月二五日、理事会が開かれた。看護学部問題を協議している。この時、外部理事をも入れて、全学教授会に説明することを決めたと思われる。それは、外部理事が社会貢献として看護学部開設に積極的であったためであろう。

八月二七日、理事会による説明会が開かれた。看護学部問題が議題であった。外部理事も出席した。内部理事は出席していないようである。外部理事を入れて教授会に説明会を行なうことは、学校始まって以来の前代未聞のできごとであった。理事会が看護学部開設について再提案をした。それは授業料を二〇万円下げて一四〇万円にする、四年間松山赤十字病院が奨学金として二〇万円出す。赤字を一部補塡する、等々であった。賛否の激論があったようだ。

少し、コメントしよう。

①外部理事が入った理事会による全学教授会構成員への説明会を開催することは、独立自尊、教授会の自治の点から大問題である。そして、逆効果となろう。

②また、一度否決された議題を蒸し返して採決してもさらに反対が増えるだけだろう。

③看護学部は、松山赤十字に自己の社会的責任を果たしなさいと、説得すべきで、松山日赤に期待をもたせたのは、村上学長・理事長ら学内理事・常務理事たちの判断ミスであろう。

八月二九日、理事会を開いた。議題はスワップ取引と看護学部問題であった。看護学部については、諦めたものは思われる。しかし、その旨、公表はされていない。要するに、この看護学部騒動は理事たちに時間とエネルギーを損失させた不毛なものであった。

八月二九日、文科省高等教育局より、学校教育法の改正に伴う内部諸規程の改定を、二〇一五年四月一日までに行うよう通知があった。学校教育法の改正とは、教授会の位置づけについて、それまでの人事、学則改正等大学の重要事項を審議する審議機関から、学長の諮問事項および学長等への意見具申事項を審議する会議体へ大きく変更するものであった。その本質は、安倍内閣の「戦後レジーム体制打破」の一環で、教授会自治の弱体化で、教授会の審議機関から諮問機関化、学長権限、理事会権限の強化、文科省のいいなりになる大学をめざすものであった。

九月一二日、学校教育法改正の規程等の総点検に係わる委員を選出している。委員は学長、副学長、各学部長、短大学長、事務部長らであった。(9)

九月二八日、二〇一五年度の大学院Ⅰ期入試が行なわれた。経済学研究科は学内特別進学はいなく、一般で二名が受験して二名が合格、経営は学内進学者二名が受験して一名が合格、一般はいなく、社会人特別選抜で一名が受験して合格はゼロ。言語コミュは社会人特別選抜で一名が受験して一名が合格した。社会は受験者がいなかった。医療薬学科は一般で一名が受験して一名が合格、社会人で一名が受験して一名が合格した。(10)

一一月一五、一六日の両日、二〇一五年度の推薦・特別選抜入試が行われた。一五日が経済・経営、一六日が人文、法、薬であった。変化は、経営学部が各種活動で三〇名→二〇名に減らし、指定校で五五名→六五名に増やしただけで、それ以外変更はなかった。
結果は次の通りであった。[11] 志願者数は前年に比し、微減であった。薬学部は、指定校を満たさず、一般公募は全入であった。厳しい結果となった。

表一　二〇一五年度推薦・特別選抜入試

	募集人員	志願者	合格者
経済学部（指定校制）	一〇五名	一一三名	一一二名
（一般公募）	二五名	一〇六名	五九名
（各種活動）	一二名	一一名	一一名
（資格取得者）	若干名	〇名	〇名
経営学部（指定校制）	六五名	六七名	六五名
（一般公募）	二二名	一三八名	六二名
（成績優秀者）	一五名	五五名	四七名
（各種活動）	二〇名	二九名	二七名
（資格取得者）	一五名	二五名	二一名
人文英語（指定校制）	二〇名	一五名	一四名
（資格取得者）	若干名	一〇名	一〇名
（総合学科卒業生）	若干名	一名	一名
社会（指定校制）	一五名	二〇名	二〇名

（社会人）	若干名	○名	○名
法学部（指定校制）	二〇名	二五名	二五名
（一般公募制）	五五名	一五九名	一〇三名
（各種活動）	一〇名	一三名	一三名
薬学部（指定校制）	一五名	一一名	一一名
（一般公募）	一五名	一六名	一五名
総計	四四七名	八一四名	六一六名

（出典）『学内報』第四五七号、二〇一五年一月。

一一月三〇日、学校法人役員の任期満了に伴い、学内の教員評議員（穴田浩一、池上真人、今枝法之、遠藤泰弘、河瀬雅美、松浦一悦、道下仁朗、湯浅宏の八名）が退任した。学内の事務職評議員（岡田隆、浜岡富雄）も退任した。また、事務局長及び事務部長評議員（西原友昭、藤田厚人、岡村伸生、高尾義信、高原敬明）も退任した。また、評議員会選出の理事（田中哲、松浦一悦、道下仁朗）も退任し、常務理事の松浦一悦も退任した。

一一月三〇日、任期満了にともなう学内の評議員会選挙が行なわれた。教育職員では、浅野剛（経営、新）、新井英夫（法、新）、奥村義博（人文、新）、妹尾克敏（法、新）、難波弘之（薬、新）、野元裕（薬、新）、松尾博史（経営、再）、道下仁朗（経済、再）の八名が選出された。今回も薬学部から二名入った。事務職員では、浜岡富雄（再）と藤田厚人（新）の二名が選出された。また、事務局長及び事務部長評議員として、西原友昭、岡田隆、世良静弘、高尾義信、高原敬明が選出され、いずれも一二月一日付けで就任した

一二月四日、温山会出身の評議員（第二四条第一項第五号）八名、学識者からの評議員（同第六号）一〇名が就任している。(12)

一二月一七日、清野短大学長の任期満了に伴う学長選挙が行なわれ、経営学部教授の上杉志郎（一九六五年一月生まれ、大阪大学大学院博士後期課程。経営情報論）が選出された。(13)任期は二〇一五年四月から三年間。

二〇一四年一二月末で村上学長の任期が満了するので、九月に選挙管理委員会が組織された（委員長は前学長の森本三義）。一〇月一日に公示がなされた。選挙権者は二五五名であった（教員一五〇名、職員一〇五名）。一〇月一六日、学長選挙の第一次投票が行われた。結果は次の通りである。

1. 選挙権者	二五五
2. 棄権	一五
3. 投票総数	二四〇
4. 無効	一三
5. 有効投票	二二七

1位　村上宏之　一二〇
2位　清野良栄　三六
3位　妹尾克敏　三四
次点　森本三義　一九

よって、村上宏之が圧倒的一位となり、二位清野良栄、三位妹尾克敏の上位三候補が第二次選挙の候補者となった。清野候補は一九五〇年一月生まれ、六四歳、経済学部教授で経済学部長、経済学研究科長、短大学長を務めていた。妹尾候補は一九五三年六月生まれ、六一歳、法学部教授で理事、法学部長を務めていた。

一一月六日、学長選挙第二次投票が行われた。結果は次の通りであった。

1. 選挙権者　二五五
2. 棄権　二三
3. 投票総数　二三二
4. 無効　八
5. 有効投票　二二四
村上宏之　一八七（教員一〇二、職員八五）
妹尾克敏　二〇（教員　七、職員一三）
清野良栄　一七（教員　一四、職員　三）

よって、第一次投票で清野、妹尾候補に入れた選挙権者が村上候補に流れ、村上候補が教員及び職員の圧倒的多数を得て再選された。

一二月三一日、村上宏之学長・理事長が退任した。また、同日付けで、副学長の山田富秋、吉田健三も退任した。

また寄附行為の規程により、理事も退任した。学長の村上宏之、副学長の山田富秋、事務局長の西原友昭、部長の岡村伸生、設立者の新田元庸、温山会の麻生俊介、興梠安、野本武男、学識者の一色哲昭、大塚潮治が退任した。また、常務理事岡村伸生、西原友昭、山田富秋が退任した（尚、松浦一悦は一一月三〇日付けで退任している）。また、監事として、設立者から新田孝志、学識者から金村毅、島本武が退任した。理事長補佐の苅谷寿夫、溝上達也が退任した。(14)

二〇一五年（平成二七）一月一日付けで次のような新しい理事が就任した。学長の村上宏之（再）、事務局長の西原友昭（再）、評議員会選出の新井英夫（新）、人城戸圭一（新）、道下仁朗（再）、設立者の新田長彦、温山会の麻生俊介、興梠安、野本武男。また、監事として一月一日付けで新田孝志（二〇〇八年一月一日〜）、植村礼大（二〇一五年一月一日〜）、金村毅（常勤監事、二〇〇九年六月〜二〇一五年五月三一日）が就任した。理事長補佐として、一月一日付けで池上真人、苅谷寿夫が就任した。(15)

一月九日、全学教授会が開かれ、村上学長より、副学長候補として、人文学部教授山田富秋、経済学部教授吉田健三、経営学部教授溝上達也の三名が提案され、選挙が行なわれ、三名とも選出された。山田、吉田は再選であった。溝上は一九七四年五月生まれの四〇歳、学部長、研究科長の経験者ではなかったが、初選出となった。若い副学長で、抜擢人事であった。五学部体制で副学長三名とは多すぎよう。

一月九日、理事会が開かれ、副学長に就任した年長の山田富秋が理事に就任し、また事務部長の世良静弘が理事となり、学識者として井原理代（香川大学）、大塚潮治、廣本敏郎が理事となった。(16)

一月一五日、経済学部教授会があり、再雇用の入江重吉、川東竫弘の再雇用延長（六八歳→七〇歳）が議題となり、延長が否決された。それまで、経済学部では、大学院担当者は再雇用延長がなされていたが、今回は否決された。

一月一六日、理事会が開かれ、事務局長で理事の西原友昭、評議員理事の道下仁朗、副学長で理事の山田富秋が常務理事に就任した。(17)いずれも再任であった。

一月一七、一八日の両日、大学入試センター試験が行なわれた。

一月二三日、宮本経済学研究科長の定年（六五歳）にともなう研究科長選挙があり、間宮賢一（六〇歳、理論経済学）が選出された。任期は二〇一五年四月より二年間。

一月二五日、二〇一五年度の一般入試Ⅰ期日程及びセンター利用入試前期日程A方式（経営）の試験が行なわれた。前年度までは薬学部は二日間であったが、一日だけに変更した。募集人員は文系は前年と同一であったが、薬学部は四〇名→四五名に増やした（センタースカラの五名を廃止し、Ⅰ期に振り向けた）。

Ｉ期日程の結果は次の通りである。[18] 志願者は文系四学部で一六四六名→一八九四名へ、二四八名、一五・一％増えた。文系は好結果であった。他方、薬学部のＩ期はメイン入試にもかかわらず、日程を一日に変更したためか、志願者は前年の二五六名→一九一名に、六五名、二五・四％も減少した。先の推薦入試に続き、再び厳しい結果となった。文系の合格者は、前年の五五三名→五三七名と、少し絞った。薬も前年の一五三名→一二五名に絞った。

表二　二〇一五年度一般入試Ｉ期日程

	募集人員	志願者（前年）	合格者	実質競争率
経済学部	三〇名	五五一名（四七三名）	一五四名	三・五五
経営学部	三〇名	五四七名（四七五名）	一四九名	三・六五
人文英語	一五名	一九五名（一八九名）	八七名	二・二四
社会	一〇名	二八七名（二三七名）	五六名	五・一一
法学部	二〇名	三一四名（二七二名）	九一名	三・四四
文系合計	一〇五名	一八九四名（一六四六名）	五三七名	三・五一
薬学部	四五名	一九一名（二五六名）	一二五名	一・五一
総計	一四五名	二〇八五名（一九〇二名）	六六二名	三・一三

（出典）『学内報』第四五九号、二〇一五年三月。

センター利用入試前期日程の結果は次の通りである。[19] 募集人員は前年と同じである。文系の志願者は前年に比し一八八〇名→一七九〇名に九〇名、四・八%ほど減少した。一般入試Ⅰ期は増えたが、センターは不振となった。また、薬学部も一二二名→一一四名に八名ほど減少し、Ⅰ期、センター利用入試とも厳しい状況となった。なお、合格者は前年に比し少し絞った。

表三　二〇一五年度センター利用入試前期日程

	募集人員	志願者（前年）	合格者	実質競争率
経済学部	三〇名	五一六名（五六一名）	三三四名	一・五四
経営学部	二五名	六七八名（五九四名）	二九八名	二・二七
人文英語	一〇名	一三二名（一七九名）	一〇五名	一・二六
社会	一五名	二四八名（二二七名）	一四一名	一・七六
法学部	二〇名	二一六名（三一九名）	一六二名	一・三三
文系合計	一〇〇名	一七九〇名（一八八〇名）	一〇四〇名	一・七二
薬学部	五名	一一四名（一二二名）	八四名	一・三六
総計	一〇五名	一九〇四名（二〇〇二名）	一一六〇名	一・六九

（出典）『学内報』第四五九号、二〇一五年三月。

一月二九日、一四時半より全学教授会が開催された。学校教育法改正に伴う学内規則の改正であった。教授会自治の弱体化であり、教授会が従来の審議機関から、学長への「意見具申機関」へ変更された。ただし、規程改正は行なうが、実態は従来通りとのことで、悪意ある学長が現われないないかぎり、従来通りの大学運営とのことであった。

二月五日、牧園社会学研究科長の任期満了に伴う研究科長選挙があり、中谷陽明（五六歳、社会福祉学）が選出された。[20] 任期は二〇一五年四月より二年間。

二月一一、一二日の両日、二〇一五年度の一般入試Ⅱ期日程が行なわれた。一一日が経済・経営、一二日が人文、法、薬学部であった。一二日には、薬学部のセンター利用入試中期日程A方式も行われた。募集人員は、文系も薬学部も前年と同じであった。

Ⅱ期日程の結果は次の通りである。[21] 文系も薬学部も前年に比し、志願者が増えた。文系四学部は前年の三一七一名→三四五八に、二八七名、九・一％増えた。Ⅰ期、Ⅱ期とも文系は好結果となった。薬学部（募集人員一〇名）も七一名→八六名に一五名増えた。Ⅰ期は減少したが、Ⅱ期は少し挽回した。合格者は、文系四学部は前年の一三八九名→一四五七名へと、多めに出した。しかし、それでも、経営を除き、経済と人英・人社が定員を満たさないと予想されたため、第一次追加合格として、経済が一三名、人英が一九名、人社が六九名を出した。追加合格を含めて合格者は経済四九一名、人英一四八名、人社二七五名となった。その結果、文系の実質競争率は低下し、経営を除き、全学部で前年に続き二倍を切り、赤信号となった。とくに人英は志願者が二五二名であったが、受験者が大幅に減り二〇三名となり、人英の落ち込みが酷く、実質競争率が一・三七で暗雲が漂った。また、薬学部も志願者は八六名であったが、受験者は六八名に減り、三五名の合格者を出した。

表四　二〇一五年度一般入試Ⅱ期日程

	募集人員	志願者（前年）	合格者	一次追加	二次追加	実質競争率
経済学部	一七三名	一〇六〇名（九四三名）	四七八名	一三名	〇名	一・八〇
経営学部	一八〇名	一〇三六名（九五八名）	四二二名	〇名	〇名	二・〇五
人文英語	四五名	二五二名（二七三名）	一二九名	一九名	〇名	一・三七
社会	八〇名	五九〇名（五〇六名）	二〇六名	六九名	〇名	一・八二
法学部	〇名	五二〇名（四九一名）	二二二名	〇名	〇名	一・九六
文系合計	五五八名	三四五八名（三二七一名）	一四五七名	一〇一名	〇名	一・八五
薬学部	一〇名	八六名（　七一名）	三五名	〇名	〇名	一・九四
総計	五六八名	三五四四名（三三四二名）	一三一二名	一〇一名	〇名	一・八六

（出典）『学内報』第四六〇号、二〇一五年四月。同、第四六一号、二〇一五年五月。実質競争率は受験者÷合格者。

また、薬学部のセンター利用入試中期日程A方式は、募集人員五名、志願者二九名、合格者一三名であった。なお、薬学部センター利用試験スカラシップ入試は二〇一五年度より廃止した。この二〇一五年度の入試結果について、後に、入試委員長の永野武が『学内報』第四六二号（二〇一五年六月）で詳細に分析している。

永野は、まず薬学部入試について、二〇〇九年度入試から二〇一五年度入試の七年間の推移をグラフで示し、①二〇〇九年度→二〇一〇年度の志願者七二名の増大は入試制度の変更（センター前期

A方式とセンタースカラの導入）によること、②二〇一四年度→二〇一五年度の志願者九〇名の減少も入試制度の変更（一般Ⅰ期の入試を一日にし、センタースカラを廃止）により説明できること、③二〇一三年度入試の志願者増は、前年の薬剤師国家試験の合格実績が良かったこと、をあげている。

永野は、文系入試について、二〇〇一年度入試から二〇一五年度入試の一五年間の推移をグラフで示し、①二〇〇一年度の志願者八九八〇人→二〇〇八年度五四一〇人に四〇％も減少したが、少子化が底流にあるが、少子化だけでは説明がつかないこと、②二〇〇九年・二〇一〇年度（九二二一人）入試で大幅に志願者が増えたのは、二〇〇九年の入試改革で説明できること。しかし、その後、再び二〇一一年・二〇一二年度入試（五七八三人）で二年連続減少し、二〇一三年度・二〇一五年度入試（七四〇三人）で増大に転じたが、それらは少子化や入試制度の変更（二〇一三年度に変更していない）では説明がつかず、前年度の合格難易度が要因ではないかと推測している。[22] 妥当な評価であろう。受験生は、前年度の競争率で志願先を決める傾向があるからである（隔年結果説）。

二月一五日、大学院薬学研究科Ⅱ期試験が行なわれた。一般入試で二名が受験し、二名が合格した。

二月二二日、大学院文系四研究科のⅡ期入学試験が行なわれた。経済修士は外国人特別選抜で一名が受験し、一名が合格した。経済博士は二名受験し二名が合格した。経営修士は一般選抜で一名が受験したが、合格しなかった。社会人特別選抜で三名が受験し、二名が合格した。言語コミュニケーションは受験者がいなかった。社会修士は社会人特別選抜で二名が受験し、二名が合格した、社会博士は一名が受験し、一名が合格した。[23]

二月二八日、三月一日の両日、第一〇〇回薬剤師国家試験が行なわれた。本学薬学部（第四期生）

の結果は次の通りで、新卒は四七名が受験して三一名が合格、合格率六六・〇%、既卒は八三名が受験して三一名の合格、合格率三七・四%であった。総計一三〇名が受験して六二名が合格、合格率四七・七%であった（私学平均六二・三%、全国平均六三・二%）。順位は私学五六校中四四位、全国七三校中六一位で、惨憺たる状況となった。なお新卒で七一名が出願したが、四七名しか受験していない。それは、卒業できなかったためであった。教学上、由々しき事態であった。そして、国家試験の合格率は、すぐに翌年の入試に影響を与える事柄で、前途暗雲である。

表五　第一〇〇回薬剤師国家試験結果

	出願者	受験者	合格者	合格率	私立平均合格率	全国平均
新卒	七一名	四七名	三一名	六六・〇%	七一・六%	七二・七%
既卒	八四名	八三名	三一名	三七・四%	五二・七%	五三・一%
総数	一五五名	一三〇名	六二名	四七・七%	六二・三%	六三・二%

（出所）厚生労働省

三月一三日、二〇一五年度の大学センター利用入試後期日程が行なわれた。募集人員は前年と変わらなかった。結果は次の通りであった[24]。文系は前年に比し、志願者が増大した。一方薬学部は減少した。文系の合格者は、前年の九〇名→八五名と、少し絞った。薬の合格者前年の六名→一三名に増やし、全入に近くなった。

表六　二〇一五年度センター利用入試後期日程

	募集人員	志願者（前年）	合格者	実質競争率
経済学部	一〇名	一一五名（一〇四名）	四一名	二・六三
経営学部	一五名	一〇九名（九九名）	二九名	三・四八
法学部	五名	三七名（三六名）	一五名	二・四七
文系合計	三〇名	二六一名（二三九名）	八五名	二・八九
薬学部	五名	一六名（二一名）	一三名	一・二三
総計	三五名	二七七名（二六〇名）	九八名	二・六七

（出典）『学内報』第四六一号、二〇一五年五月。

三月二〇日、午前一〇時よりひめぎんホールにて二〇一四年度の卒業式が行われた。経済三五六名、経営三六〇名、人文英語一〇三名、同社会一一六名、法学部一八六名、薬学部四七名が卒業した。大学院は経済学研究科博士課程一名、修士課程二名、経営学研究科修士課程二名、言語コミュ四名、社会学研究科修士二名が修了した。薬学部卒業四七名は、六年前（二〇〇九年四月入学）の入学者が九〇名であったので、半分しか卒業できていなかったことになる。教学上由々しき事態だろう。

村上学長は、式辞で、松山大学の歴史と教育理念の校訓「三実」を述べ、本学の出身者として誇りを持ち、校訓「三実」の精神で大いに活躍していただきたい、世の中に出て苦労はあるが、挫けることなく、労を厭わず立ち向かって下さい、と餞の言葉を述べた。(25) それは次の通りであった。

「修了・卒業される皆さん、ご修了、ご卒業おめでとうございます。所定の課程を修めて、本日めでたくご修了・ご卒業の日を迎えられたことに対して、心からお慶び申し上げます。また、これまで成長を見守ってこられた保護者の皆様におかれましても、さぞかしお慶びのことと拝察し、心からお慶び申し上げます。本日、多数のご来賓ならびに保護者の皆様のご臨席を賜り、平成二十六年度松山大学・大学院学位記、松山大学卒業証書・学位記授与式を盛大に挙行できますことは、本学の光栄とするところであり、教職員を代表して心から御礼申し上げます。

本日は、晴れて本学を巣立って行かれる皆さんに、松山大学の歴史と教育理念としての校訓「三実」の精神の二点について、改めてお話しをさせていただきたいと思います。

〔以下、松山大学の歴史と校訓「三実」について述べられるが、前年と同一ゆえ、略す〕

ほとんどの皆さんにとって、小学校からの学生生活は今日で終わりとなります。今日までの高校入試、大学入試センター試験、大学入試、そして期末試験といった試験はすべて皆さん自身のためでした。試験の点数の良し悪しが自分自身以外に影響することはありませんでしたが、今後は、皆さんの学びの成果は職場や取引先・顧客に影響してきます。皆さん自身のため、人のため、社会のためにも、学び続けて下さい。

学校は時間も空間も定められていました。決められた時間に、決められたクラスで、決められた学習を行っていました。学習の状況については、学校が管理していました。試験の範囲も決まっており、皆さんは問われたことに対して答えるだけでした。今後はそのような明確な時間も組織も管理もなくなります。仕事を行いつつ、仕事から学ぶこともあれば、仕事以外の時間を捻出して勉強することも必要になるでしょう。どこからどこまでとった勉強の範囲もありません。そもそも何が問題であるかさえ、はっきりしないこともあります。何を調べれば、またどれに聞けばよいのかも決まっていません。これからの皆さんは、自ら、いつ、どのようにして、何を教科書・参考書として調べ学び、だれに質問し、どの程度理解したかを決めて管理することが求められています。もちろんすべてうまくいくとは限りませんし、むしろ、うまくいかないことが多いかもしれません。しかし、それに挫けることなく、反省と改善を繰り返す労を厭わないで、立ち向かって下さい。皆さんの今後の成長を期待しています。

さて、本学は、これまで約七万名の修了生・卒業生を輩出してきました。修了生・卒業生は、経済界を中心に、全国で活躍し、高い評価を得てきました。これら卒業生・修了生による同窓会組織である「温山会」は、北は北海道から南は沖縄まで全国四十一の支部を中心に組織され、それぞれの地域で、あるいは地域を越え、活発な活動を行っています。皆さんもまた、本日から本学修了生・卒業生であり、「温山会」の会員です。職場や地域で本学の先輩に出会うことがあれば、先輩は皆さんに温かく接し、皆さんを応援して下さるでしょう。各地域や職場で開催されている温山会支部総会にもぜひ出席して下さい。また、皆さんも、今後は「温山会」の一員として、後輩たちを温かく見守って下さい。

最後になりましたが、皆さんが夢や希望を持って、地域や社会の発展のために、さらには世界の発展のために、益々ご健勝でご活躍いただきますように祈念して、式辞といたします。

平成二十七年三月二十日
松山大学
学長　村上宏之[26]」

三月三一日、経済学部では、櫻本健（経済統計）、西尾圭一郎（金融論）が退職し、転任した。経営学部では、岡野憲治（会計学）、墨岡学（情報処理）、中山勝己（マーケッティング論）、原田満範（会計学、新特任）、平田桂一（商業史）、越智三起子（フランス語）、金森敏（キャリアセンター）が退職した。人文学部では国崎敬一（社会学）、玉井智子（児童福祉論）らが退職した。[27]

二〇一四（平成二六）年度の、学校法人松山大学の事業について、実施された主な事項は「事業報告書」によれば次の如くであった。[28] (一)法人事業面では、①看護学部の断念、②二〇一五年三月樋又キャンパスの地鎮祭を挙行し、着工開始した、③二〇一四年七月「松山大学情報システム整備に関する基本方針」を示し、一二月に承認された中期計画に基づいて情報システムの整備を今後五年間で行なうことを決定した。④樋又建設に伴う文京キャンパスの整備方針について検討した。⑤学校教育法の改正に伴い、諸規定の見直し、事務組織の一部再編、等。(二)大学事業面では、①人英での学生研修の実施、法学部の台湾の玄奘大学との交流協定、経済での退職教員の遺族からの寄附をもとにした奨学金の設置、等。②学生支援で女子駅伝の応援等。

〔注〕
（1）『学内報』第四四八号、二〇一四年四月。なお、評議員理事一名は、松岡一郎が三月三一日に退任のあと、

補充されていない。後、二〇一四年五月二九日より道下仁朗が理事に就任する。
(2)『学校法人松山大学　二〇一四（平成二六）年度事業計画書』
(3)『学内報』第四四八号、二〇一四年四月。
(4)『学内報』第四四九号、二〇一四年五月。新入は編入生を含む。
(5)同。
(6)松山大学総務課所蔵。
(7)『学内報』第四四九号、二〇一四年五月。
(8)『学内報』第四五一号、二〇一四年七月。
(9)同。
(10)『学内報』第四五五号、二〇一四年一一月。
(11)『学内報』第四五七号、二〇一五年一月。
(12)同。
(13)『学内報』第四五八号、二〇一五年二月。
(14)同。
(15)同。
(16)同。
(17)同。
(18)『学内報』第四五九号、二〇一五年三月。
(19)同。
(20)同。
(21)『学内報』第四六〇号、二〇一五年四月。同、第四六一号、二〇一五年五月。実質競争率は受験者÷合格者。
(22)『学内報』第四六二号、二〇一五年六月。
(23)『学内報』第四六〇号、二〇一五年四月。
(24)『学内報』第四六一号、二〇一五年五月。
(25)『学内報』第四六〇号、二〇一五年四月。
(26)松山大学総務課所蔵。
(27)『学内報』第四六〇号、二〇一五年四月。
(28)『学校法人松山大学　二〇一四（平成二六）年度事業報告書』

㈣二〇一五年（平成二七）度

村上学長・理事長三年目である。

本年の校務体制は、本年の校務体制は、副学長は山田富秋（二〇一三年一月三一日～二〇一六年一二月三一日）、吉田健三（二〇一四年三月一四日～二〇一六年二月二九日）、溝上達也（二〇一五年一月九日～二〇一六年一二月三一日）が続けた。経済学部長は安田俊一（二〇一四年四月～二〇一八年三月）、経営学部長は中村雅人（二〇一四年四月～二〇一八年三月）、人文学部長は小松洋（二〇一四年四月～二〇一八年三月）、法学部長は明照博章（二〇一四年四月～二〇一六年三月）、薬学部長は古川美子（二〇一四年四月～二〇一六年三月）が続けた。短大学長は新しく上杉志郎（二〇一五年四月～二〇一八年三月）が就任した。大学院経済学研究科長は新しく間宮賢一（二〇一五年四月～二〇一七年三月）が就任した。経営学研究科長は中村雅人（二〇一四年四月～二〇一八年三月）、言語コミュニケーション研究科長は吉田美津（二〇一四年四月～二〇一六年三月）が続けた。社会学研究科長は新しく中谷陽明（二〇一五年四月～二〇一七年三月）が就任した。医療薬学研究科長は河瀬雅美（二〇一四年四月～二〇一八年三月）が続けた。図書館長は妹尾克敏（二〇一五年一月一日～二〇一六年一二月三一日）が続けた。総合研究所長は水上英徳（二〇一四年四月～二〇一六年一二月三一日）が続けた。副所長は野元裕（二〇一五年一月一日～二〇一六年一二月三一日）が続けた。入試委員長は永野武（二〇一五年四月～二〇一七年三月）が就任した。教務委員長は新しく熊谷太郎（二〇一五年四月～二〇一七年三月）が就任した。学生委員長は新しく松本直樹（二〇一四年四月～二〇一六年三月）が続けた。学長補佐に新しく新井英夫（二〇一五年四月～一二月）が就任した。

学校法人面では、常務理事は、副学長で理事の山田富秋（教学、二〇一三年二月八日～二〇一六年一二月三一日）、事務局長で理事の西原友昭（総務、二〇一〇年四月～二〇一七年三月）、評議員理事の道下仁朗（財務、二〇一五年一月一六日～二〇一六年一二月三一日）が続けた。理事は事務局長の西原友昭、部長から岡田隆（～二〇一五年一二月三一日）、世良静弘、高原敬明の三名、評議員から新井英夫、道下仁朗、大城戸圭一の三名、設立者から新田長彦、温山会から麻生俊介、興梠安、野本武男の三名、学識者から井原理代、今井琉璃男、大塚潮治、廣本敏郎、山下雄輔の五名であった。監事は、新田孝志（二〇〇八年一月一日～）、植村礼大、金村毅（二〇〇九年六月～二〇一五年五月三一日）であった。評議員は、教育職員から浅野剛、新井英夫、奥村義博、妹尾克敏、難波弘行、野元裕、松尾博史、道下仁朗の八名、事務職員から浜岡富雄、藤田厚人の二名、事務局長及び部長から西原友昭、岡田隆、世良静弘、高原敬明、高尾義信の五名、後、副学長三名、学部長五名、短大学長一名、温山会八名、学識者一〇名であった。理事長補佐は、池上真人と苅谷寿夫であった。(1)

本年・二〇一五（平成二七）年度の「事業計画」の大要は次の通りである。(2)はじめにで、「来るべき創立一〇〇周年に向けて、四国における知の拠点として、学生の成長の場として、卒業生の拠り所として、そして、地域社会の学びの空間として、本学の使命を果たすべく取り組んでいく」と表明した。そして、本学の現状として、二〇一四年度入試において、Ⅰ期・Ⅱ期を合せた実質競争率が文系で二・一四倍、薬学部で二・〇三倍、合せて二・一三倍と二倍を超え、就職率も良好である、看護学部は断念したが、樋又キャンパスの建設計画は順調で、二〇一六年三月に竣工予定となっている、等を述べていた。

そして、二〇一五年度の事業目標に基づく施策としては、①樋又キャンパスの新棟建設、②情報システムの整備、③インターネット出願、④建物の更新と耐震化（一号館、三号館、研究センター、一号館地下インフラの整備の検討、耐震化が完了していない学生会館、部室、第二体育館の耐震化）、⑤財務体質の改善に関わる計画の策定（二〇一五年度八〇〇〇万円の事業支出超過が見込まれるので、その改善）、⑥自己点検、自己評価に基づく業務改善、⑦事務組織の再編（効率化、内部統制の整備）、⑧中長期経営計画の策定（二〇一五年度中に策定）、の八項目を掲げた。

この「事業計画」について、一言コメントすると、「四国における知の拠点」とは、大言壮語ではない堅実な方針であろう。ただ、事業目標としては、専ら法人事業の施策、とくに建物の更新や耐震化が具体的に掲げられているだけで、教学面の重点施策が掲げられておらず、各学部に任されているようだ。また、入試では薬学部だけではなく、文系も赤信号となっているのに危機感が薄かった。

本年度も次のような新しい教員が採用された。(3)

経済学部

井草　剛　一九八〇年生まれ、講師として採用。経済統計論。

VU Thi Bich Lien　一九八一年生まれ、講師として採用。東アジア経済論。

経営学部

進藤　久乃　一九八一年生まれ、准教授として採用（新特任）。フランス語。

佐久間智広　一九八八年生まれ、講師として採用。簿記原理。

成田　景堯　一九七六年生まれ、講師として採用。商学総論。
畑中　杏美　一九八七年生まれ、九月一日より講師として採用（新特任）。英語。
人文学部
佐藤　亜樹　一九六七年生まれ、講師として採用（新特任）。社会福祉。

四月一日、改正学校教育法が施行された。規程改正により教授会は「審議機関」から学長への「意見具申機関」に変更された。規程上は「変更」するが、実態は従来通りであると、確認されている。

四月三日、二〇一五年度の入学式が行われた。経済学部四〇五名、経営学部四〇六名、人文英語一二〇名、同社会一三六名、法学部二二〇名、薬学部一〇六名が入学した。また大学院では経済修士三名、博士二名、経営修士二名、言語コミュニケーション一名、社会学修士二名、博士一名、薬学三名が入学した。(4) 薬学部は三年連続定員（一〇〇名）を超えた。

村上学長は式辞で、三恩人の高い志と校訓三実を紹介し、「卒業後の自分の将来に対する目標を持って、自律的に大学生活を過ごすことで、自身の能力を高めていくことが重要です…。社会で活躍できる有為な人材になるために、充実した学生生活が過ごせるよう、教職員一同、皆さんを支えます」と歓迎の辞を述べた。(5) それは次の通りである。

「新入生の皆さん、ご入学おめでとうございます。皆さんの入学に対して心から歓迎の意を表します。保護者の皆様におかれましては、ご子女のご入学を迎えられ、感慨無量でさぞかしご安堵なされているものと拝察いたします。本日、千四百二十七名の新入生の皆さんを本学に迎えるに当たり、多数のご来賓ならびに保護者の皆様のご臨席を賜り、平成二十七年度松山大学大学院・松山大学入学式宣誓式をかくも盛大に挙行できますことは、本学の光栄とするところであり、教職員を代表して心から御礼申し上げます。

さて、新入生の皆さん、本学に入学の上は、本学の学生として自信と誇りを持ち、勉学や課外活動などに励んでいただきたいと願って、最初に松山大学の歴史と教育理念である校訓「三実」の精神について、お話しておきたいと思います。

〔以下、松山大学の歴史と校訓「三実」について述べられるが、前年と同一ゆえ、略す〕

本学が、これまで社会に輩出した約七万千名の卒業生は、経済界を中心に全国的に活躍し、高い評価を得てきました。これも卒業生の方たちが校訓「三実」の精神を大切にして活躍してこられた結果であり、これが松山大学の伝統の礎になっていると確信しています。

さて、皆さんは、これからは、自分の生活や将来に関する多くのことを自分で決めていかなければなりません。しかもそこには正しい答えはありません。皆さんにとって、高校までは、そのような選択を強いられる機会は少なかったかもしれません。大学進学という共通の目標があり、そのために必要な勉強や手続き、さらに自分のテストの実力さえも、先生の指示を待ち、その指示に従っていれば、適切な時期に自然と分かるものでした。もちろん、本学においても、皆さんの大学生活や進路などをサポートするガイダンス等を実施しています。しかし、それでも、大学には、正課授業の組み方や、研究テーマ、部・サークル活動といった、皆さんが自分で決めるべきことが多くあります。また、待っているだけでは気がつかない事も少なくありません。皆さんを成長させてくれる有意義な講座、留学やインターンシップなどのチャンスは、いつのまにか、皆さんの横を次々とすり抜けていきます。

皆さんは、自分の頭で考え、また手探りで問い続け、必要な情報を自ら収集し、取捨選択し、分析して、自分が行うべきことを自分で決めていく必要があります。この繰り返しが、皆さんの大学生活、さらにその先の生活を実りあるものとすることになるでしょう。卒業後の自分の将来に対する目標を持って、自律的に大学生活を過ごすことで自身の能力を高めていくことが重要です。

皆さんが抱いている目標を達成するために、本学の教職員は支援を惜しみません。社会で活躍できる有為な人材になるために、充実した学生生活が過ごせるよう、教職員一同、皆さんを支えます。皆さんは目標を達成するために何をすべきかを考え、行動して下さい。皆さんが、ご修了・ご卒業を迎えられるときに、自らの目標を達成できていますよう祈念して、式辞といたします。

平成二十七年四月三日

松山大学

学長　村上宏之」(6)

五月一日発行の『学内報』第四六一号に『二〇一五（平成二七）年度事業計画及び予算の概要』が掲載されている。(7)

五月三一日、法人監事の金村毅が退任し、その後任に六月一日付けで宍戸邦彦（名誉教授）が就任した。(8)常勤監事であった。

六月一日、二〇一六年度の入試説明会が行なわれた。二〇一六年度入試からインターネット出願が導入されることになった。

六月一一日、第二回全学教授会が開かれた。審議事項はなく、「二〇一四年度の収支決算及び事業報告について」「二〇一五年度事業計画及び予算について」「二〇一六年度の松山大学の入学試験要項について」報告された。

七月一日の『学内報』第四六三号に「二〇一四（平成二六）年度　決算について」が掲載されている。そこで、資金運用面で、時価が貸借対照表計上額を越えないものとして、社債は時価損二三四万八八〇〇円、仕組債は時価損二八〇一万九〇〇〇円で、前年に比し大幅に減っている。また、デリバティブ取引は該当なし、となっている。(9)

七月四日、第七代学長の稲生晴名誉教授が亡くなられた。(10)九〇歳であった。

九月七日、二〇一六年度の大学院学内進学者特別選抜試験が行なわれた。経済学研究科で一名受験し、一名合格した。

九月二七日、二〇一六年度の大学院Ⅰ期入学試験が行なわれた。経済、経営は受験者はなく、言語コミュニケーションで社会人が二名受験したが、合格者はいなかった。(11)

一〇月二五日、仙台で行なわれた第三三回全日本大学女子駅伝対校選手権大会において、本学女子駅伝部が立命、大東文化についで第三位入賞を果たした。[12] 快挙であった。

一一月一四、一五日の両日、二〇一六年度の推薦・特別選抜入試が行われた。一四日が経済・経営、一五日が人文、法、薬であった。変化は、経済学部で一般公募二五名→三〇名に増やしたこと、人文英語で指定校二〇名→一五名に減らしたことで、他は変化なかった。

結果は次の通りであった。[13] 薬学部は、指定校も一般公募も定員を満たさず、大変厳しい結果となった。暗雲の予兆となった。

表一　二〇一六年度推薦・特別選抜入試

		募集人員	志願者	合格者
経済学部	（指定校制）	一〇五名	一〇六名	一〇六名
	（一般公募制）	三〇名	一五五名	七二名
	（各種活動）	一二名	一一名	一一名
	（資格取得者）	若干名	五名	五名
経営学部	（指定校制）	六五名	六五名	六五名
	（一般公募制）	二二名	一一六名	四七名
	（成績優秀者）	一五名	七七名	四七名
	（各種活動）	二〇名	一九名	一九名
	（資格取得者）	一五名	三六名	二三名

人文英語	（指定校制）	一五名	一五名	一五名
	（資格取得者）	若干名	一七名	一六名
	（総合学科卒業生）	若干名	三名	一名
社会	（指定校制）	一五名	一三名	一三名
	（社会人）	若干名	〇名	〇名
法学部	（指定校制）	二〇名	一八名	一八名
	（一般公募制）	五五名	一七八名	一〇八名
	（各種活動）	一〇名	一一名	一一名
薬学部	（指定校制）	一五名	一〇名	一〇名
	（一般公募制）	一五名	一五名	一三名
総計		四四七名	八七〇名	六〇一名

（出典）『学内報』第四六九号、二〇一六年一月。

一二月二日、小松人文学部長の任期満了に伴なう学部長選挙が行なわれ、小松洋（五二歳、環境社会学）が選出された（再選）。任期は二〇一六年四月より二年間。

一二月九日、中村経営学部長、研究科長の任期満了に伴なう学部長、研究科長選挙が行なわれ、中村雅人（四六歳、保険論）が選出された（再選）。任期は二〇一六年四月より二年間。

一二月一〇日、安田経済学部長の任期満了に伴なう学部長選挙が行なわれ、安田俊一（五四歳、理論経済学）が選出された（再選）。任期は二〇一六年四月より二年間。

一二月一〇日、明照法学部長の任期満了に伴なう学部長選挙が行なわれ、銭偉栄（五三歳、民法）が選出された。任期は二〇一六年四月より二年間。

一二月一〇日、古川薬学部長の任期満了に伴なう学部長選挙が行なわれ、松岡一郎（六一歳、神経化学）が選出された（松岡は二度目）。任期は二〇一六年四月より二年間。

一二月一八日、吉田言語コミュニケーション研究科長の任期満了に伴なう科長選挙が行なわれ、瀧由紀子（六三歳、英語教育）が選出された。任期は二〇一六年四月より二年間。

一二月三一日、法人役員関係で、事務部長理事の岡田隆、高原敬明、学識者の山下雄輔が退任した。[14]

二〇一六年一月一日、法人常務理事に新井英夫（理事で、学長補佐、法務担当）が就任した。[15] 新井は、一九七七年一二月生まれ、二〇〇八年四月に法学部講師に就任し（英語担当）、二〇一〇年四月准教授、二〇一五年一月理事、四月学長補佐に就任していた。このとき三八歳の若さであった。また、准教授で常務理事に就任するのは、本学では過去に例がない異例の若手の抜擢であった。新井の就任により、常務理事は、山田（教学）、西原（総務）、道下（財務）、新井の四名となった。新井の担当は法務で、これまた異例の人事となった。

二〇一六年一月一日発行の『学内報』（第四六九号）に村上理事長・学長が「学校法人松山大学中長期経営計画の策定に向けて」を発表した。それは、前森本学長時代以来の懸案事項であった。その大要は次の通りである。

「中長期経営計画は、時流に右往左往する軽佻浮薄なものであってはなりません。構成員にあまねく共有される必要があります。このような意味の中長期計画はこれまでの本法人には存在しませんでした。

本経営計画の目的は、慎重な現状分析に基づき、中長期的な大学経営の指標と指針を示し、理事会、評議員会、教職員と共有することで本学の発展に資することです。一〇〇周年となる八年後を中期、二〇年後を長期と定義しています。

本計画で重視している点は、第一に現状分析と課題の確認で、理想やビジョンが必要です。第二に成果の検証可能性の確保で財務状況など指標の設定が不可欠です。

現在策定中の経営計画では、「ビジョンと目標」として、①理念、②ビジョン、③事業領域、④経営目標を定めています。他方で、「現状と将来見通し」を、①マクロ、②市場、③競合、④本学の強みと弱みの観点から分析を行なっています。そして、課題解決・目標達成のための「基本戦略」として、①建学の精神を活かす教学方針、②情報の収集・発信体制の集約、③堅実な事業計画と財務運営、④和衷協同の意思決定システム、⑤透明な組織と効率的な業務に纏めています。これを受けて、中長期経営計画の構成として基本戦略の具体化を図っていくこととしています。[16]」

このように、村上学長・理事長は「中長期経営計画」について大変優れた方針（理念・ビジョンの策定、現状分析、堅実な事業計画、和衷協同論等）を示したが、なぜか、この「中長期経営計画」は村上学長・理事長時代にはまとまらず、公表されなかった。

一月一六、一七日の両日、二〇一六年度の大学入試センター試験が行われた。

一月一九日、経済学部の鈴木茂・内子町長稲本隆寿編『内子町の町づくり　住民と行政による協働のまちづくりの実践』（晃洋書房）が第三二回愛媛出版文化賞を受賞し、表彰式が行われた。[17]

一月二二日、経済学部の川東竫弘が、八二〇番教室にて最終講義を行なった。これまでの研究経緯について、とくに高畠亀太郎や岡田温の研究について紹介した。高畠家、岡田家の関係者、教員、並びに学生達三〇〇名ほどが出席した。

一月二五日、二〇一六年度の一般入学試験Ⅰ期日程およびセンター利用入試前期日程が行われた。Ⅰ期日程の募集人員は前年に比し、人英が一五名→二〇名に、人社も一五名→二〇名に増やした。他は変化なかった。

Ⅰ期日程の結果は次の通りである。[18]文系は、経済、人英、人社が少し増やしたが、経営と法が減らし、全体として、一八九四名→一八三四名へ、六〇名、三・二％ほど減少した。前年のⅠ期入試は増えたのに、また減少した。ただ、合格者数を減らしたため（五三七名→四七一名）、実質競争率は、三・五一→三・八八に上がった。一方、薬学部はⅠ期がメインであるが、一九一名→一七二名へと、一九名、九・九％減少した。二年連続の減少で大変厳しい結果となった。薬剤師国家試験の合格率の低さが志願者の減少になったものと思われる。そして、受験者は一八九名で一四三名の合格者を出し、実質競争率も前年の一・五一→一・一八となり、ほぼ全入に近い状況となった。

表二　二〇一六年度一般入試Ⅰ期日程

	募集人員	志願者（前年）	合格者	実質競争率
経済学部	三〇名	五七五名（五五一名）	一五三名	三・七五
経営学部	三〇名	四七五名（五四七名）	一一九名	三・九七
人文英語	二〇名	二二一名（一九五名）	六〇名	三・六五
社会	一五名	二八八名（二八七名）	五四名	五・三三
法学部	二〇名	二七五名（三一四名）	八五名	三・二二
文系合計	一一五名	一八三四名（一八九四名）	四七一名	三・八八
薬学部	四五名	一七二名（一九一名）	一四三名	一・一八
総計	一六〇名	二〇〇六名（二〇八五名）	六一四名	三・二五

（出典）『学内報』第四七一号、二〇一六年三月。

センター利用入試前期日程は、募集人員は前年に比し、経済が三〇名→四五名に増やしたが、他は変化なかった。

センター入試前期の結果は次の通りである。[19]文系の志願者は経営と人社は減ったが、他は増え、全体として前年の一七九〇名→二〇八五名に、二九五名、一六・五％も増えた。一方、薬学部は一一四名→八七名に、二七名、二三・七％と大幅に減少し、大変厳しい結果となった。なお、追加合格はなかった。

表三　二〇一六年度センター利用入試前期日程

	募集人員	志願者（前年）	合格者	実質競争率
経済学部	四五名	七五四名（五一六名）	三四五名	二・一九
経営学部	二五名	五六九名（六七八名）	三三九名	一・七二
人文英語	一〇名	一六二名（一三二名）	一二六名	一・二九
社会	一五名	二四四名（二四八名）	一四六名	一・六七
法学部	二〇名	三五六名（二一六名）	一七〇名	二・〇九
文系合計	一一五名	二〇八五名（一七九〇名）	一一一六名	一・八七
薬学部	五名	八七名（一一四名）	六八名	一・二五
総計	一二〇名	二一七二名（一九〇四名）	一一八四名	一・八三

（出典）『学内報』第四七一号、二〇一六年三月。

二月一一、一二日の両日、二〇一六年度の一般入試Ⅱ期日程が行われた。一一日が経済・経営、一二日が人文、法、薬学部であった。一二日には、薬学部のセンター利用入試中期日程A方式も行われた。募集人員は、文系で前年に比し、経済学部が一七三名→一五三名に、法学部が八〇名→七五名に減らしたが、他は変わらなかった。薬学部も前年と同じであった。

結果は次の通りである。[20] 文系四学部の志願者は前年の三四五八名→三四九一名に、三三名と僅かに増えた。しかし、実質競争率を上げるために、合格者は、前年の一四五七名→一三二五名に少なめに絞り込んで発表した。しかし、人英があまりにも少なめだったため（前年の一二九名→六五名に絞る）、大幅な追加合格六八名を出すはめとなった。なお、それでも文系の実質競争率も前年の一・八五→二・〇八に増えた。一方、薬学部（募集人員一〇名）は前年の八六名→五七名に、二九名も減少した。しかも受験者は四四名に過ぎず、合格者を二八名発表したが、足らず、第二次追加合格者三名を出した。薬の実質競争率は前年の一・九四→一・四二に落ちた。薬学部はⅠ期、Ⅱ期、センターとも志願者が減少し、危機的状況、大変厳しい結果となった。

表四　二〇一六年度一般入試Ⅱ期日程

	募集人員	志願者	（前年）	合格者	一次追加	二次追加	実質競争率
経済学部	一五三名	一一四七名	（一〇六〇名）	四二三名	〇名	〇名	二・二五
経営学部	一八〇名	九八五名	（一〇三六名）	四一〇名	〇名	〇名	二・〇〇
人文英語	四五名	二七三名	（二五二名）	六五名	六八名	〇名	一・六九
社会	七五名	五五〇名	（五九〇名）	二三二名	〇名	〇名	二・〇〇
法学部	八〇名	五三六名	（五二〇名）	一九五名	〇名	〇名	二・二六
文系合計	五三三名	三四九一名	（三四五八名）	一三二五名	六八名	〇名	二・〇八
薬学部	一〇名	五七名	（八六名）	二八名	〇名	三名	一・四二
合計	五四三名	三五四八名	（三五四四名）	一三五三名	六八名	三名	二・〇七

（出典）『学内報』第四七二号、二〇一六年四月。入試課「二〇一六年度入学試験実施状況」
実競争率は、受験者÷合格者で、追加合格者を含んだ数字。

また、薬学部のセンター利用入試中期日程A方式は、募集人員五名（前年と同じ）、志願者二九名（前年も二九名）、合格者一一名（前年一三名）であった。

二月一四日、大学院医療薬学科の二〇一六年度のⅡ期入試が行なわれた。一名が受験して、一名が合格した。(21)

二月二五日、第三回全学教授会が開催された。審議事項は「薬学部安定化への方針について」であり、報告事項は「薬学部再建計画の検証について」、「副学長の辞任について、」「薬学部の出題ミスについて」「不法投棄等の経緯について」等であった。まず「薬学部再建計画の検証について」が報告され、ついで、審議事項の「薬学部安定化への方針について」が池上理事長補佐より報告・説明された。報告では、薬学部入学者が、二〇一三、二〇一四年、二〇一五年度と定員の一〇〇名を超えていること、薬学部の収支は二〇一一年度までは三億円を超える赤字であったが、二〇一二年度からは一億円程度に改善していること（しかし、二〇一三、二〇一四年度は増えている）、国家試験は二〇一二年度以降大変厳しい状況となっている、等々の説明があった。そして、「薬学部安定化への方針」が説明された。それは、前森本学長時代の、二〇一一年度第一回全学教授会で議決された再建計画（①キャッシュベースでの収支均衡を目指す、当面の入学者は八〇名と予測し、収支改善のために一〇〇名を目指す。②薬学部教員数は助教も含めて二八名プラスα（新特二名プラス、カリキュラム編成上必要な場合は新特二名を限度としてプラス）、最大限三一名までとする。人員削減が必要となるが、自然減、契約満了をもって対処する。③現在の小講座制から薬剤師育成の教育に重点を置いた大講座制に次年度から移行する、等）を次のように修正するものであった。それは次の通りであった。

①「薬学部再建計画」を「薬学部安定計画」と名称の変更すると共に、今後の薬学部に関する決議機関を教学会議とする。
②薬学部の独立採算制を目指すことは断念し、長期目標は「設置経費以外の累積赤字の解消」とする。
③薬学部の別表1の教員数の修正で、最大限三一名を三五名に増やす。
④薬学部再建プロジェクト会議を二〇一五年度で解散する。
⑤修正案の付帯事項として、次の三つを定める。
1．人員配置の見直しについては、定員数を増加した場合、または累積赤字解消された場合に検討することができる。ただし、資金収支の均衡を条件とする。
2．一〇名以上の定員割れが二年以上続いた場合には、即時に人員配置も含めた修正案の検討を開始し、新たな修正案は全学教授会にて審議する。
3．二〇一六年度より五年間は、毎年度、常務理事会にて安定軌道に載っているかを検証し、支障ありと判断された場合は教学会議に報告し、薬学部に改善案の提出を求める。

この「安定化計画」は審議未了となった。

二月二七、二八日、第一〇一回薬剤師国家試験が行われた。結果は次の通りである。新卒は五六名が受験して四四名が合格、合格率が七八・六％、既卒は八七名が受験して四七名が合格、合格率五四・〇％であった。総数で一四三名が受験して九一名が合格、合格率六三・六％、前年より回復したが、私立五六校中四八位、全国七三校中六四位で、惨憺たる状況であった。

表五　第一〇一回薬剤師国家試験結果

	出願者	受験者	合格者	合格率	私立平均合格率	全国平均
新卒	七一名	五六名	四四名	七八・六％	八五・七％	八六・二％
既卒	八八名	八七名	四七名	五四・〇％	六七・八％	六七・七％
総数	一五九名	一四三名	九一名	六三・六％	七六・三％	七六・九％

（出所）厚生労働省

二月二八日、文系大学院の二〇一六年度のⅡ期入試が行なわれた。経済修士は四名が受験し、四名が合格した。博士はいなかった。経営修士は二名が受験したが、合格者はいなかった。言語コミュニケーションは一名が受験したが、合格者はいなかった。社会は二名が受験し、一名が合格した。[22]

二月二九日、副学長の吉田健三が他大学に転任することになったので退任した。また寄附行為の規程により評議員も退任した。[23]

三月一六日、二〇一六年度センター利用入試後期日程の合格発表が行われた。募集人員は、経済一〇名、経営一五名、法五名、薬五名で、前年と同じであった。結果は次の通りであった。文系は前年と変わりなかったが、薬学部は大きく減り、ほぼ全入となった。[24]危機が続いた。

表六　二〇一六年度センター利用入試の後期日程A・B方式

	募集人員	志願者（前年）	合格者	実質競争率
経済学部	一〇名	一一二名（一一五名）	三四名	三・二九

経営学部	一五名	九一名（一〇九名）	二五名	三・六四
法学部	五名	五九名（三七名）	一三名	四・五四
文系合計	三〇名	二六二名（二六一名）	七二名	三・六四
薬学部	五名	一〇名（一六名）	九名	一・一一
総計	三五名	二七二名（二七七名）	八一名	三・三六

（出典）入試課「二〇一六年度入学試験実施状況」

三月一七日、第四回全学教授会が開催された。議題は「薬学部安定化への方針―薬学部再建計画からの修正―」であった。前の全学教授会との違いは、薬学部に関し、全学教授会に諮る内容として、次の通りとしたことである。

1．薬学部の別表1の教員数の修正に係わる事項、
2．入学者が二年連続で九〇名以下となった場合の政策に係わる事項
3．教学会議にて、全学教授会で審議が必要と判断された事項

そして、審議の結果、了承された。

一言コメントすると、「薬学部安定計画」に移行したものの、二〇一六年度薬学部入試の結果から判明するように、その直後から「安定化計画」は破綻していき、判断が甘かったと言えよう。

三月一八日、午前一〇時よりひめぎんホールにて二〇一五（平成二七）年度の松山大学卒業式が行

なわれた。経済三七二名、経営三五八名、人文英語九七名、同社会一一九名、法学部一九一名、薬学部五六名が卒業し、大学院では、経済はなく、経営、言語コミュニケーション、社会学研究科で各一名が修了した。

村上学長は式辞で、「本学の出身者としての誇りを持ち、校訓『三実』の精神を活かして実社会において大いに活躍していただきたい」と餞の言葉を贈った。(25) その式辞は次の通りである。

「修了・卒業される皆さん、ご修了、ご卒業おめでとうございます。所定の課程を修めて、本日めでたくご修了・ご卒業の日を迎えられたことに対して、心からお慶び申し上げます。また、これまで成長を見守ってこられた保護者の皆様におかれましても、さぞかしお慶びのことと拝察し、心からお慶び申し上げます。本日、多数のご来賓ならびに保護者の皆様のご臨席を賜り、平成二十七年度松山大学大学院学位記、松山大学卒業証書・学位記授与式を盛大に挙行できますことは、本学の光栄とするところであり、教職員を代表して心から御礼申し上げます。

本日は、晴れて本学を巣立って行かれる皆さんに、松山大学の歴史と教育理念としての校訓「三実」の精神の二点について、改めてお話をさせていただきたいと思います。

〔以下、松山大学の歴史と校訓「三実」について述べられるが、前年と同一ゆえ、略す〕

ほとんどの皆さんにとって、小学校からの学生生活は今日で終わりとなります。今日までの高校入試、大学入試センター試験、大学入試、そして期末試験といった試験はすべて皆さん自身のためでした。試験の点数の良し悪しが自分自身以外に影響することはありませんでしたが、今後は、皆さんの学びの成果は職場や取引先・顧客に影響してきます。皆さん自身のため、人のため、社会のためにも、学びは続けて下さい。

学校は時間も空間も定められていました。決められた時間に、決められたクラスで、決められた学習を行っていました。学習の状況については、学校が管理していました。試験の範囲も決まっており、皆さんは問われたことに対して答えるだけでした。今後はそのような明確な時間も組織も管理もなくなります。仕事を行いつつ、仕事から学ぶこともあれば、仕事以外の時間を捻出して勉強することも必要になるでしょう。どこからどこまでとった勉強の範囲もありません。そもそも何が問題であるかさえ、はっきりしないこともあります。何を調べれば、また誰に聞けばよいのかも決まっていません。これからの皆さんは、自ら、いつ、どのようにして、何を教科書・参考書として調べ学び、誰に質問し、どの程度理解したかを決めて管理することが求められています。もちろんすべてうまくいくとは限りませんし、むしろ、うまくいかないことが多いかもしれません。しかし、それに挫けることなく、反省と改善を繰り返す労を厭わないで、立ち向かって下さい。皆さんの今後の成長を期待しています。

さて、本学は、これまで約七万一千名の修了生・卒業生を輩出してきました。修了生・卒業生は、経済界を中心に、全国で活躍し、高い評価を得てきました。これら卒業生・修了生による同窓会組織である「温山会」は、北は北海道から南は沖縄まで全国四十一の支部、国外ではニューヨーク支部の併せて四十二の支部を中心に組織され、それぞれの地域で、あるいは地域を越え、活発な活動を行っています。皆さんもまた、本日から本学修了生・卒業生であり、「温山会」の会員です。職場や地域で本学の先輩に出会うことがあれば、先輩は皆さんに温かく接し、皆さんを応援して下さるでしょう。各地域や職場で開催されている温山会支部総会にもぜひ出席して下さい。また、皆さんも、今後は「温山会」の一員として、後輩たちを温かく見守って下さい。

皆さんが夢や希望を持って、地域や社会の発展のために、さらには世界の発展のために、益々ご健勝でご活躍いただきますように祈念して、式辞といたします。

平成二十八年三月十八日

松山大学

学長　村上宏之」[26]

村上学長の式辞は、前年と全く同じであった。

三月二七日、宮崎満元学長・名誉教授が逝去された[27]。八〇歳であった。宮崎元学長は、一九九〇年代の松山大学の苦難時代に六年間にわたり学長・理事長を務め、短気な性格を本人も自認していたが、人情があり、面倒見もよく、大変エネルギッシュな学長・理事長であった。

三月三一日、経済学部では、入江重吉（哲学）、川東竫弘（日本経済論、農業経済論等）、増野仁（中国語）が退職した。また、吉田健三（社会政策）が退職、転任した（青山学院大学）。人文学部では、小川直義（リーディング）、栗田正己（地理）、法学部では山尾涼（ドイツ語）、薬学部では出石文男（医療薬学）が退職した。[28]

二〇一五（平成二七）年度の学校法人松山大学の事業について、実施された主なことは、「事業報告書」によれば次の如くであった。[29]㈠法人事業として、①二〇一五年三月に着工した樋又キャンパス（地上四階建て）が完成した。②老朽化した情報システムの整備の一年目で証明書発行システム等の整備を行なった。③事務部門で、学生部と学生支援室の統合、ＩＲ室の設置、ＡＶ室の廃止、④松大みきゃんの広報の展開、⑤インターネット出願、等を行なった。㈡大学事業として、①人文におけるスクールソーシャルワーク教育課程の認定、法学部における台湾の玄奘大学との協定、②文部科学省の私立大学支援事業のタイプ二（地域を支える大学作り）の支援対象校への選定、等々。

一言コメントすると、二〇一六年三月に「薬学部再建計画」から「薬学部安定計画」への変更が全学教授会で決定されたのに、なぜか触れられていない。

〔注〕

(1)『学内報』第四五八号、二〇一五年二月。同、第四六〇号、二〇一五年四月。
(2)「二〇一五（平成二七）年度事業計画書」より。
(3)『学内報』第四六〇号、二〇一五年四月。
(4)「二〇一五（平成二七）年度事業計画書」より。一年生の人数は五月一日現在。
(5)『学内報』第四六一号、二〇一五年五月。
(6)松山大学総務課所蔵。
(7)『学内報』第四六一号、二〇一五年五月。
(8)『学内報』第四六三号、二〇一五年七月。
(9)同。
(10)『学内報』第四六八号、二〇一五年一二月。
(11)『学内報』第四六七号、二〇一五年一一月。

(12) 同。
(13)『学内報』第四六九号、二〇一六年一月。
(14) 同。
(15)『学内報』第四七〇号、二〇一六年二月。
(16)『学内報』第四六九号、二〇一六年一月。
(17)『学内報』第四七一号、二〇一六年三月。
(18) 同。
(19) 同。
(20)『学内報』第四七二号、二〇一六年四月。入試課「二〇一六年度入学試験実施状況」。実質争率は、受験者÷合格者で、追加合格者を含んだ数字。
(21) 同。
(22)『学内報』第四七二号、二〇一六年四月。
(23) 同。
(24) 入試課「二〇一六年度入学試験実施状況」。
(25)『学内報』第四七二号、二〇一六年四月。
(26) 松山大学総務課所蔵。
(27)『学内報』第四七三号、二〇一六年五月。
(28)『学内報』第四七二号、二〇一六年四月。
(29)『学校法人松山大学　二〇一五（平成二七）年度事業報告』

(五) 二〇一六年（平成二八）度

村上学長・理事長四年目である。本年の校務体制は、副学長は山田富秋（二〇一三年一月三一日～二〇一六年一二月三一日）、溝上達也（二〇一五年一月九日～二〇一六年一二月三一日）が続けた。経済学部長は安田俊一（二〇一四年四月～二〇一八年三月）、経営学部長は中村雅人（二〇一四年四

月～二〇一八年三月）、人文学部長は小松洋（二〇一四年四月～二〇一八年三月）が続けた。法学部長は新しく銭偉栄（二〇一六年四月～二〇一八年三月）、薬学部長は新しく松岡一郎（二〇一六年四月～二〇一八年三月）が就任した。二度めであった。短大学長は上杉志朗（二〇一五年四月～二〇一八年三月）が続けた。大学院経済学研究科長は間宮賢一（二〇一五年四月～二〇一七年三月）、経営学研究科長は中村雅人（二〇一四年四月～二〇一八年三月）が続けた。言語コミュニケーション研究科長は新しく瀧由紀子（二〇一六年四月～二〇一八年三月）が就任した。社会学研究科長は中谷陽明（二〇一五年四月～二〇一七年三月）、医療薬学研究科長は河瀬雅美（二〇一四年四月～二〇一八年三月）が続けた。図書館長は妹尾克敏（二〇一五年一月～二〇一六年一二月三一日）、総合研究所長は水上英徳（二〇一四年四月～二〇一六年一二月三一日）、副所長は野元裕が続けた。教務委員長は熊谷太郎（二〇一五年四月～二〇一七年三月）が続けた。入試委員長は新しく渡辺幹典（二〇一六年四月～二〇一八年三月）、学生委員長も新しく岩村樹憲（二〇一六年四月～二〇一八年三月）が就任した。

学校法人面では、常務理事は、副学長で理事の山田富秋（二〇一三年二月八日～二〇一六年一二月三一日）、事務局長で理事の西原友昭（二〇一〇年四月～二〇一七年三月）、評議員理事の道下仁朗（二〇一五年一月一六日～二〇一六年一二月三一日）、新井英夫（二〇一六年一月一日～二〇一六年一二月三一日）の四名が続けた。理事は事務から事務局長の西原友昭及び部長から岡田隆、世良静弘、高尾義信の四名、評議員から新井英夫、道下仁朗、大城戸圭一の三名、設立者から新田長彦、温山会から麻生俊介、興梠安、野本武男の三名、学識者から井原理代、今井瑠璃男、大塚潮治、廣本敏郎、山下雄輔の五名であった。監事は、新田孝志（二〇〇八年一月一日〜）、植村礼大（二〇一五年一月一日〜二〇二二年一二月三一日）、宍戸邦彦（二〇一五年六月一日〜二〇二二年一二月三一日）であった。評議員は、教育職員は、赤木誠（二〇一六年四月一日より、吉田建三の後任）、浅野剛、新井英夫、妹尾克敏、難波弘行、野元裕、松尾博史、道下仁朗の八名、事務職員は浜岡富雄、藤田厚人の二名、事務局長及び部長は西原友昭、岡田隆、世良静弘、高原敬明、高尾義信の五名。後、副学長、学部長、短大学長、温山会の八名、学識者の一〇名であった。(1) 理事長補佐は、池上真人、苅谷寿夫であった。

本年度・二〇一六年度の「事業計画」は、次の如くであった。大学教育の本質が社会的に有為な人材を作り出すことにあるとして、本年度、法人、大学が全学的に取り組む目標・施策として、①大学院法学研究科の設置検討、②薬学部開設一〇周年記念行事、③一〇〇周年記念事業の準備、④情報システムの整備、⑤施設設備の更新整備（一号館、三号館、研究センターについては、樋又キャンパス完成後に解体予定であったが、三号館については耐震改良によって再利用することにする）、⑥財務体質の改善に関わる計画の策定、⑦自己点検評価に基づく業務改善、⑧規程の見直しや整備によるガバナンスの改善、⑨事務組織の再編、⑩広報体制の強化、⑪中長期計画の策定、の一一項目をあげた。

一言コメントすると、二〇一六年度から「薬学部安定化計画」が始まったのに何も触れられていないのは疑問である。また、二〇一六年度入試において、薬学部の志願者が大きく落ち込み、ほぼ全入となっているのに、その危機感、対応策について触れられていないのも疑問である。

本年度も次のような新しい教員が採用された。(2) 任期制の新特任が多く採用されている。

経済学部

川澄　哲也　一九七九年生まれ、准教授として採用。中国語。

嶋野　智仁　一九八六年生まれ、講師として採用（新特任）。日本経済論。

西村　健　一九八六年生まれ、講師として採用。労働経済学。

蓮井　康平　一九八七年生まれ、講師として採用。金融論。

経営学部

野村　宗央　一九八三年生まれ、九月一日より講師として採用（新特任）。英語。

人文学部

津田　幸男　一九五〇年生まれ、教授として採用（新特任）。英語音声学。

Bruce William LANDER　准教授として採用。ＥＩＣ。

池本　淳一　一九七六年生まれ、講師として採用（新特任）。社会学。

法学部

伊藤　亮平　一九八〇年生まれ、講師として採用（新特任）。ドイツ語。

四月三日、午前一〇時よりひめぎんホールにて、二〇一六年度の松山大学入学式が行なわれた。経済四〇六名、経営四四二名、人文英語一一二名、人文社会一三八名、法二三〇名、薬学部一〇〇名が入学した。大学院は経済修士四名、博士〇名、経営修士〇名、言語コミュ修士〇名、社会修士〇名、同博士一名、薬学一名が入学した。薬学部は定員ぴったり入学したが、ほぼ全入に近かった。村上学長は、「これからは自分の頭で考え、……自分が行うべきことを自分で決めていくこと、卒業後の自分の将来に対する目標を持って……行動してください」と激励の言葉を述べた。[3] その式辞は次の通りである。

「新入生の皆さん、ご入学おめでとうございます。皆さんの入学に対して心から歓迎の意を表します。保護者の皆様におかれましては、ご子女のご入学を迎えられ、感慨無量でさぞかしご安堵なさられているものと拝察いたします。本日、千四百五十七名の新入生の皆さんを本学に迎えるに当たり、多数のご来賓ならびに保護者の皆様のご臨席を賜り、平成二十八年度松山大学大学院・松山大学入学式宣誓式をかくも盛大に挙行できますことは、本学の光栄とするところであり、教職員を代表して心から御礼申し上げます。

さて、新入生の皆さん、本学に入学の上は、本学の学生として自信と誇りを持ち、勉学や課外活動などに励んでいただきたいと願って、最初に松山大学の歴史と教育理念である校訓「三実」の精神について、お話しておきたいと思います。

〔以下、松山大学の歴史と校訓「三実」について述べられるが、前年と同一ゆえ、略す〕

本学が、これまで社会に輩出した約七万二千名の卒業生は、経済界を中心に全国的に活躍し、高い評価を得てきました。これも卒業生の方たちが校訓「三実」の精神を大切にして活躍してこられた結果であり、これが松山大学の伝統の礎になっていると確信しています。

さて、皆さんは、これからは、自分の生活や将来に関する多くのことを自分で決めていかなければなりません。しかもそこには正しい答えはありません。皆さんにとって、高校までは、そのような選択を強いられる機会は少なかったかもしれません。大学進学という共通の目標があり、そのために必要な勉強や手続き、さらに自分のテストの実力さえも、先生の指示を待ち、その指示に従っていれば、適切な時期に自然と分かるものでした。もちろん、本学においても、皆さんの大学生活や進路などをサポートするガイダンス等を実施しています。しかし、それでも、大学には、正課授業の組み方や、研究テーマ、部・サークル活動といった、皆さんが自分で決めるべきことが多くあります。大学は皆さんの成長を促すための有意義な講座、留学やインターンシップなどの機会を設けています。それを活かすかどうかは皆さんの行動や決断にかかっています。

皆さんは、これから、各学部・学科で専門教育等を受けることになります。大学の専門教育等には、教科書に書かれていることを暗記することだけではなく、それらの情報・知識がどのような調査・研究を基に構成されてきたかを探索することや、先人達の調査・研究から自分なりの課題を見つけ出してまでも含みます。学部・学科ごとにそれぞれの分野は異なりますが、自分の頭で考え、問い続け、必要な情報を自ら収集し、取捨選択し、分析して、自分が行うべきことを自分で決めていくという点では、大学生として求められていることは同じです。この繰り返しが、皆さんの大学生活、さらにその先の生活を実りあるものとすることになるでしょう。卒業後の自分の将来に対する目標を持って、自らを律して大学生活を過ごすことで　自身の能力を高めていくことが重要です。

皆さんが抱いている目標を達成するために、本学の教職員は支援を惜しみません。社会で活躍できる有為な人材になるために、充実した学生生活が過ごせるよう、教職員一同、皆さんを支えます。皆さんは目標を達成するために何をすべきかを考え、行動して下さい。皆さんが、ご修了・ご卒業を迎えられるときに、自らの目標を達成できていますよう祈念して、式辞といたします。

平成二十八年四月三日

松山大学

学長　村上宏之」(4)

五月一日発行の『学内報』第四七三号に、前入試委員長の永野武が、二〇一六年度の入試結果報告している。そこで、数年前からの「文低理高」傾向は消え、「予想を超えた文高理低」となっており、文系は合格者を絞り込んだこと、一方、薬学部は一般入試もセンター利用入試も共に厳しく、入学者確保のために苦渋の選択をし、実質競争率は大幅な低下となったことを報告している。(5)

五月二六日、法人関係で、職員の評議員藤田厚人が死亡退任した。

六月二日、二〇一七年度の入試説明会が行われた。(6)

六月九日、二〇一六年度の第一回全学教授会が開催された。審議事項はなく、報告事項として、道下財務担当理事が「二〇一五（平成二七）年度決算及び事業報告について」および「二〇一六（平成二八）年度事業計画及び予算について」報告している。

六月三〇日、法人関係で、職員の評議員浜岡富雄が退任した。

七月四日、法人関係で、職員の国貞光弘と松本直也が新しく評議員に就任した。(7)

七月一八日、名誉教授の村上克美（経済学部教授）が逝去された。七七歳であった。(8)学部長、研究科長を長らく務め、大変シャープな人であった。

八月、リオデジャネイロで開催のオリンピックにおいて、本学の女子駅伝部の高見澤安珠が陸上女子三〇〇〇メートル障害競争に出場した。(9)快挙であった。

九月二五日、二〇一七年度大学院I期、学内進学者特別選抜試験が行われた。経済は外国人特別選抜で二名が受験し、二名が合格した。経営は学内特別選抜で一名が受験し、一名が合格した。言語コミュニケーションは一般選抜で一名が受験し、一名が合格した。社会は一般選抜で一名が受験し、一名が合格した。(10)

同日、薬学部医療薬学科第I期入試が行なわれたが、志願者は無かった。

一〇月三〇日、仙台で開催された第三四回全日本大学女子駅伝対校選手権大会において、本学女子駅伝部が、二時間三分五六秒で、二位の立命館に一分一一秒差で破り、悲願の初優勝・日本一を遂げた。選手は上原、緒方、古谷、高見沢、中原、高見澤の六人であった。アンカーを務めたリオ・オリンピック出場の高見澤選手は高らかにガッツポーズをみせ、テープを切った。(11)

一一月一二、一三日の両日、二〇一七年度の推薦・特別選抜入試が行われた。一二日が経済・経営、一三日が人文、法、薬であった。変化は、経営学部で成績優秀者と資格取得者を廃止し、一般公募の推薦を二二名→六二名に四〇名増やした。薬学部では、指定校を一五名→一〇名に五名減らした。前年指定校の募集人員を満たさなかったためで、危機対応であった。他は変化なかった。

結果は次の通りであった。[12] 薬学部は、指定校も一般公募も募集定員をまたしても大幅に割り、大変厳しい結果となった。二〇一六年三月の「薬学部安定化」計画は早くも破綻が始まった。

表一　二〇一七年度推薦・特別選抜入試

	募集人員	志願者	合格者
経済学部（指定校制）	一〇五名	二二九名	二二九名
（一般公募制）	三〇名	一七六名	三四名
（各種活動）	一二名	一一名	一一名
（資格取得者）	若干名	二名	二名
経営学部（指定校制）	六五名	六六名	六六名
（一般公募制）	六二名	一六九名	一一七名
（各種活動）	二〇名	二七名	二七名
人文英語（指定校制）	一五名	一六名	一六名
（資格取得者）	若干名	二二名	二一名
（総合学科卒業生）	若干名	二名	二名
（帰国生徒及び海外生活経験者）	若干名	二名	二名
社会（指定校制）	一五名	二六名	二六名

	（社会人）	若干名	一名	〇名
法学部	（指定校制）	二〇名	二二名	二二名
	（一般公募制）	五五名	一八八名	九二名
薬学部	（指定校制）	一〇名	五名	五名
	（一般公募制）	一五名	一〇名	九名
総計		四五二名	八九二名	五九七名

（出典）『学内報』第四八一号、二〇一七年一月。

二〇一六年（平成二八）一二月末で、村上宏之学長の二期目の任期が満了となるので、松山大学学長選考規程に基づき、学長選挙管理委員会が組織された（委員長は浅野剛）。

一〇月一八日、学長選挙の第一回投票が行なわれた。

選挙権者		二四五
1位	村上宏之	一〇一
2位	中村雅人	一九
3位	安田俊一	一八

しかし、圧倒的一位の村上候補が辞退し、そのため、中村、安田候補も辞退した。そこで、再度投票が行なわれることになった。これまでの学長選挙では例のない異例の出来事となった。

一一月九日、学長選挙の再投票（第一次）が行なわれた。

選挙権者　　　　　　二四五
有効投票　　　　　　一九六
1位　溝上達也　　　七八
2位　安田俊一　　　三一
3位　村上宏之　　　二三

再投票では、副学長の溝上候補が突如一位となり、溝上、安田、村上の三名が候補となった。票数から、第一回投票で村上候補に投票した一〇一名が、再投票では、溝上候補に七八票、村上候補に二三票を投票したことがわかる（合計一〇一票でぴったり合致）。ここからみても本学の学長選挙は、水面下で必死に投票依頼し、それに応じていることが分かり、学長選考規程の自由意思での投票とは無縁であることがわかる。

この投票結果を受け、三位の村上候補がまた辞退し、溝上、安田候補の決戦投票となった。

溝上候補は一九七四年五月生まれ、四二歳。一九七七年三月一橋大学大学商学部卒業。一九九九年三月一橋大学大学院商学研究科修士課程修了、二〇〇二年同博士後期課程単位取得。二〇〇〇年四月本学講師として採用。簿記原理。その後、経営学部教授となり、二〇一五年一月から村上学長の下で副学長を務めていた。

安田候補は、一九六一年一二月生まれ、五四歳。神戸商科大学大学院経済学研究科後期博士課程単位取得。一九九一年四月本学講師として採用。経済情報処理。その後、経済学部教授となり、前森本学長のもとで二〇〇八年六月から副学長に就任し、村上学長の下でも副学長となり、二〇一四年三月まで副学長を務め、同年四月からは経済学部長を務めていた。

一一月二八日、学長選挙の第二次投票が行なわれた。

1．選挙権者　二四五
2．棄権　三四
3．投票総数　二一一
4．無効　一〇
5．有効投票　二〇一
　1位　溝上達也　一三三（教員七三、職員六〇）
　2位　安田俊一　六八（教員三八、職員三〇）

よって、溝上候補が全選挙権者の有効投票の過半数および教員の過半数を得て当選した。

一二月三一日、村上宏之学長・理事長は退任した。

それに伴い、副学長の山田富秋、溝上達也も退任した。また理事の村上、山田、道下仁朗も退任した。常務理事の山田、道下も退任した。評議員の山田、溝上、道下も退任した。理事長補佐の苅谷寿夫、池上真人も退任した。総合研究所長の水上英徳、副所長の野元裕も退任した。(13)

村上学長・理事長は、『学内報』第四八一号に、退任の挨拶を載せた。その大要は、次の通りであった。

「この四年間を振り返って、看護学部の創設を断念するという苦渋の選択を行いましたが、一方では「樋又キャンパス」を新築しました。また、三号館を改修し新しい学生部を開室しました。今後も施設・設備の更新が控えており、莫大な資金投下がさけられません。

文科省から定員管理に係わる経常費補助金の取扱についての通知があり、二〇一九年以降は、定員充足率が一・〇倍を超えるときは、経常費補助金が超過入学者数に応じて減額されますので、定員超過は望めません。

学校教育法の一部改正に伴う学長のリーダーシップ確立等のガバナンス改革を推進するために、諸規程の見直しをしました。

『中長期経営計画』は草案にとどまり、深くお詫び申し上げます。溝上学長の下で、新しい視点から『中長期経営計画』を策定していただきたい。

薬学部については、『再建計画』を修正し、『薬学部安定化計画』を策定しました。『今後一〇年間の人員適正化に向けた計画』に基づいて教員数の調整を進めていきます。溝上理事長・学長は、若いからこそ創立一〇〇周年だけでなく二〇年後、さらには三〇年後以降を見据えた運営をなされると思います。温かいご支援お願い申し上げます(14)」

〔注〕

（1）『学内報』第四七二号、二〇一六年四月。

（2）同。

（3）『学内報』第四七三号、二〇一六年五月。入学生数は、五月一日現在。

（4）松山大学総務課所蔵。

(5)『学内報』第四七三号、二〇一六年五月。
(6)『学内報』第四七四号、二〇一六年六月。
(7)『学内報』第四七九号、二〇一六年一一月。
(8)『学内報』第四八一号、二〇一七年一月。
(9)『学内報』第四七八号、二〇一六年一〇月。
(10)『学内報』第四七九号、二〇一六年一一月。
(11)同。
(12)『学内報』第四八一号、二〇一七年一月。
(13)『学内報』第四八二号、二〇一七年二月。
(14)『学内報』第四八一号、二〇一七年一月。

◇　　◇　　◇

四年間にわたる村上宏之学長時代（在任：二〇一三年一月一日〜二〇一六年一二月三一日）の歴史にかんし、特記すべきことについてまとめておこう。

第一に、村上学長は、大言壮語なく、偉ぶらず、温厚で、実務型、堅実な性格であり、教職員の圧倒的支持を得た学長であった。しかし、学長としての理念、考え、明確なビジョン、改革は示されなかった。

第二に、村上学長は、比較的若い教員を抜擢し、また若い人達に支えられた。それが、副学長に登用した吉田健三、溝上達也であり、また、法人役員では、道下仁朗、新井英夫、苅谷寿夫、池上真人などであった。しかし、若くして行政職につくのは研究に専念すべきもっとも大事な時期を犠牲にすることであり、本人にとっても、また大学にとっても、好ましいことではないだろう。

副学長人事については、元々設置したときの合意事項として、学部長経験者、または研究科長経験者で、博士号取得者が望ましい、であった。その合意事項が前森本学長時代に反故にされ、それを村上学長も反故にしているが、問題であろう。

第三に、村上学長の入学式、卒業式での式辞は、前森本学長の式辞をもとにし、簡素化したものであり、また前年踏襲主義、マンネリ化し、実務的なものであった。そして、その式辞中、誤解、間違いがいくつか見られた。

①加藤彰廉の経歴について、山口高等中学教諭としていたが、正確には教授である。

②松山高商の創立に関する両加藤の関係について、加藤彰廉校長が加藤拓川に提案したと説明したが、それは逆で誤解である。

③加藤恒忠を松山市長と述べているが、正確には貴族院議員である。

④新田長次郎翁の説明について、前森本学長と同様に「東洋の製革王」と述べているが、正確には「東洋之帯革王」(牧野輝智)である。

⑤校訓「三実主義」の順序について、前森本学長・理事長時代に変更した「真実・実用・忠実」の順序を使用しているが、それは事実誤認の上に変更したものを無批判的に踏襲したものである。

第四に、再建中の薬学部について。

①前森本学長・理事長時代に行なった二〇一二年度からの定員削減(一六〇名→一〇〇名)

の効果が出て、入学者が二〇一三年度一三〇名、一四年度一二六名、一五年度一〇六名、一六年度一〇〇名と、毎年定員（一〇〇名）を超える成果を得た。

②しかし、志願者は、メインのI期入試を見ると、二〇一三年度二七五名→一四年度二五六名、一五年度一九一名→一六年度一七二名と減少し続け、そして、実質競争率は大幅に低下し、ほぼ全入状態となり、危機が内訌化していった。しかし、その対応策も取られたが、効果はみられなかった。

③薬剤師国家試験の結果は、第一期卒業生（二〇一二年三月）の第九七回国家試験の成績は合格率八九・五％と大変良好であった。しかし、その後は、二〇一三年三月六二・七％、二〇一四年三月五五・〇％、二〇一五年三月四七・七％と低下し続け、惨憺たる結果となった（なお、二〇一六年二月は六三・六％と回復したが、私学五六校中四八位で低かった）。

④入学者が定員を満たしていることから、二〇一六年三月「薬学部再建計画」に代えて「薬学部安定化計画」に変更した。そして、薬学部の教員数について、前森本学長時代に三一名に削減していたのを三五名に増やすことにした。付帯事項として、九〇名以下が二年以上続くなら、再検討することを決めた。ただ、二〇一六年度入試から薬学部の危機が再び始まったので、この「安定化計画」は見通しが甘く、翌年から破綻することになった。

第五に、前森本学長・理事長時代からの先送りの看護学部の提案をしたが、二〇一四年三月一四日の全学教授会で圧倒的多数で否決された。看護学部はそもそも無理筋の提案であった。村上理事長ら理事会は教授会の反対により、看護学部を断念した。しかし、その経営責任は取らなかった。

第六に、前森本学長・理事長時代から負の遺産である金利スワップ取引につき、検証を行なったが、弁明のみで、その失敗の責任をとらなかった。ただ、今後はこのような取引はしない事を言明したのは、村上理事長の堅実な性格のあらわれであった。

第七に、二〇一三年に九〇周年事業を行なった。しかし、九〇年史は準備しなかった。

第八に、二〇一五年四月学校教育法の改正に伴い、学内の規程整備を行なった。その本質は、教授会の審議機関から「意見具申機関」への変更であった。ただし、実際の運営は従来通りと説明され、議事録に明記され、確認された。

第九に、二〇一六年三月に南海放送跡地に立派な樋又キャンパスを竣工させた。ただし、南海放送跡地の建物の撤去に当たっては無認可の業者が解体工事を行ない、裁判となり、また、その建設費は莫大なものとなった。事務職主導の法人経営の欠陥を示した。

第一〇に、前森本学長・理事長時代から懸案の「中長期経営計画」は結局は策定されず、次期学長・理事長に先送りされた。

第一一に、課外活動面では、二〇一三年六月女子弓道部が日本一となり、二〇一六年八月リオデジャネイロオリンピックでは女子駅伝部の高見澤選手が三〇〇〇メートル障害に出場し、そして、二〇一六年一〇月女子駅伝部は高見澤を擁し、日本一となった。

第一二に、村上宏之氏は教職員から多くの支持を受け、人望があった。しかし、三期目も圧倒的多数の支持があったにもかかわらず、学長候補を辞退した。松山大学の混迷・低迷が続いた。

第三章　溝上達也学長時代

（二〇一七年一月一日～二〇二〇年一二月三一日）

二〇一七年（平成二九）一月一日、村上宏之学長の後を継いで、溝上達也経営学部教授が第一六代松山大学学長・理事長に就任した。

一六代学長
溝上達也

溝上教授の主な経歴は、次の通りである。

一九七四年五月生まれ、一九九七年三月一橋大学商学部卒業。一九九九年三月一橋大学大学院商学研究科修士課程修了、同年四月同大学院博士後期課程入学、二〇〇二年同博士後期課程単位取得。博士課程在学中の、二〇〇〇年四月、本学経営学部講師として採用された。その後、二〇〇四年四月助教授、二〇一一年四月教授に昇格。担当科目は簿記原理等。役職は村上宏之学長の就任とともに、二〇一三年一月から理事長補佐（～二〇一四年一二月）となり、また、同年同日から総合研究所副所長に任命され、就任し（～二〇一四年一二月）、さらに、村上学長の二期目の二〇一五年一月から副学長に抜擢され、就任していた。

溝上学長は、四二歳で、松山商科大学創設（一九四九年四月）以来、歴代学長の中で最も若く、マスコミでも大きく報道され、期待感をもって迎えられた。

溝上学長・理事長は、二期四年（二〇一七年一月一日～二〇二〇年一二月三一日）その職を務めた。この時代は、国際政治面では、アメリカファーストを掲げるトランプ共和党政権（二〇一七年一月二一日～二〇二一年一月二〇日）の時代であり、日本政治面では、自民党政権でも右派で、強権主義的な第二次安倍晋三政権時代（二〇一二年一二月～二〇二〇年九月）の後半から菅義偉政権（二〇二〇年九月～二〇二一年一〇月）の時期にあたる。安倍政権時代、森友学園問題や加計学園問題が国会で大問題となった。前者は大阪の森友学園に国有地を安値で払い下げた問題であり、後者は半世紀以上認められていなかった獣医学部の新設が加計学園に認められ、二〇一八年四月愛媛県今治市に獣医学部が開設された問題で、いずれも安倍首相がかかわっていた問題であった（愛媛県と今治市は九三億円支出）。また、菅内閣時代には、学術会議会員六名の任命拒否問題が大問題となった。

日本経済は、依然として、少子高齢化、長期デフレ、格差拡大、消費税増税（二〇一九年一〇月、八%→一〇%）等による国民生活の苦難が続いていた。また、二〇一九年冬からは、新型コロナウイルス感染症が発生し、二〇二〇年初めからわが国でも猛威を振るい始め、三密が叫ばれ、不自由な生活が始まった。

大学をめぐる情勢も、引き続き「私学冬の時代」が続き、苦難・苦境の時代であった。

本学園では、①前村上学長時代に策定した「薬学部安定化計画」（二〇一六年三月）にもかかわらず、なお、薬学部（定員一〇〇名）の苦難・苦境が続き、②文系も引き続き志願者が減少し、苦難していた。③また、前村上学長時代から先送りの懸案の「中長期経営計画」の策定が課題であり、④さらに、創立一〇〇周年（二〇二三年）を五年後に控え、その取り組みも課題であった。⑤二〇二〇年初めからは、新型コロナウイルス感染症に対し、その対応におわれることになった。⑥その他に、二〇一八年四月に導入された「専門業務型裁量労働制」が大問題となり、労使紛争に発展した。また、女子駅伝監督への「ハラスメント」申立事件が発生し、これも対立・紛争が起きた。多事多難が続き、その舵取りが求められた。

㈠二〇一七年（平成二九）一月～三月

二〇一七年一月一日、溝上達也教授が第一六代学長・理事長に就任した。溝上学長の就任挨拶は次の通りである。[1]

「このたび松山大学学長・学校法人松山大学理事長に就任し、その責任を重く感じています。

昨今、日本経済の長期的停滞、少子高齢化、政府財政の悪化など、大学をめぐる環境だけではなく、日本社会、特に地域社会にとって厳しい時代を迎えております。四国における中心的な高等教育の拠点の一つとしてその役割を果たしてきた本学が、今後も高等教育機関として質を維持し続けることは、本学学生のみならず地域の発展にとっても重要な意味をもつものと思われます。若輩ではありますが、教職員の皆様のご協力、また卒業生や地域の方々の指導を賜りつつ、伝統ある本学を、未来へと引き継いでいくための基盤確立に努めていきたいと考えております。

現在、大学は多様な学生を迎え入れ、社会にとって有為な人材を育成することが使命となってきています。このような中、大学教育への期待は学内外を問わず、極めて大きなものになってきています。教学面において、我々は社会の変化を迅速かつ正確に察知し、育成すべき人材像を明確にし、それを実現するカリキュラムを策定して実行に移していくことがもとめられているのではないでしょうか。今後も「真実」・「実用」・「忠実」の校訓「三実」のもと、学部教育、初年次教育、社会連携活動、アクティブ・ラーニング等への支援を通じ、学生の幅広い関心や意欲を受け止める体制を構築して参りたいと思います。また、教育研究、経営・財務情報など大学の諸活動に関する情報収集及び蓄積を行い、その成果を検証して改善につなげていくことも教育の質向上に重要と考えます。したがって、大学の自己評価、意思決定に寄与するＩＲ活動を強化していきたいと思います。これまで本学はコミュニティ・カレッジやシンポジュウム等を通じ、地域社会に様々な情報を発信してきました。本学教員の教育研究は、本学の宝であり財産であります。今後も松山大学の知の群を学内のみならず、社会により広く発信し、ご活用いただくことで、地域社会に貢献する大学であり続けたいと考えています。

経営に関しては、引き続き財務面での持続可能性の確保が重要です。目下、現実を直視した財務的見通しや指標の整備などが議論されております。今後は現状認識の共有と、それに基づく財務計画の確立、老朽化が進む施設及び設備の整備計画の策定、また拡張続ける業務の再整理と効率化などを進めて行く必要があります。

学生たちが松山大学での学びを通して、それぞれ抱く希望を明確にし、その希望の実現を目指して、人間として大きく成長していく場を提供することが、松山大学の存在意義であり、使命であると確信しております。これから学長・理事長としての第一歩を踏み出すことになりますが、これまでと同様、皆さんのご支援がなければ、学長・理事長は張り子の虎にすぎません。創立一〇〇周年に向け、今後も本学が教職員並びに在学生及び卒業生が誇りを持つことができる「学びの場」として発展し続けることができるよう、皆様のご協力を賜りますようお願い申し上げます。」

このように、溝上学長・理事長は、①教学面では育成すべき人材像を明確にしたカリキュラム改革等で地域社会に貢献できる有為な人材を育成していく、②教育研究面では知を発信し、地域社会に貢献していく、③経営面では財務計画の確立、老朽化が進む施設、設備の整備等、を考えていたことがわかる。基本的には前村上学長・理事長の方針を継承する考えであった。

その方針について、一言コメントしよう。

1. ①、②は一般的、抽象的であり、具体的に何をしようとするのかが伝わってこない。特にカリキュラム改革を掲げているのだから、具体的方針を示して欲しかった。
2. ③については、前村上理事長の先送り事項である中長期経営計画については、施設整備にとどまっていた。
3. 目前の一〇〇周年（二〇二三年度）にむけての大学づくりについては、「誇りを持つことができる『学びの場』」という抽象的なもので、いかなるビジョン、理念を持ち、何をしたいのかについての抱負を語って欲しかった。
4. 苦難・苦戦中の薬学部について言及がなく、危機感がみられなかった。

溝上学長・理事長の就任時の校務体制は次の通りである。副学長はまだ選出されていなかった。経済学部長は安田俊一（二〇一四年四月～二〇一八年三月）、経営学部長は中村雅人（二〇一四年四月～二〇一八年三月）、人文学部長は小松洋（二〇一四年四月～二〇一八年三月）、法学部長は銭偉栄（二〇一六年四月～二〇一八年三月）、薬学部長は松岡一郎（二〇一六年四月～二〇一八年三月）、短大学長は上杉志朗（二〇一五年四月～二〇一八年三月）であった。大学院経済学研究科長は間宮賢一（二〇一五年四月～二〇一七年三月）、経営学研究科長は中村雅人（二〇一四年四月～二〇一八年三月）、言語コミュニケーション研究科長は瀧由紀子（二〇一六年四月～二〇一八年三月）、社会学研究科長は中谷陽明（二〇一五年四月～二〇一七年三月）、医療薬学研究科長は河瀬雅美（二〇一四年四月～二〇一八年三月）。総合研究所長は水上英徳に代わって新しく溝淵健一（二〇一七年一月一日～二〇二〇年一二月三一日）が任命され、就任した。教務委員長は熊谷太郎（二〇一五年四月～二〇一七年三月）、入試委員長は渡辺幹典（二〇一六年四月～二〇一八年三月）、学生委員長は岩村樹憲（二〇一六年四月～二〇一八年三月）であった。

学校法人面では、常務理事は、事務局長で理事の西原友昭（総務、二〇一〇年四月～二〇一七年三月）、評議員選出理事の新井英夫（法務、二〇一六年一月一日～二〇二〇年一二月三一日、なお、二〇一七年一月一日から財務担当）が続けた。理事は事務から事務局長の西原友昭及び部長から岡田隆、世良静弘、高尾義信の四名、評議員から新井英夫、大城戸圭一の二名（なお、道下仁朗の後任が欠）、設立者から新田長彦、温山会から麻生俊介、興梠安、野本武男の三名、学識者から井原理代、今井琉璃男、大塚潮治、廣本敏郎、山下雄輔の五名であった。監事は、新田孝志（元株式会社ニッタクス相談役、二〇〇八年一月一日～）、植村礼大（俵法律事務所弁護士、二〇一五年一月一日～二〇二二年一二月三一日）、宍戸邦彦（松山大学名誉教授、二〇一五年六月一日～二〇二二年一二月三一日）であった。学内評議員は、教育職員は、赤木誠（経済）、浅野剛（経営）、新井英夫（法）、妹尾克敏（法）、難波弘行（薬）、野元裕（薬）、松尾博史（経営）が続け、そして、道下仁朗の後任として、新しく水上英徳（人文、二〇一七年一月一日～）が就任した。事務職員は国貞光弘、松本直也の二名、事務局長及び部長評議員は西原友昭、岡田隆、世良静弘、高原敬明、高尾義信の五名。後、五学部長、短大学長の上杉志郎、外部評議員は温山会から秋川啓人、田中哲、二宮秀造、野本武男、日高滋、増田育顕、明関和雄、森映一の八名、学識者から大城戸圭一、興梠安、重松修、田中和彦、長井明美、中村時広、野志克仁、三木吉治、森雅明の九名であった。理事長補佐は、池上真人、苅谷寿夫（共に経営学部、池上は教学、苅谷は財務及び総務担当）が再任された。[2]

一月一二日、第二回全学教授会が開催された。審議事項は、①副学長の指名、②学長補佐の指名についてであった。溝上学長より、①の副学長について、人文学部教授の中谷陽明と経済学部教授の熊谷太郎の二人が提案され、選出された。[3]中谷は一九五八年生まれ、五八歳、二〇一三年四月に人文学部社会学科に赴任し、二〇一五年四月からは社会学研究科長を務めていたが、勤続はまだ四年目であり、異例の人事であった。また、熊谷候補は一九七四年生まれ、四二歳、二〇〇七年四月新特任（五年の任期制）として赴任し、二〇一二年四月から専任教員となり、二〇一五年四月から教務委員長を務めていたが、専任教員となってから勤続五年目であり、若い副学長で、やはり異例の人事であった。副学長は学部長または研究科長の経験者で学位取得が望ましいという申し合わせ事項が第二次神森智学長の時代に作られたが、その考えは、副学長は学長が事故ある時に学長代理となるので、それなりの人が推薦、選出されるべきだというものであった。②の学長補佐について、経営学部准教授の河内俊樹（マーケティング論）が提案され、選出された。担当は補助金、社会連携であった。理事長補佐の二人も経営学部であったが、学長補佐も経営学部であり、人事面で偏りがみられた。

一月一三日、理事会が開かれ、副学長で年長の中谷陽明が理事となり、また常務理事に就任した[4]（教学担当）。社会学研究科長との兼務であった。副学長として選出したにもかかわらず、今回も副学長を常務理事に選出しているが、疑義ある選出であった。

一月一四、一五日の両日、二〇一七年度の大学入試センター試験が行われた。

一月一八日、間宮経済学研究科長の任期満了に伴う科長選挙が行われ、渡辺孝次（六一歳、社会思想史）が選出された。任期は二〇一七年四月一日より二年間。

一月一九日、中谷社会学研究科長の任期満了に伴う科長選挙が行われ、市川正彦（五四歳、地域社会学）が選出された。任期は二〇一七年四月一日より二年間[5]。

一月一九日、臨時評議員会が開催され、新しい理事に難波弘行（薬学部）が選出された（道下仁朗の後任）[6]。苦難・苦戦中の薬学部からの理事の選出であった。ここでも溝上新体制は、経営と薬学部に偏っていた。

一月二三日、二〇一七年度の一般入試のI期日程、センター利用入試（前期A方式・経営）が行われた。一般入試I期日程の募集人員は、全学部とも前年度と変わらなかった。

Ｉ期日程入試の結果は次の通りである。(7) 文系の志願者は、経済、人文英語、同社会が減らしたが（昨年と逆）、経営と法が増やし、全体として、前年の一八三四名→一八四七名へ、一三名、〇・七％ほどの微増、ほぼ前年度並となった。他方、薬学部はＩ期がメイン（募集人員四五名）であるにもかかわらず、志願者は前年の一七二名→一三五名へと、三七名、二一・五％も減少し、三年連続の減少で、大変厳しい結果となった。しかも、受験者は一三一名に減り、合格者は一二九名を発表し、実質競争率は一・〇二、ほぼ全入となった。前村上学長・理事長時代に策定された「薬学部安定化計画」は早くも破綻に瀕した。溝上新学長にとっては、大変厳しい船出となった。

表一　二〇一七年度一般入試Ｉ期日程

	募集人員	志願者（前年）	合格者	実質競争率
経済学部	三〇名	五二七名（五七五名）	一三四名	三・九二
経営学部	三〇名	五五五名（四七五名）	一一二名	四・九四
人文英語	二〇名	二一一名（二二一名）	七〇名	二・九九
社会	一五名	二六三名（二八八名）	六一名	四・三〇
法学部	二〇名	二九一名（二七五名）	七一名	四・〇八
文系合計	一一五名	一八四七名（一八三四名）	四四八名	四・一〇
薬学部	四五名	一三五名（一七二名）	一二九名	一・〇二
総計	一六〇名	一九八二名（二〇〇六名）	五七七名	三・四一

（出典）『学内報』第四八三号、二〇一七年三月。入試課「二〇一七年度入学試験実施状況」

センター利用入試前期日程は、募集人員は前年に比し、経営が二五名→三五名に増やし、薬学部が五名→一〇名に増やしたが、他は変化なかった。

センター利用入試の結果は次の通りである。(8) 文系の志願者は経営と人社が増やしたが、他は減らし、全体として前年の二〇八五名→二〇二二名に、六三名、三・〇%ほど減少した。他方、薬学部の志願者は前年の八七名→一〇四名に増やしたが、受験者は一〇三名で、合格者九八名を発表し、実質競争率は一・〇五、I期日程と同様ほぼ全入となった。全入ということは、応募すれば誰でも合格し、試験制度の意味がないということで、まさに危機的事態であろう。

表二　二〇一七年度センター利用入試前期日程

	募集人員	志願者（前年）	合格者	実質競争率
経済学部	四五名	五二九名（七五四名）	三一六名	一・六七
経営学部	三五名	八三〇名（五六九名）	三三五名	二・四七
人文英語	一〇名	一四七名（一六二名）	八〇名	一・八四
社会	一五名	二五五名（二四四名）	一二〇名	二・一三
法学部	二〇名	二六一名（三五六名）	一四六名	一・七九
文系合計	一二五名	二〇二二名（二〇八五名）	九九七名	二・〇三
薬学部	一〇名	一〇四名（八七名）	九八名	一・〇五
総計	一三〇名	二一二六名（二一七二名）	一〇九五名	一・九四

（出典）『学内報』第四八三号、二〇一七年三月。

二月四日、本法人主催、温山会共催による、昨年一〇月三〇日の第三四回全日本大学女子駅伝対校選手権大会において、日本一となった女子駅伝部優勝祝賀会が国際ホテルで行われ、溝上学長・理事長の挨拶、監督、選手の謝辞がなされた。約三〇〇名が出席し盛大な催しであった。

二月五日、二〇一七年度の大学院医療薬学研究科のⅡ期入試が行われた。志願者は無かった。

二月一一日、二〇一七年度の一般入学試験Ⅱ期日程と薬学部のセンター利用入試（中期A方式）が行なわれた。Ⅱ期日程は、それまで二日に分けて実施していた日程を、Ⅰ期と同様に、一日とし、文系の統一入試として実施することに変更した（教職員の負担軽減）。Ⅱ期日程の募集人員は、文系の経営が前年の一八〇名→一六〇名と二〇名減らしたが、他は前年と同じであった。

Ⅱ期日程の結果は次の通りである。(9) 文系の志願者は、経営、法が少し増やしたものの、経済、人英、人社が減らし、文系全体では前年の三四九一名→三四〇四へ、八七名、二・四％の減少となった。合格者は前年の一三二五名→一五一九名とかなり多めに発表した。しかし、それにもかかわらず、経営と人社は歩留り予想が外れ、一次追加としてそれぞれ七八名、四三名を出した。さらに人社は二次追加として一三名も出した。その結果文系の実質競争率は一・八〇倍と二倍を割り（前年は二・〇八倍）、赤信号となった。また、薬学部の志願者は前年の五七名→三六名と二一名、三六・八％も減らし、またまた危機的となった。しかも、受験者は三二名で、合格者は三一名を発表し、実質競争率は一・〇三倍でほぼ全入となった。薬学部は、Ⅰ期、センター利用、Ⅱ期いずれも、ほぼ全入という、危機的事態となった。「薬学部安定化計画」の破綻であり、溝上新学長にとって厳しい船出が続いた。

表三　二〇一七年度一般入試Ⅱ期日程

	募集人員	志願者	（前　年）	正規合格者	一次追加	二次追加	実質競争率
経済学部	一五三名	一〇四八名	（一一四七名）	五〇九名	〇名	〇名	一・七九
経営学部	一六〇名	九九九名	（九八五名）	四四〇名	七八名	〇名	一・七〇
人文英語	四五名	二五六名	（二七三名）	一一八名	〇名	〇名	一・八八
社会	七五名	五四〇名	（五五〇名）	一七九名	四三名	一三名	二・〇二
法学部	八〇名	五六一名	（五三六名）	二七三名	〇名	〇名	一・八一
文系合計	五一三名	三四〇四名	（三四九一名）	一五一九名	〇名	〇名	一・八〇
薬学部	一〇名	三六名	（五七名）	三一名	〇名	〇名	一・〇三
総計	五二三名	三四四〇名	（三五四八名）	一五五〇名	一二一名	一三名	一・七九

（出典）入試課「二〇一七年度入学試験実施状況」

また、薬学部のセンター利用入試中期日程A方式は、募集人員五名、志願者一四名、受験者一〇名、合格者七名で、ここでもほぼ全入に近かった。

以上の如く、二〇一七年度Ⅱ期日程入試は全体として芳しくなく、特に薬学部はひどく、惨憺たる状況で、「薬学部安定化計画」は破綻し、溝上新学長にとって幸先は暗かった。

二月二五、二六日、第一〇二回薬剤師国家試験が行われた（二〇一一年四月入学生）。結果は次の通りで、新卒は四三名の受験で二九名の合格、合格率六七・四％、既卒は六六名受験して二五名の合格、合格率三九・九％、総数で一〇九名受験して五四名の合格、合格率四九・五％に過ぎず、私学五六校中五〇位で惨憺たる状況となった（前年は、六三・六％の合格率）。

表四　第一〇二回薬剤師国家試験結果

	出願者	受験者	合格者	合格率	私立平均合格率
新卒	五九名	四三名	二九名	六七・四％	八四・三％
既卒	六九名	六六名	二五名	三九・九％	五〇・七％
総数	一二八名	一〇九名	五四名	四九・五％	七〇・六％

（出所）厚生労働省

二月二六日、二〇一七年度の文系大学院Ⅱ期試験が行なわれた。経済はシニア社会人一名が受験して、一名が合格した。経営は社会人が一名が受験したが、合格は無かった。言語は受験者は無かった。社会は社会人が一名が受験して、一名が合格した。

三月一日発行の『学内報』第四八三号に、新井英夫常務理事が「ブランド力を高める広報活動への転換」と題した文章を発表し、そこで、一九七七年一月以来発刊していた『学内月報』『学内報』の廃止を打ち出した。理由として、本学の広報は「大変残念なことに、本学の魅力を効果的に発信し、本学の強みをステークホルダーの記憶に残すこと、……また多様化するステークホルダーから本学がどのように理解され、なにを求められているかを把握し、本学の広報活動に活かすことが不十分な状況にあると言わざるを得ません。本学に限らず大学広報はニュース性のある情報をリリースする対応型広報に重点が置かれ、それぞれの部署がそれぞれ情報発信を行うというものが通常でした。しかし、情報過多の時代において、こうした対応型広報では、広報の役割を十分果たすことができなくなっている」と批判していた。そして、「唐突であるが」、二〇一七年三月号を最後に『学内報』を廃刊し、広報活動における人的、経済的コストを学内でなく、学外に投下したい、『学内報』を廃刊しても『学内ポータル』で必要な情報を即時に得ることができ、学内業務に大きな影響はない、と断じていた。(10)

この『学内報』廃刊について、コメントしよう。

①『学内報』廃刊の理由を述べているが、理由になっていない。現状の『学内報』が不十分なら、十分になるように内部改革したら良く、廃刊するのは完全な論理の飛躍であろう。

②『学内報』は、そもそもステークホルダーに発信することが目的ではない。それは別の媒体で行うべきものである。『学内報』はあくまで教職員向けの学内情報の紙媒体での共有である。目的を取り違えていよう。

③『学内報』は、大学の責任者たち、学長、副学長、学部長、また常務理事たちがいかなる理念、ビジョンをもち、いかなる方針を有し、いかなる政策をしようとしているのかについて、学内の構成員に発信し、情報を共有する場であり、また、入試結果、入学者情報、卒業情報、就職情報を共有し、学生や教員の活動状況を取材し、発信し、記録に残すものである。だから、『学内報』廃刊は学内業務に影響がないとは言えず、逆で、大きな悪影響を与える。

④「ブランド力を高める広報活動への転換」とあるが、具体的になにをしようとしているのか、提

案はみられなかった。おそらくは自前でなく、外注による対外発信の強化だろう。この『学内報』廃止は、理由がなく、情報の共有という民主主義の軽視であり、歴史に禍根を残す決定的な誤りであったといえよう。

三月一六日、センター利用入試の後期日程B方式の合格発表が行なわれた。募集人員は、経済一〇名、経営一五名、法五名、薬五名で前年と同じであった。

センター後期の結果は次の通りであった。[11] 文系三学部の志願者は前年の二六二名→二〇七名へと五五名、二一・〇%減少した。合格者は、前年は七二名であったが、四四名と大幅に絞った。また、薬学部の志願者は一〇名で前年と変わらなかったが、合格者は九名で、ほぼ全入であった。このように、薬学部はⅠ期、センター利用前期、Ⅱ期、センター利用後期ですべてほぼ全入となり、試験の意味が問われる惨憺たる状況となった。

表五　二〇一七年度センター利用入試後期日程

	募集人員	志願者（前　年）	合格者	実質競争率
経済学部	一〇名	八〇名（一一二名）	一四名	五・七一
経営学部	一五名	六九名（　九一名）	二三名	三・〇〇
法　学　部	五名	五八名（　五九名）	七名	八・二九
文系合計	三〇名	二〇七名（二六二名）	四四名	四・七〇
薬　学　部	五名	一〇名（　一〇名）	九名	一・一一

総　計　　三五名　　二一七名（二七二名）　五三名　　四・〇九

（出典）入試課「二〇一七年度入学試験実施状況」

三月一七日、午前一〇時よりひめぎんホールにて、二〇一六年度（平成二八）の松山大学卒業式・大学院修了式が行われた。経済学部三九一名、経営学部三七八名、人文英語一〇二名、同社会一一四名、法学部一九四名、薬学部五八名が卒業した（前期卒業を含む）。大学院は経済修士は三名、経営は一名、言語コミュニケーションは二名が修了した。博士は社会学研究科一名が博士号を取得した。

溝上学長は、式辞で松山大学の歴史と教育理念としての校訓「三実」の精神を述べ、卒業生に対し、「学生生活を通じて自ら課題を見つけ、自分の頭で考えて、課題の解決に向けて行動する力を身につけられたと思います。大学におけるこれら学びの経験が、これからの皆さんの生き抜く力になると確信します。自信を持って新たな一歩を踏み出してほしい」と激励した。それは次の通りである。

「修了・卒業される皆さん、ご修了・ご卒業おめでとうございます。所定の課程を修めて、本日めでたくご修了・ご卒業の日を迎えられたことに対して、心からお慶び申し上げます。また、これまで成長を見守ってこられた保護者の皆様におかれましても、さぞかしお慶びのことと拝察し、心よりお祝いを申し上げます。本日、多数のご来賓ならびに保護者の皆様のご臨席を賜り、平成二十八年度松山大学大学院学位記、松山大学卒業証書・学位記授与式を盛大に挙行できますことは、本学の光栄とするところであり、教職員を代表して心から御礼申し上げます本日は、晴れて本学を巣立っていかれる皆さんに、松山大学の歴史と教育理念としての校訓「三実《さんじつ》」の精神の二点について、改めてお話をさせていただきたいと思います。

松山大学は、大正十二年（一九二三年）に創立された旧制松山高等商業学校がその始まりです。松山高等商業学校創設に当たっては、新田長次郎、加藤恒忠《つねただ》および加藤彰廉《あきかど》の協力があり、この三名の方々は皆さんご存知の通り本学創立の「三恩人」と呼ばれています。教育家であり、山口高等中学教諭、大阪高等商業学校・校長を歴任された後、北予中学の校長となった加藤彰廉は、当時の松山市長であった加藤恒忠に、この松山の地へ高等商業学校の設立を提案しました。この提案に加藤恒忠は理解を示し、友人である新田長次郎に高等商業学校を設立するための資金の支援を依頼されました。そして、松山市出身で、当時、日本初の工業用革ベルトの開発を遂げて製革《せいかく》業において成功し、世間からは「東洋の製革王」と呼ばれていた新田長次郎が高等商業学校設立の提案に賛同し、「学校の運営には関わらないこと」を条件に、設立資金として巨額の私財を投じ、わが国の私立高等商業学校としては三番目となる松山高等商業学校を創設されました。その後、本学は、松山経済専門学校、松山商科大学を経て、平成元年に松山大学と改称し、九十四年を経た現在では五学部六学科に五研究科を擁する総合大学にまで発展してきています。

松山大学は、教育理念として「真実」、「実用」および「忠実」の三つの「実《じつ》」からなる校訓「三実」を掲げてきました。松山高等商業学校の初代校長となった加藤彰廉が創唱した校訓「三実」の精神は、第三代校長田中忠夫によって、真実とは「真理に対するまこと」、実用とは「用に対するまこと」、忠実とは「人に対するまこと」であると説明されています。

「三実」を現代風に解釈すると、「真実」および「実用」は学びの態度、「忠実」は人としてのあり方を示しています。「真実」とは、既存の「知」に満足することなく、真理を求めるために自ら学び、究め続けようとする態度です。「実用」とは、「知」を単に知識として学ぶだけでなく、自らの生活や仕事の中に活かすべく、常に現実的な問題を念頭に置きながら学ぶ態度です。「忠実」とは、人間関係や社会において、他者と誠実に向き合い、倫理的な態度はもとより、積極的に人と交わり、自らを謙虚に、そして互いの意見を尊重し共有しようとする態度です。校訓「三実」は、文字通り本学の大学院生・学生が拠り所とすべき教訓ではありますが、皆さんが今後、人生を生きていく上での指針でもあります。本日修了・卒業される皆さんも、長い伝統を有する本学の出身者としての誇りを持ち、校訓「三実」の精神を活かして実社会において大いに活躍していただきたいと願っています。

多くの皆さんにとって、小学校から始まった学校生活は今日で終わりとなります。皆さんが学校生活の中で学んだことは、社会に出てすべてがすぐに役立つわけではありません。また、社会の変化に伴い、経験で培った知識が時代遅れとして役に立たなくなることは、今後一層増えてくることでしょう。重要なのは学び続け、知識を絶え間なく更新することです。

教科書に書かれている情報や知識はもちろん重要ですが、さらに大事なことは、知らないことをどのようにして学ぶかという方法であり、わからないことを何とかして理解しようとする姿勢です。皆さんは、学生生活を通じて自ら課題を見つけ、自分の頭で考えて、課題の解決に向けて行動する力を身につけられたと思います。大学におけるこれら学びの経験が、これからの皆さんの生き抜く力になると確信します。自信を持って新たな一歩を踏み出してほしいと思います。

さて、本学は、これまで約七万二千名の修了生・卒業生を輩出してきました。修了生・卒業生は、経済界を中心に、全国で活躍し、高い評価を得てきました。これら修了生・卒業生による同窓会組織である「温山会」は、国内では北は北海道から南は沖縄まで四十一の支部、国外ではニューヨーク支部の併せて四十二の支部を中心に組織され、それぞれの地域で、あるいは地域を越えて、活発な活動を行っています。皆さんもまた、本日から本学修了生・卒業生であり、「温山会」の会員です。職場や地域で本学の先輩に出会うことがあれば、先輩は皆さんに温かく接し、皆さんを応援してくださるでしょう。各地域や職場で開催されている温山会支部総会にもぜひ出席してください。また、皆さんも、今後は「温山会」の一員として、後輩たちを温かく見守ってください。

繰り返しになりますが、皆さんはこれからも学び続けなければなりません。ときには母校を訪ね、同窓会活動に参加して、これからも大学を積極的に活用してください。大学はいつでも皆さんを待っています。

最後に改めて、ご卒業のお祝いを申し上げると共に、皆さんの益々のご活躍を祈念して、式辞といたします。

平成二十九年三月十七日
松山大学
学長　溝上達也」(12)

この溝上学長の式辞について、少しコメントしよう。

㈠この式辞は、前年の前村上宏之学長の卒業式の式辞を下敷きにしており、松山大学の歴史と校訓「三実」の説明は全く同一であり、また、その後の式辞は前村上学長の式辞をさらに簡素化・簡略化したもので、溝上学長の創意工夫、創造性、独自性、「知の発信」はみられなかった。

㈡そして、溝上学長の式辞は、前村上学長時代の式辞と同様に、校史についていくつかの誤りが見られた。

①加藤彰廉の経歴について、山口高等中学教諭と述べているが、正確には教授である。

②加藤彰廉が加藤恒忠（拓川）に松山高等商業学校の創立を提案したと述べているが、逆で、正確には加藤恒忠→加藤彰廉で、恒忠が彰廉に高商設立計画を依頼、要請した。

③加藤恒忠の経歴について、「当時の松山市長に」と述べているが、不正確で、まだ恒忠は松山市長に就任しておらず、当時は貴族院議員である。

④新田長次郎翁について、「東洋の製革王」と述べているが、正確には「東洋之帯革王」である。

⑤校訓「三実主義」の順序について、二〇一一年の前々森本学長時代以来の間違った変更を無批判的に踏襲している。

㈢また、課外活動での在学生の活躍、女子駅伝部の全国優勝や高見澤選手のオリンピック出場等に触れなかったのは残念である。

三月三一日、経済学部では、鈴木茂（財政学）、光藤昇（統計学）、田中七郎（英語）が退職した。

経営学部では浅野剛（経営学）、石川正一郎（心理学、カウンセリング論）、人文英語ではグレゴリー・デーン・グレイ（英語）、津田幸男（英語、新特任）、法学部では服部寛（法哲学）、丸尾祐矢（体育、新特任）、山内譲（歴史、特任）が退職した。[13]

また、法人役員面では、事務局長で評議員、理事、常務理事の西原友昭が六二歳の定年により退任した（後任事務局長はキャリアセンター事務部長の世良静弘、四月一日事務局長に就任する）。また、評議員の浅野剛（経営）が退職により退任した（後任評議員は経営学部の酒井達郎）。

二〇一六年度（二〇一六年四月一日～二〇一七年三月三一日）の法人の事業（前村上学長時代及び溝上学長時代）において、実施された主なことは、「事業報告書」によると次の如くであった。

㈠法人事業面では、①二〇一五年三月に着工した樋又キャンパスが二〇一六年三月に完成し、四月から運用開始、②樋又キャンパスの運用開始に伴い、一号館の使用停止、同館地下インフラ整備の盛り替え、共同溝の設置工事を開始、③三号館の耐震補強工事を実施し、学生部を移転、④老朽化著しい情報システムについて、二〇一四年一二月に承認された計画に基づき五年間で整備を行なうことに決め、二〇一六年度は二年めで学内無線ＬＡＮの整備を行なった、⑤課外活動で高見澤選手がリオデジャネイロのオリンピックに出場し、また、女子駅伝部が第三四回全日本大学女子駅伝対校選手権大会で初優勝したこと、等。

㈡教学事業面では、実現可能な事業を誠実に進めることが重要であるとの再認識のもと、①学生への教育、②知の拠点としての研究、③地域社会への貢献としての社会活動の体制構築をはかるべく活動した、④大学教育の質の保証、等々。[14]

この「事業報告書」について、一言コメントすると、①法人事業面は個別具体的であるが、教学事業面では抽象的な言及にとどまっていた。②「薬学部安定化計画」実施一年目だが、何も触れられていない。そして、薬学部がほぼ全入化していることへの危機意識がない。

〔注〕

(1)『学内報』第四八一号、二〇一七年一月。
(2)『学内報』第四七二号、二〇一六年四月、同、第四八二号、二〇一七年一月。
(3)『学内報』第四八二号、二〇一七年二月。
(4)同。
(5)同。
(6)『学内報』第四八三号、二〇一七年三月。
(7)『学内報』第四八三号、二〇一七年三月。入試課「二〇一七年度入学試験実施状況」。
(8)『学内報』第四八三号、二〇一七年三月。
(9)入試課「二〇一七年度入学試験実施状況」。
(10)『学内報』第四八三号、二〇一七年三月一日。
(11)入試課「二〇一七年度入学試験実施状況」。
(12)松山大学総務課所蔵。
(13)『学内報』第四八三号、二〇一七年三月。
(14)『学校法人松山大学　二〇一六年度事業報告書』

(二)二〇一七年（平成二九）度

溝上学長・理事長一年目である。

本年度の校務体制は、副学長は中谷陽明（二〇一七年一月一二日〜二〇一八年一二月三一日）、熊

谷太郎（二〇一七年一月一二日～二〇一八年一二月三一日）が続けた。経済学部長は安田俊一（二〇一四年四月～二〇一八年三月）、経営学部長は中村雅人（二〇一四年四月～二〇一八年三月）、人文学部長は小松洋（二〇一四年四月～二〇一八年三月）、法学部長は銭偉栄（二〇一六年四月～二〇一八年三月）、薬学部長は松岡一郎（二〇一六年四月～二〇一八年三月）、短大学長は上杉志朗（二〇一五年四月～二〇一八年三月）が続けた。大学院経済学研究科長は新しく渡辺孝次（二〇一七年四月～二〇一九年三月）が就任し、経営学研究科長は中村雅人（二〇一四年四月～二〇一八年三月）、言語コミュニケーション研究科長は瀧由紀子（二〇一六年四月～二〇一八年三月）が続けた。社会学研究科長は新しく市川正彦（二〇一七年四月～二〇二一年三月）が就任した。医療薬学研究科長は河瀬雅美（二〇一四年四月～二〇一八年三月）が続けた。図書館長は妹尾克敏（二〇一五年一月～二〇一八年一二月）、総合研究所長は溝渕健一（二〇一七年一月一日～二〇二〇年一月三一日）が続けた。教務委員長は永野武（二〇一七年四月～二〇一八年三月）が新たに就任し、入試委員長は渡辺幹典（二〇一六年四月～二〇一八年三月）、学生委員長は岩村樹憲（二〇一六年四月～二〇一八年三月）が続けた。学長補佐は河内俊樹（二〇一七年一月一二日～）が続けた。

学校法人面では、常務理事は、副学長で理事の中谷陽明（教学、二〇一七年一月一三日～二〇一八年一二月三一日）、評議員理事の新井英夫（財務、二〇一六年一月一日～二〇二〇年一二月三一日）が続け、新しく事務局長で理事の世良静弘（総務、二〇一七年四月一日～二〇二〇年三月三一日）が就任した。理事は事務から事務局長の世良及び部長から岡田隆、高尾義信の三名、評議員から新井英夫、大城戸圭一、難波弘行の三名、設立者から新田長彦、温山会から麻生俊介、興梠安、野本武男の三名、学識者から井原理代、今井琉璃男、大塚潮治、廣本敏郎、山下雄輔の五名であった。監事は、新田孝志（二〇〇八年一月一日〜）、植村礼大（二〇一五年一月一日〜二〇二二年一二月三一日）、宍戸邦彦（二〇一五年六月一日〜二〇二二年一二月三一日）であった。評議員は、教育職員は、赤木誠、新井英夫、妹尾克敏、難波弘行、野元裕、松尾博史、水上英徳が続け、浅野剛の後任として新しく酒井達郎が就任した（二〇一七年四月一日〜）。事務職員は国貞光弘、松本直也の二名、事務局長及び部長評議員は世良静弘、岡田隆、高原敬明、高尾義信、藤岡裕定（二〇一七年四月一日〜）の五名。後、副学長二名、五学部長、短大学長上杉志郎、外部評議員は温山会から七名、学識経験者から一〇名であった。理事長補佐は、池上真人、苅谷寿夫であった（共に経営学部）[1]。

本年度二〇一七（平成二九）年度の学校法人の「事業計画」の大要は次の通りである[2]。

まず、本学の現状を次のように述べている。前年二〇一六年度のⅠ期、Ⅱ期入試において、実質競争率が文系で二・五三倍、薬学部で一・二二倍、合わせて二・四二倍と二倍を超えたこと、薬学部でも一〇〇名の入学生を迎えたこと、就職状況も良いこと、二〇一六年四月樋又キャンパスが新築オープンしたこと、樋又キャンパスの開始に合わせて、一号館の使用停止、二〇一八年度完成を目指し、文京キャンパスのインフラ盛り替えに伴う解体開始、三号館の耐震工事を行ない、学生部を移転したこと、老朽化している情報システムの整備をしていること、法人広報を強化したこと、女子駅伝部が初優勝したこと、二〇一七年度のⅠ期入試も実質競争率が前年度を上回り、望ましい状況が続いている、等々の成果を記している。その上で、二〇一七年度の事業目標・方針として、「来る創立一〇〇周年を控え、中四国のトップ・ユニバーシティの地位を確立する」ことを表明し、重点施策として、

①校訓「三実」に基づく教育の質保証（生涯を通じ自ら研鑽し続ける能力の涵養等）、②ＦＤ（ファカルティ・ディベロッペメント）・ＳＤ（スタッフ・ディベロップメント）による教育の質向上（教職員の研修等）、③中長期計画の策定（二〇一六年度中を目指したが、更に内容を精査して二〇一七年度中に策定を目指す）、④施設整備の更新及び整備（文京キャンパスのインフラ盛り替えに伴う解体工事の実施、耐震強度を満たしていない第二体育館、学生会館、サークルボックス、御幸キャンパスの管理棟の使用を禁止し、整備計画を策定する）、⑤財務体質の改善にかかわる計画の策定（健全な財務体質を目指し、支出削減を検討する、学費引き上げの検討）、⑥私立大学改革総合支援事業に選定されるよう体制整備（タイプ二・地域発展に指定されるよう二〇一七年度に申請を行なう）、⑦戦略的広報の拡大（広報体制の精査）、⑧創立一〇〇周年記念事業の準備、⑨情報システムの整備（ネットワークの再構築）、⑩自己点検評価に基づく業務改善（二〇一七年度中に大学基準協会より業務改善報告が求められており、その準備）、⑪事務組織の整備（事務組織の効率化、内部統制の整備等）、⑫ステークホルダーとの連携、⑬内部質保証システム並びにＩＲ環境の整備、⑭大学院法学研究科の設置検討（二〇一九年度開設を目指し準備する）、の一四項目をあげた。予算編成方針として、翌年度繰り越し収支差額のマイナスを解消する、具体的には、教育研究経費支出と管理経費支出の合計を二一億円までとする。なお、二〇一七年度、人件費比率五二％、教育研究経費比率三五％、管理経費比率七％を数値目標とする、等。

この事業計画について一言コメントしよう。

①二〇一六年度の本学の現状につき、その成果を多々述べているが、その問題点、特に、薬学部

の入試が事実上全入となっていることについて、危機感がなく、その対応策、施策がみられなかった。

②文系の入試について、Ⅰ・Ⅱ期の合計だけでなく、メインのⅡ期入試が実質競争率一・八〇倍と、赤信号となったのに危機感、その対策案がみられない。

③また、「来る一〇〇周年を控え、中四国のトップ・ユニバーシティの地位を確立する」ことを今年度から新しく表明している。なお、森本学長時代は「中四国ナンバーワン」「西日本屈指の私立総合大学」、村上学長時代は「地域から評価される大学」「四国における知の拠点」であったが、溝上学長・理事長は私学の限定を外しているが、愛媛大学や広島大学、岡山大学など医学部、工学部を有している総合大学を超えるということだろうか、それだと大言壮語となるだろう。

④教育研究経費の二一億円までを打ち出しているが、莫大化する施設整備費や薬学部の慢性的赤字に対し、文系学部へのしわ寄せに繋がることになろう。

四月一日、本年次のような新しい教員が採用された。(3)

経済学部

岩田　和之　　准教授として採用。統計学総論。

二瓶真理子　　准教授として採用。哲学。

小田巻友子　　講師として採用。社会政策、社会保障論。

小林　拓磨　　講師として採用（新特任）。東アジア経済論。

富川　祥宗　　講師として採用（新特任）。数学。

経営学部

熊野　みき　　准教授として採用。心理学。

芳賀　英明　　准教授として採用。消費者行動論。

川端　保至　　教授として採用（新特任）。会計学。

人文学部

市崎　一章　　教授として採用。英語。

久屋　愛美　　講師として採用（新特任）。英語。

四月三日、午前一〇時よりひめぎんホールにて、二〇一七（平成二九）年度の入学式が開かれた。経済学部四二一名、経営学部四一四名、人文英語一一七名、同社会一二二名、法学部二三八名、薬学部一〇〇名が入学した。薬学部は定員を満たしたが、ほぼ全入であった。大学院は経済学研究科修士三名、博士〇名、経営学研究科修士一名、博士〇名、言語コミュニケーション研究科〇名、社会学研究科修士二名、博士〇名、医療薬学研究科〇名であった。

溝上学長は、式辞で松山大学の歴史と教育理念を紹介し、自分の頭で考え、目標を持って、大学生活を過ごし、自身の能力を高めていくように激励した。それは次の通りである。

「新入生の皆さん、ご入学おめでとうございます。皆さんの入学を心から歓迎します。保護者の皆様におかれましては、ご入学を迎えられ、さぞかしご安堵なされているものと拝察いたします。本日、新入生の皆さんを本学に迎えるにあたり、多数のご来賓ならびに保護者の皆様のご臨席を賜り、平成二十九年度松山大学大学院・松山大学入学宣誓式を挙行できますことは、本学の光栄とするところであり、教職員を代表して心から御礼申し上げます。

新入生の皆さんが、本学の学生として自信と誇りを持ち、勉学や課外活動などに励んでいただくことを願って、最初に松山大学の歴史と教育理念である校訓「三実」の精神についてお話ししておきたいと思います。

松山大学は、大正十二年（一九二三年）に創立された旧制松山高等商業学校がその始まりです。松山高等商業学校創設に当たっては、新田長次郎、加藤恒忠および加藤彰廉の協力があり、この三名の方々は本学創立の「三恩人」と呼ばれています。教育家であり、山口高等中学教諭、大阪高等商業学校・校長を歴任された後、北予中学の校長となった加藤彰廉は、当時の松山市長であった加藤恒忠に、この松山の地へ高等商業学校の設立を提案しました。この提案に加藤恒忠は理解を示し、友人である新田長次郎に高等商業学校を設立するための資金の支援を依頼されました。そして、松山市出身で、当時、日本初の工業用革ベルトの開発を遂げて製革業において成功し、世間からは「東洋の製革王」と呼ばれていた新田長次郎が高等商業学校設立の提案に賛同し、「学校の運営に関わらないこと」を条件に、設立資金として巨額の私財を投じ、わが国の私立高等商業学校としては三番目となる松山高等商業学校を創設されました。その後、本学は、松山経済専門学校、松山商科大学を経て、平成元年に松山大学と改称し、九十四年を経た現在では五学部六学科に五研究科を擁する総合大学にまで発展してきています。

松山大学は、教育理念として「真実」、「実用」および「忠実」の三つの「実」からなる校訓「三実」を掲げてきました。松山高等商業学校の初代校長となった加藤彰廉が創唱した校訓「三実」の精神は、第三代校長田中忠夫によって、真実とは「真理に対するまこと」、実用とは「用に対するまこと」、忠実とは「人に対するまこと」であると説明されています。

「三実」を現代風に解釈すると、「真実」および「実用」は学びの態度、「忠実」は人としてのあり方を示しています。「真実」とは、既存の「知」に満足することなく、真理を求めるために自ら学び、究め続けようとする態度です。「実用」とは、「知」を単に知識として学ぶだけでなく、自らの生活や仕事の中に活かすべく、常に現実的な問題を念頭に置きながら学ぶ態度です。「忠実」とは、人間関係や社会において、他者と誠実に向き合い、倫理的な態度はもとより、積極的に人と交わり、自らを謙虚に、そして互いの意見を尊重し共有しようとする態度です。校訓「三実」は、本学で学ぶ皆さんが拠り所とすべき教訓です。

大学は、社会に出るための最後の学びの場です。皆さんは、これからは、自分の生活や将来に関する多くのことを自分で決めていかなければなりません。そこには正しい答えはありません。皆さんは、自分の頭で考え、必要な情報を自ら収集・分析して、自分が行うべきことを自分で決めていく必要があります。この繰り返しが、皆さんの大学生活を実あるものにするでしょう。卒業後の自分の将来に対する目標を持って、自律的に大学生活を過ごすことで、自身の能力を高めていくことが重要です。大学には多くの教職員がいます。疑問に思うことについては、授業担当の教員に積極的に質問をしてください。授業の内容についてより深く知りたければ、大学の図書館を利用してください。また、大学生活においてわからないことや不安なことがあれば、学生支援室を訪れてください。卒業後の進路についてはキャリアセンターに相談してください。皆さんの決断と行動を本学の教職員はサポートします。

本学は、これまで約七万三千名の卒業生を輩出してきました。卒業生は、経済界を中心に、全国で活躍し、高い評価を得てきました。これも卒業生の方たちが、自律的に大学生活を過ごされ、卒業後も校訓「三実」の精神を大切にしてこられた結果であり、これが松山大学の伝統になっていると確信しています。

皆さんが抱いている目標を達成するために本学の教職員は支援を惜しみません。社会で活躍できる有為な人材になるために、充実した学生生活が過ごせるよう、教職員一同、皆さんを支えます。皆さんが将来について抱いている目標や希望に向かって、これから一歩一歩進んでいきましょう。皆さんがご卒業を迎えられるとき、自らの目標を達成できていますよう祈念して、式辞といたします。

平成二十九年四月三日

松山大学

学長　溝　上　達　也」(4)

この式辞は、前年の前村上宏之学長の式辞をもとに、より簡素化・簡略化したもので、溝上学長の創意工夫、創造性、独自性、「知」の発信は殆どみられなかった。また、さきの卒業式の式辞でも指摘したように、いくつかの誤りがみられた。

六月一日、二〇一八年度の入試説明会が行なわれ、渡辺幹典入試委員長より説明がなされた。主な変更点は、経営学部が「センター試験利用前期日程A方式」の制度の廃止（センター試験と個別試験を併用）、また、経済学部と経営学部で各試験の募集人員数の変更、人文学部英語英米文学科では、一般入試Ⅰ・Ⅱ期日程での「英語」の配点を変更する、等であった。

六月八日、二〇一七年度第一回全学教授会が開催され、新井財務担当理事より、「二〇一六年度の決算及び事業報告」ならびに「二〇一七年度の事業計画及び予算について」が報告された。

九月二三日、二〇一八年度の文系大学院Ⅰ期入試が行われた。経済はシニア社会人が一名受験し、一名合格した。経営は一般選抜で一名が受験し、一名が合格、社会人が一名が受験し、一名が合格した。言語コミュニケーションは受験者がいなかった。社会も受験者がいなかった。

同日、二〇一八年度の大学院医療薬学研究科のⅠ期入試が行なわれたが、受験者がいなかった。

一〇月二四日、松山大学創立一〇〇周年委員会が開かれ、①創立一〇〇周年史の製作、②一〇〇周年募金、③一〇〇周年記念事業コンセプト及びシンボルマークを作成することを決めている。(5)

一一月一〇日、仙台で開催された第三五回全日本大学女子駅伝対校選手権大会において、女子駅伝部は第一三位であった。前年日本一となったのに残念な結果となった。なお、一位は名城大学であった。

一一月一八、一九日の両日、二〇一八年度の推薦・特別選抜入試が行われた。一八日が経済・経営、一九日が人文、法、薬であった。

結果は次の通りであった。[6] 文系は例年通りであったが、薬学部は、指定校の募集定員一〇名に対し、七名しか応募なく、また一般公募も定員を満たさなかった。高校側からの評価が厳しく、由々しき事態となった。

表一　二〇一八年度推薦・特別選抜入試

	募集人員	志願者	合格者
経済学部（指定校制）	一一三名	一三九名	一三九名
（一般公募制）	三〇名	一二九名	三五名
（各種活動）	一四名	一四名	一四名
（特別選抜）	若干名	〇名	〇名
経営学部（指定校制）	六五名	六九名	六九名
（一般公募制）	六五名	一七〇名	一〇七名
（各種活動）	二〇名	二七名	二七名
（特別選抜）	若干名	一名	一名
人文英語（指定校制）	一五名	一九名	一九名
（特別選抜）	一〇名	三六名	二八名
社会（指定校制）	一五名	一八名	一八名
（特別選抜）	若干名	〇名	〇名

法学部	（指定校制）	二〇名	三一名	三一名
	（一般公募制）	五五名	一七九名	七六名
	（各種活動）	一〇名	一二名	一二名
	（特別選抜）	若干名	〇名	〇名
薬学部	（指定校制）	一〇名	七名	七名
	（一般公募制）	一五名	一一名	一〇名
総計			八六二名	五九三名

〔注〕特別選抜は、資格取得者、社会人、帰国子女、総合学科卒業生。
（出典）入学広報課「二〇一八年度入学試験実施状況」

一二月六日、中村経営学部長の任期満了に伴う学部長選挙が行なわれ、檀裕也（四〇歳、数理解析）が選出された。任期は二〇一八年四月から二年間。

一二月七日、銭偉栄法学部長の任期満了に伴う学部長選挙が行なわれ、倉澤生雄（四六歳、行政法）が選出された。任期は二〇一八年四月から二年間。

一二月八日、松岡薬学部長の任期満了に伴う学部長選挙が行なわれ、野元裕（六一歳、生化学、細胞生物学）が選出された。任期は二〇一八年四月から二年間。

一二月一一日、小松人文学部長の任期満了に伴う学部長選挙が行なわれ、山田富秋（六二歳、社会学）が選出された。任期は二〇一八年四月から二年間。

一二月一四日、安田経済学部長の任期満了に伴う学部長選挙が行なわれ、松浦一悦（五四歳、国際経済学、国際金融）が選出された。任期は二〇一八年四月一日から二年間。

一二月三一日、学識経験者選出の法人理事の今井琉璃男が退任した。

二〇一八年一月一一日、瀧言語コミュニケーション研究科長の任期満了に伴う科長選挙が行なわれ、櫻井啓一郎（五六歳、言語学）が選出された。任期は二〇一八年四月一日から二年間。

一月一三、一四日の両日、二〇一八年度の大学センター試験が行われた。

一月二二日、二〇一八年度の一般入学試験Ⅰ期日程及びセンター利用入試が行われた。一般入試のⅠ期日程の募集人員は前年と変わりはなかった。

Ⅰ期日程の結果は次の通りである。[7] 文系の志願者は、経営のみ減少したが、他は少し増え、全体として、前年の一八四七名→一九〇二名で、五五名、三・〇％と僅かに増えた。合格者は、前年の四四八名→三八五名に少し絞った。なお、追加合格はなかった。他方、薬学部（メイン入試）は志願者が前年の一三五名→一三二名で、三名減少した。受験者は一三〇名に減り、合格者は一二六名を出し、さらに追加二名も出し、ほぼ全入となり、前年に続き、危機的で惨憺たる状況が続いた。溝上学長体制にとって早急に対応策が求められた。

表二　二〇一八年度一般入試Ⅰ期日程

	募集人員	志願者	（前年）	合格者	一次追加	実質競争率
経済学部	三〇名	五九五名	（五二七名）	一一二名	〇名	五・二九
経営学部	三〇名	四八三名	（五五五名）	九九名	〇名	四・八八

人文英語	二〇名	二二〇名（二二一名）	六三名	〇名	三・四六
社会	一五名	二七六名（二六三名）	五八名	〇名	四・七四
法学部	二〇名	三二八名（二九一名）	五三名	〇名	六・一九
文系合計	一一五名	一九〇二名（一八四七名）	三八五名	〇名	四・九二
薬学部	四五名	一三二名（一三五名）	一二六名	二名	一・〇二
総計	一六〇名	二〇三四名（一九八二名）	五一一名	二名	三・九五

（出典）入学広報課「二〇一八年度入学試験実施状況」

センター利用入試前期日程は、募集人員は前年と変わりなかった。結果は次の通りである。(8) 文系の志願者は、経済のみ増えたが、他は軒並み減少し、全体として前年の二〇二二→一五六七名へと、四四五名、二二・五％と大幅に減った。合格者は前年の九九七名→七〇八名と絞った。なお、追加合格はなかった。他方、薬学部の志願者も前年の一〇四名→八八名へと、一六名、一五・四％も減り、惨憺たる状況が続いた。そして、受験者八八名に対し、合格者七七名を出し、それでも不足し、追加合格を六名出し、ほぼ全入となった。

表三　二〇一八年度センター利用入試前期日程

	募集人員	志願者（前年）	合格者	一次追加	実質競争率
経済学部	四五名	五六六名（五二九名）	二二一名	〇名	二・五六
経営学部	三五名	四六四名（八三〇名）	一九〇名	〇名	二・四四

人文英語	一〇名	九四名（一四七名）	六七名	〇名	一・四〇
社会	一五名	二〇一名（二五五名）	一〇七名	〇名	一・八八
法学部	二〇名	二四二名（二六一名）	一二三名	〇名	一・九七
文系合計	一二五名	一五六七名（三〇二二名）	七〇八名	〇名	二・二一
薬学部	一〇名	八八名（一〇四名）	七七名	六名	一・〇六
総計	一三五名	一六五五名（三一二六名）	七八五名	六名	二・〇九

（出典）入学広報課「二〇一八年度入学試験実施状況」

二月三日、大学院医療薬学研究科の二〇一八年度のⅡ期入試が行われた。志願者はいなかった。

二月一一日、二〇一八年度の一般入試Ⅱ期日程（文系のメイン入試）及び薬学部のセンター利用入試（中期A方式）が行われた。Ⅱ期日程の募集人員は、経済が前年の一五三名→一四八名に五名減らしたが、他は前年と変わりなかった。

Ⅱ期日程の結果は次の通りである。[9] 文系の志願者は全学部で増え、前年の三四〇四名→三七一六名に三一二名、九・一％も増え、改善し、Ⅰ期日程と異なり、幸先が良きようにみえた。そして、正規合格者は一一八五名で前年の一五一九名より大幅に絞り込んだ。しかし、歩留まり予想が大きく外れた。各学部とも大量の追加合格者を出した。しかも一次追加だけでなく二次追加も出した。すなわち、経済は一次追加が八七名、二次追加が三三名、計一二〇名、経営が一次追加四三名、二次追加四七名、計九〇名、人英が一次追加六二名、二次追加一五名、計七七名、人社が一次追加三二名、二次追加二二名、計五四名、法が一次追加一〇名、二次追加五五名、計六五名も出した。特に、人英は何故か、定員が四五名なのに四八名と正規合格発表が余りにも少なく、その結果、全学部大量の追加合格となった。このように、Ⅱ期日程の文系学部の歩留まり計算は大失敗・大誤算となった。

　薬学部は志願者が引き続き減少し、前年の三六名→二八名に減り、しかも受験者は二五名に減り、全員を合格させた。文字通り全入となり、惨憺たる状況となった。試験の意味が問われる危機的事態となった。

表四　二〇一八年度一般入試Ⅱ期日程

	募集人員	志願者	（前　年）	合格者	一次追加	二次追加	実質競争率
経済学部	一四八名	一二〇二名	（一〇四八名）	三六九名	八七名	三三名	二・二二
経営学部	一六〇名	一〇五一名	（　九九九名）	三九六名	四三名	四七名	二・〇一
人文英語	四五名	二七一名	（　二五六名）	四八名	六二名	一五名	一・九四
社会	七五名	五七三名	（　五四〇名）	一七七名	三二名	二二名	二・二四
法学部	八〇名	六一九名	（　五六一名）	一九五名	一〇名	五五名	二・一三
文系合計	五〇八名	三七一六名	（三四〇四名）	一一八五名	二三四名	一七二名	二・一二
薬学部	一〇名	二八名	（　　三六名）	二五名	〇名	〇名	一・〇〇
総計	五一八名	三七四四名	（三四四〇名）	一二一〇名	二三四名	一七二名	二・一〇

〔注〕実質競争率は、受験者÷追加合格者を含む数字。

（出典）入学広報課「二〇一八年度入学試験実施状況」

薬学部のセンター利用中期日程は募集人員五名、志願者七名、受験者四名、合格三名を発表した。定員割れとなった。まさに危機である。

二月二〇日、温山会選出の法人理事の麻生俊介が退任した。

二月二四、二五日に行われた第一〇三回薬剤師国家試験の結果は次の通りである。前年度に比し、新卒は合格率九一・七％と私立平均を上回り、大いに健闘したが、既卒はこれまでにない最低の合格率三四・八％であった。総数では五八・一％、私学五六校中四一位に低迷した。

表五　第一〇三回薬剤師国家試験結果

	出願者	受験者	合格者	合格率	私立平均合格率
新卒	五七名	四八名	四四名	九一・七％	八四・一％
既卒	七〇名	六九名	二四名	三四・八％	四六・九％
総数	一二七名	一一七名	六八名	五八・一％	六九・六％

（出所）厚生労働省

二月二五日、二〇一八年度の文系大学院のⅡ期入試が行なわれた。経済は一般選抜で一名が受験して一名が合格した。経営は社会人一名が受験して一名が合格した。言語コミュニケーションは志願者がいなかった。社会は一般選抜で一名が受験したが合格はなく、社会人が一名受験して一名が合格した。

三月九日、二〇一八年度の大学院医療薬学研究科のⅢ期入試が行なわれた。一名が受験して一名が合格した。

三月一五日、二〇一八年度のセンター利用入試の後期日程B方式の合格発表が行なわれた。結果は次の通りであった。[10] 募集定員は前年と変わらなかった。文系の志願者はいずれも前年より増えた。しかし、また、歩留まり予想が外れ、経営が二名、法が六名の追加合格を出した。センター後期で追加とは前代未聞であった。また、薬は志願者一三名全員を合格させた。またしても全入であった。

表六　二〇一八年度センター利用入試後期日程

	募集人員	志願者（前年）	合格者	追加合格	実質競争率
経済学部	一〇名	一二七名（八〇名）	一九名	〇名	六・六八
経営学部	一五名	九〇名（六九名）	二四名	二名	三・四五
法学部	五名	五八名（五八名）	一七名	六名	二・五二
文系合計	三〇名	二七五名（二〇七名）	六〇名	八名	四・〇四
薬学部	五名	一三名（一〇名）	一三名	〇名	一・〇〇
総計	三五名	二八八名（二一七名）	七三名	八名	三・五六

（出典）入学広報課「二〇一八年度入学試験実施状況」

以上、二〇一八年度入試は、本学にとって、文系も薬学も惨憺たる状況となった。とくに、薬学部は、推薦入試で定員割れ、一般入試、センター利用入試でほぼ全入ないし全入となった。危機的事態であり、「薬学部安定化計画」の破綻であり、溝上学長ら大学当局には早急に対応が求められた。

三月一五日、二〇一七年度第二回全学教授会が開催された。審議事項は①学長補佐の指名について、②教学会議規程の改正についてであった。①は法学部准教授の渡辺幹典が提案され、選出された。危機下の入試担当で、任期は二〇一八年三月一五日〜二〇一八年一二月三一日であった。これにより、学長補佐が河内と並び二人となった。②は教学会議の目的の改正で、教育課程の編成に関わる基本方針の策定等に関する全学的な教学マネジメントを推進することを追加するものであった。

三月一六日、法人は「従業員過半数代表者」のT教授（二〇一七年度の代表者）と「二〇一八年度の専門業務型裁量労働制に関する労使協定」を締結した。「専門業務型裁量労働制」は、実際の労働時間にかかわらず一定時間をあらかじめ働いたとみなすものであった。しかし、この「裁量労働制」は、学内で十分な審議もなく、また、「従業員の過半数代表者」は選出手続において、過半数の信任を得ておらず、資格がなく、法人と「過半数代表者」との「労使協定」は、後に松山地裁で違法・無効とされることになった。

三月二〇日、午前一〇時よりひめぎんホールにて、二〇一七年度の松山大学大学卒業式、大学院修了式が行なわれた。経済学部三九三名、経営学部三八八名、人文英語一〇三名、同社会一二九名、法学部一八六名、薬学部六二名が卒業した（前期卒業を含む）。大学院は経済修士三名、博士一名、経営修士一名、言語コミュニケーション一名が修了した。社会はいなかった。医療薬学科一名が学位取得した。

溝上学長の式辞は、前年とほぼ同じで、次の通りであった。

「修了・卒業される皆さん、ご修了・ご卒業おめでとうございます。所定の課程を修めて、本日めでたくご修了・ご卒業の日を迎えられたことに対して、心からお慶び申し上げます。また、これまで成長を見守ってこられた保護者の皆様におかれましても、さぞかしお慶びのことと拝察し、心よりお祝いを申し上げます。本日、多数のご来賓ならびに保護者の皆様のご臨席を賜り、平成二十九年度松山大学大学院学位記、松山大学卒業証書・学位記授与式を盛大に挙行できますことは、本学の光栄とするところであり、教職員を代表して心から御礼申し上げます。

本日は、晴れて本学を巣立っていかれる皆さんに、松山大学の歴史と教育理念としての校訓「三実（さんじつ）」の精神の二点について、改めてお話をさせていただきたいと思います。

〔以下、松山大学の歴史と校訓「三実」について述べられるが、前年と同一ゆえ、略す〕

激しく変化する現代の社会において、知らないことに対する探求心を持ち続けることが重要になります。多くの皆さんにとって、小学校から始まった学校生活は今日で終わりとなりますが、皆さんには、卒業して社会にでてからも、学び続けてもらいたいと思います。大学は知的探求の場であると同時に、生きる力を養う場でもあります。教科書に書かれている情報や知識はもちろん重要ですが、さらに大事なことは、知らないことをどのようにして学ぶかという方法であり、わからないことを何とかして理解しようとする姿勢です。皆さんは、学問を通じ、多くの知識を修得し、様々な苦難を乗り越えながら、大きく成長されたものと思います。大学におけるこれら学びの経験が、これからの皆さんの生き抜く力になると確信します。自信を持って新たな一歩を踏み出してほしいと思いますさて、本学は、これまで約七万三千名の修了生・卒業生を輩出してきました。修了生・卒業生は、経済界を中心に、全国で活躍し、高い評価を得てきました。これら修了生・卒業生による同窓会組織である「温山会」は、国内では北は北海道から南は沖縄まで四十一の支部、国外ではニューヨーク支部と中国の大連支部の併せて四十三の支部を中心に組織され、それぞれの地域で、あるいは地域を越えて、活発な活動を行っています。皆さんもまた、本日から本学修了生・卒業生であり、「温山会」の会員です。職場や地域で本学の先輩に出会うことがあれば、先輩は皆さんに温かく接し、皆さんを応援してくださるでしょう。各地域や職場で開催されている温山会支部総会にもぜひ出席してください。また、皆さんも、今後は「温山会」の一員として、後輩たちを温かく見守ってください。

繰り返しになりますが、皆さんはこれからも学び続けなければなりません。ときには母校を訪ね、同窓会活動に参加して、これからも大学を積極的に活用してください。大学はいつでも皆さんを待っています。

最後に改めて、ご卒業のお祝いを申し上げると共に、皆さんの益々のご活躍を祈念して、式辞といたします。

平成三十年三月二十日

松山大学

学長　溝上達也」(11)

三月末で、「過半数代表者」T教授の任期が終了するので、三月頃法学部の遠藤教授は、二〇一八年度の「過半数代表者」に立候補するために必要な推薦者を募っていた。それに対し、新井英夫常務理事らが危機感を抱き、過半数代表者選挙の選挙権者に対して、遠藤教授の推薦をしないように働きかけ、妨害行為を行うなど、明らかに法令違反にあたる事件が発生している。後の地裁判決では、新井常務理事の行為は不法行為と認定されている。

三月三一日、経済学部では久保進（言語学）、清野良栄（現代資本主義論）、舘野日出男（ドイツ語）、宮本順介（近代経済学）、経営学部では森本三義（会計学）、野上陽子（英語、新特任）、人文では牧園清子（社会福祉論）、佐藤亜紀（社会福祉、新特任）、生蔦健也（体育、新特任）、法学部では波多野雅子（民事訴訟法）、宮下雄一郎（政治学概論、新特任）、薬学部では水間俊、湯浅宏（製剤学）、栗原健一（有機化学）、川崎博己（新特任）が退職した。[12]

二〇一七年度（二〇一七年四月〜二〇一八年三月）の学校法人の事業において、実施した主な事項は、「事業報告書」によれば次の如くであった。[13]

㈠法人事業面では、①一号館、六号館、研究センターの解体開始、二号館地下インフラ盛り替えと共同溝の工事の実施、二〇一七年七月設備棟が完成し、サーバ室を移転した、②情報システムの整備、③二〇一八年度から入試部広報課と経営企画広報課を統合する事を決定、④愛媛県、西条市、産業界と包括連携協定の締結、等。

㈡教学事業面では、二〇一七年度全学共通教育科目及び各学部でカリキュラムの検討を開始した、等。

この「事業報告」について一言述べると、①懸案の「中長期経営計画」について、内容を精査して二〇一七年度中に策定を目指すと表明していたのに、何の指摘もしていなかった。②また、二〇一八年三月一六日に「専門業務型裁量労働制」の導入を決定したが、何も触れていない。③さらに、薬学部の全入ないしほぼ全入という深刻で危機的な二〇一八年度入試状況について何も触れていない。④さらにまた、文系学部の歩留まり計算の失敗についても触れられていない。実に問題の多い報告書であった。

〔注〕

(1)『学校法人松山大学一覧　二〇一七年度事業報告』
(2)『学校法人松山大学　二〇一七年度事業計画書』
(3)『学校法人松山大学一覧　二〇一七年度事業報告』
(4) 松山大学総務課所蔵。
(5)『学校法人松山大学一覧　二〇一七年度事業報告』
(6) 入学広報課「二〇一八年度入学試験実施状況」
(7) 同。
(8) 同。
(9) 同。
(10) 同。
(11) 松山大学総務課所蔵。
(12)『学校法人松山大学一覧　二〇一七年度事業報告』
(13)『学校法人松山大学　二〇一七年度事業報告（ダイジェスト版）』

㈢二〇一八年（平成三〇）度

溝上学長・理事長二年目である。

本年度の校務体制は、副学長は中谷陽明（二〇一七年一月一二日～二〇一八年一二月三一日）、熊谷太郎（二〇一七年一月一二日～二〇一八年一二月三一日）が続けた。経済学部長は新しく松浦一悦（二〇一八年四月～二〇二〇年三月）、経営学部長も新しく檀裕也（二〇一八年四月～二〇二一年三月）、人文学部長も新しく山田富秋（二〇一八年四月～二〇二〇年三月）、法学部長も新しく倉澤生雄（二〇一八年四月～二〇二二年三月）、薬学部長も新しく野元裕（二〇一八年四月～二〇一九年三月）が就任した。短大学長は新しく溝上達也（二〇一八年四月～二〇二四年三月）が就任した。松山大学学長との兼務であった。大学院経済学研究科長は渡辺孝次（二〇一七年四月～二〇一九年三月）が続けた。経営学研究科長は新しく檀裕也（二〇一八年四月～二〇二一年三月）が就任した。経営学部長との兼務であった。言語コミュニケーション研究科長も新しく櫻井啓一郎（二〇一八年四月～二〇二一年三月）が就任した。社会学研究科長は市川正彦（二〇一七年四月～二〇二一年三月）が続けた。医療薬学研究科長は新たに明楽一己（二〇一八年四月～二〇二〇年三月）が就任した。図書館長は妹尾克敏（二〇一五年一月～二〇一八年一二月三一日）、総合研究所長は溝渕健一（二〇一七年一月一日～二〇二〇年一月三一日）が続けた。教務委員長は明照博章（二〇一八年四月～二〇二〇年三月）、入試委員長は小松洋（二〇一八年四月～二〇二〇年三月）、学生委員長は酒井達郎（二〇一八年四月～二〇二〇年三月）であった。学長補佐は河内俊樹（経営学部）、渡辺幹典（法学部）が続けた。

学校法人面では、常務理事は、副学長で理事の中谷陽明（教学、二〇一七年一月一三日～二〇一八年一二月三一日）、評議員理事の新井英夫（財務、二〇一六年一月一日～二〇二〇年一二月三一日）、事務局長で理事の世良静弘（総務、二〇一七年四月一日～二〇二〇年三月三一日）が続けた。理事は事務から事務局長の世良静弘及び部長から岡田隆、高尾義信の三名、評議員から新井英夫、大城戸圭一、難波弘行の三名、設立者から新田長彦、温山会から興梠安、野本武男の二名、学識者から井原理代、今井瑠璃男、大塚潮治、廣本敏郎、山下雄輔の五名であった。監事は、新田孝志（二〇〇八年一月一日～）、植村礼大（二〇一五年一月一日～二〇二二年一二月三一日）、宍戸邦彦（二〇一五年六月一日～二〇二二年一二月三一日）であった。評議員は、教育職員は、赤木誠（経済）、新井英夫（法）、酒井達郎（経営）、妹尾克敏（法）、難波弘行（薬）、野元裕（薬）、松尾博史（経営）、水上英徳（人文）の八名、事務職員は国貞光弘、松本直也の二名、事務局長及び部長評議員は世良静弘、岡田隆、高原敬明、高尾義信、藤岡裕定の五名。後、二名の副学長、五名の学部長、外部評議員は温山会から七名、学識経験者から一〇名であった。理事長補佐は、池上真人、苅谷寿夫であった（共に経営学部）。

本年四月、法人は就業規則を改正し、教員に「専門業務型裁量労働制」を導入した。しかし、この「裁量労働制」の導入は、先にも述べた如く、「過半数代表者」の資格に疑義があり、後に裁判で違法・無効となったものである。

本年度・二〇一八年度の「事業計画書」の概要は次の通りである。(1)

前年と同じく「来たる創立一〇〇周年を控え、中四国のトップ・ユニバーシティとしての地位を確立する」ことを表明し、その重点施策として、①校訓「三実」に基づく教育の質保証（生涯を通じ自ら研鑽し続ける能力の涵養）、②ＦＤ（ファカルティ・ディベロップメント）③ＳＤ（スタッフ・ディベロップメント）による教育の質向上（教職員の研修）、④学生支援の充実（学生が主体的に学べる総合的な支援体制の構築）、⑤社会連携・社会貢献の推進（産業界や自治体との連携強化）、⑥設整備の更新及び整備（研究センター跡地に駐輪・駐車場設置、一号館解体跡地に屋外ラウンジ設置、第二体育館学生会館、西サークルボックス、御幸グラウンド管理棟の解体、御幸グラウンドの総合体育館建設の基本構想の構築）、⑦戦略的広報の展開（全学的な広報体制の確立）、⑧創立一〇〇周年記念事業の推進（一〇〇周年史、シンボルマーク、募金）、⑨情報システムの整備（ネットワークの再構築）、⑩自己点検評価に基づく業務改善（業務改善を着実に進める）、⑪事務組織の整備（事務組織の効率化、内部統制の整備等）、⑫内部質保証システム並びにＩＲ環境の整備、の一一項目をあげた。予算編成方針では、前年と同様に、教育研究経費支出と管理経費支出の合計を二一億円までとする、等であった。

この事業計画・方針・施策について、一言コメントしよう。

①「中長期経営計画」のことが何故か触れられていない。なお、精査中ということだろうか。

②また、法学研究科の開設準備が何故か項目から消えていた。

③また、何よりも薬学部の深刻な危機、ほぼ全入という状況（二〇一八年度Ⅰ期、一・〇二倍、Ⅱ期、一・〇〇倍）に対し、危機感が記されておらず、施策・対応策がみられない。

④教育研究経費の制限が引き続き掲げられた。

⑤教員に対し、二〇一八年度から「専門業務型裁量労働制」を導入したが、なんら触れていない。

要するに、大事なことが方針として掲げられず、問題多い事業計画となっていた。

四月一日、本年次のような新しい教員が採用された。

経済学部

上品　満　　講師として採用。貨幣経済論。

菅井　太地　講師として採用。英語。

小林　哲也　准教授として採用（新特任）。ドイツ語。

床井啓太郎　准教授として採用（新特任）。司書。

経営学部

古井健太郎　講師として採用。会計。

金子　千香　講師として採用（新特任）。英語。

人文学部

椋野美智子　講師として採用（新特任）。福祉。

鬼頭　裕美　講師として採用（新特任）。福祉。

山岸　道央　講師として採用（新特任）。体育。

法学部

石橋　英典　講師として採用。民事訴訟法。

薬学部
渡邉　真一　　准教授として採用。

このように、五年任期の新特任教員が多く採用されていること、また、危機下、再建が急務の薬学部で新教員が採用されていた。

四月三日、午前一〇時よりひめぎんホールにて、二〇一八年度の入学式が開かれた。経済学部三八二名、経営学部三九六名、人文英語九八名、同社会一一六名、法学部二一九名、薬学部九五名が入学した。薬学部は定員一〇〇名を五名下回り、しかも、ほぼ全入であった。人文英語も定員割れとなった。大学院は経済修士二名、博士〇名、経営修士三名、博士〇名、言語コミュニケーション〇名、社会修士一名、博士〇名、薬一名が入学した。

溝上学長の式辞は、前年とほぼ同じで、次の通りであった。

「新入生の皆さん、ご入学おめでとうございます。皆さんの入学を心から歓迎します。保護者の皆様におかれましては、ご入学を迎えられ、さぞかしご安堵なされているものと拝察いたします。本日、新入生の皆さんを本学に迎えるにあたり、多数のご来賓ならびに保護者の皆様のご臨席を賜り、平成三十年度松山大学大学院・松山大学入学宣誓式を挙行できますことは、本学の光栄とするところであり、教職員を代表して心から御礼申し上げます。

新入生の皆さんが、本学の学生として自信と誇りを持ち、勉学や課外活動などに励んでいただくことを願って、最初に松山大学の歴史と教育理念である校訓「三実（さんじつ）」の精神についてお話ししておきたいと思います。

〔以下、松山大学の歴史と校訓「三実」について述べられるが、前年と同一ゆえ、略す〕

大学は、社会に出るための最後の学びの場です。皆さんは、これからは、自分の生活や将来に関する多くのことを自分で決めていかなければなりません。そこには正しい答えはありません。皆さんは、自分の頭で考え、必要な情報を自ら収集・分析して、自分が行うべきことを自分で決めていく必要があります。この繰り返しが、皆さんの大学生活を実りあるものにするでしょう。卒業後の自分の将来に対する目標を持って、自律的に大学生活を過ごすことで、自身の能力を高めていくことが重要です。大学には多くの教職員がいます。疑問に思うことについては、授業担当の教員に積極的に質問をしてください。授業の内容についてより深く知りたければ、大学の図書館を利用してください。また、大学生活においてわからないことや不安なことがあれば、学生支援室を訪ねてください。卒業後の進路についてはキャリアセンターに相談してください。皆さんの決断と行動を本学の教職員はサポートします。

本学は、これまで約七万五千名の卒業生を輩出してきました。卒業生は、経済界を中心に、高い評価を得てきました。これも卒業生の方たちが校訓「三実」の精神を大切にして活躍してこられた結果であり、これが松山大学の伝統になっていると確信しています。

皆さんが抱いている目標を達成するために本学の教職員は支援を惜しみません。社会で活躍できる有為な人材になるために、充実した学生生活が過ごせるよう、教職員一同、皆さんを支えます。皆さんが将来について抱いている目標や希望に向かって、これから一歩一歩進んでいきましょう。皆さんがご卒業を迎えられるとき、自らの目標を達成できていますよう祈念して、式辞といたします。

平成三十年四月三日

松山大学

学長　溝　上　達　也」(2)

本年度も、二〇一八年度の「従業員過半数代表者」の選出をめぐって、対立、混乱が起きた。

四月五日、「従業員過半数代表者」を決める選挙管理委員会は、前年度末の常務理事新井英夫らの選挙介入を問題視し、公正な選挙の実施ができないとして、選挙手続を停止した。その結果、「過半数代表者」不在状態が続いた。

六月一日、二〇一九年度の入試説明会が行なわれ、小松洋入試委員長より説明がなされた。

六月七日、二〇一八年度第一回全学教授会が開催された。審議事項はなく、報告事項として、新井常務理事により「二〇一七年度決算及び事業報告」ならびに「二〇一八年と事業計画及び予算について」が報告された。

六月二九日、理事会が開催され、「学校法人松山大学第一次長期経営計画について」審議されている。

八月、「リクルート　カレッジ　マネジメント二二一」に、『知』の拠点であり続けるために　地方の伝統大学が打ち出す長期経営計画」という記事が出ている。その大要は次の通りである。ライターは千葉大学国際教養学部准教授白川優治である。

「一．四〇代の責任者が推進する長期経営計画

二〇一七年一月に歴代最年少、四二歳で学長に就任した溝上達也理事長・学長は、二〇二六年までの一〇年間を対象とする「MATSUDAI VISION 2027 学校法人松山大学第一次長期経営計画」を策定している。この長期計画は、経営面は新井英夫常務理事、教学面は熊谷太郎副学長が担当して進められた。

二．第一次中期計画の完成時が創立一〇〇周年

法人として、一〇年後の二〇二七年を見据えた長期経営計画を策定し、この計画に基づいた具体的な実行計画を作ることにし、二〇一八年度中に二〇一九年から二〇二二年度までの四年間を対象とする「第一次中期計画」を策定し、創立一〇〇周年を迎える二〇二三年に第一期中期計画を終え、二〇二三年度から二〇二六年度の「第二次中期計画」を策定・実行することで、長期経営計画の目標とする一〇年後の二〇二七年を迎える、という計画である。

三．課題と強みを踏まえた一〇の基本戦略

松山大学の長期経営計画「MATSUDAI VISION 2027」は、法人全体の二〇二七年にあるべき姿として、「次代を切り拓く『知』の拠点」と明確に定めた上で、「使命と目標」「現状と将来の見通し」「基本戦略」の三部構成で作成されている。「使命と目標」では、校訓「三実」を始め

とする建学の背景と理念、「現状と将来の見通し」では、一八歳人口の減少、松山大学の志願者の推移、就職の状況を検証し、その上で、松山大学の強みを「教育」「学生支援」「社会連携・地域貢献」の三つの観点から整理し、「興味・関心を引き出すカリキュラムと入試広報」「多様な背景を持つ学生に対する入試対応」「全学的なマネジメント体制の再構築」の三つの課題を指摘する。そしてこれらの「強み」と「課題」を踏まえて、「内部質保証」「教育活動」「研究活動」「国際化」「入試広報」「学生支援」「キャリア教育・支援」「卒業生連携」「社会連携」「管理・運営」の一〇項目の基本戦略が示されている。

これら一〇項目の基本戦略と共に財務面での法人経営の目標として、基本金組み入れ前の当年度収支差額を毎年度収入超過とすること等をあげている。

四．数値目標を定め、全学的マネジメントの推進を目指す。

松山大学にとって地域は愛媛・松山であり、地域の中の大学である。一方で中四国No.1の私立大学であることを目指し、周辺地域から学生を集めていく。

新井常務理事は、「改組や新しい学部・学科を作るというアイディアはある一方で、松山大学は地域の要請から大学・学部を作ってきたという歴史もあるので、現在の学部構成の良さを維持していく」という。

二〇二七年を目指した松山大学の長期経営計画の取組は、地方の伝統大学の新たな挑戦といえよう」

この記事から、懸案の「中長期経営計画」について、二〇一八年度の事業計画では触れられていなかったが、常務理事会は、新井常務理事、熊谷副学長を中心にして、精査、検討し、そして、第一次中期計画（二〇一九年から二〇二二年度までの四年間）、第二次中期計画（二〇二三年～二〇二六年度までの四年間）を考案し、長期経営計画の目標とする一〇年後の二〇二七年を迎える、という方針を作っていたこと、その理念・ビジョンは「次代を切り拓く『知の拠点』」であったことがわかる。ただ、「強み」の中に「研究」が入っていないのは、「知の拠点」の点から疑義があり、腑に落ちない。

九月二二日、二〇一九年度の文系大学院Ⅰ期入試が行われた。経済、経営、言語はいずれの研究科も志願者が無かった。社会が学内進学者が一名受験して一名が合格した。

同日、二〇一九年度の大学院医療薬学科のⅠ期入試が行なわれたが、志願者は無かった。

一〇月二八日、仙台で開催された第三六回全日本大学女子駅伝対校選手権大会において、女子駅伝部は第五位であった。前年一三位であったので、回復した。

一一月六日、「従業員過半数代表者」の選出を決める選挙管理委員会は、公正な選挙の実施ができないとして全員一致、解散している。混乱が続いた。

一一月一七、一八日の両日、二〇一九年度の推薦・特別選抜入試が行なわれた。一七日が経済・経営、一八日が人文、法、薬であった。

結果は次の通りであった。(3) 薬学部は、指定校では募集定員一〇名に対し、一三名が応募し、久しぶりに定員を満たしたが、一般公募では定員割れで、引き続き、危機が続いた。

表一　二〇一九年度推薦・特別選抜入試

		募集人員	志願者	合格者
経済学部	（指定校制）	一二三名	一三三名	一三三名
	（一般公募制）	三〇名	九四名	三三名
	（各種活動）	一四名	一二名	一二名
	（特別選抜）	若干名	〇名	〇名
経営学部	（指定校制）	六五名	七二名	七二名
	（一般公募制）	六五名	二〇七名	七七名
	（各種活動）	二〇名	二六名	二六名
	（特別選抜）	若干名	〇名	〇名
人文英語	（指定校制）	一五名	一九名	一九名
	（特別選抜）	一〇名	三五名	一五名
社会	（指定校制）	一五名	一九名	一九名
	（特別選抜）	若干名	〇名	〇名
法学部	（指定校制）	二〇名	二九名	二九名
	（一般公募制）	五五名	一八九名	五九名
	（特別選抜）	若干名	〇名	〇名
薬学部	（指定校制）	一〇名	一三名	一三名

（一般公募制）	一五名	一七名	一四名
総　計		八八〇名	五三六名

〔注〕特別選抜は、資格取得、社会人、帰国生徒及び海外生活経験者、総合学科卒業生。
〔出典〕入学広報課「二〇一九年度入学試験実施状況」

一一月一五日、一一月末で任期満了となる、四年ぶりの学内での評議員選挙があった。教育職員では、赤木誠（経済、再）、新井英夫（法、再）、岩村樹憲（薬、新）、酒井達郎（経営、再）、寺嶋健史（人文、新）、中島光業（薬、新）、中村雅人（経営、新）、安田俊一（経済、新）の八名が選出された。当選者は、薬が二名、経営が三名と多く、また若手も入り、溝上学長・理事長体制は、経営学部と薬学部と若手が主たる支持母体となっていたことがわかる。また、票数をみると、酒井、寺嶋の両名は有効投票の八割を超え、岩村、赤木、新井、中島、安田も過半を超えており、組織的な選挙戦が行なわれたことがわかる。参考までに票数を掲げておこう。

選挙権者	一四一名
投票総数	一一〇票
有効投票数	一〇八票
無効投票	二票
棄権	三一票
当選者及び次点	

当　酒井達郎　八七
当　寺嶋健史　八七
当　岩村樹憲　六三
当　赤木　誠　五六
当　新井英夫　五五
当　中島光業　五四
当　安田俊一　五四
当　中村雅人　五〇
次　松尾博史　四七
　　村田毅之　三九
　　井上正夫　三六
　　林　恭輔　三六
　　松本直樹　三五
　　明照博章　三四

なお、事務職員では鹿島久幸、国貞光弘の二名が選出された。そして、いずれも一二月一日、新評議員に就任、再任となった。

また、一二月一日付けで事務局長及び部長から世良静弘（再任）、岡田隆（再任）、藤岡裕定（再任）、松本直也（再任）、森岡祥子（新）が評議員に就任・再任となり、学外評議員として、秋川啓人（再）、石丸忠治（新）日高滋（再）、村井礼子（新）、森映一（再）、森聡子（新）、薬師寺績（新）が就任・再任となった。

また、一二月六日付けで、大城戸圭一（再）、興梠安（再）、左納和宜（新）、重松修（再）、田中和彦（再）、長井明美（再）、中村時広（再）、野志克仁（再）、逸見雅一（再）、松本等（新）、宮内芳郎（新）が就任・再任となった。

二〇一八年一二月一八日、松山労働基準監督署は、学校法人松山大学に対し、労使協定の上限を超えて教職員を休日に働かせたほか、残業代を支払わなかったとして、是正勧告を行なった。前代未聞のことであった。『愛媛新聞』は次のように報道している。

「愛媛新聞が入手した是正勧告や松山大によると、休日労働に関する労使協定の上限を超え教職員が休日に勤務。大学は所定の割増賃金を支払わなかった。法定労働時間を超える時間外労働の割増賃金も支払っていなかった。労働時間も適正に把握していなかったとしている。労基署は、一カ月当たりの時間外労働時間で、健康リスクが高まるとされる八〇時間超の教職員が二五人、一〇〇時間超の教職員が七人おり、最も長い人で二二二時間に達していたと指摘。労使協定の内容と労働時間の実態が合っていないとし、大学側に見直しを求めた。労働時間の適正な把握や管理を実行し、来年一月三一日までに報告するよう指導した。松山大学総務部は取材に対し、勧告内容の精査や教職員へのヒアリングなどを行ない、残業代未払いの総額算出や対象人数の把握をすると説明、労基署の指導を受けながら、適切な労務管理や新たな制度づくりを進めたいとした。溝上達也理事長は、高等教育機関でこのような事態が発生したことを、学生の皆さん、関係者にこころよりお詫びする。是正勧告や指導を真摯に受け止め、是正に向けた検討を即座に開始し、労働時間管理ルールの順守に努めるとしている(4)」

ただし、溝上理事長ら理事者側は法令違反の責任を取らなかった。

二〇一八年一二月末で、溝上学長の二年間の任期が満了するので、九月、選挙管理委員会が組織された（委員長は松岡一郎）。

一〇月一〇日、第一次投票が行われた。結果は次の通りである。

1. 有権者　　二四〇（教員一四一、職員九九）
2. 棄権　　一八
3. 投票総数　　二二二
4. 無効　　一六
5. 有効投票　　二〇六
　1位　溝上達也　一一〇
　2位　中嶋慎治　四五

3位　安田俊一　　一九

しかし、なぜか二位の中嶋候補が辞退した。候補者は、溝上候補と安田候補となった。前回と同様の決戦投票となった。

一〇月三一日、第二次投票が行われた。結果は次の通りである。

1．選挙権者　　二四〇
2．棄権　　三七
3．投票総数　　二〇三
4．無効　　一八
5．有効投票　　一八五
　溝上達也　　一二六（教員六二、職員六四）
　安田俊一　　五九（教員三三、職員二六）

よって、溝上候補が有効投票の過半数及び教員の過半数を得て当選した。ただし、二年前に比べて、溝上候補の支持が減少している（全体で一三三→一二六、教員では七三→六二）。そして、大きな特徴は棄権と無効が合わせて五五票もあったことである。大半が教員とみられ（教員一四一名中、有効投票は九五名、六七・四％）、教員の三分の一はこの学長選挙を冷やかにみていることが判明する。

二〇一八年一二月三一日、溝上学長・理事長が任期により退任した。また、同日付けで、副学長の中谷陽明、熊谷太郎も退任した。また、理事の中谷陽明、事務局長の世良静弘、ニッタの新田長彦、温山会の興梠安、野本武男、学識者の井原理代、大塚潮治、廣本敏郎が退任した。

二〇一九年一月一日、溝上学長・理事長が就任した。二期目となった。

また、一月一日付けで、事務局長の世良静弘（再）、評議員選出の新井英夫（再）、岩村樹憲（新）、大城戸圭一（再）、ニッタの新田長彦（再）、温山会の興梠安（再）、野本武男（再）が理事に就任・再任となった。

一月一一日、学識者の井原理代、大塚潮治、廣本敏郎が理事に再任された。

一月一七日、二〇一八年度第二回全学教授会が開催された。審議事項は、①副学長の指名について、②学長補佐の指名について、等であった。

①について、溝上学長より、副学長候補として、経済学部のK教授と経営学部の池上真人教授の二人が提案された。K候補は一九七四年生まれ、四四歳。池上候補は一九七七年生まれ、四一歳、広島市立大学大学院国際学研究科博士後期課程修了。二〇〇六年四月本学経営学部に講師として赴任。二〇一五年一月理事長補佐、二〇一七年四月教授になっていた。池上候補は、学部長、また研究科長経験者ではなかった。投票の結果、池上候補は可決されたが、K候補は否決され、前代未聞の出来事となった。溝上学長にとっては暗い二期目の始まりとなった。なお池上副学長の任期は、二〇一九年一月一八日～二〇二〇年一二月三一日まで。

②については、学長補佐として、法学部准教授の渡辺幹典が提案され、選出された（再任）。任期は、二〇一九年一月一八日〜二〇二〇年一二月三一日まで。

一月一八日、副学長の池上真人が寄附行為の規程により理事に選出された。

一月一九、二〇日の両日、二〇一九年度の大学センター試験が行われた。

一月二二日、評議員会選出理事の岩村樹憲が理事・評議員を退任している。一月一日理事に就任したばかりで、早期退任となった。

一月二八日、二〇一九年度の一般入学試験Ⅰ期日程及びセンター利用入試前期日程が行なわれた。一般入試Ⅰ期日程の募集人員は前年と同じであった。

Ⅰ期日程の結果は次の通りであった。[5] 文系の志願者は、人社は増えたが、他は全て減少し、全体として、前年の一九〇二名→一七六一名へ、一四一名、七・四％ほど減り、厳しい状況となった。合格者は前年の三八五名→四二七名へ、少し増やし、発表した。また、薬学部（メイン入試）も前年の一三二名→一二八名に少し減り、厳しい状況が続いた。そして、薬の受験者は一二二名で一一九名の合格者を出し、限りなく全入に近い状況で、前年と同様に極めて、深刻な危機的状況が続いた。二期目の溝上学長にとって、早急に対応策が求められることになった。

表二　二〇一九年度一般入試Ⅰ期日程

	募集人員	志願者（前年）	合格者	実質競争率
経済学部	三〇名	五〇四名（五九五名）	一〇五名	四・七六
経営学部	三〇名	四五九名（四八三名）	一〇三名	四・四五

人文英語	二〇名	二一九名（二二〇名）	五七名	三・八四
社会	一五名	二八九名（二七六名）	八二名	三・五〇
法学部	二〇名	二九〇名（三二八名）	八〇名	三・五九
文系合計	一一五名	一七六一名（一九〇二名）	四二七名	四・一〇
薬学部	四五名	一二八名（一三二名）	一一九名	一・〇三
総計	一六〇名	一八八九名（二〇三四名）	五四六名	三・四三

（出典）入学広報課「二〇一九年度入学試験実施状況」

センター利用入試前期日程は、募集人員は前年と同じであった。センター利用の結果は次の通りであった。[6] 文系の志願者は、人英は増えたが、他は全て減少し、全体として前年の一五六七名→一四四二名に、一二五名、七・一％ほど減少し、厳しい状況が続いた。合格者は前年の九九七名→九四七名へ少し絞ったが、実質競争率が一・五二倍と、二倍を切り、赤信号となった。他方、薬学部は前年の八八名→一一五名へと、例年になく増えたが、合格者九六名を出し、実質競争率は一・二倍にすぎなかった。

表三　二〇一九年度センター利用入試前期日程

	募集人員	志願者（前年）	合格者	実質競争率
経済学部	四〇名	四五六名（五六六名）	二九二名	一・五七
経営学部	四〇名	四〇四名（四六四名）	二六〇名	一・五五

人文英語	一〇名	一六六名（　九四名）	九一名	一・八二
社会	一五名	一八五名（二〇一名）	一三〇名	一・四二
法学部	二〇名	二二九名（二四二名）	一七四名	一・三二
文系合計	一二五名	一四四二名（一五六七名）	九四七名	一・五二
薬学部	一〇名	一一五名（　八八名）	九六名	一・二〇
総計	一三五名	一五五七名（一六五五名）	一〇四三名	一・四九

（出典）入学広報課「二〇一九年度入学試験実施状況」

一月二九日、二〇一八年度の「過半数代表者」が不在という状態のもと、理事会は教職員会に対し、選挙管理委員会を設置するよう要請した。その結果二月八日、前理事長であった村上宏之教授が選管委員長となり立候補が受け付けられた。そこで、経済学部のY教授が立候補し、二月二七日投票の結果、二〇一八年度の「過半数代表者」に「選出」された。

これについて、少しコメントしよう。①そもそも、「教職員会」は理事会から補助金を受けている教職員の互助組合であり、「過半数代表者」を選出する選挙の母体にはならない。②また、その選管には、「過半数代表者」が指名する選管一名が欠員であった。従って、この選管そのものの法的効力性、選挙そのものの公正さに瑕疵があり、選出された「過半数代表者」も法的に疑義がでよう。後に松山地裁での判決でも、この選管の構成には瑕疵があると認定され、新井法務担当常務理事の選挙への違法介入事件への事態収拾の取り組みを怠ったことも相まって、法人と「過半数代表者」との「労使協定」は違法・無効とされることになった。

二月八日、二〇一九年度の文系大学院Ⅱ期入試が行われた。いずれの学科も志願者が無かった。

二月九日、二〇一九年度の大学院医療薬学研究科Ⅱ期入試が行われた。志願者は無かった。大学院も危機が続いた。

二月一二日、学内の教員の評議員の補充で大倉祐二（人文）が選出されている（岩村の後任）。

二月一五日、二〇一九年度の一般入試Ⅱ期日程および薬学部のセンター利用入試（中期A方式）が行われた。Ⅱ期日程の募集人員は、経済が一四八名→一四三名に五名減らしたが、他は変化なかった。

Ⅱ期日程の結果は次の通りで、[7] 文系の志願者は、経済のみ減少したが、他は増え、全体として、前年の三七一六名→三八一〇名へ、九四名、二・五五％ほど増えた。しかしながら、文系は合格発表を前年の一一八五名→一〇〇三名に絞ったため、歩留り予想が外れ、経済と経営はそれぞれ八一名、一四名の第一次追加を出し、さらに、経営、人英、人社はそれぞれ一六名、二六名、一一名の第二次追加を出した。二年連続の歩留まり予測の失敗となった。また、薬学の志願者は前年の二八名→五〇名に大幅に増えた。しかし、受験者は三三名に大きく減り、合格者は二九名を発表し、ほぼ全入に近かった。

表四　二〇一九年度一般入試Ⅱ期日程

	募集人員	志願者（前年）	合格者	一次追加	二次追加	実質競争率
経済学部	一四三名	一一六八名（一二〇二名）	二八一名	八一名	〇名	二・五九
経営学部	一六〇名	一〇六一名（一〇五一名）	三七二名	一四名	一六名	二・一七

人文英語	四五名	三一八名（二七一名）	六三名	〇名	二六名	二・九四
社会	七五名	六四一名（五七三名）	一四九名	〇名	一一名	三・二五
法学部	八〇名	六二二名（六一九名）	一三八名	〇名	〇名	三・五五
文系合計	五〇三名	三八一〇名（三七一六名）	一〇〇三名	九五名	五三名	二・六八
薬学部	一〇名	五〇名（二八名）	二九名	〇名	〇名	一・一四
総計	五一三名	三八六〇名（三七四四名）	一〇三二名	九五名	五三名	二・六四

（出典）入学広報課「二〇一九年度入学試験実施状況」

薬学部のセンター中期日程は、募集人員五名で、志願者は九名であったが、受験者は三名に減り、合格者は二名で、定員割れとなった。

二月二〇日、二〇一八年度第三回全学教授会が開催され、溝上学長より、新しい副学長候補として薬学部教授で薬学部長を務めている野元裕教授が提案された。野元裕は、一九五五年生まれ、六三歳、東京大学大学院理学研究科博士課程。二〇〇八年四月本学薬学部教授として採用。二〇一八年四月から薬学部長に就任。生化学。学部長で副学長の兼務となった。薬学部からの副学長は初めてであった。投票の結果、選出された。ただし、かなりの反対票、白票が多く出た。

この野元副学長人事について、一言コメントすると、薬学部は、定員割れが始まり、ほぼ全入となり、国家試験の合格率も悪く、その対応が急務なのに、薬学部の人材を全学に出す余力があるのだろうか。しかも、薬学部長になって一年もたっていなかった。また、人事は通常加重要件が課せられるが、過半数というのは規程上問題があろう。

二月二一日、理事会が開催され、副学長のうち、年長の野元副学長が理事となり（池上副学長が前日に理事を退任、寄附行為により副学長の年長者が理事になる）、そして、野元副学長・理事は常務理事にも就任した。薬学部からの常務理事は初めてであった。いずれにしても異例の人事となった。なお、また、人文学部長の山田富秋が理事に就任している。岩村樹憲の理事辞任に伴う後任である。学部長の理事人事についても疑問がある。学部長は寄附行為上当然評議員となるが、それよりも、全学の評議員選挙で選ばれた人望ある教員を優先すべきではないか。そうでないと、前年末に行なわれた学内評議員選挙の軽視となるからである。

二月二三、二四日、第一〇四回薬剤師国家試験が行なわれた。新卒の合格率は八三・七％で、ほぼ私立平均並で健闘したが、既卒は三六・〇％と惨憺たる状況であった。総数の合格率では前年を上回ったが、私立平均をやや下回った。私学五六校中三三位であった。

表五　第一〇四回薬剤師国家試験結果

	出願者	受験者	合格者	合格率	私立平均合格率
新卒	一〇二名	八〇名	六七名	八三・七％	八四・八％
既卒	五四名	五〇名	一八名	三六・〇％	四二・八％
総数	一五六名	一三〇名	八五名	六五・四％	六九・九％

（出所）厚生労働省

三月八日、二〇一九年度の大学院医療薬学研究科Ⅲ期入試が行われた。志願者は無かった。薬学研究科は二〇一九年度の院生の入学者はゼロとなった。

三月一四日、二〇一九年度のセンター利用後期日程の発表があった。(8) 募集人員は、経営が前年度の一五名を一〇名に減らしたが、他は変わりなかった。結果は次の通りである。文系の志願者は法は少し増えたが、経済、経営が減り、前年の二七五名→二三六名に減少した。合格者は経営が大きく絞ったため（前年二四名を一〇名に）、追加合格を七名出すことになった。薬学部の志願者は一三名で前年と変化なく、前年は全入であったが、今回は八名に絞った。追加はなかった。

表六　二〇一九年度センター利用入試後期日程

	募集人員	志願者（前年）	合格者	追加合格	実質競争率
経済学部	一〇名	八六名（一二七名）	三九名	〇名	二・二一
経営学部	一〇名	八五名（九〇名）	一〇名	七名	五・〇〇
法学部	五名	六五名（五八名）	五名	〇名	一三・〇〇
文系合計	二五名	二三六名（二七五名）	五四名	七名	三・八七
薬学部	五名	一三名（一三名）	八名	〇名	一・六三
総計	三〇名	二四九名（二八八名）	六二名	七名	三・六一

（出典）入学広報課「二〇一九年度入学試験実施状況」

三月一八日、文部科学省に、大学院法学研究科設置申請を行なった（修士課程、一学年三名、二〇二〇年四月開設）。

三月二〇日、午前一〇時よりひめぎんホールにて、二〇一八年度の大学卒業式、大学院修了式が行なわれた。経済学部三八八名、経営学部三七二名、人文英語一〇九名、同社会一一九名、法学部二〇七名、薬学部八八名が卒業した。大学院は経済修士は二名、博士は〇名、経営修士〇名、博士〇名、言語コミュニケーション二名が修了した。社会は修士〇名、博士〇名、医療薬は一名が修了した。

溝上学長の式辞は次の通りで、前年とほぼ同じであった。

「修了・卒業される皆さん、ご修了・ご卒業おめでとうございます。所定の課程を修めて、本日めでたくご修了・ご卒業の日を迎えられたことに対して、心からお慶び申し上げます。また、これまで成長を見守ってこられた保護者の皆様におかれましても、さぞかしお慶びのことと拝察し、心よりお祝いを申し上げます。本日、多数のご来賓ならびに保護者の皆様のご臨席を賜り、平成三十年度松山大学大学院学位記、松山大学卒業証書・学位記授与式を盛大に挙行できますことは、本学の光栄とするところであり、心から御礼申し上げます。

本日は、晴れて本学を巣立っていかれる皆さんに、松山大学の歴史と教育理念としての校訓「三実」の精神の二点について、改めてお話をさせていただきたいと思います。

〔以下、松山大学の歴史と校訓「三実」について述べられるが、前年と同一ゆえ、略す〕

多くの皆さんにとって、小学校から始まった学校生活は今日で終わりとなります。皆さんが学校生活の中で学んだことは、社会に出てすべてがすぐに役立つわけではありません。また、社会の変化に伴い、経験で培った知識が時代遅れとして役に立たなくなることは、今後一層増えてくることでしょう。重要なのは学び続け、知識を絶え間なく更新することです。

皆さんは、学生生活を通じて自ら課題を見つけ、自分の頭で考えて、課題の解決に向けて行動する力を身につけられたと思います。大学におけるこれら学びの経験が、これからの皆さんの生き抜く力になると確信します。自信を持って新たな一歩を踏み出してほしいと思います。

さて、本学は、これまで約七万五千名の修了生・卒業生を輩出してきました。修了生・卒業生は、経済界を中心に、全国で活躍し、高い評価を得てきました。これら修了生・卒業生による同窓会組織である「温山会」は、国内では北は北海道から南は沖縄まで四十一の支部、国外ではニューヨーク支部と中国の大連支部の併せて四十三の支部を中心に組織され、それぞれの地域で、あるいは地域を越えて、活発な活動を行っています。皆さんもまた、本日から本学修了生・卒業生であり、「温山会」の会員です。職場や地域で本学の先輩に出会うことがあれば、先輩は皆さんに温かく接し、皆さんを応援してくださるでしょう。各地域や職場で開催されている温山会支部総会にもぜひ出席してください。また、皆さんも、今後は「温山会」の一員として、後輩たちを温かく見守ってください。

繰り返しになりますが、皆さんはこれからも学び続けなければなりません。ときには母校を訪ね、同窓会活動に参加して、これからも大学を積極的に活用してください。大学はいつでも皆さんを待っています。

最後に改めて、ご卒業のお祝いを申し上げると共に、皆さんの益々のご活躍を祈念して、式辞といたします。

平成三十一年三月二十日

松山大学

学長　溝上達也[9]」

三月二七日、学校法人と二〇一八年度の「過半数代表者」Y教授との間で、「二〇一九年度専門業務型裁量労働制に関する労使協定」が締結された。しかし、先にも述べた如く、選管そのものに瑕疵があり、選出された「過半数代表者」Y教授の「資格」にも疑義があり、後、松山地裁の判決で、この労使協定は違法・無効とされた。

三月三一日、経済学部では掛下達郎（金融システム論）、小西廣司（英語）、渡辺扶美枝（英語）、経営学部では藤井泰（教育学）、吉田美津（英語）、松下真也（簿記原理）、人文では奥村義博（英語）、中谷陽明（福祉、前副学長）、薬学部では牧純（微生物学）が退職した。

二〇一八年度（二〇一八年四月～二〇一九年三月）の法人事業において実施された主な事項は、「事業報告書」によれば次の如くであった。[10]㈠法人事業面で、①一号館の解体、その跡地に屋外ラウンジの建設、研究センター解体跡地に駐輪場、駐車場の整備、第二体育館、学生会館、サークルボックス、御幸グラウンドの管理棟の解体し、御幸総合体育館施設の工事契約の締結、②老朽化している情報システムの整備、③一〇〇周年寄附金事業の立ち上げ、④教育、研究に加え、社会連携が大学の第三の使命だとし、行政や産業界との連携、⑤労働基準監督署より是正勧告を受け、再発防止に向けた検討、等。また、㈡教学事業面では、多くの学部、全学共通教育において、カリキュラム改革を行なった、等。㈢財務面では、松山労働基準監督署からの是正勧告により時間外労働、休日、深夜労働について割り増し賃金を支払った、等。

この「事業報告書」について、一言コメントしよう。

①二〇一八年度から「専門業務型裁量労働制」を導入したことが触れられていないし、二〇一九年度も「専門業務型裁量労働制」を実施することになったことも触れられていない。

②また、この年度に、学校法人の「中長期経営計画」について、「学校法人松山大学中期プラン次代を切り拓く『知』の拠点　二〇一九年度—二〇二三年度」を策定したはずであるが、何故か指摘がない。

そこで、この「中期プラン」について、紹介しておこう。その目次およびその大要は次の通りである。

「第一章　使命と目的

本プランは、大学をとりまく社会経済情勢が厳しくなるなか、愛媛・松山の地において永続的に「知の拠点」としての役割を果たし続けることができるよう、松山大学の歴史と伝統、地域の発展に有為な人材の養成と校訓「三実」（教育理念）の精神に基づく合理的精神と独立の精神を育む教育の実践を確認し、「時代を切り拓く「知」の拠点」として本法人の向かうべき方向性を明確にするものである。

第一節　三恩人と校訓「三実」

松山大学は一九二三年に創立された旧制松山高等商業学校を起源とする。教育家であり、山口高等中学教授、大阪高等商業学校校長を歴任した後、北予中学校長となった、加藤彰廉は、当時の松山市長であった加藤恒忠に、松山の地へ高等商業学校の設立を提案した。この提案に対して加藤恒忠は、松山の地に商科系の高等学校が存在していなかったことに理解を示し、友人である新田長次郎に設立資金を依頼した。日本初の工業用ベルトの開発を遂げて製革業において成功していた新田長次郎はその提案に賛同し、設立資金として巨額の資財を投じ、我国の私立高等商業学校としては三番目となる松山高等商業学校を創設するに至った。

〔以下、三恩人のプロフィールが紹介されているが、『学生便覧』に掲げられたものと、ほぼ同一であるので、略する〕。

本法人は、九〇余年にわたる歴史の中で、常に「真実」、「実用」及び「忠実」の三つの「実」からなる校訓「三実」を拠り所とし、学問と人間性の涵養を目指して、社会に有為な人材の養成を核とする学校経営に努めてきた。

〔以下、校訓「三実」の説明がなされているが、これも『学生便覧』の引用なので、略する〕

「真実」、「実用」及び「忠実」という校訓の背景の一つには、明治初期に福沢諭吉が提唱した「実学」思想があるように思われる。福沢のいう「実学」とは、処世のための技能や術のことではなく、「合理的思考や独立の精神」こそが「実学」の基礎であり、社会に有為であると考えていた。本学の校訓「三実」はこのような精神を反映したものであると考えられる。

第二節　校訓「三実」に基づく人材養成

本学は、校訓「三実」の精神（教育理念）に則り、専門的研究及び教育を行い、学識深く教養高き人材の養成を使命とする。この使命は、専攻分野についての専門性を有するだけでなく、幅広い教養を身につけ、高い公共性かつ倫理性を保持しつつ、時代の変化に合わせて、社会を改善していく資質を有する人材の養成として理解できる。本学の卒業生が高い評価を得ているのは、校訓「三実」に基づく合理的精神と独立の精神を育む教育を実践してきた証といえる。

第二章　現状把握と見通し

第一節　入試における現状と見通し

1．一八歳人口の減少と進学率の停滞

少子化がさらに進行し（愛媛の一八歳人口は一九九四年の二一・三万人→二〇二四年一・一四万人）、また、大学進学率も停滞している（愛媛県の進学率は二〇〇八年四五・六％→二〇一七年四七・三％に頭打ち）。今後は、経済状況の悪化で進学率が低下すると予想される。

2．本大学の現状

二〇〇九年度の入試改革により、一般入試をⅠ期とⅡ期（二日間）に分け、また二〇一七年度入試から、Ⅱ期入試を一日に改革した。

志願者数は、二〇一三年度以降、およそ延べ人数で八〇〇〇名台を推移しているが、今後は大学間競争が激化するだろう。

第二節　教育活動における現状と見通し

1.「二一世紀型市民」の育成

二〇〇六年の教育基本法の改定で、大学の役割として「教育」「研究」のほかに新たに「社会貢献」が明記された。しかし、学生を主眼におけば、「教育」の比重は大きく、日本の大学教育の共通の教育目標は、自立した行動のできる、幅の広さや深さを持つ「二一世紀型市民」の育成である。そして、その学修成果として各学問分野の基本的知識、体系的理解をし、汎用的技能である情報リテラシーや論理的思考力を取得、さらにチームワークなどの態度・志向性を涵養し、複合的な学習経験により、創造的な思考力が求められている（中教審答申）。

そして、このような学修成果につながる教育実践において、各大学では、学位授与の方針（ディプロマ・ポリシー）、教育課程編成方針（カリキュラム・ポリシー）、入学者受け入れの方針（アドミッション・ポリシー）を明確にした、教育実践が行われている。そして、「学修成果の可視化」が求められている。

2.本学の現状

(1)正課の教育活動の現状

本学では、二〇一八年度から経済学部と薬学部で、二〇一九年度から経営学部、人文学部、法学部及び全学共通教育分野で、三つのポリシーに基づく新しいカリキュラムが実施されている。そして、「学修成果の可視化」の取り組みが始まった。

(2)学修をサポートする制度等の充実

経済、経営でのゼミ大会の開催、薬学部の国家試験対策、人英のフレッシュマンキャンプ、各種資格講座、奨励金制度等。

また、各種公開講座、学術講演会、地方公共団体、地域企業との連携により、地域貢献を行ってきた。

第三節　就職における現状と見通し

経済のグローバル化・サービス化に伴い、本学の就職状況も変化し、就職先は製造業・建設業の割合が減り、情報通信、小売・卸売、教育、医療・福祉等に変化し、二〇一八年には五一・三％と、過半になってきている。

第三章　基本方針と重点項目

校訓「三実」の精神のもと、本プランとして、「次代を切り拓く「知」の拠点」というビジョンを打ち立て、創立一〇〇周年に向け、またさらなる一〇〇年後に向け、第一歩を踏み出す。このビジョンは「地域の発展に資する人材養成の拠点」「地域の知的コミュニティの拠点」「地域の発展に寄与する研究の拠点」の三つの柱からなる。

第一節　基本方針

(1)地域の発展に資する人材養成の拠点

本法人の人材養成方針である「校訓『三実』の精神（教育理念）に基づく合理的精神と独立の精神を育む教育の実践」は普遍的な方針である。これに基づき、地域社会で貢献できる人材を養成する拠点としてあり続けなければならない。

(2)地域の知的コミュニティの拠点

近年、大学に求められている使命として、社会人経験を持った職業人に対する専門教育、また、社会人や仕事を引退し後に教養を深めたい社会人への生涯教育がある。また、在学生と社会人が共に学ぶ機会の仕組みが必要である。そのような、地域の知的コミュニティの拠点として取り組んでいく。

(3)地域の発展に寄与する研究の拠点

研究によって得られた知見を地域社会に還元することも大学の使命であり、地方自治体や企業との共同研究、新製品の開発等を推進し、また本学が地域のシンクタンク的役割を担い、地域社会の課題解決に取り組んでいくことをめざす。

第二節　重点項目の目標・方策・評価項目

ビジョンを支える三つの柱に示した基本方針に従い次の七つの項目を重点項目に位置づけ、取り組む。

1．教育活動

2. 学生支援
3. キャリア教育・支援
4. 研究活動
5. 社会連携
6. 入試・広報
7. 国際化
（上記の七項目のそれぞれに、目標・方策・評価項目が、箇条書きで示されている。略。）

第四章　プラン実現のための土台

第一節　内部質保証システムの推進とガバナンス改革への対応

本学でも、「松山大学内部質保証システム」を定め、自己点検評価を推進していく体制を構築し、点検を行なっている。

また、文科省からガバナンス・コードの策定が提案され（二〇一七年）、私大連盟も各大学に要請しており（二〇一九年）、本法人も策定する。

第二節　財政基盤の強化

1. 経営見通し

二〇一六年度から二〇二六年度までのシミュレーションでは、「基本金組入前の当年度収支差額」は二〇二〇、二一、二二、二四、二六年度が赤字になっている。

本期間内の「基本金組入前の当年度収支差額」について収入超過を目標とする。

2．施設計画について

施設計画について、二〇二〇年度から二〇二四年度までに予想される施設解体・建設費は次の通りである。

二〇二〇年　山越住宅解体　一四〇〇万円
二〇二〇年　御幸グラウンド総合体育施設建替　三五億円
二〇二一年　総合研究所（六号館）解体　三〇〇〇万円
二〇二四年　二号館建替　二五億五〇〇〇万円

合計　約六一億円に達する。

その他，設備の老朽化、システムの策新があり、財政状況は楽観できない。

3．今後の方向性

経費削減、寄付金事業の実施、補助金獲得、学生納付金の増加をはかる。」

この「中期プラン　次代を切り拓く『知』の拠点　二〇一九年度―二〇二三年度」について、少しコメントしておこう。

第一に、まず、この報告書には、作成の経緯説明、検討委員会メンバー、開催日時、執筆者等が書かれておらず、不明で、報告書の体裁としては不備がある。また、いつ作成、いつ決定されたのか年月がない。さらに、さきに紹介したリクルートの記事では、二〇一九年度～二〇二二年度の四年間であったが、「中期プラン」では二〇二三年度までの五年間に変更しているが、その説明もない。

第二に、森本学長時代には、「中長期経営計画」の作成を目指したが、今回の報告書では、「中期プラン」として発表しているが、その説明がない。

第三に、森本学長時代には、経営理念として「中四国ナンバーワン」「西日本屈指の私立総合大学」を目指すとか、「文理融合大学」とかの表現がみられたが、今回の「中期プラン」では完全に消え、また、これまでの「事業計画書」で使用された「中四国のトップ・ユニバーシティ」の表現もなぜか使用していない。なお、「知の拠点」というのは、前村上学長時代から使われ始めた用語で、それを継承したようだ。

第四に、四年後の二〇二三年に記念すべき創立一〇〇周年を迎えるが、その事業方針、計画が「中期プラン」に書かれていない。

第五に、各章の内容について、いくつか問題がある。以下、気づいた諸点を述べよう。

1．第一章の使命と目的について。

①「真実」「実用」「忠実」という校訓「三実」の背景の一つには、明治初期の福沢諭吉の「実学」思想が背景にあるとし、それは、「合理的精神と独立の精神」であり、本学の校訓「三実」には福沢の精神を反映したものと推測している。

しかし、加藤彰廉校長が創唱し、田中忠夫が定義づけた校訓「三実」ないし「三実主義」の定義・解説文には、福沢の「合理的精神」とか「独立の精神」とかの表現はなく、これは執筆者の独自の解釈・推測であろう。

というのは、そもそも、加藤彰廉が「実用」をトップに出し、校訓「三実」ないし「三実主義」を創唱し、制定したのは、第一次大戦後の躍進する経済界での実業人・商業人の育成のためで、それが校史の通説である（『三十年史』の田中忠夫の記述参照）。

また、福沢が独立自尊、合理的精神を唱えたのは、不条理な封建的身分制（門閥は親の仇でござる）批判であって、その明治の精神を第一次大戦後の加藤彰廉の校訓「三実」ないし「三実主義」に結びつけるのは、時代が違い、飛躍であろう。

さらに、加藤彰廉校長の校訓「三実」ないし「三実主義」の精神は、田中忠夫が『三十年史』で述べているように、彰廉校長や新田長次郎の人格と生活態度の反映である。これが通説で、福沢の実学思想に結びつけるのは、的はずれであろう。さらにいえば、加藤彰廉の「忠実」の精神には、商人の中には嘘をついたり、人をだます人がいるので、嘘をつかず、人に信用・信頼される人間になるようにとの意味があるが、同時に忠君愛国主義、忠君報国論、忠君奉公論も含まれており、合理主義精神や独立精神とは真逆の意味も含まれており、誤解であろう。
②松山高商の設立経緯について、加藤彰廉校長が加藤拓川に提案したと述べているが、事実誤認で、逆である。これは、二〇〇四年四月の『学生便覧』の説明をそのまま引用したものである。正確には、拓川が彰廉に高商設立計画を提案・依頼したのである。
③校訓「三実」ないし「三実主義」の順序について、「真実」「実用」「忠実」との順序で説明しているが、それは、二〇一一年四月、森本学長時代の誤解に基づき、変更した順序を無批判的に踏襲しているが、事実誤認である。
なお、校訓「三実」「三実主義」の順序は歴史的変遷があり、加藤彰廉の順序は、「実用」

「忠実」「真実」で「実用」が第一であり、第三代校長の田中忠夫は「真実」「実用」「忠実」で、軍部に抗うために「真実」をトップに持ってきたが、戦争中であり、「三実主義」は「戦時三実主義」となり、空文化した。戦後の松山商大となり、第二代学長の星野通が「真実」「忠実」「実用」の順序に変更した。それは、日本国憲法、教育基本法、学校教育法に則り、変更したもので、それが半世紀以上にわたり定着していた。しかし、二〇一一年の森本学長時代に事実誤認に基づき誤って順序を「真実」「実用」「忠実」に変更したものであった。

2. 第二章の現状把握と見通しについて。

①入試の志願者の減少についての危機感が薄い。延べ人数ではなく、実質志願者、ならびに実質競争率、特に文系の場合はメインのⅡ期入試について述べるべきであろう。

②また、危機的状態となっている薬学部についての指摘が一切なく、避けている。

ちなみに、薬学部の入学者は、溝上学長時代の二〇一七年度九九名、二〇一八年度九五名、二〇一九年度九三名、二〇二〇年度七八名と、一貫して定員割れしている。そして、ほぼ全入であった（なお、その後、定員割れは拡大し、二〇二一年度六八名、二〇二二年度五九名、二〇二三年度は五一名と半減し、危機的となった）。

③教育活動における現状と見通しについて、「二一世紀型市民の育成」を掲げているが、それは、二〇〇九年に森本学長が打ち出したもので、抽象的で茫洋としており、久しく使用されなかった概念である。それを再び持ち出すとは疑義を感じざるを得ない。本学固有の人材育成方針を語るべきであろう。

3．第三章の基本方針（次代を切り拓く「知」の拠点）と重点項目について。

①「地域の発展に資する人材育成の拠点」「地域の知的コミュニティの拠点」「地域の発展に寄与する研究の拠点」と、すべて「地域」が強調されているのが特徴となっている。松山大学の方針は、「地域貢献大学」を目指すという方向に舵を切ったことになる。

この方針には、疑問があり、議論があろう。「知」をすべて「地域貢献」に結びつけるのは、余りに単純過ぎよう。「知」は「地域」だけではない。しかも「中期プラン」では地域を愛媛・松山と考えているようだ。視野が狭かろう。また、すべての教員に対し、直接地域とかかわらないと思われる自己の専門研究、学生への教育に加えて、愛媛・松山地域への貢献が求められることになるが、それに、学問とは何かの議論が必要だろう。

4．第四章のプラン実現のための土台について。

①第一節で、「内部質保証システムの推進」が掲げられており、そのための体制も作られているが、その現状分析・問題点の解明がない。特に薬学部において、入学者のうち、少なからず退学者が出ている教学上の由々しき事態（これこそ内部質保証問題）についての指摘がない。

また、ガバナンス改革の言葉が出ているが、松山大学のガバナンスにどこが問題なのか、その現状分析がなく、貧弱な記述となっている。

ガバナンスについて言うならば、現行の寄附行為、学長選考規程、副学長の役割、全学教授会、教学会議、理事会、評議員会、監事の役割、事務組織、その管理職の肥大化、その昇格基準、ハラスメント規程、懲戒委員会規程、「従業員過半数代表」等の問題点について考察しなくてはならないのに、なにも書かれていない。要するに大事な問題が抜けている。

また、当時、すでに、残業代未払いの法令違反問題が発覚していたのに、不都合な事実に触れていないが、校訓「三実主義」に反しよう。

②第二節で、財務状況の見通しと今後の方向を示しているが、貧弱な記述である。中期プランの期間の二〇二〇、二一、二二年度は収支差額は赤字となっており、また、二〇二〇年度以降、二〇二四年度までに約六一億円の施設解体・建替え計画が出ているが、この費用を賄うことができるのか、また、薬学部の機器備品の老朽化が唱えられており、さらに財務状況は悪化しよう。

以上、この「中期プラン」は、校訓「三実」の理念理解に疑義があり、成果は強調するが、不都合な事実については避けており、極めて問題があるものといえよう。

〔注〕

(1)『学校法人松山大学　二〇一八年度事業計画書』

(2)松山大学総務課所蔵。

(3)入学広報課「二〇一九年度入学試験実施状況」

(4)『愛媛新聞』二〇一八年一二月二一日。

(5)入学広報課「二〇一九年度入学試験実施状況」

(6)同。

(7)同。

(8)同。

(9)松山大学総務課所蔵。

(10)『学校法人松山大学　二〇一八年度事業報告書』

㈣二〇一九年（平成三一・令和元）度

溝上学長・理事長三年目である。

本年度の校務体制は、副学長は野元裕（二〇一九年二月～二〇二〇年一二月）、池上真人（二〇一九年一月～二〇二〇年一二月）が続けた。経済学部長は松浦一悦（二〇一八年四月～二〇二〇年三月）、経営学部長は檀裕也（二〇一八年四月～二〇二一年三月）、人文学部長は山田富秋（二〇一八年四月～二〇二〇年三月）、法学部長は倉澤生雄（二〇一八年四月～二〇二一年三月）が続けた。薬学部長は野元裕に代わって、新しく山口巧（二〇一九年四月～二〇二一年三月）が就任した。短大学長は溝上達也（二〇一八年四月～二〇二四年三月）が続けた。大学院経済学研究科長は新しく安田俊一（二〇一九年四月～二〇二三年三月）が就任した。経営学研究科長は檀裕也（二〇一八年四月～二〇二一年三月）、言語コミュニケーション研究科長は櫻井啓一郎（二〇一八年四月～二〇二四年三月）、社会学研究科長は市川正彦（二〇一七年四月～二〇二一年三月）が続けた。医療薬学研究科長は新しく明楽一己（二〇一九年四月～二〇二一年三月）が就任した。図書館長は中村雅人（二〇一九年一月～二〇二三年三月三一日）、総合研究所長は溝淵健一が二〇二〇年一月三一日まで続け（二〇一七年一月一日～二〇二〇年一月三一日）、後、二〇二〇年二月一日から細川美苗に代わった（～二〇二〇年一二月三一日）。教務委員長は明照博章（二〇一八年四月～二〇二〇年三月）、入試委員長は小松洋（二〇一八年四月～二〇二〇年三月）、学生委員長は酒井達郎（二〇一八年四月～二〇二〇年三月）が続けた。学長補佐は河内俊樹と渡辺幹典が続けた。

学校法人面では、常務理事は副学長で理事の野元裕、事務局長で理事の世良静弘、評議員会選出の新井英夫が続けた。理事は事務局長の世良及び部長の岡田隆、高尾義信、評議員から新井英夫、大城戸圭一、山田富秋、設立者から新田長彦、温山会から興梠安、野本武男、学識者から井原理代、大塚潮治、西本牧史（常勤理事）、廣本敏郎、山下雄輔。監事は設立者の新田孝志、学識者から植田礼大、宍戸邦彦であった。

評議員は、教育職員は、赤木誠（経済）、新井英夫（法）、大倉祐二（人文）、酒井達郎（経営）、寺嶋健史（人文）、中島光業（薬）、中村雅人（経営）、安田俊一（経済）の八名、事務職員は鹿島久幸、国貞光弘の二名、事務局長及び部長評議員は世良静弘、岡田隆、紅谷淳美、松本直也、森岡祥子の五名。後、副学長の野元裕、池上真人の二名、松浦、檀、山田、倉澤、山口巧の五学部長、外部評議員は温山会から六名、学識経験者から一一名であった。理事長補佐は新たに作田良三（経営学部、二〇一九年四月三日〜）が就任した。

本年度、前年と同様に二〇一九年度の「専門業務型裁量労働制」が実施された。また、教員への勤怠システムが導入された。なお、「裁量労働制」は、後の松山地裁の判決で違法・無効とされた。

本年度・二〇一九年度の「事業計画書」の概要は次の通りである。(1)

はじめにで「創立一〇〇周年に向け、四国松山の地において、永続的に『知の拠点』としての役割を果たし続けることができるよう、本法人の歴史と伝統、更には地域の発展に有為な人材の養成と校訓『三実』の精神（教育理念）に基づく合理的精神と独立の精神を育む教育の実践を再確認し、次代を切り拓く『知の拠点』として本法人を発展させるさせるために取り組む」ことを表明した。

そして、現状として、二〇一八年度の入試において、Ⅰ期、Ⅱ期日程の実質競争倍率が文系で二・

六七倍、薬学部で一・〇一倍、合せて二・五五倍と二倍を超えたこと、薬学部で九六名の新入生を迎えたこと、就職状況は良好であること、法人運営面で、産業界、地域との連携強化が進んだこと、施設面で、二〇一九年度から御幸グラウンドの総合体育館の着工に入ることなどの成果を述べた。

その上で本年度の事業計画・方針として、前年と同様に「来る創立一〇〇周年を控え、中四国のトップ・ユニバーシティとしての地位を確立する」ことを表明し、その重点施策として、前年度までの羅列的施策をやめ、教学、施設、財務の三本柱にまとめ、それぞれ次の様な施策を掲げた。①教学面では、内部質保証、主体的学習意欲を刺激する制度の導入、研究成果の社会への発信等、②施設・整備面では、御幸グラウンド総合体育館施設新築、山越住宅（二〇一八年度末廃止）の跡地計画の実施、旧入試部の跡地事業、情報システムの整備等、③財務面では、寄付金の積極的受け入れ、資産運用、施設の外部貸し出し、支出の精査、教育研究経費、管理経費のスクラップアンドビルド、等であった。

この事業計画について、一言コメントしよう。

①事業計画は、「中期プラン」に添ったものとなっていた。ただ、校訓「三実」の理念について、「中期プラン」では「合理的精神と独立の精神」は推測であったのに、「事業計画」では断定に変わっている。しかし、その解釈はすでに述べたように、時代が違い、的外れで疑義がある。

②また、事業計画では、「中期プラン」では使用しなかったが、例年と同様、引き続き「中四国のトップ・ユニバーシティ」という大言壮語の表現を使用していた。

③教学面の項目は十分な説明なく、何よりも危機にある薬学部の対応策が触れられていない。内部

質保証はなによりも薬学部で退学者、留年が多いことについて対応策を述べないと意味がないだろう。
④財務目標面で、教育研究経費、管理経費のスクラップ&ビルドというのは、前年にない表現で、コストカットを意味するのだろう。
⑤二〇二〇年度から文系学部の定員増を行なうのに、何も触れていなかった。また、二〇二〇年度から文系大学院の定員削減を行なうのに、何も触れていなかった。

四月一日、本年次のような新しい教員が採用された。

経済学部
八鳥　吉明　　教授として採用。英語。
岩崎　真紀　　准教授として採用。宗教学。
小西　邦彦　　講師として採用。財政学。
功刀　祐之　　准教授として採用（新特任）。まちづくり学。観光経済論。

経営学部
神谷　厚徳　　教授として採用。英語。
岩崎　瑛美　　講師として採用。税務会計。
伊勢本　大　　講師として採用。教育学。

人文学部

福田名津子　　准教授として採用（新特任）。司書。

法学部

槻木　玲美　　教授として採用（特任）。自然科学概論。

山川　秀道　　准教授として採用（新特任）。法哲学。

四月三日、午前一〇時よりひめぎんホールにて二〇一九年度の入学式が開かれた。経済学部三九六名、経営学部三六五名、人文英語八一名、同社会一一三名、法学部二一〇名、薬学部九三名が入学した。経営と人英は歩留り予測が大幅に外れ、定員を大きく割った。薬学部も定員を割り、しかもほぼ全入であり、危機的となった。また、大学院は経済修士〇名、博士〇名、経営修士〇名、博士〇名、言語〇名、社会修士一名、博士〇名、薬〇名、合計一名であった。言語コミュケーションは、二〇一七年、一八年、一九年度と三年連続ゼロが続いた。大学院も危機的となった。溝上学長ら大学当局の対応が求められた。

溝上学長の式辞は次の通りで、前年とほぼ同じであった。

「新入生の皆さん、ご入学おめでとうございます。皆さんの入学を心から歓迎します。保護者の皆様におかれましては、ご入学を迎えられ、さぞかしご安堵なされているものと拝察いたします。本日、新入生の皆さんを本学に迎えるにあたり、多数のご来賓ならびに保護者の皆様のご臨席を賜り、平成三十一年度松山大学大学院・松山大学入学宣誓式を挙行できますことは、本学の光栄とするところであり、教職員を代表して心から御礼申し上げます。

新入生の皆さんが、本学の学生として自信と誇りを持ち、勉学や課外活動などに励んでいただくことを願って、最初に松山大学の歴史と教育理念である校訓「三実（さんじつ）」についてお話しておきたいと思います。

〔以下、松山大学の歴史と校訓「三実」について述べられるが、前年と同一ゆえ、略す〕

大学は、社会に出るための最後の学びの場です。皆さんは、これからは、自分の生活や将来に関する多くのことを自分で決めていかなければなりません。そこには正しい答えはありません。皆さんは、自分の頭で考え、必要な情報を自ら収集・分析して、自分が行うべきことを自分で決めていく必要があります。この繰り返しが、皆さんの大学生活を実りあるものにするでしょう。卒業後の自分の将来に対する目標を持って、自律的に大学生活を過ごすことで、自身の能力を高めていくことが重要です。大学には多くの教職員がいます。疑問に思うことについては、授業担当の教員に積極的に質問をしてください。授業の内容についてより深く知りたければ、大学の図書館を利用してください。また、大学生活においてわからないことや不安なことがあれば、学生支援室を訪ねてください。卒業後の進路についてはキャリアセンターに相談してください。皆さんの決断と行動を本学の教職員はサポートします。

本学は、これまで約七万六千名の卒業生を輩出してきました。卒業生は、経済界を中心に、高い評価を得てきました。これも卒業生の方たちが校訓「三実」の精神を大切にして活躍してこられた結果であり、これが松山大学の伝統になっていると確信しています。

皆さんが抱いている目標を達成するために本学の教職員は支援を惜しみません。社会で活躍できる有為な人材になるために、充実した学生生活が過ごせるよう、教職員一同、皆さんを支えます。皆さんが将来について抱いている目標や希望に向かって、これから一歩一歩進んでいきましょう。皆さんがご卒業を迎えられるとき、自らの目標を達成できていますよう祈念して、式辞といたします。

平成三十一年四月三日

松山大学

学長　溝　上　達　也(2)」

この式辞で、「中期プラン」をすでに、策定し、「次代を切り拓く知の拠点」づくりの方針を示しているのに、なにも触れていないのは、残念である。

本年度、松山大学にとって、不祥事が起きた。

四月一六日、厚生労働省四国厚生支局麻薬取締部は、薬学部のＩ教授ら六名を麻薬取締法違反の疑いで、松山地検に書類送検した。容疑は、学術研究目的で麻薬を製造する際に必要な研究者免許がないにもかかわらず、二〇一三年四～六月松山大学の研究室で学生等に合成麻薬を作らせたほか、二〇一八年一～三月にもキューピックとよばれる麻薬を製造させた、というものであった。Ｉ教授は松山大学に赴任するまでは免許を持っていたが、赴任後、愛媛県で免許取得をしていなかった。溝上学長は、学生を巻き込み痛烈に責任を感じている、と述べている。[3] しかし、理事者側は責任は取らなかった。

六月三日、二〇二〇年度の入試説明会が行なわれた。最大の変化は、文系学部の定員増の提案であった。経済・経営・人英が一〇名増、人社・法が五名増やした。定員割れの続く薬学部は一〇〇名のままであった。

	二〇一九年度		二〇二〇年度
経済学部	三九〇名	→	四〇〇名
経営学部	三九〇名	→	四〇〇名
人文英語	一〇〇名	→	一一〇名
社会	一二〇名	→	一二五名
法学部	二一〇名	→	二一五名
薬学部	一〇〇名	→	一〇〇名

小松洋入試委員長は「いままでの志願や入試状況も踏まえ、より多くの人に学んでもらおうと現状のスタッフで対応できる範囲で門戸を広げる」と説明した。[4]

この文系学部の定員増について、一言コメントすると、少子化、一八歳人口の減少が続き、文系の志願者が減少しており、本年度は歩留り計算が外れ、経営、人英が定員割れしている状況をみれば、文系は定員増ではなく、削減すべきであろう。薬学部は一貫して定員割れ、ほぼ全入となっているので、薬学部も定員削減を提案すべきだろう。疑義の多い提案であった。

六月六日、二〇一九年度第一回全学教授会が開かれた。新井常務理事より「二〇一八年度　決算及び事業報告」、「二〇一九年度　事業計画及び予算」等が報告された。

八月三一日付けで、薬学部のＩ教授が退職している。

九月六日、文部科学省より、大学院法学研究科設置の認可がおりた。二〇二〇年四月開設であった。

九月二二日、二〇二〇年度の文系大学院Ｉ期入試が行なわれた。二〇二〇年度入試から経済、経営、言語、社会学研究科の修士課程の定員削減が行なわれた。経済、経営は一〇名→五名、言語は六名→三名、社会は八名→三名に削減した。博士は経済のみ四名→二名に削減した。なお、Ｉ期入試の志願者は無かった。文系大学院の危機が続いた。

同日、二〇二〇年度の大学院医療薬学研究科Ｉ期入試が行なわれた。志願者は無かった。

一〇月二七日、仙台で開催された第三七回全日本大学女子駅伝対校選手権大会において、女子駅伝部は第四位であった（一位は名城大学）。前年五位であったので、順位を上げ、健闘した。

一一月一六、一七日の両日、二〇二〇年度の推薦・特別選抜入試が行われた。一六日が経済・経営、一七日が人文、法、薬であった。

結果は次の通りであった。(5) 文系では経営の指定校で定員割れが起きた。前代未聞のことであった。薬学部は指定校では募集定員を満たしたが、一般公募で定員割れとなり、危機が続いた。

表一　二〇二〇年度推薦・特別選抜入試

		募集人員	志願者	合格者
経済学部	（指定校制）	一二三名	一三六名	一三五名
	（一般公募制）	三〇名	一〇四名	三四名
	（各種活動）	一四名	一一名	一一名
	（特別選抜）	若干名	〇名	〇名
経営学部	（指定校制）	七五名	六六名	六六名
	（一般公募制）	六五名	一九一名	九九名
	（各種活動）	二〇名	二五名	二五名
	（特別選抜）	若干名	〇名	〇名
人文英語	（指定校制）	一五名	二〇名	二〇名
	（資格取得）	二〇名	三三名	二四名
	（総合学科）	若干名	二名	一名
社会	（指定校制）	二〇名	二五名	二五名
	（特別選抜）	若干名	〇名	〇名
法学部	（指定校制）	二〇名	二七名	二七名
	（一般公募制）	六〇名	一三四名	七四名
	（各種活動）	一〇名	一二名	一二名

薬学部（指定校制）	一〇名	一一名	一一名
（一般公募制）	一五名	一一名	一〇名
総　計		八〇八名	五七四名

（出典）入学広報課「二〇二〇年度入学試験実施状況」

一一月六日、松浦経済学部長の任期満了に伴う学部長選挙が行なわれ、松本直樹（五六歳、コーポレート・ガバナンス）が選出された。任期は二〇二〇年四月一日から二年間。

一一月一三日、松山大学学長・学校法人松山大学ハラスメント防止委員会委員長の溝上達也は、松山大学女子駅伝部監督に対し、部員に対しダンベルを投下したこと及び部員がハラスメント防止委員会に「申立」を行なったことを理由として、「女子駅伝部の監督業務の停止」について通知した。なお、この事実は、関係者以外知られていないことがらである（補論、後述その一）。

一二月一二日、山田人文学部長の任期満了に伴う学部長選挙及び櫻井言語コミュニケーション研究科長の任期満了に伴う科長選挙が行なわれ、櫻井啓一郎（五八歳、言語学）が学部長及び研究科長に選出された。任期は二〇二〇年四月から二年間。

二〇二〇年一月、前年中国武漢で発生した新型コロナ感染症が、日本にも波及し、コロナ患者が発生し、以後、感染が拡大し、大きく報道されるようになった。

一月一八、一九日の両日、コロナ下、二〇二〇年度の大学センター試験が行われた。

一月二七日、二〇二〇年度の一般入学試験Ⅰ期入試及びセンター利用入試が行われた。Ⅰ期日程の募集人員は、前年度と同じであった。

Ⅰ期入試の結果は次の通りである。[6] 文系の志願者は、人社と法が少し増えたが、他は減少し、全体として、前年の一七六一名→一六八六名に、七五名、四・三%ほど減少し、引き続き厳しい状況が続いた。合格発表は、人社を除き、やや多めに発表し（前年の四二七名→四五三名）、追加合格はなかった。薬学部（メイン入試）は志願者が前年の一二八名→一三五名に少し増え、一三五名が受験した。しかし、合格者は一二八名を出し、ほぼ全入に近かった。さらに一次追加四名出し、合計一三二名の合格者となり、ほぼ全入となった。薬学部の深刻な危機が続き、その対応策が早急に求められた。

表二　二〇二〇年度Ⅰ期日程

	募集人員	志願者（前年）	合格者	追加合格	実質競争率
経済学部	三〇名	四六九名（五〇四名）	一一六名	〇名	四・〇三
経営学部	三〇名	四三二名（四五九名）	一二六名	〇名	三・四〇
人文英語	二〇名	一七四名（二一九名）	七一名	〇名	二・四四
社会	一五名	三〇七名（二八九名）	五六名	〇名	五・四五
法学部	二〇名	三〇四名（二九〇名）	八四名	〇名	三・五七
文系合計	一一五名	一六八六名（一七六一名）	四五三名	〇名	三・七〇
薬学部	四五名	一三五名（一二八名）	一二八名	四名	一・〇二

総　計	一六〇名	一八二一名（一八八九名）	五八一名	四名	三・〇九

（出典）入学広報課「二〇二〇年度入学試験実施状況」

センター利用入試は、募集人員は経済が四〇名→四五名に五名増やしたが、他は変わらなかった。センター利用の結果は次の通りである。[7] 文系の志願者は、経営と人英は減少したが、他は増やし、前年の一四四二名→一四九二名に五〇名、三・四％ほど微増した。合格者は四学部ともかなり絞り（前年の九四七名→七五三名に）、実質競争率を引き上げた（前年の一・五二→一・九八に）。他方、薬学部の志願者は前年の一一五名→七三名に大きく減った。合格者は六五名で、ほぼ全入に近かった。なお追加合格は全学ともなかった。

表三　二〇二〇年度センター利用入試前期日程

	募集人員	志願者（前年）	合格者	追加合格	実質競争率
経済学部	四五名	五五二名（四五八名）	二四七名	〇名	二・二三
経営学部	四〇名	三九七名（四〇四名）	二三〇名	〇名	一・七三
人文英語	一〇名	九〇名（一六六名）	六七名	〇名	一・三四
社会	一五名	二一一名（一八五名）	一〇六名	〇名	一・九九
法学部	二〇名	二四二名（二二九名）	一〇三名	〇名	二・三五
文系合計	一三〇名	一四九二名（一四四二名）	七五三名	〇名	一・九八
薬学部	一〇名	七三名（一一五名）	六五名	〇名	一・一二

総　計　一四〇名　一五六五名（一五五七名）　八一八名　〇名　一・九一

（出典）入学広報課「二〇二〇年度入学試験実施状況」

一月三一日、新型コロナ感染症対策として、本学は「対策本部」を設置し、以後検討・対策を始めた。

二月八日、二〇二〇年度の文系大学院Ⅱ期入試が行なわれた。経済は一般選抜で一名受験し、シニア社会人で一名が受験し、それぞれ合格した。経営、言語は志願者がいなかった。社会は社会人が一名受験したが、合格しなかった。来年度開設予定の法学研究科は、一般選抜で一名が受験し、実務経験者特別選抜で一名が受験し、それぞれ合格した。

同日、二〇二〇年度の大学院医療薬学研究科Ⅱ期入試が行われた。一名が受験して一名が合格した。

二月一五日、二〇二〇年度の一般入学試験のⅡ期日程と薬学部のセンター利用入試（中期A方式）が行われた。Ⅱ期日程の募集人員は、経済が前年の一四三名→一四八名に五名増やしたが、他は変わらなかった。

Ⅱ期日程の結果は次の通りである。(8) 文系の志願者は全学部で大きく減少し、前年の三八一〇名→三三九一名へ、四一九名、一一・〇％も減少し、危機的となった。合格発表は、各学部共大幅に増やした（文系総計で前年の一〇〇三名→一四一三名に）。それでも、歩留り予想が外れ、各学部とも大幅な第一次追加を出し、合計三六六名も追加を出し、大誤算となった。そして、実質競争率は大幅に低下し、前年・二〇一九年度の二・六八倍が一・六一倍に、二倍を大きく切り、赤信号となった。

薬学部も志願者が前年の五〇名→四四名に減少した。受験者はさらに大幅に減り、二八名となり、二六名の合格者を出し、さらに追加二名を出し、全員を合格させた。試験の意味がないと言われた。正に二〇二〇年度入試は全学的に危機的となった。早急に対応策が求められた。

表四　二〇二〇年度Ⅱ期日程

	募集人員	志願者（前年）	正規合格者	一次追加	二次追加	実質競争率
経済学部	一四八名	一〇八〇名（一一六八名）	四一四名	一四八名	〇名	一・六二
経営学部	一六〇名	九五一名（一〇六一名）	四五八名	二四名	〇名	一・七〇
人文英語	四五名	二三四名（三一八名）	九四名	三九名	〇名	一・四四
社会	七五名	五六九名（六四一名）	二〇三名	九六名	〇名	一・六一
法学部	八〇名	五五七名（六二二名）	二四四名	五九名	〇名	一・五四
文系合計	五〇八名	三三九一名（三八一〇名）	一四一三名	三六六名	〇名	一・六一
薬学部	一〇名	四四名（五〇名）	二六名	二名	〇名	一・〇〇
総計	五一八名	三四三五名（三八六〇名）	一四三九名	三六八名	〇名	一・六〇

（出典）入学広報課「二〇二〇年度入学試験実施状況」

二月二二、二三日の両日、第一〇五回薬剤師国家試験が行なわれた。新卒の合格者は七一・九％で、私立平均を下回り、また、既卒は三五・〇％と惨憺たる状況であった。総数では一五三名が受験して、八九名が合格し、合格率五八・二％であった。私学五六校中、四一位で低迷した。

表五　第一〇五回薬剤師国家試験結果

	出願者	受験者	合格者	合格率	私立平均合格率
新卒	一一六名	九六名	六九名	七一・九％	八四・一％
既卒	六二名	五七名	二〇名	三五・〇％	四二・六％
総数	一七八名	一五三名	八九名	五八・二％	六八・五％

（出所）厚生労働省

二月二七日、安倍内閣は新型コロナウイルス感染症対策本部を開催し、そこで、感染を早期に終息させるために、全国すべての小中高校、特別支援学校について、来週三月二日から春休みまで臨時休業を要請することを決めた。そして二九日に記者会見をして国民に説明し、三月二日から全国一斉休校となった。北は北海道から南は沖縄まで、未だ感染者が一人もいない自治体、学校があるのに、一律休校とは短絡的で驚くべき決定と受け止めた関係者が多かった。また、共働き家庭では子供をどうするのか、不安が募った。

そして、三月予定の卒業式の中止が全国で相次ぎ、県内の各大学も中止を発表した。

本学も三月一三日を予定していた、二〇一九年度の大学卒業式及び大学院修了式をコロナのため中止した。なお、経済学部三六三名、経営学部四一一名、人文英語一〇三名、同社会一三五名、法学部二〇〇名、薬一一三名、合計一三二五名が卒業した。大学院は経済修士一名、博士一名、経営修士〇名、博士二名、言語コミュニケーション〇名、社会修士〇名、博士〇名、薬一名、合計五名が修了した。

三月六日、二〇二〇年度の大学院法学研究科Ⅱ期入試が行なわれた。志願者はいなかった。同日、二〇二〇年度の大学院医療薬学研究科Ⅲ期入試が行われた。志願者はいなかった。

三月一六日、二〇二〇年度のセンター利用入試後期日程の合格発表が行なわれた。(9) 募集人員は、全学部前年と変わりなかった。結果は次の通りであった。文系の志願者は三学部とも減少し、前年の二三六名→一六四名に減少した。合格者は前年の五四名→七六名と多めに出した。追加はなかった。薬学部の志願者は前年の一三名→七名に大幅に減少した。そして全員合格とした。

表六　二〇二〇年度センター利用入試後期日程

	募集人員	志願者（前年）	合格者	追加合格	実質競争率
経済学部	一〇名	六七名（八六名）	二六名	〇名	二・五四
経営学部	一〇名	五七名（八五名）	三五名	〇名	一・六三
法学部	五名	四〇名（六五名）	一五名	〇名	二・六七
文系合計	二五名	一六四名（二三六名）	七六名	〇名	二・一四
薬学部	五名	七名（一三名）	七名	〇名	一・〇〇
総計	三〇名	一七一名（二四九名）	八三名	〇名	二・〇五

（出所）入学広報課「二〇二〇年度入学試験実施状況」

三月二四日、松山大学の法学部の教員三人が、二〇一八年四月一日〜二〇一九年三月三一日の期

間、法定労働時間を超えた残業代について、学校法人側は割り増し賃金を支払わなかったほか、二〇一八年一一月八日に未払い金の請求をうけたにも関わらず、支払わなかったとして、法人（溝上理事長）を労働基準監督署に刑事告発をしている。

『愛媛新聞』の翌日の報道によると、次の通りである。(10)

「松山大が労使協定の上限を超えて教職員を休日に働らせたほか、残業代を支払っていないとして、二〇一八年一二月に松山労働基準監督署から是正勧告を受けた問題で、時間外や休日労働の割増賃金が支払われていないとして、法学部の男性教授三人が二四日、大学を署に刑事告発をした。告訴状によると、一八年四月一日～一九年三月三一日、松山大は法定労働時間を超え労働をさせたにもかかわらず割増賃金を支払わなかったほか、一八年一一月八日に未払い金の支払い請求を受けたのに支払わなかったなどとしている。同大は、事実関係を確認できていないのでコメントできないとした」

この記事から、溝上理事長は「是正勧告や指導を真摯に受け止め是正に向けた検討を即座に開始」（二〇一八年一二月二一日付『愛媛新聞』）と述べていたのに、学内では、法人が法令を守らず、残業代を支払わず、違法行為を続けていたことが判明する。

三月三一日、経済学部では、中嶋慎治（国際関係論）、間宮賢一（近代経済学）、小田巻友子（社会政策、社会保障論）、矢野由久（公民科教育法、特任）、功刀祐之（まちづくり学、新特）、経営学部

では進藤久乃（フランス語、新特）、薬学部では古川美子（生化学）、松岡一郎（細胞生物学）、相良英憲が退職した。

二〇一九年度（二〇一九年四月〜二〇二〇年三月）の法人の事業について、実施した主な事項は「事業報告書」によれば次の如くであった。まず、特筆すべきこととして、創立一〇〇周年を見据え、中期プラン「次代を切り拓く『知』の拠点」を策定したこと、そして、その中期プランは、①地域の発展に資する人材の養成、②地域の知的コミュニティの拠点、③地域発展に寄与する研究拠点、の三本柱で、三実の精神に基づく合理的精神と独立の精神を育む教育の実践を再確認し、愛媛・松山の地において永続的に知の拠点としての役割を果たし続けることができる道標を示したと自負している。そして、二〇一九年度に実施した主な項目として、㈠法人事業面で教育研究経費及び管理経費を二一億円までとする目標を達成した（一九億六九七三万円）、施設・設備面で御幸グラウンド総合体育館施設の工事着手、情報システムの整備等を実施し、また、法学研究科の申請し、認可を受け、自己点検・評価報告書を大学基準協会に提出、新型コロナ対策本部を設置した、等。㈡教学事業面では、自己点検事業を実施し、大学基準協会に提出、二〇一九年度に新カリキュラム実施、二〇二一年度入試に向けて、入試改革を行ない、Ⅰ期、Ⅱ期入試の統合を行なった（Ⅰ期入試の廃止）、等であった。

この「事業報告書」について一言コメントしよう。

①「中期プラン」は、二〇一九年度—二〇二三年度となっているから、本来ならば、二〇一八年度の事業報告書で報告すべき事柄であった。また、そこに盛り込まれている、校訓「三実」の精

神を合理的精神、独立の精神と理解する、独自の新理念について、これまでの校史との関係で、教学会議や全学教授会でどこまで議論されたのか、また、今後の松山大学の方向である地域貢献の三本柱についても教学会議や全学教授会で議論され、合意を得たのだろうか。なお、全学教授会では、報告も審議もされていないようである。すると、この「中期プラン」は教授会構成員の合意をとっていないので、実効性に大いなる疑義が出よう。

②麻薬取り締まり法違反で教員が地検に書類送検されているが、何の指摘もない。

③不払い賃金問題などの法令違反の不祥事が出ているのに、何の指摘もない。

④また、二〇二〇年度から文系学部の定員を増やしたのに、何も触れていない。また、文系大学院の定員を削減したのに、何も触れていない。

いずれにしても問題のある報告書であった。

〔注〕

(1) 『学校法人松山大学　二〇一九年度事業計画書』

(2) 松山大学総務課所蔵。

(3) 『愛媛新聞』二〇一九年四月一七日。

(4) 『愛媛新聞』二〇一九年六月四日。

(5) 入学広報課「二〇二〇年度入学試験実施状況」より。

(6) 同。

(7) 同。

(8) 同。

(9) 同。

(10) 『愛媛新聞』二〇二〇年三月二五日。

㈤二〇二〇年（令和二）度

溝上学長・理事長四年目である。本年度から大学院法学研究科が発足した。また、本年度から文系の学部定員が五名～一〇名増えた。

本年度は、コロナで受難の年となった。入学式が中止となった。

本年度の校務体制は、副学長は野元裕（二〇一九年二月～二〇二〇年一二月）、池上真人（二〇一九年一月～二〇二〇年一二月）が続けた。経済学部長は新しく松本直樹（二〇二〇年四月～二〇二四年三月）が就任した。経営学部長は檀裕也（二〇一八年四月～二〇二一年三月）、人文学部長は櫻井啓一郎（二〇二〇年四月～二〇二四年三月）、法学部長は倉澤生雄（二〇一八年四月～二〇二二年三月）、薬学部長は山口巧（二〇一九年四月～二〇二一年三月）が続けた。短大学長は溝上達也（二〇一八年四月～二〇二四年三月）、経営学研究科長は檀裕也（二〇一八年四月～二〇二一年三月）が続けた。大学院経済学研究科長は安田俊一（二〇一九年四月～二〇二三年三月）、言語コミュニケーション研究科長は櫻井啓一郎（二〇一八年四月～二〇二一年三月）、社会学研究科長は市川正彦（二〇一七年四月～二〇二一年三月）が続けた。新設の法学研究科長には村田毅之（二〇二〇年四月～）が就任した。医療薬学研究科長は新たに天倉吉章（二〇二〇年四月～）が就任した。図書館長は中村雅人（二〇一九年一月～二〇二三年三月三一日）、総合研究所長は細川美苗（二〇二〇年二月一日～二〇二〇年一二月三一日）。教務委員長は銭偉栄（二〇二〇年四月～二〇二二年三月）、入試委員長は舟橋達也（二〇二〇年四月～二〇二一年三月）、学生委員長は林恭輔（二〇二〇年四月～二〇二二年三月）。学長補佐は河内俊樹、渡辺幹典であった。

学校法人面では、常務理事は副学長で理事の野元裕、新しく事務局長・理事に就任した松本直也、評議員会選出の新井英夫。理事は、事務局長の松本直也及び部長の岡田隆、高尾義信、評議員から新井英夫、大城戸圭一、（山田の後任、一人欠）、設立者から新田長彦、温山会から興梠安、野本武男、学識者から井原理代、大塚潮治、西本牧史（常勤理事）、廣本敏郎、山下雄輔、監事は設立者の新田孝志、学識者から植田礼大、宍戸邦彦であった。

評議員は、教育職員は、赤木誠、新井英夫、大倉祐二、酒井達郎、寺嶋健史、中島光業、中村雅人、安田俊一の八名、事務職員は鹿島久幸、国貞光弘の二名、事務局長及び部長評議員は世良静弘、岡田隆、紅谷淳美、松本直也、森岡祥子の五名。後、副学長の池上真人、野元裕の二名、松浦、檀、山田、倉澤、山口巧の五学部長、外部評議員は温山会から六名、学識経験者から一一名であった。理事長補佐は作田良三であった。

本年・二〇二〇年度の「事業計画書」の概要は次の通りである。(1)

はじめにで、二〇一九年度と同様、「創立一〇〇周年に向け、愛媛・松山の地において、永続的に「知の拠点」としての役割を果たし続けることができるよう、本法人の歴史と伝統、更には、地域の発展に有為な人材の養成と校訓「三実」の精神（教育理念）に基づく合理的精神と独立の精神を育む教育の実践を再確認し、「時代を切り拓く「知」の拠点」として、本法人を発展させるために取り組む」と表明した。「中期プラン」に添ったものであった。

そして、二〇二〇年度の事業計画・方針として、前年と同様に「来る創立一〇〇周年を控え、中四国のトップ・ユニバーシティとしての地位を確立する」ことを表明し、その重点施策として、①教学、②施設・整備、③その他、④財務に分け、前年に比し、③その他が加わった。①教学面では、教育、学生支援、キャリア支援、研究、社会連携、入学広報、国際化について、それぞれ項目をあげた。②施設・整備面では、御幸グラウンド総合体育施設工事・竣工、旧入試部の跡地計画の実施、情報システムの整備、③その他では、働き方改革、ガバナンス強化、創立一〇〇周年記念事業、等、④財務面では、目標として、収支差額超過を維持するために、教育活動資金の支出について教育研究経費及び管理経費支出を二一億円までとする、等であった。

この「事業計画」について、一言コメントしよう。

①二〇二〇年度の事業計画は、ほぼ前年度の事業計画を下敷きにアレンジしたものである。

②重点施策については、教学、施設整備、その他、財務の四本柱に纏めていたが、教学面の施策は、項目の羅列で説明が少なく、何よりも、志願者減、定員割れ、ほぼ全入となり、危機にある薬学部の再建・対応策はなかった。その他の項目は、働き方改革、ガバナンスの強化、松山大学創立一〇〇周年記念事業とあるが、その内容は不明である。すると総括はできないだろう。

③財務面で、引き続き、教育活動資金の制限を打ち出していた。

④コロナの真最中であり、卒業式、入学式を中止することを決めたのに、何故か触れられていない。

四月一日、本年次のような新しい教員が採用された。

経済学部

小林　拓磨　　准教授として採用。中国経済論。新特任から専任に採用。

久田　貴紀　　講師として採用。金融論。
西村　嘉人　　講師として採用。英語。
北井万裕子　　講師として採用。社会政策。
李　　幸宣　　講師として採用。ハングル。

経営学部
平田　浩一　　教授として採用（新特任）。情報学。
谷川　雅子　　講師として採用（新特任）。フランス語。

人文学部
ブルース、ウイリアム・ランダー　　教授として採用。英語。
吉武　理大　　講師として採用。家族社会学。
PauL Jon SPYKERBOSCH　　教授として採用（新特任）。英語。
根本　雅也　　准教授として採用（新特任）。歴史社会学。
小野　薫里　　助教として採用（新特任）。英語。

法学部
高橋　　正　　大学院担当教授として採用。司法制度総論。元高裁判事。
山内　　進　　大学院担当教授として採用。司法制度総論。元一橋大学学長。

薬学部
北村　正典　　教授として採用。

武智　研志　　准教授として採用。
内倉　　崇　　助教として採用（新特任）
長岡憲次郎　　助教として採用（新特任）

本年も多くの新特任教員が採用されている。また、危機下にある薬学部で、何故か新教員が多く採用されている。

四月二日、法人役員関係で、理事に経営学部長の檀裕也が就任している（前人文学部長山田富秋の後任）。さきにも述べたが、当然評議員の学部長が理事になるのは、疑義がある。それよりも、全学の評議員選挙で選ばれた人を優先すべきであろう。また、経営学部からの選出も、人事としては偏っていよう。

四月三日予定の二〇二〇年度の入学式は、新型コロナのため中止した。なお、経済学部四〇二名、経営学部四〇〇名、人文英語一一三名、同社会一四一名、法学部二一八名、薬学部七八名が入学している。文系は定員を確保したが、薬学部は定員を二二名も割り、しかもほぼ全入で、深刻な危機的事態となった。大学院は経済修士二名、博士一名、経営修士〇名、博士〇名、言語修士〇名、社会修士〇名、博士一名、法学二名、薬一名、合計七名が入学している。大学院入学者は、前年の一名から七名に回復した。しかし、言語コミュは四年連続ゼロ、経済研究科も二年連続ゼロが続いた。

四月七日、安倍内閣は新型コロナウイルス感染症の急増に対し、記者会見を開き、関東の一都三県（東京都、神奈川、千葉、埼玉）、関西の大阪府、兵庫県、九州の福岡県にゴールデンウイークが終わる五月六日までの一カ月間、外出自粛を求める緊急事態宣言を発した。学校には、オンライン授業を勧めた。

松山大学も臨時閉鎖とし、教員、職員も出勤停止した。

四月一三日、溝上学長は、二〇二〇年度前期の授業に関し、感染拡大状況に鑑み、当面の間、オンライン授業で行なうことを決めた。ただし、その授業開始はずっと遅れ、七月となった。教学上大問題であろう。そのため、県外出身の下宿生は下宿を引き払い、実家に帰る人もいた。

四月一三日、学校法人ハラスメント防止委員会（委員長溝上学長・理事長）は調査委員会の結果を了承し、女子駅伝部監督に対し、アカデミックハラスメントと認定し、その「通知」を行なった。なお、このことは、関係者以外知られていない。

そして、四月二一日の『愛媛新聞』に、「松山大　駅伝部アカハラ認定　准教授側異議申立へ」の見出しで、記事が出て、真相を知らない学内外関係者はビックリした（補論、後述その二）。

五月一五日、監督が「ハラスメント防止委員会」に対し、「異議申立書」を提出した（補論　後述その三）。

六月初め、二〇二一年度の入試説明会が、コロナ禍のためオンライン形式で行なわれた。

六月一九日、法学部のE教授が、常務理事の新井英夫からハラスメントで訴えられている。それは、E教授のフエイスブックでの投稿により、新井英夫常務理事が精神的に圧迫を受けたというものであった。経営者にあたる常務理事が、一般の平教員から自らの過半数代表者選挙への違法介入を批判されたからといって、ハラスメントを申し立てるということ自体、前代未聞である。

七月二日、『愛媛新聞』に駅伝部監督の異議申立に対し、ハラスメント防止委員会は「再調査行わない」との記事が出た（補論、後述その四）。

八月一七日、松山大学法学部教授三人が、割り増し賃金未払いで、同大と常務理事に対し、未払賃金と損害賠償を求めて松山地裁に提訴する事件が起きた。翌日の『愛媛新聞』の報道によると次の通りであった。(2)


「松山大が裁量労働制を導入して休日・深夜の割増賃金を支払わず、組合活動上の言動をハラスメントとして調査したのは違法などとして、同大法学部の学部長や教授三人が一七日までに、同大と常務理事の同学部教授に未払い賃金と損害賠償計約二二〇二万円の支払いを求め松山地裁に提訴した。訴状によると、同大は二〇一八年四月、実際の労働時間にかかわらず一定時間をあらかじめ働いたとみなす裁量労働制（専門実務型）」を導入したが、原告は、事前に締結した「労使協定」は無効だったと主張。協定に押印した過半数代表者（労働基準法に基づく労働者の過半数を代表する人）の教授は、選出手続の際に過半数の信任を得ておらず、教授自身が資格を有していなったことを認めているなどと指摘している。裁量労働制導入後、休日、深夜の労働は事前許可制になったため、原告が申請したところ同大は拒否したと説明、同大は業務削減策を講じず、所定労働時間内に業務を終えるのは不可能だとしている。原告の一人が組合情報発信のために会員制交流サイト（ＳＮＳ）に書き込んだ執行部批判に対し、常務理事がハラスメント防止委員会に申立をし、同大が調査を行なったのは心理的に萎縮させることが目的で、不当労働行為に該当するとした。松山大は担当者がいないので何とも言えないとしている。」

このように、法学部の三教授は、①割増賃金の不払い、②裁量労働制の労使協定の無効、③休日、深夜労働許可制の拒否、④常務理事の不当労働行為、等で訴えていた。

九月二六日、二〇二一年度の文系大学院のⅠ期入試が行なわれた。経済、経営、法は志願者がなく、言語コミュニケーションは、一般選抜で二名が受験し、一名が合格した。久しぶりの志願者、合格者であった。

同日、二〇二一年度の大学院医療薬学研究科のⅠ期入試が行なわれ、四名が受験し、四名が合格した。

一一月、御幸グラウンドに新しい体育館、部室が作られた。立派な建物であった。

一一月二八、二九日の両日、二〇二一年度の推薦・特別選抜入試が行われた。二八日が経済・経営、二九日が人文、法、薬であった。

結果は次の通りであった。(3) 文系では経営と人社が指定校で定員割れとなっていた。経営は二年連続、前代未聞となった。また、薬学部は指定校(定員一〇名)は定員を満たしたが、総合型(定員一五名)では七名しか応募がなく、大きく定員割れとなった。

表一　二〇二一年度推薦・特別選抜入試

		募集人員	志願者	合格者
経済学部	（指定校推薦）	一一五名	一四一名	一四一名
	（総合型）	三八名	一二六名	三七名
	（スポーツ専願型）	一四名	九名	九名
	（帰国生徒・社会人）	若干名	〇名	〇名
経営学部	（指定校推薦）	七五名	六六名	六六名
	（総合型）	六五名	一五三名	一〇二名
	（スポーツ専願型）	二〇名	二七名	二七名
	（帰国生徒・社会人）	若干名	〇名	〇名
人文英語	（指定校推薦）	一五名	一八名	一七名
	（総合型）	二〇名	二六名	二六名
	（帰国生徒・社会人）	若干名	一名	一名
社会	（指定校推薦）	二〇名	一八名	一八名
	（帰国生徒・社会人）	若干名	〇名	〇名
法学部	（指定校推薦）	二〇名	二六名	二五名
	（学校推薦型）	六〇名	一〇七名	七五名
	（スポーツ専願型）	一〇名	一四名	一四名

（帰国生徒・社会人）	若干名	○名	○名
薬学部（指定校推薦）	一〇名	一一名	一一名
（総合型）	一五名	七名	七名
総計		七四九名	五七五名

（出典）入学広報課「二〇二一年度入学試験実施状況」

一〇月一五日、経済学部教授会が開かれた。ハラスメント規程により、監督の「弁明」がなされた。監督が詳細に、法人側のアカハラ断定に反論したとのことである（補論、後述その五）。

一一月六日、愛媛県の労働基準監督署が労働基準法違反容疑で松山大学を松山地検に書類送検するという事件が起きた。翌日の『愛媛新聞』によると次の通りであった。[4]

「時間外や休日労働の割増賃金が支払われていないなどとして松山大法学部の男性教授三人が三月、同大などを松山労働基準監督署に刑事告訴した労働基準法違反容疑事件で、労基署は六日、同容疑で同大と同大元常務理事を松山地検に書類送検した。告訴状などによると、二〇一八年四月一日〜二〇一九年三月三一日、松山大は法定労働時間を超え労働をさせたにもかかわらず割増賃金を支払わなかったほか、一八年一一月八日に未払い金の支払い請求を受けたのに支払わなかったなどとしている。大学側は特にコメントすることはないとしている」

このように、労働基準監督署は、法学部三教授の主張を認め、松山大学を地検に書類送検した。

二〇二〇年一二月末で、溝上学長の任期が満了するので、九月、選挙管理委員会が組織された（委員長は市崎一章）。

一〇月一日に学長選挙の公示がなされた。選挙権者は教員一四二名（経済三三名、経営三二名、人文二三名、法二〇名、薬学三四名）、職員九六名であった。

一〇月一三日、第一次投票が行われた。結果は次の通りである。

1．選挙権者　二三八
2．棄権　二〇
3．投票総数　二一八
4．無効　八
5．有効投票　二一〇
　1位　新井英夫　七九
　2位　安田俊一　六四
　3位　山田富秋　二三
　次点　溝上達也　一〇

よって、新井、安田、山田の三候補が第二次投票の候補者となった。

新井候補は、一九七七年一二月生まれ、四二歳。日本大学大学院文学研究科博士後期課程単位取

得。二〇〇八年四月本学法学部講師として採用。その後、教授となり、二〇一五年一月から理事、二〇一六年一月から村上学長・理事長時代に常務理事、また溝上学長・理事長時代にも引き続き常務理事を務めていた。

安田候補は、一九六一年一二月生まれ、五八歳。神戸商科大学大学院経済学研究科後期博士課程単位取得。一九九一年四月本学経済学部講師として採用。その後、経済学部教授となり、二〇〇八年六月から副学長に就任し（～二〇一四年三月）、二〇一四年四月からは経済学部長を務めていた（～二〇一六年三月）。

山田候補は、一九五五年九月生まれ、六五歳。東北大学大学院文学研究科博士後期課程単位取得。博士。二〇〇五年四月本学人文学部教授として採用。二〇一三年二月から副学長に就任（～二〇一六年二月）、二〇一八年四月から人文学部長を務めていた。

一〇月二九日、第二次投票が行われた。結果は次の通りである。

1. 選挙権者　二三八
2. 棄権　九
3. 投票総数　二二九
4. 無効　六
5. 有効投票　二二三

　新井英夫　一〇〇（教員五三、職員四七）
　安田俊一　六四（教員三七、職員二七）

山田富秋　　五九　（教員三九、職員二〇）
　計　　　二二三

よって、新井、安田候補の決戦投票となった。
一一月一七日、第三次投票が行なわれた。
1. 選挙権者　　　二三八
2. 棄権　　　　　　一四
3. 投票総数　　　二二四
4. 無効　　　　　　一八
5. 有効投票　　　二〇六
　新井英夫　　一一八　（教員六〇、職員五八）
　安田俊一　　　八八　（教員五七、職員三一）

よって、新井候補が有効投票の過半数及び教員の過半数を得て当選した。新井候補は、経営学部と薬学部、若手の票、そして職員票を多く集め、当選した。ただ、棄権と無効が三二票もあり、教員の冷めた状況が見て取れる。なお、この選挙に関し、新井理事ら理事者側の一部が、学長選考規程に反し、選挙活動を行なったと、選挙管理委員会に異議申立がなされている。

一二月三一日、溝上達也学長・理事長が退任した。副学長の野元裕、池上真人も退任した。理事で常務理事の新井英夫も退任した。理事長補佐の作田良三、学長補佐の河内俊樹、渡辺幹典も退任した。総合研究所長の細川美苗も退任した。図書館長の中村雅人も退任した。

〔注〕

（1）『学校法人松山大学　二〇二〇年度事業計画書』

（2）『愛媛新聞』二〇二〇年八月一八日。

（3）入学広報課「二〇二一年度入学試験実施状況」より。

（4）『愛媛新聞』二〇二〇年一一月七日。

補論　女子駅伝部問題

一、発端（その一）

二〇一九年一一月一三日、松山大学学長・学校法人松山大学ハラスメント防止委員会委員長の溝上達也は、松山大学女子駅伝部監督に対し、「女子駅伝部の監督業務の停止」を通知した。なお、この事実は、関係者以外知られていないことがらである。

その「通知」は、次のようなものであった。

「二〇一九年一〇月二〇日に貴殿が松山大学久万の台グラウンドで行った下記の行為について、二〇一九年一一月七日に貴殿に確認を行ったところですが、この度、女子駅伝部部員から、学校法人松山大学ハラスメント防止委員会宛にハラスメント申立書が提出されました。

つきましては、今後、学校法人松山大学ハラスメント防止等に関する規程に基づく対応を検討いたしますので、その間、女子駅伝部監督としての業務を停止してください。

記

1．部員Tへ口頭で指導している際、持っていた一〇kgのダンベルを地面にたたきつけた行為

2．上記1にてたたきつけたダンベルを拾い上げ、再度そのダンベルを数メートル投げた行為」

この監督業務停止の「通知」について、少しコメントしよう。

㈠一〇月二〇日、久万の台グラウンドで監督が部員Tへの指導中に、ダンベルを二度にわたりたたきつけたり、投げたとされる行為について。

①この「通知」では、指導中とあるが、不正確で、練習が終わった一一時三〇分ころのことで、指導後のことである。

②一〇月二〇日、監督がダンベルを二度にわたり、たたきつけたとか、数メートルも投げたとあるが、あたかも監督が部員Tに向けて投げたかの如く表現しているが、本当だろうか。それが重要な争点となる。

③部員はＴａとＴｂの二人がいて、監督とは一〇メートル以上離れていた。一回目のダンベルは、足元にあったダンベルを部員の方向ではなく、自分の足元に落としたにすぎず、また二回目のダンベル投下も、部員の方向ではなく、反対方向に投げている。部員が防止委員会に提出した「申立書」の写真でもそのことが確認できる。

④監督のダンベル投下は、日頃から嘘をつくなと指導しているのに、部員Ｔａが体重の虚偽申告をしていたことへの怒りが背景にあると推測されるが、部員の反対方向に投げたのであり、その行為はもちろん適切ではないが、簡単に威嚇と決め付けるのは早計である。

⑤そして、何よりもこの日の午後、部員Ｔａが自ら監督に連絡し、夕方、両者が話し合い、Ｔａも反省し、その際、監督と握手をし、自分の目標達成のために努力することを監督に約束している。だから、二〇日の「事件」は、監督とＴａとの間では基本的に解決済みとなっていた問題である。

(二)女子駅伝部員からハラスメント防止委員会宛にハラスメント申立書が提出され、それが「監督業務の停止」の理由となっている点について。

(1)女子駅伝部員のハラスメント防止委員会宛の申立書が提出されたとあるが、この「通知」の際に、申立書の内容が監督に示されなかったことである。

後の資料によると部員の「申立」は一一月一一日付けで、①ダンベル投下、②今までの部員へのハラスメント、③飲酒運転、④不透明な経費の四項目を述べ、また、管理栄養士のO女史が部員の味方でなく、監督の言いなりになっていると批判し、最後に、「厳正な処分と指導体制の改善・指導者の交代を強く望みます」となっていた。

(2)通常、市民社会の訴訟では原告が裁判所に出した訴文は被告にも通知されるが、本学では監督に示されず、市民社会のルールから離れており、監督にとっては、寝耳に水であったと思われる。

(3)学校法人ハラスメント規程では、ハラスメントがあれば、まず、相談員が対応し、そのあと、当事者が相談員と協議して、ハラスメント防止委員会に申立する規程になっているが、部員が直接ハラスメント防止委員会宛に出しているのは異例である。

(4)一〇月二〇日の「ダンベル投下事件」から部員のハラスメント防止委員会への申立への期間が極めて短期間なことである。申立者は九人で、申立日は一一月一一日だから、僅か二〇日であった。九人が協議して、僅か二〇日で申立書を書けるのだろうか。というのは、①この期間、駅伝部員は多忙であった。一〇月二七日には仙台での全日本学生女子駅伝大会に参加し（第四位）、一〇月二九日に帰松し、一〇月三〇日から富士市での一二月三〇日の選抜女子駅伝大会に向けた練習再開していたからである。

②また、監督の部員へのハラスメントの事案は、二〇一八年、二〇一九年の過去二年間にわたり、一二点もあがっていた。その事実確認には相当の時間がかかるはずであり、試合、練習の多忙な中、九人の部員が協議して短期間で書けるかどうか疑問を禁じ得ない。仮に、学生が書いていないとすれば、「防止規程」違反となる。

③さらに、申立書は、文書としての体裁が整い、誤字、脱字もなく、内容もはじめにがあり、四点にわたる詳細な事実告発があり、さいごに、監督への処分、指導者の交代といった明確な方針が書かれていた。学生が書けないことはないが、大人が関与しているのではないかの疑念が禁じ得ない。

④さらに、それぞれの事案にはかかわっている部員が違う。それを一括して、九名連記となっているが、問題であろう。事案と関係のない原告は、通常は原告不適格として却下されるのが市民社会のルールである。本当に監督を告発するなら事案に関係ある部員がそれぞれ申立するべきである。

また、申立を受けたハラスメント防止委員会は却下し、差し戻し、再提出するよう指導すべきであろう。それが市民社会のルールである。それをせずに、防止委員会が受け入れたことは、市民社会のルールに反している。

以上、市民社会のルールに照らして、大いなる疑問、疑義があるが、法人側は女子駅伝部員の

「申立」を受け、ハラスメント防止委員会規程に基づき、調査委員会を組織し、調査を始めた。

二、ハラスメント防止調査委員会・防止委員会のアカハラ認定について（その二）

二〇二〇年四月一三日、学校法人ハラスメント防止委員会は調査委員会の結果を了承し、女子駅伝部監督に対し、アカデミック・ハラスメントと認定し、その「通知」を行なった。なお、このことも、関係者以外知られていない。

四月二一日の『愛媛新聞』に、「松山大　駅伝部アカハラ認定　准教授側異議申立へ」の見出しで、次のような記事が出て、知らない学内外関係者はビックリした。

その記事は次の通りである。[1]

「松山大学女子駅伝部の複数の部員が昨年一一月、監督だった男性准教授（五〇）からどう喝などのハラスメントを受けたと大学に申し立てた問題で、同大学のハラスメント防止委員会は二〇日までに、准教授の複数の言動について『教育上不適切な言動としてアカデミックハラスメントに該当する』と認定した。准教授側は何れの言動もハラスメントにはあたらないとして異議を申し立てる方針。

複数の関係者によると、准教授には退部を求める権限がないのに部員に『もう辞めてもいいよ』と伝えた。①部員に当てる目的ではなかったが、ダンベルを投げ、プランターを蹴り飛ばした。②部員の頬を叩いた。③ストップウオッチや熊手を投げた。④県外大会で結果が出せない部員から旅費の一部を徴収したなど、准教授が行ったとされる九つの行為を教育上不適切な言動と認定。同時にハラスメント行為があったと申し立てられていた女性コーチについても、自身の発言の責任を部員に押しつける不適切な言動があったとした。

准教授の代理人弁護士は取材に『客観的証拠がなかったり、発言の一部を切り取ったりしただけのものが多い』と主張。認定事実に争いがある部分に反論の機会を与えられなかった内容も含まれているとし、『事実認定や手続の両方に問題がある。内容を精査し、異議申立の準備をしている』と述べた」

この記事について、少しコメントしておこう。

①当事者及び学内の関係者しか知らない事実が、「複数の関係者」から愛媛新聞記者に漏らされていることである。しかも、ハラスメントと認定されたものが九項目であり、その内容も簡単であるが、細かく報道されている。少し、考察してみよう。

まず、監督が報道機関に漏らすことはないし、また部員が報道機関に漏らしたとも思えない。また、守秘義務があるのでハラスメント防止委員会のメンバー（学長、学部長等）が漏らしたとも思われない。しかし、「複数の関係者」とあり、しかも、九つのハラスメントの内容が報道されているから、調査委員会・防止委員会の報告書を入手しうる「学内関係者」が、守秘義務に反して、マスコミに故意、意図的に情報を流したと推測されよう。これは、学内ガバナンス上重大問題であろう。しかも、なぜか、当局は守秘義務違反の調査をしなかった。それは、学校当局も法的には「不作為」「共犯」の疑いがあろう。
②九項目の行為について、監督から見ると、多くはフレームアップされた不当な認定であるが、新聞記事では「複数の関係者」の言い分をもとに、報道しており、一方的な記事となっている。
③管理栄養士の「女性コーチ」もハラスメントと認定されたとあるが、極めて不正確な不当な記事である。そもそもボランテアに過ぎず、大学の職員ではないので、大学のハラスメント規程の対象者ではない。それは大学のハラスメント防止委員会に問題がある。また、それを鵜呑みにした愛媛新聞記者にも問題があろう。ここでも市民社会のルール、常識が働いていない。

三、監督側の異議申立書について（その三）

二〇二〇年五月一五日、監督が「ハラスメント防止委員会」に対し、「異議申立書」を提出した。監督側の反論の要点を複数の関係者からの聞き取りにより紹介することにしよう。

1．二〇一九年一〇月二〇日午前、T部員に「もう辞めていいよ」等発言したことについて。

T部員が体重の虚偽報告をし、怪我を理由に自分が決めた目標を回避しようとしていたために、もう一度しっかり考えさせるために「今回の駅伝に出場するのをやめてもいいのではないか」と言ったのであって、駅伝部からの「退部」を求めたものではない。事実、その後、T部員は謝罪し、それを受け止めて、練習に励んでいる。

だから、監督がT部員に「退部」を求めたという報告書は虚偽である。

2．二〇一九年一〇月二〇日正午前、久万の台でダンベルを投げたとされる行為について。

すでに述べたが、最大の争点であり、再度述べておこう。監督と二人の部員との間は、一〇メートル以上離れており、一回目のダンベルは足元にあった自分のダンベルを部員の方向にではなく、自分の足元に落としたにすぎず、また二回目のダンベル投下については、監督と部員との間に、デッキ上の植物があり、遮られ、監督の所作は部員からは正確には見えない。しかも二回目は部員の反対方向に投げたのであって、それは、部員も「申立書」の写真説明でも確認される。なお、部員の「申立書」は「部員の方向に向かってダンベルを投げた」と書かれているが、それは、写真説明と齟齬があり、虚偽である。

また、当時監督の側にいた清家コーチが調査委員会の聞き取りに対し、威圧的行為ではない、と証言をしているのに、調査委員会は一切取り上げず、無視している。

さらに、一一月四日、監督がT部員を学生課に呼び出した際、部員が「泣いて震えている状態であった」とある参考人が証言しているが、それは、「ダンベル投下問題」とは関係のない事案で、それはT部員が嘘をついていた事実が他の部員の日誌から発覚したものであった。

3. 二〇一九年一〇月三一日、監督は部員の一部が外部に嘘の情報を漏らしているとして、部員を疑い、「俺はもう指導しない」「俺はもう辞めるよ」と発言したという問題について。

その真実は次の通りである。当時、監督と対立し、コーチを辞め、すでに部外者となっていたMが、ダンベル投下問題等について、フレームアップして虚偽の事実を外部に漏らすようになっており、また、Mが部員に接触し部員間の信頼関係を崩していたので、監督が部員に対し、チームは信頼関係の上で成り立っており、「信頼関係が築けないのであれば自分が指導しないってことでいいのか」と問いかけたまでのことにすぎない。進退を楯に、監督の意に沿うよう威嚇したというのは、全くの虚偽、言いがかりである。

4．二〇一八年六月二〇日、監督が部員Nを平手打ちしたとされる行為について。

監督が頬を「軽く触れた」事実は否定しないが、真実は次の通りである。

Nがフィンランドで開催の大会に出場するために、パスポートの準備が必要であるが、期日が迫ったのに準備していなかった。そこで、それを知った監督が実家に連絡を取り、監督が書類を受け取り、羽田空港まで日帰りでパスポートを届けた際の出来事で監督も反省し、本件に関しては、相互に謝罪済みで解決していた過去の問題である。

5．二〇一九年七月一日、部員Bに対し、部活動参加を禁じたとされる行為について。

それは、たびたび、部員Bが監督の指導に反することを他の部員にし、信頼関係を揺るがす行為をしていたので、現場復帰を未だ許さないと言ったまでのことである。

6．二〇一九年八月二三日、監督が部員Oに対し、ストップウオッチを投げたとされる行為について。

そもそも、監督はストップウオッチを投げるなどしていない。部員Oが倉庫にあった、機械の故障で動かなくなっていたものを持ち出し、監督が投げ、壊したかのように述べたもので、これは捏造である。

7．二〇一八年一〇月二日、熊手を投げたとされる行為について。

真相は次の通りである。久万の台グラウンドで監督・部員がグラウンド整備をしており、監督が五〇メートルほど離れた部員に対し、「集合」と声をかけて、熊手を放置したままのことであり、なぜ、これがハラスメントになるのか、理解できない。

なお、学生の「申立書」では、熊手でなく、「ほうき」となっていて、齟齬がある。

8．二〇一八年九月九日、羽田空港で監督がビールをのみ、その後大分空港におり、空港から久住の合宿所まで飲酒運転をしたとされる行為について。

真相は次の通りである。監督は二五〇㎖程度のビールをコップ一杯飲んだが、それから約三時間経過している。また、監督は運転直前にアルコールチェッカーで確認している。道義的には批判を受けることは否定できないが、それをアカデミックハラスメントと認定するのは的外れである。

なお、部員の「申立書」は、羽田空港での飲酒についてではなく、二〇一九年九月一九日名古屋空港での飲酒と九月一五日の久住合宿での監督の飲酒を批判していたが、この二件ではなく、部員が「申立」をしていない、二年以上前の羽田空港での飲酒の写真を持ち出し、アカハラ認定している。不可解である。

この時の羽田での画像は参考人Mが調査委員会に提出していて、それがハラスメントの認定になったものである。調査委員会は、部員が「申立」てた監督の飲酒は写真証拠がないので、M参考人が提出した写真を証拠にして、アカハラと断定したのであろう。当事者が「申立」していないのに、参考人の別件写真をもとにアカハラ認定した。強引な別件認定で、本来民事訴訟裁判では認められない事案である。

9．ホクレンディスタンスに出場した、部員のTが結果を出すことができなかったとして、旅費の一部、三万五〇〇〇円の旅費を、罰金の意味で徴収したとされる行為について。

真相は次の通りである。女子駅伝部の運営は寄附等で賄われており、大会参加を希望する全員をつれていくのではなく、十分に準備して結果を出せるような部員に旅費を全額援助している。しかし、そうでない部員で出場を希望する選手には、事前に父母等と相談させ、結果が出せない場合は半額程度を負担してもらう条件で出場を許可していた。この点は、父母も納得済みのことである。

このような事実を完全に無視しており、結果を出せなかったとして罰金の意味で徴収したものではない。

以上のように、ハラスメント防止委員会の調査報告書は、そもそも発端のダンベル投下問題は、部員の方向にダンベルを投下していないにもかかわらず、あたかも投げたかの如く、故意に大きく歪曲してフレームアップしたものであり、また、解決済みであったり、事実誤認であったり、虚偽・捏造であったり、言いがかりだったりしたものばかりである。

そして、最大の問題点は、この調査委員会の公平・中立性の問題である。調査委員会は理事が中心となっており、理事が中心となると、公平・中立性が保てない。もみ消しもできるし、冤罪に仕立てあげることもできる。

そして、今回の調査委員会は、監督の主張を一切否定し、申し立てた部員側の主張を全面的に認めたもので、全く一方的、不公平な認定であった。事実認定において、対立点があるのに、十分な調査をせずに一方的に断定した。杜撰極まりない。市民社会のルールではありない。このような、ハラスメント問題は、第三者委員会を設置して、十分に、公平・中立の立場から慎重に検討し、防止委員会に報告すべきである。そのようになっていない松山大学のハラスメント規程に瑕疵があり、ガバナンス上も大問題である。

四、防止委員会の不誠実さ（その四）

二〇二〇年七月二日、『愛媛新聞』に駅伝部監督の異議申立に対し、ハラスメント防止委員会は「再調査行わない」との記事が出た。(2) 大学は九つの事案について、「調査委員会が慎重に調査を重ねた上での結論であり、防止委員会においても、調査結果は適正であると判断しております」と異議申立に再調査せずに退けた。

これについて、少しコメントしよう。

①調査委員会及び防止委員会は、監督側からの反論に対し、普通は、再調査するのが市民社会の常識である。監督は九つの事案について、このように述べているが、どうなのかと、部員から再調査、聞き取りをすべきである。

②また、期間からみて、調査委員長の独断で再調査しないと決めたのではないか。

③もしそうであるなら、問答無用の態度で、大学人としてその姿勢に疑義を感ぜざるを得ない。

そのような態度は、溝上学長が式辞で、繰り返し述べている「忠実」の精神（人間関係や社会において、他者と誠実に向き合い、……自らを謙虚に、そして互いの意見を尊重し共有しようとする態度）に反するものであろう。
④そして、またしても学内の関係者しか知らない情報がマスコミに故意、意図的に流された。それは疑いたくないが、法人側の一部の関係者が意図的に流したものと推測される。そして、その調査も法人側はしなかった。
⑤要するに、この監督の「ハラスメント」は本当に「ハラスメント」だったのか、公平な調査、精査がなされず、一方的な断罪で、疑問がぬぐえない諸点が多すぎる。

五、監督の経済学部での「弁明」（その五）

二〇二〇年一〇月一五日、ハラスメント規程により、監督の教授会での「弁明」がなされた。監督が法人側のアカハラ断定に反論し、教授会はその旨、溝上学長に報告した。しかし、教授会からの報告を受けた後、溝上学長はどのように対応したのだろうか。教授会には学長からの報告がないとのことである。それは、大学運営上問題であろう。当然学長が教授会に対し、その「弁明」を検討の上、精査して、どのように判断したのか、また、理事長、ハラスメント防止委員会に報告し、どのようになったのか、報告すべき事柄である。

溝上学長・理事長がなにも対応しないのは、無責任としかいいようがない。教授会の方も、学長・理事長に対し、その後どのように精査したのか回答を求めるべきであろう。

市民社会のルールでも、被告に弁明の機会が与えられているが、その後、理事者は対応している。本学では市民社会の基本ルールが守られていない。ガバナンス上、大問題であろう。

〔注〕

（1）『愛媛新聞』二〇二〇年四月二一日。

（2）『愛媛新聞』二〇二〇年七月二日。

◇　◇　◇

四年間にわたる溝上達也学長・理事長時代（在任：二〇一七年一月一日～二〇二〇年一二月三一日）の歴史にかんし、特記すべきことについてまとめておこう。

第一に、溝上学長は、若い学長として期待をもって迎えられたが、学長としての理念、考え、明確なビジョン、改革は示されなかった。

第二に、溝上学長・理事長は、二〇一六年度末（二〇一七年三月）で「学内報」を廃止した。これは、根拠なきもので、重大な失政であった。以後、学長・理事長や常務理事、学部長たちの考え、方針、施策等が伝わらなくなり、役員たちは大学をどのような方向に持っていこうとしているのか、学内の構成員はわからなくなった。民主主義の点から致命的失政であった。

第三に、溝上学長は、副学長人事では失敗した。それがK副学長人事であった。K副学長の再選を目指して提案したが、全学教授会で否決され、前代未聞の事態となった。なお、副学長人事については、元々設置したときの合意事項として、学部長経験者、または研究科長経験者で、博士号取得者が望ましいというものであったが、その合意事項が前々森本学長時代・前村上学長時代も反故にしているが、大学運営上、問題であろう。

第四に、溝上学長の入学式、卒業式での式辞は、前村上学長の式辞をもとにし、簡素化・簡略化したものであり、学長としての創意工夫、創造性、独自性は全く見られず、「知の発信」はなかった。また、前年とほぼ同じでマンネリ化し、実務的なものであった。そして、その式辞中、誤解、間違いがいくつか見られた。

①加藤彰廉の経歴について、山口高等中学教諭と述べているが、正確には教授である。

②加藤彰廉が加藤恒忠（拓川）に松山高等商業学校の創立を提案したと述べているが、逆で、正確には加藤恒忠→加藤彰廉で、恒忠が彰廉に松山高商設立計画の立案を要請した。勿論彰廉は大賛成で、設立案を作成した。

③加藤恒忠の経歴について、「当時の松山市長に」と述べているが、不正確で、まだ恒忠は松山市長に就任しておらず、当時は貴族院議員である。

④新田長次郎翁について、「東洋の製革王」と述べているが、正確には「東洋之帯革王」（牧野輝智）である。

⑤校訓「三実主義」の順序について、前々森本学長・理事長時代に変更した「真実・実用・忠実」の順序を使用しているが、それは事実誤認の上に変更したものを無批判的に踏襲したものである。

第五に、薬学部について。

①薬学部は、定員割れが続き、しかもほぼ全入となり、危機的事態となった。入学者は、二〇

一七年度九九名、二〇一八年度九五名、二〇一九年度九三名とまだこの三年間は九〇名台を維持していたが、二〇二〇年度七八名、二〇二一年度六八名と激減した。しかも、ほぼ全入であった。すなわち、学力的に問題ある学生を入学させたことになる。

②定員割れの原因は、志願者の減少である。薬学部の全入試制度（一般入試Ⅰ・Ⅱ、センター利用入試、推薦・特別選抜入試）の志願者数をみると、二〇一六年度三八〇名→二〇一七年度三一四名→二〇一八年度二八六名→二〇一九年度三四五名→二〇二〇年度二九二名と減少している。二〇一九年度は例外的に改善したが、傾向的に減少している。高校側・高校生から志望学部でなくなってきている。

③薬剤師国家試験の結果は、第一期卒業生（二〇一二年三月）の第九七回国家試験の成績は合格率八九・五％と大変良好であった。しかし、その後は、二〇一三年三月六二・七％、二〇一四年三月五五・〇％、二〇一五年三月四七・七％と低下し続けた。二〇一六年二月は六三・六％と回復・改善したが、その後、二〇一七年二月四九・五％、二〇一八年二月五八・一％、二〇一九年二月六五・四％、二〇二〇年二月五八・二％と下位に低迷している。

④前村上学長時代に決めた「薬学部安定化計画」（二〇一六年三月）は破綻した。しかし、その対応策は取らなかった。その結果、慢性的赤字が続き、文系の負担となった。

第六に、溝上学長・理事長時代に、薬学部から副学長（野元裕）が選出され、常務理事になったことである。薬学部は危機にあるのに、全学に人材を出す余裕はないと思われるが、それを敢えてしている。その結果、薬学部の再建計画が進めば良いが、そのようにはならなかった。

第七に、前森本学長・理事長時代から懸案の「中長期経営計画」について、第一期中期プラン、第二期中期プランに変更し、「学校法人松山大学中期プラン　次代を切り拓く『知』の拠点二〇一九年度―二〇二三年度」を第一期の「中期プラン」として策定した。

しかし、この「中期プラン」には種々の問題があった。まず、その校訓「三実」（「三実主義」）の理念について、福沢諭吉の実学論、独立の精神、合理主義の精神を持ち出しているが、時代が違い、的はずれ、疑義の多いものであった。そして、現状分析、特に危機下にある薬学部の「安定化対策」は破綻しているのに取り上げず、その対応策・再建策がなかった。さらに、全学教授会に報告、審議されなかった。

第八に、学内で不祥事が起きた。不祥事の典型は薬物問題であり、大きく報道され、松山大のイメージを傷つけた。しかし、経営責任は取らなかった。

第九に、二〇一八年四月「専門業務型裁量労働制」の導入がなされたが、そこには、大きな問題、数々の違法行為があった。

①そもそも、「従業員の過半数代表」は信任されておらず、「代表者」とはいえず、その「代表者」と法人の労使協定は違法・無効であった。二〇一九年四月の「裁量労働制」の労使協定も同様で、違法・無効であった。

②「従業員の過半数代表」の選出に当たって、法人側の介入があった。法令違反であった。

③「専門業務型裁量労働制」が導入されたが、残業代が支払われず、労働基準監督署からの是正勧告という前代未聞の事態となった。さらに、労働基準監督署が大学を刑事告訴するまで

に発展した。

④また、松山大学の法学部三名の教授が、残業代未払いなどで松山地裁への刑事告訴した。労使対立・紛争は松山地裁を巻き込む紛争に発展した。

⑤そもそも、本学に「専門業務型裁量労働制」を導入する意味がどこにあったのか。混乱と対立、紛争を起こしただけであり、再検討すべきでないのか。

第一〇に、女子駅伝部員から監督への「ハラスメントの申立」があり、学内外で大きな問題となった。その本質は、解決済みの問題を蒸し返したり、そもそもしていないことを捏造したり、的外れであったり、言いがかりであったり、フレームアップしたり、本当にハラスメントといえるかどうか疑義のあるものであった。調査委員会の報告は事実を真摯に調べ、判断しておらず、一方的かつ杜撰であり、また、異議申立があっても再調査せず、調査委員会・防止委員会の誠実さが疑われた。それは、市民社会のルールからみても問題があった。数々の疑義がある事案であったのに、最高責任者の溝上学長・理事長は適切な対応を取らなかった。

第一一に、二〇二〇年度から文系学部の定員を五〜一〇名増やした。定員削減すべきなのに逆であった。

第一二に、大学院についても入学者が激減している。文系四研究科の入学者は、二〇一七年度は六名、一八年度六名、一九年度一名、二〇年度法学研究科が出来て、五研究科になったが、入学者は四名（内、法が二名）にすぎなかった。薬学研究科も、二〇一七年度ゼロ、一八年度一名、一九年度ゼロ、二〇年度一名である。

大学院も薬学部と同様に危機的状況となっていた。

第一三に、一〇〇周年事業について、特に、一〇〇年史の自前の編纂を準備しなかった。

第一四に、溝上学長・理事長は、本学の深刻な危機に対し、期待されていたのに改革・改善の意思がみられず、対立・紛争が起きてるのに適切に対応しなかった。学内には期待外れ、失望、閉塞感がみられた。

あとがき

本書の第一章森本三義学長時代、第二章村上宏之学長時代は、筆者がこれまで『松山大学論集』で公表してきた論文を加筆修正したものである。

初出論文は次の通りである。

一、「森本三義学長と松山大学の歴史　上・中・下」『松山大学論集』第三五巻第三号・第四号・第五号、二〇二三年八月・十月・十二月。

二、「村上宏之学長と松山大学の歴史上・中」『松山大学論集』第三五巻第六号、第三六巻第一号、二〇二四年二月・四月。

なお、第三章溝上達也学長時代の歴史については新たな書き下ろしである。

松山大学苦難・苦境・混迷・低迷・閉塞の十四年間を書き終えた今、前書でも述べたが、筆者が感じていることを追加して再度述べておきたい。

第一に、個人が大学の校史を書くのは難しい。筆者はすでに公表済の資料をもとに執筆したが、校史執筆にあたり、カバーしていない部門・分野は数多い。未解明・不明な点は数多い。本書は私個人が見た校史のほんの一端にすぎず、限界がある。特に、筆者は二〇一六年三月に退職しているので、それ以降の歴史は不十分である。

第二に、松山大学ほどの歴史と伝統のある大学ならば、校史編纂室を常設すべきである。本校では五〇年史以降校史が書かれていない。

二〇二三年に一〇〇周年を迎えたが、未だ一〇〇年史が刊行されていない。また、一〇〇年史は学内関係者が執筆せずに、外注に出したとのことである。前代未聞のことである。「知の拠点」といいながら、実のところ松山大学の「知」の低迷状態・閉塞状況に他ならず、残念なことである。

第三に、大学における情報共有の大切さである。情報は民主主義の基礎である。大学当局の考え、政策を伝え、教師や学生の優れた活動を取材し、共有し、良いことは伝えていく必要があろう。

ところが、現在、溝上学長時代の二〇一七年三月末をもって歴史ある『学内報』を理事会は廃刊した。それを主導したのは新井常務理事である。大変残念なことである。

そのため、溝上学長時代に松山大学の「中期プラン」が策定されたが、『学内報』がないためみられないし、また、ホームページにも掲載されていない。これでは、情報が共有できず、学内の合意形成は出来ないであろう。

第四に、学生新聞の復活である。この点は前著でも述べた。新聞学会は高商・経専時代から松山商科大学時代の前半の時期には活発に活動していたが、七〇年代以降は停滞している。私が赴任した一九八〇年以降は、年に何回か出る程度であった。学生の、学生による、学生のための学生新聞の復刊が求められる。学生は、新聞発行を通じて、取材し、討議し、執筆し、能力が向上していく。

第五に、第二次神森学長・理事長時代に大きな改革（松山大学の二〇〇六年体制）がなされたが、その問題点が噴出した。

①文理融合の名のもとに二〇〇六年四月開設された薬学部（定員一六〇名）に関して、当初から定員割れが続き、森本学長時代の二〇一一年度からは定員を一〇〇名に削減した。その後、村上学長時代には二〇一三年度から一六年度までは一〇〇名を超え、定員を充足していたが、溝上時代に入り、二〇一七年度九九名、一八年度九五名、一九年度九三名、二〇年度七八名、二一年度六八名と減少した。存亡の危機で早急に改革が求められているが、適切な対応策を講じていない。

②学長選挙に関しても問題が起きた。教員少数、職員多数の学長が誕生したり、現体制の世襲と思われる事態も起きた。常務理事・理事による選挙への介入と疑われる事態も起きた。事務職員が事実上、学長選考権を持っていると言っても良い状況で、一部教員にシラケがあり、教員の投票率も低い。大学運営上好ましくない低迷状態である。前著でも述べたが、何よりも学長選挙だから、まず、教員だけで第一次投票を行ない、上位三名を選出し、次にそ

の候補は理事長になるのだから、教員と職員による第二次投票で学長・理事長候補を決めるのが良いだろう。また、教員少数の学長が誕生しないような仕組みが求められる。例えば、その場合は一年任期とする。そして、学長選挙の任期二年は短すぎるので三年に戻す。

③寄附行為に関しても問題がある。肥大化した役員の数、学長・理事長および事務局長・事務部長理事中心の法人運営の改革が求められる。その方向は前著でも述べた。

④副学長制について、五学部で副学長三人は多すぎよう。そもそもは、神森学長が高齢であったために設けられた制度である。また、副学長が多いと学長・副学長主導型となり、各学部教授会・各学部長の相対的地位の低下につながり、民主的合意形成の大学運営にとって好ましくないからである。

⑤五年契約の新特任制度にも問題がある。廃止すべきであろう。理由は本人の労働条件が悪く、教授会に出席できず、発言権、選挙権もない不条理な制度だからである。また、教授会にとっても、毎年人事をせねばならず、新特は各種委員につかず、構成員にとって何のメリットはないからである。

第六に、学長式辞について。森本学長時代には、それなりに学長自身が工夫して述べられていたが、村上、溝上学長時代には、森本学長の式辞を下敷きにし、簡素化し、また、前年と変わらずマンネリ化し、実務的なものであった。学長として「知」の発信をすべきなのにしなかった。残念なことである。

第七に、校訓「三実」ないし「三実主義」の順序についてである。戦後民主主義下の星野通学長時代以来、真実・忠実・実用の順序であったのを、森本学長時代に真実・実用・忠実の順序に変更したのは、事実誤認で、歴史に学ばない誤りであった。それを村上、溝上学長は無批判的に引き継いだ。残念なことである。

第八に、学校法人・大学の人事（副学長、常務理事、理事、評議員、学長補佐や理事長補佐、総合研究所長、図書館長等）について、森本、村上、溝上時代を通じ特定の学部や人物に偏っている。特に、村上、溝上時代に激しくなった。大学運営上好ましくない。大学運営は、構成員の意見を反映できるよう、バランスよく全学的視点から人事を行なう必要があろう。また、特定の人が長く副学長・常務理事を続けているのも弊害が出てこよう。対話が不十分となり、また、なくなり、学内で閉塞感が漂う。

第九に、村上学長時代に若手を抜擢し、溝上時代にかれらが中心となったが、その下で各種の対立・紛争がおきた。

①労働基準監督署から残業代を支払うよう勧告されたり、刑事告訴を受けたり、法学部の教員三名が、残業代の支払いをもとめて裁判に訴える事件も起きた。対話で問題が解決できなくなり、司法の判断に委ねる事態となった。大学の自治の死である。

②また、女子駅伝部の監督への「アカハラ」認定も、調査委員会の不十分な調査、一方的な断定であり、疑問がぬぐえない諸点があまりにも多すぎ、再調査すべきである。

第一〇に、今、大学は混迷・低迷・閉塞状況に陥っているように見える。その打開のためには、王道を歩むしか道はない。それには本学の伝統である良心的な学校運営の精神「非官僚主義と家族主義」の復活・再生であり、校訓「三実主義」、とりわけ「忠実」（人に対する誠実な態度）精神の真摯な実践であり、お互いに胸襟を開いた「和衷協同」論（村上学長の言葉）である。そして、反省すべき点は反省し、間違いは勇気をもって自ら直していくことが重要であろう。その勇気がなければ、今後松山大学の一〇〇年の「未来」はない。

第一一に、二〇二三年一二月二〇日、松山地裁で、松山大学が二〇一八年四月及び二〇一九年四月に導入した「専門業務型裁量労働制」は二〇二三年一二月二〇日、松山地裁で違法・無効の判決が出た。大学側の全面的な敗訴となった。大学理事会は、どうするつもりか。判決を認めて謝罪、退陣するか、それとも判決を認めず、控訴するか、岐路に立ったが、大学は高松高裁に控訴した。大学のかたくなな態度が大学を閉塞状況に陥れている。

ただ、高裁でも判決は覆らないだろう。不毛な対立はやめ、早急に話し合いに入るべきであろう。

かわひがし　やすひろ

●著者略歴

川 東 竫 弘 （かわひがし・やすひろ）

1947年香川県生まれ。

香川県立高松高等学校卒業。

京都大学経済学部卒業。

大阪市立大学経済学研究科博士課程単位取得。

博士（経済学）。

松山大学名誉教授。

●主な著書

『戦前日本の米価政策史研究』ミネルヴァ書房　1990年

『高畠亀太郎伝』ミネルヴァ書房　2004年

『農ひとすじ　岡田温』愛媛新聞サービスセンター　2010年

『帝国農会幹事　岡田温 ―一九二〇・三〇年代の農政活動（上・下）』
御茶の水書房　2014年

『松山高商・経専の歴史と三人の校長 ―加藤彰廉・渡部善次郎・田中忠夫―』
愛媛新聞サービスセンター　2017年

『伊藤秀夫と松山商科大学の誕生』 SPC出版　2018年

『評伝　法学博士　星野通先生 ―ある進歩的民法・民法典研究者の学者人生―』
日本評論社　2019年

『新田長次郎と三実主義・三恩人の研究』 SPC出版　2021年

『松山商科大学四〇年史 ―一九四九年四月～一九八九年三月―』
愛媛新聞サービスセンター　2022年

『高畠亀太郎日記』第一巻～第六巻　愛媛新聞社　1999年～2005年

『岡田温日記』第一巻～第一八巻　松山大学総合研究所　2006年～2024年

『松山大学　苦難・混迷の十五年史―一九九二年一月～二〇〇六年一二月―』
愛媛新聞サービスセンター　2023年

続　松山大学　苦境・低迷の十四年史
―二〇〇七年一月～二〇二〇年一二月―

2024年 6 月24日　初版　第 1 刷発行

著　　者　　川東竫弘

編集発行　　愛媛プレスウイン
〒790−0067　松山市大手町一丁目11−1
電話　089−935−2347

印刷製本　　アマノ印刷

ISBN978-4-86087-172-7